WOLFGANG MÖSSNER

Prüfung und Praxis
Fachverkäuferin in Bäckerei und Konditorei

WOLFGANG MÖSSNER

PRÜFUNG UND PRAXIS FACHVERKÄUFERIN IN BÄCKEREI UND KONDITOREI

Der direkte Weg zum Erfolg

Das Standardwerk für Ausbildung und Beruf

- ERNÄHRUNGSLEHRE
- FACHTECHNOLOGIE
- VERKAUFSKUNDE
- GESETZESKUNDE
- FACHMATHEMATIK
- FARBENLEHRE
- KUNDENTYPOLOGIE

MATTHAES VERLAG GMBH, STUTTGART

ISBN 3-87515-202-6

8., vollständig überarbeitete Auflage 2006
Ehemals erschienen unter dem Titel
„Prüfungshelfer für Verkäuferinnen in Bäckereien und Konditoreien"

Korrektur: textkorrekt, Michael Trailovici, Stuttgart

Alle Rechte vorbehalten.
Nachdruck, auch auszugsweise, sowie Verbreitung durch Fernsehen, Film und Funk, durch Fotokopie, Tonträger oder Datenverarbeitungsanlagen jeder Art nur mit schriftlicher Genehmigung des Verlags gestattet.

© 2006 Matthaes Verlag GmbH, Stuttgart
Printed in Germany

Vorwort zur 8. Auflage

In dieser vorliegenden 8. Auflage der Prüfungsfragen und -antworten für die Verkäuferinnen im Bäcker- und Konditorenhandwerk sind wie in den vorausgegangenen Auflagen die Aufgabengebiete der Fachtechnologie (Rohstoff- und Warenkunde) sowie der Verkaufs- und Gesetzeskunde enthalten, über die eine gut ausgebildete Bäckerei- und Konditoreiverkäuferin Bescheid wissen sollte.
Eingefügt wurden natürlich alle inzwischen eingetretenen Änderungen bei den Gesetzen und Verordnungen. Die Abhandlung „Wettbewerbsrecht" wurde vollständig aktualisiert. Da eine perfekte Verkäuferin stets eine versierte Kassiererin sein muss, wurde auch das Kapitel „Technische Mathematik" wesentlich erweitert.
Die in den Rubriken „Der Kunde – das Verkaufsgespräch" und „Dekoratives Gestalten" behandelten technischen Fertigkeiten, wie Schriftschreiben für die Beschilderung sowie die ansprechende und stabile Verpackung und die Technik des Verschnürens mit einer aufgesetzten Schleife, ergänzen den theoretischen Prüfungsstoff, dessen einzelne Gebiete teilweise fließend ineinander übergehen.
Das Zusammenstellen einer bunten Platte für die Festtafel, das Belegen eines Bodens mit Belegfrüchten für eine Obsttorte, das dekorative Verzieren von Obsttörtchen und Obststückchen mit Schlagsahne sowie das Portionieren von Sahne bleiben Bestandteil der praktischen Prüfung. Neu aufgenommen wurde eine Abhandlung über die Farbenlehre mit zusätzlichen Hintergrundinformationen.
Die in diesem Fachbuch erwähnten Fragen können natürlich auch von anderen Prüfungsausschüssen übernommen werden, da der Verfasser durch seine jahrzehntelange Tätigkeit als Mitglied des Landesfachausschusses „Verkäuferinnen im Bäcker- und Konditorenhandwerk" im Kultusministerium Baden-Württemberg die Aufgabenvorschläge für die Abschlussprüfung an Gewerbeschulen anderer Bundesländer berücksichtigt hat.
Dieses Fachbuch soll mit seinen Fragen und Antworten **den Lehrbetrieb unterstützen** und dem Prüfling über die Ausbildung hinaus eine Hilfe in der täglichen Arbeit hinter der Theke, aber auch der gestandenen Verkäuferin ein unerlässlicher Praxisratgeber sein.

Wolfgang Mößner

Inhaltsverzeichnis

Vorwort zur 8. Auflage 5

Ernährungslehre 11

Rohstoff- und Warenkunde 33
Getreide und Mehl 33
Zucker 36
Zucker-/Süßwaren 38
Zuckeraustauschstoffe 41
Süßstoffe 41
Würzmittel/Gewürze 42
Speisesalz (Natriumchlorid NaCl) 43
Eier/EU-Eiervermarktungsnormen-Verordnung 47
Milch und Milchprodukte 50
Bäckereifette 58
Margarine 59
Butter 60
Süd- und Trockenfrüchte 61
Kandierte Früchte 65
Rohmassen und Süßwaren aus bearbeiteten Ölsamen 65
Glasurmassen/Kakaoerzeugnisse 69
Backmittel 72
Lockerungsmittel 73
Blätter- und Plunderteige 74
Hefen 76
Sauerteig 77
Brot- und Kleingebäcksorten/Feine Backwaren 78
Massen 90
Fettgebäck/Petits Fours/Bunte Platten 91
Butterkrem/Torten/Waffeln 92
Speiseeis 93
Fruchtsäfte/Limonaden 97
Kaffee/Tee/Kakao 98

Leitfaden für Brot-, Brötchen- und Stollenprüfungen 102

Prüfschema für Brot, Brötchen und für Stollen 104

Verkaufskunde 111
Erfolgreich verkaufen – Schlüssel der Zukunft 111
Prüfungsfragen aus der Verkaufskunde 113
Die Kundenbefragung 132

INHALT

Der Kunde – das Verkaufsgespräch 135
Kleine Kundentypologie, mit deren Hilfe man erfolgreich
 auf die Eigenarten der Verbraucher eingehen kann 135
Die Körpersprache im Verkauf 139
Das Verkaufsgespräch 140
Beispiele verschiedener Situationsgespräche 141
Die Todsünden im Verkauf 143
Heißes Eisen: Kunden-Beschwerden 144
Extra-Service für Kinder und Senioren 146
Das Einpacken von Backwaren 147
Das Verpackungsmaterial 148

Dekoratives Gestalten, NEU: Kleine Farbenlehre 151
Schriftschreiben für Verkäuferinnen sowie Bewertungsrichtlinien
 für Schaufenstergestaltung 151
Aufgaben zum dekorativen Gestalten 151
Schriftmuster 156
Bewertungsrichtlinien für Schaufenstergestaltung 162
Gestaltung von Schaufenstern 163
Praktische Tipps zur Herstellung eines
 Werbeschaufensters 164
Das Schaufenster als Visitenkarte 165
Farbenlehre 167

Technische Mathematik 171
Verhältnisrechnen 171
Prozentrechnen 172
Rohstoffrechnen 175
Nahrwertrechnen 176
Brotausbeute/Gebäckausbeute 179
Volumenausbeute 180
Backverlust 181
Mischungsrechnen 182
Zinsrechnen 186
Umsatzrechnen 189
Kalkulation 190
Kassenbestand 196
Abschreibung 198
Kundenrechnung 199
Rabatt und Skonto 201

Kostenrechnung 203
Einführung 203
Vollkostenrechnung 204
Teilkostenrechung 207

Prüfungsfragen 213
Technische Mathematik 213
Fachtechnologie und Verkaufskunde 231

Gesetzeskunde 247
Wichtige arbeitsrechtliche Grundsätze 248
Entgeltfortzahlungsgesetz (EFZG) 248
Berufsbildungsgesetz 251
Bundeserziehungsgesetz (BerzGG)
 und Mutterschutzgesetz (MuSchG) 257
Jugendarbeitsschutzgesetz (JArbSchG) 264
Ladenschlussgesetz (LadSchlG) 269
Lebensmittel- und Bedarfsgegenständegesetz (LMBG) 271
Zusatzstoff-Zulassungsverordnung 274
Diätverordnung/Diabetikerbackwaren 275
Preisangabenverordnung 277
Wettbewerbsrecht 284
Berufsgenossenschaft (BG) 287
Infektionsschutzgesetz (ehemals Bundesseuchengesetz) 290
Weitere allgemeine Rechts- und Fachgebiete 291

Lebensmittel-Kennzeichnung 297

Anhang 321
Diätetische Backwaren (Herstellung) 323
Gesetz zum Schutz der Beschäftigten
 vor sexueller Belästigung am Arbeitsplatz 332
Hygieneempfehlungen für Bäckereien, die Patisseriewaren
 und Eis herstellen 334
Hygieneregeln für die Behandlung und Verarbeitung frischer
 Eier und von Eiprodukten in Konditoreien und Bäckereien 338
Gesetz über den Ladenschluss (LadSchlG) 341
Leitsätze für Brot und Kleingebäck 350
Leitsätze für Feine Backwaren 356
Einteilung von Brot und Kleingebäck in Gruppen
 und Untergruppen 370
Mehltypen-Regelung 372
Nährwert-Kennzeichnungsverordnung (NKV) 373
Preisangabenverordnung 379
Reichsversicherungsordnung (RVO)
 (Auszug bzgl. Schwangerschaft und Mutterschaft) 386
Sachkundenachweis für Hackfleisch 387
Grundsätzliches zu Salmonellen 389
Leitsätze für Speiseeis und Speiseeis-Halberzeugnisse 391
Zusatzstoff-Zulassungsverordnung 394
Längsschnitt durch ein Weizenkorn 398

INHALT

Weltgetreide-Erzeugung 399
Brotgetreide und andere Getreidearten (Übersicht)
sowie Beschreibungen 399
Kennzeichnung von Lebensmitteln 401
Berufsbildungsgesetz (BBiG) 406
Was verbirgt sicht hinter dem Begriff HACCP 414
Das neue europäische Hygienerecht 415

Quellenverzeichnis 416

ERNÄHRUNGSLEHRE

Was versteht man unter Ernährung?

Unter Ernährung versteht man die Aufnahme der verschiedenen Nahrungsmittel beim Essen, die der Körper nicht unmittelbar verwerten kann; sie müssen zuerst aufgeschlossen werden.

Welche Nahrungsmittel unterscheidet man nach dem Herkommen?

Man unterscheidet pflanzliche und tierische Nahrungsmittel. Zu den pflanzlichen Nahrungsmitteln gehören Getreide, Mehl, Grieß, Gemüse, Früchte, Kartoffeln usw. Zu den tierischen Nahrungsmitteln gehören Fleisch, Wurst, Fisch, Milch, Käse, Eier, Butter, Schmalz usw. Die Nahrung wird im Körper durch den Stoffwechsel chemischen Umwandlungen unterworfen; sie dient der Energiezufuhr.

Welche Nährstoffe enthalten die Nahrungsmittel?

Kohlenhydrate (Zuckerstoffe), Eiweißstoffe, Fette.
Kohlenhydrate liefern Brennstoff für den Körper.
Eiweiß liefert die Aufbaustoffe.
Fett ist ein höchstkonzentrierter Brenn- und Baustoff.

Welche anderen Bestandteile enthalten die Nahrungsmittel noch?

Vitamine, Mineralstoffe, Wasser, Spurenelemente und Ballaststoffe (Cellulose).
Vitamine haben in unserem Körper eine Fülle von anregenden und regelnden Aufgaben.
Mineralstoffe zählen nicht zu den eigentlichen Nährstoffen; Kalksalze werden für den Aufbau der Knochen benötigt; Eisensalze zur Blutbildung. Phosphorsaure Salze werden zur Bildung von Hirn- und

Nervenzellen benötigt. Wasser ist in allen Nahrungsmitteln. Spurenelemente sind Mineralien, die in geringsten Spuren im Körper vorhanden sein müssen. Ballaststoffe sind für den menschlichen Körper unverdaulich, aber notwendig für viele Funktionen.

Nennen Sie die wichtigsten Kohlenhydrate! Worin sind sie enthalten?

Die wichtigsten Kohlenhydrate sind Zucker (Trauben- und Fruchtzucker in Früchten und in Bienenhonig), Milchzucker in der Milch; Rohr- und Rübenzucker in Zuckerrohr und Zuckerrüben; Malzzucker im keimenden Getreide. Pflanzliche Stärke in Getreide, Hülsenfrüchten und Kartoffeln; tierische Stärke in der Leber und in den Muskelzellen.

Nennen Sie die chemischen Elemente der Kohlenhydrate!

Kohlenstoff, Wasserstoff und Sauerstoff.

Warum lassen sich eiweißhaltige Lebensmittel nicht durch eine entsprechende Menge kohlenhydrathaltiger Lebensmittel ersetzen?

Eiweiß wird im Körper für den Aufbau von Muskeln und Organen benötigt. Für diesen Aufbau sind Aminosäuren nötig, welche lebensnotwendig sind. In kohlenhydratreicher Kost sind diese Aminosäuren nicht enthalten und daher als Ersatz völlig ungeeignet.

Nennen Sie je 2 Einfach-, Zweifach- und Vielfachzucker!

Einfachzucker: Trauben- und Fruchtzucker; Zweifachzucker: Rohr- und Rübenzucker; Vielfachzucker: Stärke und Cellulose.

Was versteht man unter spezifischem Gewicht?

Das Gewicht von 1 cm^3 eines festen Stoffes, eines Gases oder einer Flüssigkeit, ausgedrückt in Gramm.

Was versteht man unter Mikroorganismen, und was bewirken sie?

Mikroorganismen sind Bakterien, Hefen sowie Schimmelpilze und gelangen in der Regel von außen auf Lebensmittel. Sie wachsen bevorzugt an der Oberfläche, z. B. auf Speiseresten, Käse und Wurst.

ERNÄHRUNGSLEHRE

Wie vermehren sich Mikroorganismen?

Mikroorganismen vermehren sich durch Zellteilung. Ihre Anzahl verdoppelt sich innerhalb einer bestimmten Zeit. Ob und wie schnell die Vermehrung erfolgt, hängt von verschiedenen Faktoren ab, u. a. vom Wasser- und Nährstoffangebot sowie von der Aufbewahrungstemperatur. Lebensmittelverderbende Mikroorganismen nehmen Inhaltsstoffe aus den Lebensmitteln auf, verstoffwechseln sie und scheiden Abbauprodukte wieder aus. Letztere können als übel riechende oder unangenehm schmeckende Stoffe den Verderb des Lebensmittels anzeigen.
Einige Mikroorganismen bilden giftige Stoffwechselprodukte oder sind krankheitserregend.
Beispiel: 100 g Kartoffelsalat 10 000 Staphylokokken.
Steht der Kartoffelsalat im warmen Zimmer herum, entwickeln sich darin

- in 1 Stunde   40 000 Mikroorganismen
- in 2 Stunden   160 000 Mikroorganismen
- in 3 Stunden   640 000 Mikroorganismen
- in 4 Stunden 2 560 000 Mikroorganismen

Was sind Salmonellen, und welche negativen Auswirkungen haben sie?

Salmonellen sind pathogene Bakterien, die weltweit mit Abstand am häufigsten Lebensmittelvergiftungen verursachen. Salmonellose stellt die klassische Lebensmittelinfektion schlechthin dar. Salmonellen kommen überall vor: in der Luft, im Wasser, im Boden, in menschlichen und tierischen Ausscheidungen oder im Tierfutter. Lebensmittel, die mit Salmonellen verseucht sind, sehen normal aus, riechen und schmecken völlig einwandfrei. Insgesamt kennt man etwa 2000 Salmonellenarten, die Magen- und Darmerkrankungen auslösen.
Die Vermehrung der Salmonellen erfolgt besonders schnell bei 20 bis 45 °C und vor allem beim Auftauen tiefgefrorener Lebensmittel. Um ein Wachstum zu verzögern, sind Eier grundsätzlich kühl bei bis zu 4 °C zu lagern.
Salmonellen werden durch ausreichendes Erhitzen, z. B. durch Kochen oder Backen, abgetötet. Dabei müssen Kerntemperaturen von mindestens 90 °C erreicht werden.

Welche Lebensmittel sind für einen Befall mit Salmonellen besonders gefährdet?

Gefährdet für einen Befall mit Salmonellen sind vor allem eiweißreiche Lebensmittel, die einen hohen Wassergehalt aufweisen, z. B. Speiseeis, ältere Eier und Eierspeisen, die mit rohen Eiern zubereitet wurden, Milch und Milchprodukte, Mayonnaisen, Kremspeisen mit Eiern und Feinkostsalate, Hackfleisch, Fisch, rohes sowie angebratenes Fleisch und Fleischerzeugnisse, wie Aufschnitt oder frische Mettwurst, Geflügel und Wildfleisch, Krusten-, Schalen- und Weichtiere. Anders als angenommen besteht keine Gefahr bei Eierlikör, denn hochprozentiger Alkohol über 20 Vol.-% tötet Salmonellen ab.

Was versteht man unter einem Atom?

Das Atom ist das kleinste Teilchen eines chemischen Elements, das noch dessen Eigenschaften aufweist. Nach neuen Erkenntnissen ist das Atom nicht unteilbar.

ERNÄHRUNGSLEHRE

Atome sind Gebilde aus einem Atomkern, der aus positiven Elementarteilchen (Protonen) und Neutronen besteht, sowie negativ geladenen Teilchen (Elektronen), die auf Quantenbahnen um den Kern kreisen. Die Zahl der Protonen im Kern ist identisch mit der Ordnungszahl im periodischen System der Elemente.

Nennen Sie wichtige Mineralstoffe!

Wichtige Mineralstoffe sind Natrium, Kalium, Calcium und Magnesium als Mengenelemente; Eisen, Zink und Fluor als Spurenelemente.

Wozu benötigt der menschliche Körper Mineralstoffe?

Der Körper benötigt die Mineralstoffe als Baustoffe zum Aufbau des Knochengerüstes und der Zähne; sie dienen aber auch als Reglerstoffe, die für den Stoffwechsel zu sorgen haben. Diese Mineralstoffe sind in allen pflanzlichen und tierischen Lebensmitteln unterschiedlich verteilt.

Wo sind Mineralstoffe im Getreidekorn gelagert?

In den Randschichten (Schale) des Getreidekorns. Beim reichlichen Verzehr von Vollkornbrot kann deshalb kein Mineralstoffmangel eintreten.

Durch Aufnahme welcher Art von Nahrung kann man generell dem Mineralstoffmangel im Körper begegnen?

Weißbrot, Kuchen, Feingebäck, Torten, Zucker, Bonbons und Schokolade haben nur wenige Mineralstoffe. Deshalb sollte man eine gemischte und kräftige Kost bevorzugen. Dazu reichlich Gemüse und Obst sowie mineralstoffreiche Getreidemahlerzeugnisse einschließlich Vollkornbrot essen.

Welche Stoffe besorgen die Umwandlung der Nährstoffe?

Die Enzyme, auch Fermente genannt.

Was sind Enzyme?

Enzyme sind hochmolekulare Verbindungen auf Eiweißbasis, die als Wirkstoffe jeweils nur einen bestimmten Nährstoff in den Lebensmitteln auf- oder abbauen, ohne sich selbst dabei zu verändern.

ERNÄHRUNGSLEHRE

Wo kommen Enzyme vor?

Enzyme sind in allen pflanzlichen und tierischen Lebensmitteln enthalten und spielen bei der Zubereitung, Verarbeitung und Lagerung eine wichtige Rolle. Die einfache alkoholische Zuckerspaltung (durch den Zymasekomplex) beginnt mit Aufbaureaktionen.

Welche Bedingungen müssen für die Tätigkeit von Enzymen vorhanden sein?

Feuchtigkeit (Wasser) und Wärme. Temperaturen von 40 bis 45 °C lassen sie rascher arbeiten; bei kühleren Temperaturen arbeiten sie langsamer.

Welche besonderen Eigenschaften haben Enzyme?

Für jede Umwandlung eines Nährstoffs ist stets ein besonderes Enzym notwendig, das sich bei dieser Tätigkeit nicht verändert.

Welche Enzyme interessieren den Bäcker oder Konditor am meisten?

Die zuckerabbauenden, eiweißabbauenden und fettspaltenden Enzyme.

Nennen Sie zuckerabbauende, fettspaltende und eiweißabbauende Enzyme!

Zuckerabbauende Enzyme (Amylasen): Stärke wird durch Diastase in Malzzucker abgebaut;
Malzzucker wird durch Maltase in Traubenzucker abgebaut;
Traubenzucker wird durch Zymase in Alkohol und Kohlensäure (Gärung) zerlegt;
Rohrzucker wird durch Invertase in Frucht- und Traubenzucker gespalten;
Milchzucker wird durch Laktase in Traubenzucker und Galaktose gespalten.
Fettspaltende Enzyme heißen Lipasen. Sie zerlegen Fett in die beiden Bausteine Glyzerin und Fettsäuren.
Eiweißabbauende Enzyme heißen Proteasen. Sie bauen Eiweiß bis zu den Aminosäuren ab.

Welches sind die wichtigsten Enzymdrüsen und ihre Enzyme?

Mundspeicheldrüsen erzeugen Amylasen (Stärkeabbau).
Magenschleimhäute produzieren Pepsin (Eiweißabbau).
Leber (mit Gallenblase) erzeugt Gallenflüssigkeit (macht die Lipasen erst wirksam).

ERNÄHRUNGSLEHRE

Bauchspeicheldrüse produziert Lipasen (Fettabbau); erzeugt Trypsin, Erepsin (Eiweißabbau); produziert Maltase, Invertase, Laktase (Zuckerabbau).

In welchem Fall wird das Enzym zerstört?

Wenn große Hitze auf das Enzym einwirkt, gerinnt der Eiweißanteil; dadurch wird das Enzym zerstört.

Warum benötigen Enzyme für das Wirken Wasser?

Enzyme können ihre Tätigkeit (Auf- oder Abbauen, Spalten) nur dann durchführen, wenn Wasser vorhanden ist (Schüttwasser, Gärvorgang usw.).

In unseren Nahrungsmitteln sind nicht nur Nährstoffe, sondern auch andere Bestandteile vorhanden. Zum Beispiel Wasser. Was wissen Sie über Wasser?

Wasser ist in allen Nahrungsmitteln enthalten. Es ist kein Nährstoff, ist aber in der Ernährung unbedingt notwendig, weil Wasser nicht nur zur Lösung der abgebauten Nährstoffe, sondern auch zum Transport dieser Nährstoffe im Körper und für die Vorgänge im Organismus gebraucht wird.

Woraus besteht Wasser?

Reines Wasser ist eine chemische Verbindung aus 2 Atomen Wasserstoff sowie 1 Atom Sauerstoff. Die chemische Formel heißt H_2O.

Welche Eigenschaften muss Wasser haben?

Für die Ernährung oder zur Verwendung als Zugussflüssigkeit beim Teigmachen muss Wasser die guten Eigenschaften von Trinkwasser haben: farb- und geruchlos, klar und frei von Verunreinigungen, frei von Pilzen und Bakterien.

Was versteht man unter dem Härtegrad des Wassers?

Nach der Menge der gelösten Mineralstoffe unterscheidet man hartes und weiches Wasser. Die Wasserhärte wird in Härtegraden gemessen. Hartes Wasser enthält viel aufgelöste Mineralsalze (besonders Kalk), hat einen guten Geschmack (Quellwasser). Weiches Wasser enthält keine oder nur wenig Salze und hat einen faden Geschmack (Regenwasser, abgekochtes Wasser oder destilliertes Wasser).

Der a_w-Wert wird oft als Maß für die Haltbarkeit von Lebensmitteln herangezogen!

a) Was besagt der a_w-Wert?

a) Der a_w-Wert gibt den Gehalt an freiem Wasser in einem Lebensmittel an. Freies Wasser kann von Mikroorganismen genutzt werden, Lebensmittel mit hohen a_w-Werten sind deshalb anfällig für mikrobiellen Verderb.

b) Nennen Sie mind. 3 Konservierungsmethoden, die auf der Veränderung des a_w-Werts beruhen!

b) Trocknen, Salzen (Pökeln), Zuckern, Gefrieren, Räuchern, Gefrier- sowie Lufttrocknen u. a.

Die unverdaulichen Bestandteile der Nahrungsmittel nennt man Ballaststoffe (z. B. Cellulose). Warum bezeichnet man sie auch als „funktionsfördernde Bestandteile"?

Man nennt sie deshalb funktionsfördernde Bestandteile, weil sie die Darmtätigkeit anregen und die Verdauung fördern.

Was sind Ballaststoffe?

Ballaststoffe sind unverdauliche Bestandteile der Nahrung, die nur in pflanzlichen Lebensmitteln vorkommen. Tierische Kost ist frei von Ballaststoffen.
Chemiker unterscheiden lösliche, wasserbindende und unlösliche Ballaststoffe. Sie bilden in den Pflanzen ein Netzwerk von Gerüsten und Verstrebungen zu Standfestigkeit, Halt und Stabilität oder den äußeren Schutz, z. B. bei Getreidearten.

Was können Ballaststoffe bewirken?

Ballaststoffe verhüten die gefürchtete Darmträgheit sowie Verstopfung und reduzieren durch ihre Quellung eine Überdosierung an konzentrierten Nährstoffen bei der Nahrungsaufnahme. Der Magen ist schneller „gefüllt", das Sättigungsgefühl stellt sich schneller ein. Der aufgequollene „Füllstoff" Ballaststoff bringt mehr Volumen in den Darm und damit

ERNÄHRUNGSLEHRE

auch Nahrung für die Dickdarmflora, die Verdauungsbakterien gedeihen und arbeiten optimal. Neben der Vermeidung von Verstopfungen helfen Ballaststoffe bei Darmkrankheiten, verhindern hohe Blutfett- sowie Cholesterinwerte und beugen Übergewicht, Gallensteinen sowie Arterienverkalkung vor.

Wie kann die Ballaststoffbilanz verbessert werden?

Ernährungsmediziner raten zur Aufnahme von mindestens 30 bis 40 g Ballaststoffen täglich (zurzeit liegt sie bei 19 bis 23 g). Wenigstens 15 bis 20 g der Ballaststoffe sollten aus Brot und Getreidemahlprodukten stammen, da diese die Verdauung am wirksamsten regulieren, der Rest aus Gemüse und Obst. Diese genannten 15 bis 20 g sind z. B. in 300 g Brot/Brötchen, das sind 6 Scheiben/Stück täglich. Vollkornbackwaren haben einen besonders hohen Anteil an unlöslichen Ballaststoffen und verbessern die Ballaststoffbilanz beträchtlich.

In welchen Nahrungsmitteln sind Ballaststoffe vorhanden?

Ballaststoffe sind in Getreide und Getreideprodukten sowie in Obst, Gemüse und Hülsenfrüchten enthalten. Bei einzelnen Lebensmitteln ist die Höhe des Gehalts abhängig von Sorte, Reifezustand und Anbaubedingungen.
Die Ballaststoffe aus Getreide und die Ballaststoffe aus Obst und Gemüse sind unterschiedlich zusammengesetzt und haben im Körper auch unterschiedliche Wirkungen.

Welches ist der wichtigste Ballaststofflieferant in der Ernährung?

Das Getreidekorn ist der wichtigste Ballaststofflieferant in unserer Ernährung. Im Korn befindet sich der größte Teil der Ballaststoffe in den Randschichten. Beim Vermahlen gelangen unterschiedliche Anteile der Randschichten und damit der Ballaststoffe in das Mehl. Einen hohen Anteil an Ballaststoffen haben Mehle mit hoher Typenzahl (hohem Aschegehalt).

Übersicht über die Gesamtballaststoffe in g pro 100 g Lebensmittel

In Getreideprodukten

Buchweizen	3,7
Haferflocken	9,5
Hirse, geschält	3,9
Knäckebrot	13,0–24,0
Mehrkornbrot	8,0
Roggenmehlbrot	4,3–6,8
Roggenmischbrot	4,0–5,8
Roggenmischbrot mit Schrotanteilen	4,9–6,0
Roggenvollkornbrot	6,4–9,0
Toastbrot	3,8
Vollkornnudeln, gekocht	4,4
Weizenbrötchen	3,4
Weizenbrot	3,2
Weizenkleie	40,0–50,0
Weizenmischbrot	3,4–4,9
Weizenschrotbrot	6,3–7,1

In Obst

Ananas	1,4
Äpfel	1,5–2,3
Bananen	1,3–2,0
Birnen	2,8
Erdbeeren	2,0
Himbeeren	4,7
Johannisbeeren, schwarz	3,6–4,8
Johannisbeeren, rot	3,6–3,9
Orangen	2,2
Pfirsiche	1,7
Stachelbeeren	2,4–4,4
Süßkirschen	1,9

In Gemüse und Kartoffeln

Blumenkohl	2,9
Brokkoli	3,0
Chinakohl	1,7
Erbsen, frisch	4,6–5,9
Gurken	0,9
Kartoffeln	1,9
Kohlrabi	1,5
Kopfsalat	1,6
Möhren	2,9
Paprika	2,0
Porree	2,2
Rettich	1,2
Rosenkohl	4,4
Rote Bete	2,5
Rotkohl	2,5
Sauerkraut	2,2
Spinat	1,8
Tomaten	1,3
Weißkohl	3,0
Wirsing	2,8
Zwiebeln	1,4

In verzehrfertigen Hülsenfrüchten

Gelbe Erbsen	4,9
Grüne Erbsen	5,0
Kichererbsen	4,4
Kidneybohnen	8,3
Linsen	2,8
Weiße Bohnen	7,5

Je heller ein Mehl ist, desto geringer ist der Gehalt an Ballaststoffen.
Einen besonders hohen Ballaststoffgehalt haben
- Weizenbackschrot, Type 1700
- Weizenmehl, Type 1600
- Roggenmehl, Type 1740
- Roggenbackschrot, Type 1800

ERNÄHRUNGSLEHRE 21

Was versteht man unter Hülsenfrüchten?

Unter Hülsenfrüchten versteht man die reifen trockenen Samen der Schmetterlingsblütler. Sie gehören seit Jahrtausenden zu den Kulturpflanzen der Menschen. Der Ursprung der meisten Hülsenfruchtpflanzen sind die Länder des Mittleren Ostens, Mittel- und Südamerika, Afrika und Asien, vor allem China. Die wichtigsten Hülsenfrüchte sind Erbsen, Bohnen, Linsen sowie Sojabohnen. Erdnüsse zählen botanisch auch zu den Hülsenfrüchten, werden jedoch im Handel zu den Schalenobstsorten gerechnet.

Welchen Einfluss haben Hülsenfrüchte in der Ernährung?

Hülsenfrüchte haben von allen pflanzlichen Produkten den höchsten Eiweißgehalt und gehören in der Welternährung zu den wichtigsten Eiweißlieferanten. Bemerkenswert ist der hohe Gehalt an Fett in Sojabohnen und an Kohlenhydraten in Erbsen, Bohnen und Linsen. Außerdem enthalten Hülsenfrüchte beachtliche Anteile an lebensnotwendigen Mineralstoffen und Spurenelementen, z. B. Calcium, Phosphor, Eisen, Kupfer, Mangan, Zink und Jod, sowie an Vitaminen, besonders A, B_1 und B_2, sowie an Ballaststoffen.

Welche Bedeutung haben „essentielle" Fettsäuren für die Ernährung?

Essentielle Fettsäuren sind lebensnotwendig und müssen dem Körper mit der Nahrung zugeführt werden, z. B. Linolsäure, Linolensäure.

Weshalb ist der Gehalt an essentiellen Fettsäuren in Ölen im Allgemeinen höher als in festen Fetten?

Der Grund ist, weil essentielle Fettsäuren ungesättigt bzw. mehrfach ungesättigt und deshalb in der Konsistenz flüssig sind.

Welche unterschiedlichen Aufgaben haben im Körper die Nährstoffe?

Kohlenhydrate und Fette liefern die Energie für den Kraft- und Wärmebedarf; Eiweißstoffe dienen vorwiegend als Baustoffe für Haut und Muskulatur.

Wozu dienen die Nährstoffe?

Die Nährstoffe, die der Körper bei der Verdauung der Nahrungsmittel herauszieht, dienen als Aufbaustoffe der Körpersub-

ERNÄHRUNGSLEHRE

Welche Energie wird bei diesem Stoffwechsel im Körper frei?	stanz, werden in den Muskeln zu Energie umgewandelt oder steuern diese Vorgänge. Wärmeenergie.
Wie heißt die Messeinheit beim Energieumsatz im Körper?	Joule (J); 1000 Joule sind 1 Kilojoule (kJ).
Woher kommt der Name „Joule"?	Die Bezeichnung „Joule" stammt von dem Namen des englischen Physikers James Prescott Joule (1818–1889). Das Joule wurde eingeführt, um physikalische und chemische Zusammenhänge übersichtlicher zu gestalten.
Was versteht man unter einem Joule im physikalischen Sinne, und wozu benötigt der Mensch Energie?	1 Joule ist die Arbeit, die verrichtet wird, wenn sich der Angriffspunkt der Kraft 1 N um 1 m in Richtung der Kraft verschiebt. $1 \text{ J} = 1 \text{ Nm} = 1 \text{kgms}^{-2}\text{m} = 1 \text{ kgm}^2\text{s}^{-2}$. Der Mensch benötigt Energie, damit er leben und arbeiten kann. Er nimmt die Energie mit der Nahrung zu sich und wandelt sie durch Verdauung und Stoffwechsel z. B. in mechanische Arbeit (Muskelbewegung, Atmung, Herztätigkeit) oder chemische Arbeit (Aufbau neuer Verbindungen) um. Die Energie, die der Körper aus den Nährstoffen Fett, Eiweiß und Kohlenhydraten gewinnen kann, wird heute in Kilojoule angegeben; die Angabe in Kilokalorien (Abkürzung: kcal) ist nur zusätzlich möglich. Die Energieangabe in kJ wurde international und 1978 in Deutschland eingeführt, da sie bessere Umrechnungs- und Vergleichsmöglichkeiten bietet. Nach der Nährwert-Kennzeichnungsverordnung gilt: 1 g Fett liefert 37 kJ (9 kcal), 1 g Eiweiß liefert 17 kJ (4 kcal), und 1 g Kohlenhydrate liefert 17 kJ (4 kcal). Beispielsweise enthält Roggenmischbrot im Durchschnitt 924 kJ (212 kcal) und 6,4 g

ERNÄHRUNGSLEHRE

Eiweiß, 1,1 g Fett und 45,4 g Kohlenhydrate je 100 g.
Umrechnungsmöglichkeiten:
1 Kilojoule (kJ) = 0,239 kcal = 0,24 kcal
1 Kilokalorie (kcal) = 4,184 kJ = 4,2 kJ

Nennen Sie wichtige Vitamine, ihr Vorkommen und ihre Aufgaben!

(Siehe Übersichtstabellen auf den Seiten 24 und 25.)

Welche Vitamine sind im Getreidekorn enthalten?

Im Getreidekorn finden sich die Vorstufe des Vitamins A, das Carotin, größere Mengen Vitamin B_1, außerdem in kleineren Mengen Vitamin B_2 (alle hauptsächlich im Keimling und in den Randschichten des Korns).

Welche Eigenschaften haben die Farb-, Duft- und Geschmacksstoffe der Nahrungsmittel?

Sie sind appetitanregend und fördern die Absonderung von Verdauungssäften.

Was sind Vitamine?

Vitamine sind lebensnotwendige Ergänzungsstoffe, die für den Stoffwechsel im menschlichen Körper unerlässlich sind. Der Körper selbst kann keine bilden; er ist deshalb auf eine vitaminhaltige Nahrung angewiesen.

Wie kann man Vitaminmangelkrankheiten verhüten?

Durch sorgfältig zubereitete Kost aus vitaminreichen Nahrungsmitteln. Reich an Vitaminen sind junge grüne Pflanzen, Gemüse, Obst, Milch, Eier, Fleisch, Vollkornerzeugnisse usw. Ernste Mangelkrankheiten können auch durch Vitaminpräparate verhütet werden.

Woher kommt der Name Vitamin?

Das lateinische Wort heißt „vita", zu Deutsch: Leben. Die Silbe „amin" deutet auf Stickstoff und damit auf Eiweiß hin.

Vitamine

Wasserlösliche Vitamine

Bezeichnung	Vorkommen	Auftretende Mangelerscheinungen	Eigenschaften (biochemische Funktion)
Vitamin B_1 (Thiamin)	Hefe, Getreide, Vollkornbackwaren Weizenkeimlinge, Schweinefleisch, Kartoffeln, Tomaten Hirn, Leber, Milch.	Appetitlosigkeit, Beriberi (Mangelkrankheit mit Lähmungen und Kräfteverfall), Polyneuritis (= Nervenentzündung), Funktionsstörungen von Herz und Nerven.	Regulation des Kohlenhydratstoffwechsels und von Nervenfunktionen; empfindlich gegen Hitze, Sauerstoff und Licht.
Vitamin B_2 (Riboflavin)	Hefe, Leber, Milch Getreide, Butter, Käse, Vollkornmehle, Eier.	Schleimhautschäden, Wachstumsstörungen, Nervenstörungen.	Katalysator für den Fett-, Kohlenhydrat- und Eiweißstoffwechsel; Wachstumsförderung; im Sauren hitze-, und oxidationsbeständig.
Vitamin B_6 (Pyridoxin) Vitamin B_{12} (Cobalamin)	Hefe, dunkle Mehle, Getreidekeimlinge Sojabohnen, Muscheln, Leber.	Hautveränderungen, Krämpfe, Durchfall (= Pellagra), Anämie (= Mangel an roten Blutkörperchen), Eiweißstoffwechselstörungen.	Unentbehrlich für den Eiweißstoffwechsel; Reifung der roten Blutkörperchen; sehr licht- und hitzeempfindlich.
Nicotinsäureamid (Niacin)	Fleisch, Leber, Vollkornmehle, Mehle.	Pellagra der Haut, Veränderungen der Schleimhäute.	Bildet wasserstoffübertragende Enzyme, Auf- und Abbau von Fetten, Kohlenhydraten und Eiweißen, Energiegewinn im Zitronensäurezyklus.
Pantothensäure	Vollkornmehle, Hefe Fleisch, Leber, Milch Eigelb.	Schädigung der Haut Hemmung der Antikörperbildung.	Wirkprinzip des Co-Enzyms A im Zitronensäurezyklus, Energiegewinn.
Folsäure (Pteroylglutaminsäure)	Dunkelgrüne Blattgemüse, Leber, Nieren, Vollkornbackwaren Weizenkeime, Milch Hefe.	Anämie, Blutarmut, Schleimhautveränderungen.	Wichtig für die Zellteilung und Zellneubildung (rote und weiße Blutkörperchen); im Sauren durch Hitze und Licht zerstört. Mit diesem Vitamin sind Frauen häufig unterversorgt. Eine regelmäßige Aufnahme ist daher besonders wichtig für Schwangere und Frauen mit Kinderwunsch.

ERNÄHRUNGSLEHRE

Bezeichnung	Vorkommen	Auftretende Mangelerscheinungen	Eigenschaften (biochemische Funktion)
Vitamin C (Ascorbinsäure)	Zitrusfrüchte, Gemüse, Obst, Kartoffeln.	Skorbut (Blutungen der Haut, der Schleimhäute und des Zahnfleischs), Anfälligkeit gegen Infektionskrankheiten.	Wichtig für den Zellstoffwechsel; fördert die Eisenaufnahme; empfindlich gegen Sauerstoff, Licht und Hitze.
Vitamin H (Biotin)	Schokolade, Erdnüsse, Eigelb, Pilze, Kartoffeln, Leber, Nieren, Milch.	Hautveränderungen, Haarausfall.	Wichtig für die Fettsäuresyntese; Übertragung des CO_2-Bausteins.

Fettlösliche Vitamine

Bezeichnung	Vorkommen	Auftretende Mangelerscheinungen	Eigenschaften (biochemische Funktion)
Vitamin A (Retinol)	Lebertran, Leber, Eigelb, Butter, Milch, Zusatz bei Margarine.	Augenerkrankungen, Nachtblindheit, Schleimhautentzündungen, Schuppenbildung der Haut.	Unterstützung des Sehprozesses, Schutz und Aufbau von Schleimhäuten, Beeinflussung des Zellwachstums; empfindlich gegen Licht, Sauerstoff, hitzebeständig.
Provitamin A (B-Carotin)	Karotten, gelbe und rote Früchte, Eigelb.	Verstärkte Ansteckungsgefahr.	Wird in der Darmschleimhaut zu Retinol gespalten.
Vitamin D (Calciferol)	Fischleberöle, Butter, Milch, Eigelb, Fisch, Leber, Lebertran, Margarine.	Rachitis (= Knochenerweichung oder englische Krankheit).	Beeinflussung des Calcium- und Phosphatstoffwechsels; empfindlich gegen Sauerstoff; hitzebeständig.
Vitamin E (Tocopherol)	Getreidekeimöle, Getreide, Margarine, Eier.	Störung in der Fortpflanzung, Unfruchtbarkeit, Muskelschwund.	Antioxidans (Antikörper) für ungesättigte Fettsäuren und Vitamin A, empfindlich gegen Sauerstoff.
Vitamin K (Phyllochinon)	Kabeljauleber, Kohl, Spinat, Kartoffeln, Karotten, Leber.	Blutungen, Störung der Blutgerinnung.	Untestützung der Blutgerinnung; kann auch von Darmbakterien gebildet werden; nicht beständig gegen Säuren und Laugen; lichtempfindlich.

Wie bezeichnet man die Vitamine?

Als man sie entdeckte, bezeichnete man sie nach ihrer Wirkung mit den zugehörigen Namen, z. B. antirachitisches Vitamin, weil es die Rachitis (Knochenerweichung) verhinderte. Früher wurden Vitamine ausschließlich mit Großbuchstaben gekennzeichnet. Heute werden sie zusätzlich oft mit eigenen Namen versehen.

Was sind Hormone?

Hormone sind im Körper selbst gebildete Reglerstoffe, die Stoffwechsel, Organfunktionen und Wachstum beeinflussen. So kann z. B. die Leber nur dann den Traubenzucker zu Glykogen aufbauen und speichern, wenn in den Langerhansschen Inseln (kleine, „inselförmige" Drüsen in der Bauchspeicheldrüse) genügend Insulin gebildet und auf dem Blutweg der Leber zugeführt wird. Bei Zuckerkranken ist die Insulinproduktion gestört und dadurch die Speicherfähigkeit der Leber beeinträchtigt, so dass zu viel Traubenzucker ins Blut gelangt. Zuckerkranke dürfen deshalb nur wenig Kohlenhydrate essen (Diabetikergebäcke). In schweren Fällen wird den Kranken Insulin gespritzt.

Welches sind die wichtigsten Hormondrüsen und ihre Hormone?

Schilddrüsen:
erzeugen Thyroxin (Stoffwechselsteuerung).

Nebennieren:
erzeugen Adrenalin (Blutdruck, Stoffwechsel) und Cortison (Zucker-, Mineral- und Eiweißstoffwechsel).

Langerhanssche Inseln:
erzeugen Insulin (Zuckerstoffwechsel).

Hoden:
erzeugen Testosteron
(männliches Geschlechtshormon).

Eierstöcke:
erzeugen Östrogen, Progesteron
(weibliche Geschlechtshormone).

ERNÄHRUNGSLEHRE

Hirnanhangdrüse: erzeugt z. B. Somatotropin (Wachstumshormon) und weitere Hormone, die der Steuerung der Hormondrüsen dienen.

Was versteht man unter Stoffwechsel im menschlichen Körper?

Man versteht darunter die Umwandlung von Nahrungsstoffen zur körpereigenen Substanz oder zur Freisetzung von Energie, die mit der Verdauung und Ausnutzung der Nahrung im Körper zusammenhängt.

Im Zusammenhang mit der Strahlenbelastung des Menschen in der heutigen Zeit tauchen immer wieder die Begriffe „Rem" und „Becquerel" auf. Erklären Sie die beiden Bezeichnungen!

Rem ist ein Maß für die Schädlichkeit verschiedener Strahlenarten für den Menschen. Bei der Bestimmung werden die verschiedenen Strahlenarten bei gleicher Energiedosis berücksichtigt. Seit dem 1. 1. 1986 ist das *Rem* durch die neue gesetzliche Einheit „Sievert" ersetzt (1 Sievert [Sv] = 100 rem).
Becquerel ist eine Maßeinheit für die Aktivität (den Zerfall) eines Radionuklides. Die Einheit von 1 Becquerel liegt vor, wenn von der Menge eines Radionuklides 1 Atomkern pro Sekunde zerfällt. Becquerel ersetzt die früher gebräuchliche Einheit „Curie" (1 Curie = 37 000 000 000 Becquerel).

Was bewirkt die Verdauung?

Die Verdauung bewirkt die Umwandlung von Nahrungsstoffen durch entsprechende Enzyme in eine lösliche Form, so dass die Spaltprodukte durch die Darmwände treten und in die Blut- und Lymphbahnen gelangen können.

Wodurch kann eine befriedigende Verdaulichkeit der Nahrungsstoffe geschaffen werden?

Außer von ausreichenden Mengen geeigneter Verdauungssäfte ist die Verdauung von der Angreifbarkeit der Nahrungsstoffe abhängig. Durch küchenmäßige Behandlung (Kochen, Braten, Backen) wird eine befriedigende Verdaulichkeit geschaffen.

Woraus besteht das gesamte Verdauungssystem?

Es besteht aus dem Verdauungskanal und den Verdauungsorganen.

Nennen Sie die Teile des Verdauungskanals!	Mundhöhle, Speiseröhre, Zwölffingerdarm, Dünndarm, Dick- und Mastdarm.
Nennen Sie die Verdauungsorgane!	Mundspeicheldrüsen, Magen, Leber mit Gallenblase und Bauchspeicheldrüse.
Schildern Sie die Verdauung der Nahrung!	Die Nahrung wird durch den Mund aufgenommen und durch das Kauen von den Zähnen in der Mundhöhle zerkleinert. Gleichzeitig geben die Mundspeicheldrüsen den Speichel ab und machen dadurch die Nahrung breiig. Der Speichel enthält das Enzym Amylase, das sofort mit dem Abbau der Stärke beginnt. (Beim Kauen von Brot kann man einen leicht süßlichen Geschmack feststellen.) Dieser Speisebrei gelangt dann durch das Schlucken aus der Mundhöhle durch die Speiseröhre in den Magen. Im Magen wird der Speisebrei weiter zerkleinert. Die innere Schleimhaut des Magens sondert den Magensaft ab. Er besteht aus verdünnter Salzsäure und eiweißabbauenden Enzymen (Proteasen). Die Magensäure tötet die mit der Nahrung aufgenommenen Bakterien und bringt die Eiweißstoffe zur Quellung. Die Proteasen zerlegen die Eiweißstoffe in Bruchstücke und wasserlösliche Verbindungen. Die Verdauungszeit im Magen beträgt zwischen $2^1/_2$ und 5 Stunden je nach leicht oder schwer verdaulichen Speisen. Wenn der Mageninhalt genügend verflüssigt ist, wird er durch den Pförtner schubweise in den Zwölffingerdarm abgegeben. In den Zwölffingerdarm ergießen sich die wichtigen Verdauungssäfte Galle und Bauchspeichel. Die Galle, die in der Leber gebildet wird, verteilt die Fettstoffe im Speisebrei in kleinste Teilchen. Bauchspeicheldrüse und Darmschleimhaut sondern das Enzym Lipase ab, welches die Fette in Glyzerin und Fettsäuren zerlegt. Zucker- und eiweißabbauende Enzyme des Bauchspeichels bauen die Nährstoffe zu Einfachzuckern und Aminosäuren ab, die wasserlöslich geworden sind, wie auch das in

Glyzerin und Fettsäuren gespaltene Fett wasserlöslich geworden ist. Diese Spaltung wird im Dünndarm fortgesetzt.
Die wasserlöslichen Bausteine werden von den Darmzotten des Dünndarms aus dem Nahrungsbrei aufgenommen und über die Blut- und Lymphbahn weitergeführt. Damit ist die Verdauung der Nahrung abgeschlossen. Die übrig bleibenden und unverdaulichen Teile der Nahrung (Ballaststoffe) werden im Dickdarm weiter zersetzt (Darmbakterien), eingedickt und durch den Mastdarm ausgeschieden.

Der Verdauungstrakt

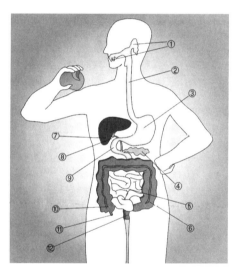

① Speicheldrüsen
② Speiseröhre
③ Magen
④ Bauchspeicheldrüse
⑤ Dünndarm
⑥ Dickdarm
⑦ Leber
⑧ Gallenblase
⑨ Zwölffingerdarm
⑩ Blinddarm
⑪ Wurmfortsatz
⑫ After

Der Magen und seine Aufgaben

Im Magen werden die Speisebissen mit dem Magensaft gründlich vermischt und als Speisebrei (Chymus) an den oberen Teil des Dünndarms, den Zwölffingerdarm, abgegeben.
Der Magen ist zunächst ein Auffangbehälter für die Nahrung. Seine Bewegungen vermischen den Speisebrei mit dem Magensaft und zerkleinern die Speisen. Durch den Pförtner erfolgt die portionsweise Entleerung in den Zwölffingerdarm.

Der Magen produziert täglich etwa 2 Liter Magensaft, der überwiegend aus Schleim, Salzsäure und Pepsinogen besteht. Zur Herstellung dieses Magensaftes dienen drei verschiedene Zelltypen in der Magenschleimhaut.
Die Hauptzellen bilden Pepsinogen, eine inaktive Vorstufe des eiweißspaltenden Enzyms Pepsin. Es spaltet die Peptidketten von Nahrungseiweiß, so dass kleinere Polypeptide entstehen.
Die Belegzellen sondern die für den Magensaft charakteristische Salzsäure ab. Die Säure bewirkt eine Gerinnung (Denaturierung) der Eiweiße. Diese werden dann leichter von den eiweißabbauenden Enzymen angegriffen und aufgespalten. Bereits denaturiertes Eiweiß (z. B. aus gegarten oder gesäuerten Speisen) wird im Magen schneller zerlegt als Eiweiß aus unverarbeiteten Lebensmitteln. Die Magensäure aktiviert auch das Pepsinogen zum funktionsfähigen Pepsin. Die Salzsäure tötet zudem die meisten mit der Nahrung aufgenommenen Bakterien ab und dient so dem Schutz vor Infektionen.
In den Belegzellen entsteht auch der so genannte Intrinsic-Faktor für die Vitamin-B_{12}-Resorption. Das Vitamin verbindet sich im Zwölffingerdarm mit diesem Intrinsic-Faktor zu einem stabilen Komplex. Nur in Form dieses Komplexes wird das Vitamin vom Dünndarm aufgenommen.
Der Magen besitzt als fettspaltendes Enzym die Magenlipase. Sie hat mengenmäßig aber nur eine geringe Bedeutung für die Fettverdauung des Erwachsenen. Beim Säugling unterstützt sie den Abbau von Milchfett, indem sie dessen kurzkettige Fettsäuren abspaltet. Im Magen erfolgt noch keine Nährstoffresorption, nur vom Akohol wird schon hier bis zu 20 % in die Blutbahn aufgenommen.

ERNÄHRUNGSLEHRE

Der Magen

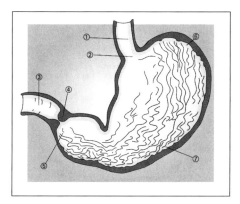

① Speiseröhre
② Magenmund (Kardia)
③ Zwölffingerdarm
④ Magenpförtner
⑤ Vorraum des Magenpförtners (Antrum)
⑥ Magengrund (Fundus)
⑦ Magenkörper

Die Wichtigkeit von Ernährungsrisiken – in absteigender Reihenfolge (aus der Sicht der Wissenschaftler)

1. Ernährungsverhalten
2. Pathogene Mikroorganismen
3. Natürliche Gerbstoffe
4. Umweltkontamination
5. Zusatzstoffe

Welche Aufgaben hat die Leber?

Die Leber ist nicht nur ein Zentralorgan bei der Verdauung, sondern sie trägt auch die Hauptlast bei der Entgiftung des Organismus von körpereigenen Stoffen oder mit der Nahrung zugeführten Fremdstoffen. Als größte menschliche Drüse produziert sie die Gallenflüssigkeit, die für die Fettverdauung unentbehrlich ist.
Bei der Fülle von Aufgaben ist die Leber besonderen Belastungen ausgesetzt. Dazu zählen neben der Überernährung vor allem auch Alkoholgenuss und nicht zuletzt die Auswirkungen von Umwelteinflüssen. Müdigkeit, Verdauungsstörungen und Appetitlosigkeit können u. a. durch eine verstärkte Belastung der Leber auftreten. Umso wichtiger ist es, zur Verbesserung der Leber- und Gallenfunktion und zur Unterstützung der Verdauungstätigkeit den Organismus frühzeitig mit einem gut verträglichen Naturarzneimittel zu unterstützen.

**Welches sind die biologischen Grundlagen
a) des Geruchssinns**

b) des Geschmackssinns?

a) Die Nase. 5 cm² Riechschleimhaut sind verantwortlich für den Geruchssinn.

b) Die Zunge. Es gibt vier verschiedene Geschmacksrichtungen: bitter, sauer, salzig, süß laut folgendem Schaubild:

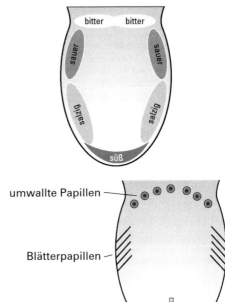

Die Papillen sind die Träger der Geschmacksknospen, nur auf der Zunge schmeckt man etwas.
Sensorikprüfungen werden bei vielen Nahrungsmitteln durchgeführt. Es bedarf einer Schulung der Geschmacksnerven, um extakte Ergebnisse zu erzielen. Außerdem hängt der Geschmack von den Geschmacksschwellen eines jeden Einzelnen ab.

ROHSTOFF- UND WARENKUNDE

Getreide und Mehl

Nach dem derzeit gültigen Getreidegesetz gibt es 5 Brotgetreide- und 6 andere Getreidearten.

Nennen Sie
a) die 2 wichtigsten Brotgetreidearten,
b) 5 andere Getreidearten!

a) Roggen, Weizen (ferner gibt es noch Dinkel [Spelz], Emmer und Einkorn).
b) Gerste, Hafer, Mais, Hirse, Reis. Auch Buchweizen gilt als Getreideart, obwohl er ein Knöterichgewächs ist.

Welches sind die wichtigsten Weizen- und Roggenanbauländer?

a) Weizen: Kanada, USA, Bereiche der früheren GUS-Staaten, insbesondere Russland, Weißrussland, die Ukraine und andere, Argentinien, Australien, Frankreich, Deutschland.
b) Roggen: Bereiche der früheren GUS-Staaten, insbesondere Russland, Weißrussland, die Ukraine und andere, Polen, Deutschland.

Wie verhalten sich Roggen und Weizen hinsichtlich Boden und Klima?

Der Roggen stellt weniger Ansprüche an den Boden als der Weizen und ist unempfindlicher gegen das Klima.
Nach der Aussaatzeit unterscheidet man Sommer- und Wintergetreide.

Zählen Sie die Schichten und Teile eines Getreidekorns auf!

Oberhaut ⎫
Längszellen ⎬ = Fruchtschale
Querzellen ⎪
Schlauchzellen ⎭

Farbstoffschicht ⎫
durchsichtige Schicht ⎬ = Samenschale
Aleuronschicht ⎭

Mehlkörper, Keimling und Bärtchen

Übersicht über die Weltgetreideerzeugung siehe Anhang Seite 399.
"Längsschnitt durch ein Weizenkorn" sowie Abbildungen und Beschreibungen von Brotgetreide- und anderen Getreidearten siehe Anhang Seite 399 ff.

Erklären Sie den Unterschied zwischen Hoch- und Flachmüllerei!	Hochmüllerei erreicht mit weiter (hochgestellter) Walzenstellung und grober Riffelung, dass möglichst hohe Grießanteile anfallen (Weizenmüllerei). Flachmüllerei erreicht mit enger Walzenstellung und feiner Riffelung einen hohen Mehlanteil (Roggenmüllerei).
Nennen Sie die wichtigsten a) Weizen- und b) Roggenmehltypen!	a) Weizenmehl, Type 405 550 812 1050 Weizenbackschrot 1700 Weizenvollkornmehl und Vollkornschrot b) Roggenmehl, Type 815 997 1150 1370 Roggenbackschrot 1800 Roggenvollkornmehl und Vollkornschrot
Was besagt die Typenzahl?	Die Typenzahl sagt uns, wie viel Gramm Mineralstoffe (Aschegehalt) in 100 kg wasserfreiem Mehl enthalten sind.
Was bedeutet die Bezeichnung Weizenmehl, Type 550?	Weizenmehl, Type 550, enthält durchschnittlich 550 g Mineralstoffe auf 100 kg wasserfreie Mehlbestandteile.
Worin unterscheiden sich Backschrote von Vollkornmahlerzeugnissen?	Vollkornmahlerzeugnisse müssen die gesamten Bestandteile der gereinigten Körner einschließlich des Keimlings enthalten. Backschrote enthalten den Getreidekeimling nicht.
Zeigen Sie anhand einer Übersicht mindestens 4 Unterschiede auf zwischen Vollkornmehl und Weizenmehl, z. B. Type 550!	*Vollkornmehl* 1. Ausmahlung fast 100 % (mit Keimling und Schale) 2. höherer Nährwert; mehr Mineralstoffe; mehr Ballaststoffe 3. dunkel 4. nicht lange lagerfähig

---

Die Mehltypenregelung, aufgegliedert nach Mahlerzeugnissen und Mineralstoffgehalt in Bezug auf Mindest- und Höchstwerte, siehe Anhang Seite 372.

ROHSTSTOFF- UND WARENKUNDE

5. höhere Wasseraufnahme, schwieriger zu verarbeiten
6. keine Typenbezeichnung

Weizenmehl, Type 550
1. Ausmahlung ca. 70 % (ohne Keimling, weniger Schalenteile)
2. Nährwert geringer; weniger Mineral und Ballaststoffe
3. hell
4. kann lange gelagert werden
5. geringere Wasseraufnahme, leicht zu verarbeiten
6. hat immer eine Typenbezeichnung

Wie werden die Mehlpackungen im Laden gelagert?

Auf alle Fälle luftig und trocken. Die Mehlbeutel sind zweckmäßig aufrecht in das Regal zu stellen; nicht zu viele aufeinander.

Was sind Fertigmehle?

Fertigmehle sind Grundmehle, bei denen von den Mühlen besondere Herstellungsmethoden unter Zusatz von qualitativ hochwertigen Zutaten angewandt werden. Sie enthalten alle haltbaren Bestandteile zur Herstellung einer bestimmten Gebäckart.

Zu welchen Backwaren lassen sich Fertigmehle verarbeiten?

Fertigmehle werden heute mit Erfolg für Hefeteig verarbeitet; ebenfalls zu Sandkuchen, Brandmasse, Amerikanern sowie zu vielen Brot- und Kleingebäcksorten.

Wie setzen sich die Mehlarten Weizen und Roggen prozentual durchschnittlich zusammen?

Mehlart	Eiweiß	Fett	Stärke	lösl. Zucker	Rohfaser	Mineralstoffe	Trockenstoffe insges.	Wasser
				in Prozent				
Weizenmehl	11,3	1,7	68,0	3,2	0,5	0,8	85,5	14,5
Roggenmehl	8,2	1,3	69,0	5,5	1,0	1,2	86,2	13,8

Einzelne Bestandteile variieren in der Menge je nach Type, Erntebedingungen, Klima und Bodenverhältnissen.

ROHSTOFF- UND WARENKUNDE

Was ist Kleber?

Ein spezielles Gemisch von Eiweißstoffen des Weizens, die mit Wasser einen Teig bilden können.

Wie werden Haferflocken hergestellt?

Haferflocken werden aus entspelzten, gedämpften und gequetschten Haferkörnern hergestellt und sind schon nach kurzer Kochzeit gut verdaulich.

Welche Sorten von Reis unterscheidet man?

Rundkornreis (Milchreis) und Langkornreis (Tafelreis).

Was bezeichnet man als Grünkern?

Grünkern stammt von Dinkel- oder Spelzweizen. Die Frucht wird vor der Reife geschnitten, die unreifen Ähren werden auf besonderen Darren getrocknet. Es folgt ein mehrstündiges Rösten auf durchlöcherten Eisenblechen, anschließend das Ausdreschen. Grünkern dient zur Bereitung von Suppen.

Zucker

Nennen Sie Pflanzen, aus deren Saft Zucker gewonnen wird!

Aus Zuckerrohr und aus Zuckerrüben.

Nennen Sie Anbaugebiete des Zuckerrohrs!

Hauptanbaugebiete sind Brasilien, Indien und Kuba.

Wie entsteht der Zucker in der Pflanze?

Der Aufbau (Synthese) des Naturstoffs Zucker geht im Blatt der Zuckerrübe und des Zuckerrohrs vor sich. Dann wandert der Zucker in den Wurzelkörper der Rübe bzw. den Stengel des Zuckerrohrs, wo er gespeichert wird. In Europa wird Zucker fast ausschliefllich aus Zuckerrüben gewonnen. Die Zuckerrübe ist eine durch besondere Züchtung erhaltene Rübenart, welche im Durchschnitt 16 Gewichtsprozent Zucker enthält. Der Zuckergehalt ist sehr schwankend, je nach den Wachstumsbedingungen. In trockenen, heißen Jahren liegt er bei 18 bis 19 %, in nassen Jahren bei nur 14 bis 15 %.

ROHSTOFF- UND WARENKUNDE

Wie heißen die verschiedenen Zuckersorten des Handels, und wie unterscheiden sie sich?

Die Zuckersorten des Handels unterscheiden sich durch den Reinheitsgrad, die Größe der Kristalle und die verschiedenen äußeren Formen.

a) Nach dem Reinheitsgrad:
Raffinadezucker, Weißzucker.

b) Nach der äußeren Form:
Weißzucker mit den Korngrößen grob/mittel/fein/sehr fein, gemahlener Zucker – Puderzucker, Puderraffinade, geformter Zucker –, Würfel-, Hagel-, Hutzucker, besondere Formen: Kandis-, Instantzucker.

c) Flüssige Zucker:
Flüssige Raffinade = Flüssigzucker Invertflüssigzucker (bis 50 % des Zuckergehaltes ist Invertzucker, der Rest ist Saccharose) Invertzuckersirup (über 50 % des Zuckergehaltes ist Invertzucker) Mischsirup, Karamellzuckersirup.

Was ist Saccharose?

Saccharose ist der chemische Name für Zucker (Rohr- und Rübenzucker).

Gibt es außer Saccharose noch andere Zuckerarten, die in Back- und Süßwaren eingesetzt werden?

Außer Saccharose werden noch Traubenzucker und Fruchtzucker eingesetzt.

Was versteht man unter Invertzucker?

Invertzucker ist das Gemisch aus gleichen Anteilen Traubenzucker (Glukose oder Dextrose) und Fruchtzucker (Fruktose), das durch eine Spaltung von Saccharose mit Säuren oder Enzymen hergestellt wird.

Was ist Glukosesirup (Stärkesirup)?

Glukosesirup ist ein süßer Sirup, der zumeist aus Maisstärke hergestellt wird. Die Süße rührt dabei hauptsächlich von dem in ihm enthaltenen Traubenzucker. Glukosesirup ist weniger süß als Zucker.

Zucker-/Süßwaren

Was versteht man unter Zuckerwaren?

Zuckerwaren enthalten im Allgemeinen als charakteristische Bestandteile Saccharose und/oder andere Zuckerarten.

Nennen Sie die bekanntesten Zuckerwarensorten!

Hartkaramellen, Weichkaramellen oder Kaubonbons (Fruchtbonbons, Milch- oder Sahnebonbons, Honigbonbons, Malzbonbons, Kakao- oder Schokoladebonbons), Gummibonbons, Dragees.

Erläutern Sie die Zusammensetzung und Herstellung von Bonbons!

Die Rohstoffe sind Zucker, Glukosesirup, Genusssäuren (Zitronensäure, Weinsäure), Farb- und Aromastoffe.
Die Herstellung erfolgt im Bonbonkocher. Dabei wird zunächst unter Erhitzen der Zucker in Wasser gelöst, dann der Glukosesirup zugegeben und bis zu einer bestimmten Temperatur unter Normaldruck oder im Vakuum erhitzt. Die so entstandene zähe, dickflüssige Masse wird etwas abgekühlt. Farb- und Aromastoffe sowie Genusssäuren werden zugesetzt. Anschließend erfolgt auf besonderen Maschinen die Formung der Bonbons.

Wie werden Hartkaramellen hergestellt?

Sie werden aus der gekochten Masse durch Gießen oder Prägen hergestellt. Dazu gehören z. B. Fruchtbonbons mit und ohne Füllung, Hustenbonbons, Malzbonbons usw.

Erläutern Sie die Zusammensetzung und Herstellung von Weichkaramellen bzw. Kaubonbons!

Kaubonbons enthalten im Gegensatz zu Hartkaramellen neben einem höheren Glukosesirupanteil noch Fette und/oder Gelatine. Die gekochte Masse wird nicht wie bei Hartkaramellen gleich verformt, sondern zunächst auf einer Ziehmaschine gezogen.
Durch das Ziehen werden kleine Luftbläschen in die Masse eingeschlossen. Hierdurch und durch den Zusatz von Fett und Gelatine bleibt das Bonbon weich und kaufähig.

ROHSTOFF- UND WARENKUNDE

Einteilung nach besonderen wertbestimmenden oder geschmacksgebenden Zusätzen:
Fruchtbonbons mit Zusatz von Wein-, Zitronen- oder Milchsäure;
Milch- oder Sahnebonbons, Mindestgehalt an Milchfett 2,5 bzw. 4 %;
Honigbonbons, Mindestgehalt an Honig 5 %;
Malzbonbons, Mindestgehalt an Malzextrakt 5 %;
Kakao- oder Schokoladenbonbons, Mindestgehalt 5 % Schokoladenbestandteile.

Was versteht man unter Dragees?

Sie bestehen aus einem Kern (Einlage), der von einer glatten oder gekrausten, mit Zuckerarten und/oder Schokoladearten im Drageekessel überzogen wird. Die Kerne können flüssige, weiche oder feste Einlagen sein.

Was versteht man unter Gummibonbons?

Sie werden aus Zucker, Gelatine und/oder anderen Verdichtungsmitteln und Glukosesirup hergestellt.
Sie enthalten außerdem noch Zusätze von Geschmacksstoffen, Fruchtauszügen und Farbstoffen.

Wie setzt sich Krokant zusammen?

Krokant besteht aus mindestens 20 % grob bis fein zerkleinerten Mandeln, Hasel- und/oder Walnusskernen und karamellisierten Zuckerarten und/oder Zuckeralkoholen. Die Verwendung von geruchs- und geschmacksgebenden Stoffen sowie von Lebensmitteln wie Fetten, Eiweißstoffen und Milcherzeugnissen ist üblich. Es werden Hart-, Weich- und Blätterkrokant unterschieden. Werden anstelle der oben aufgeführten Samenkerne andere Ölsamen bzw. Schalenfrüchte verwendet, wird dies in der Bezeichnung angegeben (z. B. Erdnusskrokant, Kokoskrokant).

Was versteht man unter Eiskonfekt?

Eiskonfekt sind massive, kühl schmeckende, nichtfigürliche Konfektstücke ohne grobstückige Zusätze bis zu 20 g Einzelgewicht aus, bezogen auf das Gewicht des Fertigerzeugnisses, mindestens 5 % Kakaopulver, auch stark entölt, ggf. Kakaomasse, sowie anderen, die Beschaffenheit oder den Geschmack beeinflussenden Zutaten, Zuckerarten und/oder Zuckeralkoholen sowie überwiegend ungehärtetem Kokosfett oder in ihrer Zusammensetzung ähnlichen anderen Fetten hoher Schmelzwärme, deren charakteristischer und kühlender Effekt durch den Zusatz von z. B. Dextrose (Traubenzucker) oder Menthol (Pfefferminzaroma) gesteigert werden kann.

Was versteht man unter Fondant?

Fondant ist eine zäh-weiche, auf der Zunge leicht zergehende Masse aus ganz feinen Saccharosekristallen mit Glukosesirup und/oder Invertzucker und evtl. Zusatz von geruchs- und geschmacksgebenden Stoffen. Durch ein besonderes Herstellungsverfahren erhält der Fondant die feinkristalline Beschaffenheit. Der Wassergehalt beträgt max. 12 %.

Was ist Honig?

Honig ist ein flüssiges bzw. dickflüssiges oder kristallines Lebensmittel, das von Bienen erzeugt wird, indem sie Blütennektar, andere Sekrete von lebenden Pflanzenteilen oder auf lebenden Pflanzen befindliche Drüsenabsonderungen von Insekten aufnehmen, durch körpereigene Sekrete bereichern und verändern, in Waben speichern und dort reifen lassen. Dem Honig dürfen weder Stoffe zugesetzt noch honigeigene Bestandteile entzogen werden. Er wird als Brotaufstrich, als Süßungsmittel in Getränken (Tee, Milch), auch als Kuchenzutat und für Bonbons gebraucht. Dem Honig werden in der Naturheilkunde viele gesundheitsfördernde Wirkungen, z. B. bei Halsentzündungen und bei der Wundheilung, zugeschrieben. Bei der Herstellung von Honiglebkuchen ist die Verwendung von Bienenhonig gesetzlich vorgeschrieben.

ROHSTOFF- UND WARENKUNDE

Nennen Sie Honigarten
a) nach honigspendenden Pflanzen
b) nach Art der Gewinnung!

a) Blütenhonige, wie z. B. Akazien-, Heide-, Klee-, Raps- oder Wildblütenhonig, Honigtauhonige, wie z. B. Tannen- oder Waldhonig
b) Waben-, Scheiben-, Tropf-, Schleuder- oder Presshonig

Beschreiben Sie die Herstellungsweise von Invertzuckerkrem (früher Kunsthonig)!

Invertzuckerkrem wird überwiegend aus Saccharoselösung (Rohr- oder Rübenzucker) ggf. unter Mitverwendung von Stärkeverzuckerungserzeugnissen hergestellt, indem man diese mit Hilfe von Säuren oder zuckerspaltenden Enzymen in ein Gemisch von Trauben- und Fruchtzucker (=Invertzucker) überführt und dem Produkt durch Färbung und Aromen einen honigartigen Geruch und Geschmack gibt.

Zuckeraustauschstoffe

Was sind Zuckeraustauschstoffe?

Zuckeraustauschstoffe sind Süßungsmittel, welche eine ähnliche (evtl. etwas geringere) Süßkraft haben wie Zucker, sich aber durch spezielle Eigenschaften wie geringerer Nährwert und/oder geringere Kariogenität (Karies) und/oder Eignung für Diabetiker auszeichnet. Zucker kann aus diesen Gründen durch Zuckeraustauschstoffe ersetzt werden. Einsatz finden Zuckeraustauschstoffe im Vergleich zu Süßstoffen vor allem in Produkten, in denen die Masse erforderlich ist (z. B. Bonbons, Schokolade).

Nennen Sie Zuckeraustauschstoffe?

Fruktose (Fruchtzucker), Sorbit, Mannit, Xylit, Isomalt, maltithaltige Sirupe, kristallines Maltit, Lactit.

Süßstoffe

Was ist Süßstoff?

Süßstoff ist ein auf künstlichem Wege gewonnener Stoff mit einer wesentlich größeren Süßkraft als Saccharose (Rüben- oder Rohrzucker), meistens ohne Nährwert.

Nennen Sie Süßstoffe!

a) Saccharin (300- bis 500-mal süßer als Haushaltszucker)
b) Cyclamat (30-mal süßer als Haushaltszucker)
c) Saccharin-Cyclamat-Mischung (100-mal süßer als Haushaltszucker bei einer Mischung von Saccharin und Cyclamat im Verhältnis 1:10)
d) Aspartam (200-mal süßer als Haushaltszucker)
e) Acesulfam-K (130- bis 200-mal süßer als Haushaltszucker)
f) Thaumatin (Protein-Süßstoff und Geschmacksverstärker) 2000- bis 3000-mal süßer als Haushaltszucker)
g) Neohesperidin DC (400- bis 600-mal süßer als Haushaltszucker)

Würzmittel/Gewürze

Was versteht man unter Würzmitteln?

Würzmittel sind Zubereitungen, die anderen Lebensmitteln, insbesondere verzehrsfertigen Speisen, einen charakteristischen Geruch und/oder Geschmack verleihen bzw. deren Eigengeschmack verstärken.
Als Basis dienen Geschmacksverstärker, außerdem noch Kochsalz und/oder andere geschmacksgebende Bestandteile.

Welches sind die Hauptträger der Würzmittel?

a) Gewürze
b) Bestimmte Extrakte, z. B. Pilz- oder Malzextrakte
c) Eiweißhydrolysate aus tierischem oder pflanzlichem Rohstoff, z. B. Fleischextrakt, Brüherzeugnisse aus Hefe oder aus Getreideeiweiß, Suppengewürzen

Welche 4 Wirkungen üben Gewürze aus?

1. Verbesserung des Geschmacks
2. Beeinflussung des Dufts
3. Anregung des Appetits
4. Förderung der Verdauung

Nennen Sie einheimische Gewürze!

Anis, Fenchel, Kümmel, Koriander, Mohn (Salz zählt lediglich zu den Würzmitteln).

ROHSTOFF- UND WARENKUNDE

Welche ausländischen Gewürze werden in der Bäckerei verwendet?

Vanille, Zimt, Muskatnuss und Muskatblüte (Mazis), Kardamom, Ingwer, Gewürznelken, Pfeffer, Piment usw.

Was versteht man unter
a) Vanillezucker und
b) Vanillinzucker?

a) Vanillezucker ist entweder eine Gewürzzubereitung aus weißem Zucker und fein zerkleinerten Vanilleschoten der Bourbon-Vanille oder i. S. der Essenzen-VO ein natürliches Vanillearoma aus weißem Zucker und dem Extrakt der Bourbon-Vanille.
Kleinpackungen enthalten bei mind. 8 g Gesamtinhalt mind. 0,5 g ($\triangleq$ 6,25 %) Vanilleschoten oder die Extraktivstoffe daraus.
Großpackungen enthalten mind. 5 % Vanilleschoten oder die Extraktivstoffe daraus.

b) Vanillinzucker besteht aus weißem Zucker und Vanillin. Vanillin ist nach der aktuellen Aromaverordnung ein naturidentischer Aromastoff.
Kleinpackungen enthalten unmittelbar nach der Herstellung mindestens 0,1 g ($\triangleq$ 1,2 %) Vanillin und mind. 7,9 g Zucker. Großpackungen enthalten direkt nach der Herstellung mind. 1 % Vanillin.
Vanillin ist ein wesentlicher Geschmacksstoff der Vanille, wird aber heute in gleichwertiger Qualität fast ausschließlich synthetisch hergestellt

Speisesalz (Natriumchlorid NaCl)

Salz in Lebensmitteln
Salz ist nicht nur für den Geschmack von Lebensmitteln entscheidend, es hat auch technologische Funktionen. Durch seine Fähigkeit, Wasser zu binden, senkt die Salzzugabe den a_w-Wert auch in Backwaren.

Was versteht man unter Speisesalz (Natriumchlorid NaCl)?

Das Speisesalz (Kochsalz) ist mengenmäßig das bedeutendste würzende Mittel in der menschlichen Ernährung und hat eine konservierende Wirkung. Es ist die chemische Verbindung aus den Atomen Natrium und Chlorid. Die Gewichtsanteile von Natrium und Chlorid sind im Natriumchlorid ungleich verteilt, denn 1 g Kochsalz besteht aus 0,4 g Natrium und 0,6 g Chlorid.

Welche Salzarten gibt es?

a) Steinsalz:
Die Steinsalzvorkommen haben sich vor Millionen Jahren durch das Verdunsten früherer Meere gebildet. Das dort in fester Form vorliegende Salz wird nach bergmännischen Verfahren abgebaut, anschließend zerkleinert und gereinigt. Steinsalz ist fast reines Natriumchlorid; es wird hauptsächlich in der Industrie genutzt, jedoch auch fein gemahlen als Speisesalz angeboten.

b) Siedesalz:
Wird das in Steinsalzlagern fest gebundene Salz durch unterirdisches Wasser gelöst, bilden sich Salzquellen, die an die Oberfläche treten können oder unterirdisch als Solen vorkommen. Neben diesen natürlichen Solen gibt es auch künstliche, durch Wassereinleitung in Salzvorkommen erzeugte Solen. Siedesalz wird heute in industriell betriebenen Salinen aus künstlich erzeugten Solen mit Hilfe geschlossener Verdampfergefäße gewonnen, in denen das Wasser unter Verwendung von Unterdruck energiesparend verdampft. Das Siedesalz kommt in verschiedener Körnung als Speisesalz in den Handel.

c) Meer- oder Seesalz:
Aus Meerwasser oder salzhaltigen Binnenseen wird das Salz durch Verdampfung gewonnen. In so genannten Salzgärten verdunstet das Wasser durch Sonnenwärme und Wind. Nur etwa 80 % der Salze im Meerwasser sind Natriumchlorid, der

ROHSTOFF- UND WARENKUNDE

Rest besteht aus anderen Salzverbindungen. Diese Verunreinigungen werden abgetrennt, indem man die Sole stufenweise verdampfen lässt. In den einzelnen Stufen können dann z. B. Gips (Calciumsulfat) oder Magnesium- und Kaliumsalze abgeschieden werden. Das im Handel erhältliche Meersalz besteht zu über 98 % aus Natriumchlorid. Es ist zwar mit Kochsalz nicht völlig identisch, wird jedoch, wie Kochsalz, nicht als Zusatzstoff angesehen. Der Jodgehalt im Meersalz liegt aber nur unwesentlich über dem des Steinsalzes und ist daher keine Alternative zu jodiertem Speisesalz.

Wie soll Salz aufbewahrt werden?

Trocken, denn Salz ist hygroskopisch, d. h., beim Lagern kann es Feuchtigkeit aus der Luft aufnehmen.

Welche Auswirkungen hat Salz auf Teig und Gebäck?

1. Stärkung des Klebers (besserer Stand)
2. Regulierung der Gare
3. Geschmacksgebung
4. Förderung der Krustenbräunung
5. Verbesserung der Porung

Wie viel Gramm Salz müssen wir dem Brot-, Brötchen- und Hefeteig zusetzen?

a) Für Brot- und Brötchenteige 25 bis 30 g pro Liter Schüttflüssigkeit oder 15 bis 20 g je kg Mehl.
b) Bei Hefeteigen 15 bis 20 g pro Liter Milch.

Was versteht man unter jodiertem Speisesalz?

Unter jodiertem Speisesalz ist Speisesalz zu verstehen, dem Natrium- oder Kaliumjodat zugesetzt worden ist. Es ist nur mit einem Mindestjodgehalt von 15 mg/kg verkehrsfähig, und das verwendete Jodat darf max. 25 mg Jod auf 1 kg enthalten. Jodiertes Speisesalz ist nicht kenntlichmachungspflichtig (bei Lebensmitteln in Fertigpackungen muss nur noch im Zutatenverzeichnis auf Jodsalz hingewiesen werden), und es handelt sich um kein diätetisches Lebensmittel, sondern um ein Lebensmittel des allgemeinen Verzehrs.

Jod kommt als natürliches Element im Boden sowie im Wasser vor und damit auch in Lebensmitteln. Vor allem Seefisch ist besonders jodreich. Jod ist für die Funktion der Schilddrüse sowie für die Bildung von Schilddrüsenhormonen notwendig, und es wird eine tägliche Zufuhr von 0,15 bis 0,2 mg empfohlen. Da Deutschland geologisch gesehen zu den jodärmsten Gebieten Europas gehört, ist die Jodversorgung über Lebensmittel in der Regel nicht ausreichend. Die Verwendung von jodiertem Speisesalz und der Verzehr von mit Jodsalz hergestellten Lebensmitteln tragen dazu bei, die Versorgung mit diesem wichtigen Spurenelement zu verbessern und Jod-Mangelerkrankungen (Kropf) vorzubeugen.

Was versteht man unter fluoridiertem Speisesalz?

Mit einer Ausnahmegenehmigung darf seit September 1992 in Deutschland fluoridiertes Speisesalz hergestellt werden. Dieses Salz enthält ebenso wie Jodsalz 15 bis 25 mg Jod/kg und bis zu 250 mg Fluorid. Ziel der Speisesalz-Fluoridierung ist die Kariesverhütung. Karies ist zwar keine Fluor-Mangelerkrankung, aber eine regelmäßige Fluoridzufuhr soll (eine ausreichende Zahnhygiene vorausgesetzt) zur Kariesvermeidung beitragen, denn Fluorid fördert die Mineraleinlagerung in den Zähnen und härtet damit den Zahnschmelz. Außerdem vermindert es den mikrobiellen Abbau von Zucker zu zahnschädigenden Säuren.

Was ist Kochsalzersatz?

Für diätetische Lebensmittel, die für eine natriumarme Ernährung gedacht sind, sind bestimmte Stoffe als Kochsalzersatz zugelassen (DiätVO). Hinweise wie „natriumarm" („kochsalzarm") und „streng natriumarm" („streng kochsalzarm") sowie andere Angaben über den Kochsalzgehalt sind in der DiätVO geregelt.

Eier/EU-Eiervermarktungsnormen-Verordnung

Das handelsübliche Hühnerei verfügt neben seiner von Natur aus hervorragenden Verpackung über alle lebensnotwendigen Nährstoffe, wie hochwertiges Eiweiß, Vitamine, Mineralstoffe, Fett und Lecithin, den Nährstoff für Nerven und Hirn.
In keinem anderen Nahrungsmittel findet man ein Eiweiß mit einer so hohen Wertigkeit wie im Ei. Zudem sind Eier vielseitig und unentbehrlich zur Produktion von Backwaren.
Egal ob die Eier nun im Zehner-, Sechserpack oder lose angeboten werden, sie müssen auf jeden Fall genau gekennzeichnet sein. Für die Produktion werden Eier lose im Karton oder als Flüssigkeit angeboten. Auf der Packung müssen müssen folgende Angaben enthalten sein:
– Gewichtsklasse
– Güteklasse
– Packzeit
– Zahl der Eier
– Name, Anschrift und Kenn-Nummer des Packbetriebs

Eier der Gewichtsklasse S werden meist zum Backen verwendet, und die schweren Eier werden hauptsächlich als Frühstückseier angeboten.

Kennzeichnung von Hühnereiern
Seit 1. 1. 2004 müssen alle in der EU erzeugten Hühnereier einen Stempel aufweisen, aus dem die Art der Haltung, Herstellerland, Betrieb und Stall hervorgehen, und der etwa so aussieht:

0-AT-123456-78

Erste Stelle: Art der Haltung
0 = Ökologische Erzeugung (immer Freilandhaltung)
1 = Freilandhaltung
2 = Bodenhaltung
3 = Käfighaltung

Die Buchstaben an 2. und 3. Stelle entsprechen dem *ISO-Ländercode*. Die Stellen 4 bis 9 geben den Produktionsbetrieb, die Stellen 10 und 11 die Nummer des Stalles an. Führende Nullen können weggelassen werden, deshalb können Produzenten- und Stallnummer auch kürzer ausfallen.

Wie ist das Hühnerei aufgebaut?	Kalkschale, Oberhäutchen, Eiklar, Dotter, Luftkammer.

Hygieneregeln für die Behandlung und Verarbeitung frischer Eier und von Eiprodukten in Konditoreien und Bäckereien siehe Anhang Seite 338 ff.

ROHSTOFF- UND WARENKUNDE

Nennen Sie die Bestandteile und die Zusammensetzung von a) Hühnerei/Vollei, b) Vollei ohne Schale, c) Eiklar/Eiweiß, d) Eigelb/Dotter!

a) Schale 11 %, Eiklar (Klarei) 58 %, Eigelb (Dotter) 31 %. Unter Vollei versteht man den Ei-Inhalt.
b) Zusammensetzung eines *Volleis* ohne Schale:
Wasser 74 %
Eiweiß 13 %
Fett 12 %
Mineralstoffe (Salze) 1 %
Außerdem Spuren von Jod und Vitaminen; spezifisches Gewicht: 1,080.
c) Zusammensetzung des *Eiklars:*
Wasser 88 %
Eiweißstoffe 11 %
Kohlenhydrate und Asche 1 %
d) Zusammensetzung des *Eigelbs* (Dotter):
Wasser 49 %
Fett (außer Lecithin) 25 %
Eiweißstoffe 17 %
Lecithin 8 %
Kohlenhydrate, Farbstoffe, Asche 1 %

Nennen Sie die backtechnischen Auswirkungen von Eiern auf das Gebäck!

1. Erhöhung des Nährwerts
2. Vergrößerung des Volumens
3. Förderung der Bräunung (gelbliche Farbe)
4. Verbesserung der Porung
5. Verfeinerung des Geschmacks

Welche Güteklassen sieht die EU-Eiervermarktungsnormen-Verordnung vor?

Güteklasse A oder „frisch"
Güteklasse B oder „2. Qualität" oder „haltbar gemacht"
Güteklasse C oder „aussortiert, für zugelassene Betriebe der Nahrungsmittelindustrie bestimmt"

Wie trennt die Luftkammerhöhe als Frischemaß die Güteklassen, und ist Stempeln der Eier erlaubt?

Gütekl.	Luftkammerhöhe	Stempeln
A	nicht über 6 mm	erlaubt
B	nicht über 9 mm	Vorschrift
C	über 9 mm	Vorschrift

Für Eier der Klasse A, deren Luftkammerhöhe zum Zeitpunkt der Verpackung weniger als 4 mm beträgt, dürfen Kleinpackungen verwendet werden, deren Verschlussbanderole das Wort „Extra" und das Ver-

ROHSTOFF- UND WARENKUNDE

packungsdatum aufweist. Die Banderole muss spätestens am 7. Tag nach dem Verpackungstag entfernt werden.

Nennen Sie die 4 Gewichtsklassen, nach denen die Eier der Güteklasse A sortiert werden!

XL Sehr groß: 73 g und darüber
L   Groß: 63 g bis unter 73 g
M   Mittel: 53 g bis unter 63 g
S   Klein: unter 53 g

An wen dürfen Eier der Güteklasse C nur abgegeben werden?

a) An denjenigen Industriebereich, der Eier für andere Zwecke als für die Herstellung von Nahrungsmitteln einsetzt.
b) An zugelassene Betriebe der Nahrungsmittelindustrie.

Wie können Eier auf ihren Frischezustand geprüft werden?

a) Mit der Durchleuchtungsprobe (Eierprüflampe): Luftkammer möglichst klein, Dotter nur schattenhaft, frei beweglich in der Mitte des Eies sichtbar. Das Ei besitzt nicht Güte der Klasse A, wenn die Luftkammer sehr groß (größer als 6 mm) und der Dotter gewöhnlich nicht in der Mitte ist.
b) Durch die Salzwasserprobe: Es muss eine 10 %ige Kochsalzlösung angesetzt werden. Gewöhnlich sinken Eier guter Qualität auf den Boden, solche minderer Qualität schwimmen an der Oberfläche. Deutlichen Einfluss hat dabei die Schalendicke. Je dünner die Schale, um so eher schwimmt das Ei. Kleine Eier von jungen Hennen haben dicke Schalen, große Eier von alten Hennen dünne Schalen.
c) Durch Aufschlagen des Eies: Bei Eiern minderer Qualität unterscheidet sich das dickflüssige kaum in der Höhe vom dünnflüssigen Eiklar, beide Eiklarschichten laufen stark auseinander.

Wozu werden Eier in der Backstube verwendet?

Eier sind die Grundlage für feine Kuchenwaren, Tortenmassen, Königskuchen, Biskuits, Eclairs, Windbeutel, Spritzkuchen, Pfannkuchen usw. Durch aufgeschlagenes Eiweiß erzielt man Lockerung; der Dotter

ROHSTOFF- UND WARENKUNDE

färbt schön und erhöht den Nährwert; Oberflächenbehandlung des Gebäcks durch Eistreiche.

Was ist Eipulver?

Eipulver wird wie Milchpulver hergestellt = eingedickte Eimasse, die auf Walzen getrocknet oder im Sprühverfahren hergestellt wird. 12,5 g Trockenvollei entsprechen einem Frischei von 45 g; 8,75 g Trockeneigelb entsprechen einem Eidotter von 16 g.

Milch und Milchprodukte

Nennen Sie die Bestandteile der molkereimäßig bearbeiteten Vollmilch (Trinkmilch) in Prozenten!

Nach dem Milchgesetz versteht man hierunter Kuhmilch. Durchschnittliche Zusammensetzung von Vollmilch (Trinkmilch):
87,6 % Wasser
3,5 % Fett, mindestens
4,7 % Milchzucker
3,4 % Gesamteiweiß (Kasein, Albumin, Globulin)
0,7 % Mineralstoffe (Milchsalze)
0,1 % Vitamine und Spurenelemente

Spezifisches Gewicht: 1,028 bis 1,032

Welche 2 Milchsäurearten gibt es, und erklären Sie diese!

Milchsäuren werden wissenschaftlich unterschieden in linksdrehend D(–) und rechtsdrehend L(+).
Polarisiertes Licht strahlt nicht durch diese Flüssigkeiten, sondern wird abgeknickt nach links oder nach rechts. Da im menschlichen (tierischen) Gewebe nur (L+)-Milchsäure vorhanden ist, nennt man diese „physiologisch". Nimmt der Mensch D(–)-Milchsäure auf, verwandelt der menschliche Organismus diese in L(+)-Milchsäure.
Die rechtsdrehende L(+)-Form entsteht nicht nur bei der Herstellung von Sauermilcherzeugnissen, Joghurt und anderen gesäuerten Milcherzeugnissen, sondern ist auch ein natürliches Zwischenprodukt des menschlichen Stoffwechsels.

ROHSTOFF- UND WARENKUNDE

Die linksdrehende D(–)-Milchsäure wird von manchen Verbrauchern als weniger wertvoll beurteilt. Beide Säurearten sind jedoch in gesundheitlicher Hinsicht gleichwertvoll. Entgegen früherer Ansichten wird auch die linksdrehende Säure vom Körper abgebaut und verwertet. Der Abbau verläuft zwar etwas langsamer, aber dennoch schnell genug, um keine Übersäuerung des Bluts entstehen zu lassen. Säuglinge sollten in den ersten Lebensmonaten allerdings keine D(–)-Milchsäure erhalten, da ihr Stoffwechsel noch nicht voll funktionstüchtig ist.

Wie viel Prozent Fett enthalten die Standardsorten der Konsummilch?

a) Vollmilch, mindestens 3,5 % oder mehr
b) Fettarme oder teilentrahmte Milch 1,5 bis 1,8 %
c) Magermilch oder entrahmte Milch höchstens 0,3 %
Der Fettentzug geschieht mittels Spezialzentrifugen, sog. Entrahmungsseparatoren.

Was versteht man unter wärmebehandelter Milch?

Unter dem Begriff Wärmebehandlung sind EU-einheitlich alle Erhitzungsverfahren (neben der gesetzlich vorgeschriebenen Pasteurisierung) erfasst, bei denen Milch und Milcherzeugnisse über 50 °C erwärmt werden.

Nennen Sie die bekanntesten und gebräuchlichsten Wärmebehandlungsverfahren für Milch sowie Milchprodukte, und erläutern Sie diese!

a) Pasteurisieren (Frischprodukte)
b) Ultrahocherhitzen (H-Produkte)
c) Sterilisieren
d) Abkochen
Zu a) *Pasteurisieren* ist für molkereimäßig erfasste und vermarktete Milch gesetzlich vorgeschrieben und ist eine Hygienemaßnahme. Die Erwärmung der Milch erfolgt auf 72 °C bis 75 °C bei einer Heißhaltezeit von mindestens 15 Sekunden (i. d. Praxis bis 20 Sekunden). Es muss eine sofortige anschließende Kühlung auf mindestens +6 °C erfolgen.
Hierbei werden eventuelle in Rohmilch vorhandene Krankheitserreger abgetötet. Die nicht pathogene Rohmilchflora wird

nur zu ca. 99 % eliminiert, was bedeutet, dass derart wärmebehandelte (pasteurisierte) Milch, auch Frischmilch genannt, trotz Kühlung nur begrenzt haltbar ist. Drei verschiedene Pasteurisierungsmethoden sind gesetzlich zugelassen:
– Die Dauererhitzung auf 62 °C bis 65 °C für 30 bis 32 Minuten.
– Die Kurzzeiterhitzung auf 72 °C bis 75 °C für 15 bis 30 Sekunden.
– Die Hocherhitzung auf mindestens 85° C.

Zu b) Beim *Ultrahocherhitzungs-Verfahren* wird die Milch für mindestens 1 Sekunde auf Temperaturen von 135 °C bis 150 °C erhitzt. Die ultrahocherhitzte Konsummilch, H-Milch (haltbare Milch) genannt, enthält normalerweise keine vermehrungsfähigen Keime. Sie muss unter sterilen Bedingungen abgefüllt und verpackt werden.
Keimfrei abgefüllt, ist diese Milch originalverschlossen viele Monate lagerfähig. Hohe Temperaturen beim Ultrahocherhitzen verändern die Eiweißbausteine, zerstören sie aber nicht. Hitzeempfindliche B-Vitamine sind in H-Produkten weniger enthalten als in pasteurisierten. Sie werden jedoch nicht so stark geschädigt wie beim Sterilisieren.
Der „Kochgeschmack" kommt wegen des geringeren Fettgehalts bei entrahmter oder teilentrahmter H-Milch stärker zum Ausdruck als bei H-Vollmilch. Er verliert sich mit zunehmender Lagerdauer.
Zu c) Die *Sterilisation* wird bei festverschlossenen, verkaufsfertigen Packungen angewendet (Flaschen, Dosen). Die Entkeimung ist (wie bei b) 100%ig. Die Haltbarkeit kann u. U. Jahre betragen. Es werden Temperaturen zwischen 112 °C und 118 °C angewendet bei einer Heißhaltung von 15 bis 20 Minuten.
Nachteil: Bei der Sterilisation treten Eiweißveränderungen und Vitaminverluste auf. Daher ist diese Milch für die Säuglingsernährung nicht geeignet.

ROHSTOFF- UND WARENKUNDE

Zu d) Das Abkochen ist ein Wärmebehandlungsverfahren, wie es früher im Haushalt üblich war.
Allen molkereimäßigen Wärmebehandlungsverfahren ist eine Zentrifugalreinigung der Milch vorangestellt.

Erläutern Sie das Homogenisieren der Milch!

Beim Homogenisieren werden die Fettkügelchen so fein verteilt, dass das Aufrahmvermögen (Trennung von Rahm und Magermilch, d. h. Entstehung einer Rahmschicht an der Oberfläche) praktisch verloren geht. Das Homogenisieren muss auf der Milchpackung angegeben werden.

Welche Auswirkungen hat die Verwendung von Milch bei der Teigherstellung auf das Gebäck?

a) Vergrößerung des Volumens
b) Verbesserung der Kruste (zartsplittriger)
c) Verfeinerung der Krumenbeschaffenheit und der Porung
d) Verbesserung der Frischhaltung und des Geschmacks (Milchgeschmack)

Wie entsteht Buttermilch?

Buttermilch fällt bei der Butterherstellung an. Sie enthält noch viele Nährstoffe der Milch, hat einen erhöhten Lecithingehalt, und der Fettgehalt liegt zwischen 0,4 und 0,7 %.
Buttermilch darf einen Fremdwassergehalt (Wasser, das bei der Butterung zugesetzt wird) von höchstens 10 % oder einen Magermilchzusatz von höchstens 15 % aufweisen.
Reine Buttermilch enthält weder Zusätze von Fremdwasser noch von Magermilch oder Trockenmilch. Die Erhöhung der Milchtrockenmasse darf nur durch Entzug von Wasser erfolgen.

Nennen Sie die Bestandteile der Buttermilch in Prozenten!

Wasser 92 %, Eiweiß 3 %, Fett 0,4 % bis 0,7 %, Milchzucker 3,5 % sowie Mineralstoffe 0,8 %.

Was ist saure Sahne?

Saure Sahne wird aus Rahm durch den Zusatz spezifischer Milchsäure- und Aromabakterien gewonnen. Die Säuerung dauert 16 bis 20 Stunden bei etwa 20 °C. Wie jede

Sahne besitzt saure Sahne einen Fettgehalt von mindestens 10 %. Sie ist nährwertärmer als Schlagsahne, die einen Mindestfettgehalt von 30 % hat. Nach der Rechtsprechung ist „saure Sahne" im Sinne des Milchgesetzes nur Sahne, die durch einen gezielten Vorgang, in der Regel durch den kontrollierten Zusatz spezifischer Milchsäurebakterien, zum Säuern gebracht worden ist. Spontan, zum Beispiel während der Aufbewahrung, sauer gewordene Sahne ist nicht saure, sondern verdorbene Sahne.

Nennen Sie Methoden zur Milchprüfung!

1. Geruch, Geschmack und Aussehen (Sinnenprüfung)
2. Kochprobe
3. Prüfung auf Wasserzusatz (spezifisches Gewicht)
4. Prüfung auf Schmutzgehalt (mittels Wattefilter)

Was versteht man unter Kefir?

Kefir wird mit Kefirknöllchen (Symbiose) aus Hefen und speziellen Bakterien oder einer aus diesen gewonnenen Kulturen zubereitet. Mikrobiologisch unterscheidet sich Kefir von den anderen Sauermilchprodukten, dass an der Gärung erwünschte Hefen beteiligt sind. Neben der Milchsäuregärung läuft durch die Hefen zusätzlich eine leichte alkoholische Gärung ab. Daher enthält der verzehrfertige Kefir geringe Mengen Alkohol (mindestens 0,05 % Ethanol) sowie Kohlensäure (CO_2) und schmeckt sehr erfrischend.

Wie entsteht Sahne?

Sahne (Rahm) entsteht durch Entrahmung von Milch. Durch Zentrifugieren wird der Milch so viel Fett entzogen, dass die zurückbleibende Magermilch nur noch bis zu 0,03 % Fett enthält.

Wie viel Prozent Fett muss Rahm- bzw. Trinksahne (Kaffeesahne) enthalten?

Mindestens 10 %.

ROHSTOFF- UND WARENKUNDE

Wie viel Prozent Fett enthält Schlagsahne?

Mindestens 30 %.

Wie werden Kondensmilcherzeugnisse hergestellt?

Rohmilch für Kondensmilcherzeugnisse wird entweder pasteurisiert oder ultrahocherhitzt und, nach Einstellen des Fettgehalts durch Hinzufügen von Rahm oder Magermilch, im Vakuum bei etwa 60 °C bis 70 °C schonend eingedampft. Diesen Vorgang nennt man evaporieren. Durch Verdampfen des Wassers dickt die Milch auf rund die Hälfte ihres ursprünglichen Volumens ein. Das Sterilisieren erfolgt nach dem Verpackungsprozess in der keimdichten Verpackung. Es muss nicht deklariert werden.

In welchen 4 Fettstufen wird ungezuckerte Kondensmilch angeboten?

1. *Kondensmilch mit hohem Fettgehalt (kondensierte Kaffeesahne)* mit mindestens 15 % Fett.
2. *Kondensmilch (kondensierte Vollmilch)* mit mindestens 7,5 % Fett.
3. *Teilentrahmte Kondensmilch* mit mehr als 1 % und weniger als 7,5 % Fett.
4. *Kondensmagermilch (kondensierte Magermilch)* mit höchstens 1 % Fett.

Gezuckerte Kondensmilch wird in 3 Fettstufen hergestellt. Die Sterilisation entfällt, da das Produkt durch den Zucker bereits haltbar ist. Gezuckerte Kondensmilch findet fast ausschließlich in der Süßwarenindustrie Verwendung.

Was ist Joghurt?

Joghurt ist eine Standardsorte der Milcherzeugnisse. Er wird aus Milch unter Verwendung spezifischer Milchsäurebakterienkulturen (Lactobacillus bulgaricus) durch Bebrüten bei 42 °C hergestellt. Die Milch als Ausgangsprodukt wird um rund 20 % eingedickt, damit der Joghurt eine stichfeste Konsistenz erhält. Die Säuerungszeit liegt bei 2 bis 3 Stunden, und der Joghurt soll typisch, rein milchsauer schmecken. Man unterscheidet Joghurt mit mindestens 3,5 % Fett, fettarmen Joghurt mit mindestens 1,5 % und höchstens

1,8 % Fett, Joghurt aus entrahmter Milch (Magermilchjoghurt) mit höchstens 0,3 % Fett und Sahnejoghurt (Rahmjoghurt) mit mindestens 10 % Fett. (Fruchtjoghurterzeugnisse gehören wegen der Verwendung beigegebener Lebensmittel, z. B. Früchte, zu den Milchmischerzeugnissen.)

Erläutern Sie Joghurt mild?

Joghurt mild ist ebenfalls eine Standardsorte, hergestellt mit spezifischen, besonders mild säuernden Bakterienkulturen, die weniger stark nachsäuern, so dass der Joghurt milder schmeckt.

Was ist Molke?

Molke fällt bei der Käseherstellung an. Sie enthält noch eine hohe Menge Milchzucker sowie Eiweiß, Vitamine und Mineralstoffe der Milch. Wegen dieses hohen Nährwertgehalts und einiger technologischen Vorteile eignet sie sich als Zusatz zu Brot- und Gebäckteigen.
Man unterscheidet Süß- oder Sauermolke mit einem Fettgehalt von ca. 0,2 % sowie Molkensahne (Molkenrahm) mit einem Fettgehalt von mindestens 10 %.

Was versteht man unter Speisequark und Schichtkäse?

Beide gehören zur großen Gruppe der Frischkäse. Ernährungsphysiologisch sind sie als gleichwertig anzusehen. Die Herstellung unterscheidet sich wie folgt:
Speisequark
wird in der Regel aus Magermilch hergestellt. Die Milch wird durch Zugabe von Milchsäurebakterien und Lab (Gerinnmittel) dickgelegt. Die auslaufende Molke wird abgetrennt, und die angegebene Fettstufe wird durch Zugabe von Sahne erzielt.
Schichtkäse
wird unter Verwendung quadratischer Formen mit Schlitzen hergestellt. Die dickgelegte Milch wird Schicht für Schicht in die Formen gegeben, und überflüssige Molke (Milchserum) läuft ab. Die übereinander liegenden Schichten verfestigen sich und ergeben das typische, schnittfeste Gefüge.

ROHSTOFF- UND WARENKUNDE

Die Weiterverarbeitung führt zu deutlich besseren Qualitäten als mit Speisequark, d. h. mehr Volumen und sahniger Geschmack. Sowohl Speisequark als auch Schichtkäse werden in verschiedenen Fettstufen angeboten. Man versteht unter ... % Fett i.Tr. den Fettgehalt in der Trockenmasse, d. h. im wasserfreien Käse.
Beispiel: Ein Frischkäse mit 20 % Fett i.Tr. hat einen auf den wasserfreien Käse bezogenen Fettgehalt von 4 bis 4,5 %. Schichtkäse und Speisequark werden aufgrund ihres hohen und hochwertigen Eiweißgehalts in der Zukunft immer mehr an Bedeutung für die menschliche Ernährung gewinnen.

Was versteht man unter Trockenmilch?

Als Trockenmilch bezeichnet man allgemein Milchpulver, das aus Vollmilch, teilentrahmter Milch, Magermilch bzw. aus Milcherzeugnissen unter weitgehendem Entzug von Wasser hergestellt wird. Bei diesem Verfahren werden die Milchinhaltsstoffe wenig verändert. Die Lagerfähigkeit ist wegen des hohen Gehalts an Fett, das leicht ranzig wird, gering. Das Milchpulver wird entweder unter das Mehl gemischt oder vor seiner Verarbeitung in einer entsprechenden Menge Wasser aufgelöst.

Nach welchen 2 Verfahren wird Trockenmilch hergestellt?

1. *Walzentrocknung.* (Die Milch wird in einem dünnen Film kontinuierlich auf beheizten Walzen getrocknet; schlechte Löslichkeit, aber gute Backeigenschaften.)
2. *Sprühtrocknung.* (Die Milch wird in hohen Türmen versprüht. Dabei fällt sie einem warmen Luftstrom entgegen, und unten angekommen, sind die Milchpartikel zu Pulver getrocknet; leichtere, vollständige Löslichkeit des Pulvers.)

Nennen Sie verschiedene Milchpulverarten, und erklären Sie diese!

1. *Vollmilchpulver* wird aus Vollmilch hergestellt. Nach dem Eindicken der Milch wird der Fettgehalt durch Zugabe von Magermilch oder Rahm standardisiert.

Vollmilchpulver hat einen Fettgehalt von mindestens 26 %.
2. Sahnepulver (Rahm-, Milchpulver mit hohem Fettgehalt) enthält mindestens 42 % Fett.
3. Teilentrahmtes Milchpulver hat einen Fettgehalt von mehr als 1,5 % und weniger als 26 % Fett.
4. Magermilchpulver entsteht durch Verdampfen und Trocknen von Magermilch. Für die Gewinnung von 1 kg Magermilchpulver werden rund 11 kg Magermilch benötigt. Daher liegt der herstellungstechnisch bedingte Fettgehalt im Magermilchpulver bei 0,5 %, darf jedoch 1 % Fett nicht übersteigen.
5. Buttermilchpulver hat einen Fettgehalt von höchstens 15 %.

Welche Dosierung ist unter Verwendung von Milchpulver bei Milchgebäck einzuhalten?

Vollmilchpulver, mind. 26 % Fett
a) 138,65 g Vollmilchpulver mit Wasser zu 1 Liter Gesamtflüssigkeit ergänzt oder
b) 155,5 g Vollmilchpulver in 1 Liter Wasser gelöst (1155,5 g Gesamtflüssigkeit).

Bäckereifette

Wie werden Fette nach ihrer Herkunft eingeteilt?

Die Rohstoffe für die in der Bäckerei zur Anwendung kommenden Spezialmargarinen und -fette unterscheiden sich je nach Herkunft in tierische und pflanzliche Fette.

Nennen Sie pflanzliche Fette!

Von Bedeutung bei den pflanzlichen Fetten sind vor allem Erdnussfett (aufgrund seiner langen Haltbarkeit), Palmkernfett, Kokosfett, Sojaöl, Rüböl, Palmöl, Baumwollsaatöl, Rapsöl und Sonnenblumenöl.

Welche tierischen Fette kennen Sie?

Von den Fetten tierischer Herkunft sind neben Butterfett und Schmalz noch Fisch- und Walfette bedeutend.

Welche Bedeutung haben Fette?

Neben der großen Aufgabe als Energielieferant für den menschlichen Körper kommt dem Fett eine wichtige Bedeutung als

ROHSTSTOFF- UND WARENKUNDE

Quelle der fettlöslichen Vitamine A, D, E und K zu. Besonders hohe Anforderungen werden an Spezialfette und -margarinen gestellt, die zur Herstellung von Feinen Backwaren heute unentbehrlich geworden sind.

Margarine

Was ist Margarine?

Margarine ist eine „Wasser-in-Fett-Emulsion", d. h., dass entrahmte Milch – und/oder Wasser in kleinsten Tröpfchen sehr fein im Fett verteilt sind. Nach den gesetzlichen Bestimmungen ist in Margarine mind. 80 % Fett enthalten. Der Milch oder Wasseranteil beträgt ca. 18 %. Außer diesen Bestandteilen sind in der Margarine noch Lecithin (als Stabilisator der Emulsion), Salz und Vitamine enthalten. Zur Herstellung von Margarine dienen vorwiegend pflanzliche Rohstoffe.

Welches sind die wichtigsten Rohstoffe zur Margarineherstellung?

Die wichtigsten Rohstoffe zur Herstellung von Margarine sind Öle und Fette aus
Sojabohnen
Kopra (Kokosnüsse)
Palmfrüchten
Palmkernen
Erdnüssen
Baumwollsaaten
Sonnenblumenkernen
Sesamsaaten
Rapssaaten

Welche Bestimmungen gelten für den Handel mit Margarine?

Nach dem Margarinegesetz sind folgende Bestimmungen einzuhalten:
a) Das Wort Margarine muss in deutscher Sprache in deutlich sichtbarer, leicht lesbarer Schrift angegeben sein.
b) Auf der Verpackung muss angegeben sein: Name und Anschrift des Herstellers, Gewicht in g, Mindesthaltbarkeitsdatum, Zutatenliste (Inhaltsstoffe).

Butter

Welche Begriffsbestimmungen und gesetzlichen Vorschriften gelten für Butter?

Butter wird aus Milch, Sahne (Rahm) oder Molkensahne (Molkenrahm) hergestellt. Ferner muss Butter, auf 100 Gewichtsteile bezogen, mindestens 82 Gewichtsteile Fett haben und darf höchstens 16 Gewichtsteile Wasser beinhalten. Butter ist als gesalzen anzusehen, wenn sie in 100 Gewichtsteilen mehr als 0,1 Gewichtsteile Kochsalz enthält. Außerdem muss das Mindesthaltbarkeitsdatum gut lesbar abgedruckt sein.

Nennen Sie die Bestandteile (Durchschnittswerte) von Butter!

Fett	83,0 %	(82,0 % mind.)
Wasser	15,0 %	(höchstens 16,0 %)
Eiweiß	0,8 %	
Milchzucker	0,7 %	
Mineralsalze	0,5 %	

Welche 2 amtlich festgesetzten Handelsklassen gibt es?

1. Deutsche Markenbutter
2. Deutsche Molkereibutter

Erklären Sie diese Handelsklasseneinteilung!

Die beiden Handelsklassen gelten für die molkereimäßig bearbeitete Butter.
Die Bewertung der Butterqualität erfolgt nach einem 5-Punkte-Schema. Es geht dabei um die Beurteilung der Butter auf ihren Geruch (Reinheit, Aroma), Geschmack, ihr Gefüge (Ausarbeitung und Wasserverteilung), Aussehen (Reinheit, Farbe, Schimmer) sowie ihre Konsistenz (Härtegrad, Streichfähigkeit). Jede dieser Eigenschaften kann mit bis zu 5 Punkten bewertet werden. *Deutsche Markenbutter* muss in der Bewertung mindestens jeweils 4 Punkte erreichen, wogegen die *Deutsche Molkereibutter* nur mit mindestens 3 Punkten bewertet wird. Die Vorschrift, dass z. B. Markenbutter in jeder der 5 Bewertungskriterien mindestens 4 Punkte erreichen muss, bedeutet eine Verschärfung der Qualitätskontrolle für Butter.

ROHSTSTOFF- UND WARENKUNDE

In welcher Form wird Butter gehandelt?

Nur in Stücken von 5 kg, 2,5 kg, 2 kg, 1,5 kg, 1 kg, 500 g, 250 g, 125 g, 62,5 g, 50 g und darunter.

Welche 3 Buttersorten unterscheidet die Butterverordnung? Erläutern Sie die Begriffe!

a) Süßrahmbutter (auch gesalzen) darf den Serum-pH-Wert von 6,4 nicht unterschreiten.
b) Sauerrahmbutter (auch gesalzen) aus bakteriell gesäuertem Rahm darf den Serum-pH-Wert von 5,1 nicht überschreiten.
c) Mildgesäuerte Butter; der Serum-pH-Wert liegt zwischen a) und b), maximal aber 6,3.
Bei gesalzener Butter ist eine entsprechende Kennzeichnung erforderlich.

Wie kann man die Haltbarkeit der Butter feststellen?

a) Das Mindesthaltbarkeitsdatum muss bei verpackter Butter gut lesbar aufgedruckt sein.
b) Durch sensorische Prüfung.

Was besagt der Begriff Butterreinfett (Butterschmalz)?

Butterreinfett ist ein durch Auslassen (Wasserentzug) von Butter gewonnenes körnig-festes Butterfett von guter Haltbarkeit, das in der Bäckerei zuweilen anstelle von Butter verwendet wird. 100 g Butterreinfett entsprechen ca. 120 g Butter. Der Fettgehalt von Butterreinfett beträgt 99,5 %.

Süd- und Trockenfrüchte

Was sind Trockenfrüchte?

Trockenfrüchte sind durch Wasserentzug haltbar gemachte Früchte. Die Trocknung erfolgt unter künstlicher Wärmezufuhr oder an der Sonne bis auf einen Wassergehalt von 16 bis 30 %.

Welche ausländischen Früchte werden in der Bäckerei verwendet?

Es werden unter anderem eingeführt: Zitronen, Apfelsinen, Pfirsiche, Aprikosen, Ananas, Bananen, Datteln, Feigen, Mandeln, Pistazien.

ROHSTOFF- UND WARENKUNDE

Was wissen Sie über Feigen und Datteln?

Feigen und Datteln sind Früchte des Feigenbaums bzw. der Dattelpalme.
Feigen sind in frischem Zustand birnenförmig mit grüner bis violetter Außenhaut und schmecken süß-feinaromatisch. Zum Versand müssen sie als Schutz gegen Verderb getrocknet werden. Smyrnafeigen und die kleinen italienischen Feigen gelten als Spitzenware. Die griechische Kranzfeige am Bastfaden ist zweite Qualität.
Datteln enthalten einen langen Steinkern. Sie haben eine glänzende Oberfläche, sind hell- bis dunkelbraun und werden z. B. für Früchtebrot verwendet.

Erklären Sie den Unterschied zwischen Rosinen, Sultaninen und Korinthen!

Es handelt sich bei allen um getrocknete Weinbeeren.
1. *Rosinen* sind die getrockneten Beeren verschiedener Arten der Weinrebe, die in Griechenland, auf Kreta, in Kleinasien (Türkei und Iran), Spanien, Australien und Kalifornien kultiviert werden. Die Beeren sind meist größer als Korinthen und Sultaninen, sehr fleischig, aber kernhaltig.
2. *Sultaninen* sind kernlose, große, helle, rundliche, honigsüße Trockenbeeren der Sultanatraube. Wichtigste Erzeugergebiete sind Griechenland, die Türkei und Kalifornien.
3. *Korinthen* sind getrocknete, etwa erbsengroße, dünnhäutige, kernlose, rötlich-blaue bis violettschwarze Traubenbeeren. Sie haben ihren Namen nach der griechischen Stadt Korinth und stammen von einer Abart der Weinrebe. Die Trauben werden nach der Ernte auf Tennen oder in Holzkästen luftgetrocknet, von den Kämmen getrennt, entstielt und verpackt. Der hohe Zuckergehalt mit 77 %, der Eiweißgehalt bis zu 2,8 % und der Gehalt an Fruchtsäure mit 1,5 % machen die Korinthen vielseitig verwendbar. (Vorteil: kein großes Austrocknen; Nachteil: großer Madenbefall – Gärung.)

ROHSTOFF- UND WARENKUNDE

Wozu werden Sultaninen und Korinthen in Bäckerei und Konditorei verwendet?

Man verwendet sie zu Hefeteigen, besonders gern aber zu Käsemassen und Käsefüllungen, aber auch zu Hefekränzen und anderen Gebäcken.

Nennen Sie 4 verschiedene Obstarten, und geben Sie dazu jeweils 2 Beispiele an!

Kernobst: Äpfel, Birnen
Steinobst: Kirschen, Pfirsiche
Beerenobst: Erdbeeren, Himbeeren
Südfrüchte: Orangen, Bananen

Was wissen Sie über Konfitüre?

Unter Konfitüre versteht man eine dickbreiige, streichfähige Zubereitung aus Zuckerarten und Pulpe einer oder mehrerer Obst- oder Wildfruchtarten. (Pulpe ist der essbare Teil der ganzen, geschälten Frucht, ungeteilt oder grob zerkleinert.) Es gibt Konfitüre extra mit höherem Fruchtgehalt und Konfitüre einfach mit niedrigem Fruchtgehalt.

Wird der Begriff Marmelade noch verwendet?

Die Bezeichnung Marmelade war früher durchaus üblich, aufgrund der EU-Richtlinie ist sie jedoch überholt und wird nur noch für Zitrusfrüchte verwendet.

Was ist Gelee?

Gelee wird aus dem kalten oder nach Erhitzen ausgepressten Saft frischer Früchte erzeugt. Saft und Zucker werden etwa zu gleichen Teilen angesetzt. Obstpektin darf zugefügt werden.

Wie stellt man Fruchtmark her?

Fruchtmark ist das fein zerkleinerte, meist von Samen befreite Fruchtfleisch aus frischen Früchten. Kann im Haushalt durch Passieren des Fruchtfleischs durch ein Haarsieb zubereitet werden. Für industrielle Herstellung gibt es Spezialmaschinen. Fruchtmark ist normalerweise nicht gezuckert. Zuckerzusatz muss kenntlich gemacht werden.

Welche chemischen Mittel sind zum Konservieren von gekochtem Obst sowie Rhabarber erlaubt?

Sorbinsäure und Benzoesäure, für Säfte außerdem noch Ameisensäure.

ROHSTOFF- UND WARENKUNDE

Was wissen Sie von tiefgekühltem Obst?

Tiefgekühltes Obst ist eingefrostet, behält seine natürliche Farbe und Nährstoffe. Es muss nach dem Auftauen sofort verzehrt oder verarbeitet werden (begrenzt haltbar). Die Ware wird gezuckert oder ungezuckert eingefroren.

Was bedeutet Aprikotieren?

Ein Gebäck mit Aprikosenkonfitüre bestreichen, damit die Glasur, die nachher aufgetragen wird, nicht „abstirbt".

Nennen Sie den Unterschied zwischen Blanchieren und Pikieren?

Blanchieren bedeutet, Gemüse oder Früchte mit siedendheißem Wasser oder mit Dampf zu behandeln, um darin vorhandene Enzyme, die zu einer Zersetzung des Materials führen können, zu inaktivieren. Bei der Herstellung von kandierten Früchten dient das Blanchieren zum Erweichen des Fruchtfleischs, wodurch die Aufnahme des Zuckers erleichtert wird.
Pikieren ist das Anstechen der Früchte mit Gabeln oder Nadeln, von Hand oder maschinell, damit die Zuckerlösung schneller eindringen kann.

Was sind Pistazien?

Pistazien sind die meist grünen Samen des in den Mittelmeerländern heimischen Pistazienbaums, gelegentlich auch als grüne Mandeln bezeichnet. Sie sind länglich, ähnlich wie Erdnüsse, aber schlanker. Man benutzt sie zum Dekorieren von Torten, Dessertstücken und Konfekt sowie zu Krems und Eis, auch als Einlage in feine Fleischpasteten und Würste.

Was wissen Sie über Mohn (Samen)?

Mohn (Samen) sind die weißen oder blauen, kugeligen Samenkörner der Mohnpflanze. Sie dienen u. a. bei Weißgebäck (Mohnbrötchen) zum Bestreuen der Teigstücke vor dem Einschießen und in der Konditorei nach Quetschen bzw. Mahlen und Aufkochen in Milch zur Bereitung von Füllungen (Mohnstollen).

ROHSTOFF- UND WARENKUNDE

Kandierte Früchte

Was versteht man unter kandierten Früchten?

Früchte, die in Zuckerlösungen steigender Konzentration so lange eingelegt werden, bis der Zucker die Früchte völlig durchdrungen hat. Sie sind dann kandiert. Durch Tauchen in eine besondere Zuckerlösung erhalten sie eine dünne, kristallisierte Zuckerkruste. Verwendung zur Geschmacksgebung, zum Garnieren und Dekorieren.

Nennen Sie den Unterschied zwischen Zitronat und Orangeat!

Zitronat oder *Sukkade* wird aus den Früchten des Zedrat- oder Zitronatzitronenbaums hergestellt. Die eingesalzenen, halben, importierten Früchte werden entsalzt, blanchiert, vom Kerngehäuse befreit und die Schalen dann in Zuckerlösungen steigender Konzentration kandiert. Die kandierten Schalen werden teilweise noch mit einem Zuckerguss glasiert. Zitronat ist grün, bei Verarbeitung reifer Früchte gelb. Der Geschmack ist süß und aromatisch-würzig. Die schnittfesten Stücke sind im Schnitt speckig und dürfen nur wenig klebrig sein. Mit Ausnahme der Glasur sollen sie frei von Zuckerkristallen und weitgehend fleckenfrei sein. Der Zuckergehalt beträgt mindestens 65 %, der Kochsalzgehalt höchstens 1 %.
Orangeat wird wie Zitronat hergestellt. Rohstoffe sind die voll ölhaltigen Schalen der Pomeranzen (Bitterorangen). Orangeat ist leuchtend bis tieffarbig orange, auch mit leicht ins Bräunliche gehendem Ton. Der Geschmack ist süß und aromatisch bitter.

Rohmassen und Süßwaren aus bearbeiteten Ölsamen

Rohmassen werden aus bearbeiteten Ölsamen mit Zucker und Wasser durch Zerkleinern und intensives Vermischen unter Erhitzung hergestellt.

Definieren Sie die Begriffe Marzipanrohmasse und Marzipan!	*Marzipanrohmasse* enthält höchstens 17 % Feuchtigkeit. Der Anteil des zugesetzten Zuckers beträgt höchstens 35 % und der Mandelölgehalt mindestens 28 %, beides bezogen auf die Marzipanrohmasse mit 17 % Feuchtigkeitsgehalt. Bei der Marzipanrohmasse M I kann der Gesamtgehalt an geschälten bitteren Mandeln bis zu 12 % des Mandelgewichts betragen. Eine Kenntlichmachung ist nicht erforderlich. Entbitterte bittere Mandeln sowie Bergmandeln werden zur Herstellung von Marzipanrohmassen nicht verwendet.
	Marzipan ist eine Mischung aus Marzipanrohmasse und höchstens der gleichen Gewichtsmenge Zucker. Der Zucker kann teilweise durch Glukosesirup und/oder Sorbit ersetzt werden. Es dürfen bis zu 3,5 % Glukosesirup sowie 5 % Sorbit (auch in Form eines mindestens 70 %igen Sorbitsirups) zugesetzt werden. Im Handel wird Marzipan u. a. als Modelliermarzipan mit folgenden Anwirkgraden angeboten:
	1 : 0,5 Marzipan entsprechend einem Anwirkgrad von 1 kg Rohmasse und 500 g Zucker.
	1: 1 Marzipan, dessen Zuckerzusatz voll ausgeschöpft ist, entsprechend einem Anwirkgrad von 1 kg Rohmasse und 1 kg Zucker.
Wie setzt sich Edelmarzipan zusammen?	Da mit dem Begriff „edel" ein hervorhebender Qualitätsnachweis gegeben wird, ist dieses Marzipan eine Ware von überdurchschnittlicher Qualität. 1 kg Edelmarzipan wird aus mindestens 700 g Marzipanrohmasse und maximal 300 g Zucker (70/30er Ware) hergestellt.
Wie setzt sich nach den Bestimmungen des Deutschen Konditorenbundes Marzipan mit Gütezeichen zusammen?	Der Deutsche Konditorenbund hat für Marzipan mit Gütezeichen den Zuckerzusatz je kg Marzipanrohmasse auf höchstens 250 g begrenzt.

ROHSTOFF- UND WARENKUNDE

Definieren Sie die Begriffe Lübecker Marzipan und Königsberger Marzipan!

Lübecker Marzipan ist als geographische Herkunftsbezeichnung anzusehen und daher allein den in Lübeck hergestellten Erzeugnissen vorbehalten.
Königsberger Marzipan ist ein Gütemarzipan und steht nicht für die geographische Herkunft, sondern ist als Gattungsbezeichnung für eine bestimmte Sorte Marzipan anzusehen. Die Marzipanrohmasse wird mit ca. 30 bis höchstens 50 % Puderzucker und etwas Rosenwasser versetzt. Bei „Königsberger Marzipan" handelt es sich überwiegend um reliefartige, meist pralinengroße Stücke, die rund, oval, herzförmig oder viereckig hohl geformt sind. Die zwei wesentlichen Kriterien des „Königsberger Marzipans" sind, dass alle Stücke immer goldbraun geflämmt sind und die Ränder der hohlgeformten Stücke vor dem Füllen einen gekniffenen Rand aufweisen.

Erklären Sie den Unterschied zwischen Persipanrohmasse und Persipan!

Persipanrohmasse ist eine aus geschälten, ggf. entbitterten bitteren Mandeln, Aprikosen- oder Pfirsichkernen hergestellte Masse. Sie enthält höchstens 20 % Feuchtigkeit. Der Anteil an zugesetztem Zucker beträgt höchstens 35 %, an zugesetzter Stärke als Indikator 0,5 %, beides bezogen auf die Persipanmasse mit 20 % Feuchtigkeitsgehalt.
Persipan ist eine Mischung aus Persipanrohmasse und höchstens der anderthalbfachen Gewichtsmenge Zucker. Der Zucker kann teilweise durch Glukosesirup und/oder Sorbit ersetzt werden. In diesen Fällen können ohne Kenntlichmachung bis zu 5 % des Gesamtgewichts des Persipans aus Glukosesirup und/oder bis zu 5 % des Gesamtgewichts des Persipans aus Sorbit (auch in Form eines mindestens 70 %igen Sorbitsirups) bestehen. Persipan ist eine Alternative für Marzipan, und eine Verwendung wird kenntlich gemacht, wenn nach der Verkehrsauffassung die Verwendung von Persipan nicht üblich ist.

ROHSTOFF- UND WARENKUNDE

Was verstehen Sie unter dem Begriff Nugatmasse?

Nugatmasse ist ein höchstens 2 % Feuchtigkeit enthaltendes, weiches bis schnittfestes Erzeugnis, das aus geschälten Nusskernen oder aus geschälten Mandeln, ggf. auch ungeröstet, durch Feinzerkleinerung unter Zusatz von Zucker und Kakaoerzeugnissen hergestellt wird. Ein Teil – bis zu 5 % ohne Kenntlichmachung – des Zuckers kann durch andere Zuckerarten sowie durch Sahne-, Milch-, Magermilch- und/oder Molkenpulver ersetzt werden.
Es werden folgende Nugatmassen nach den verwendeten Rohstoffen unterschieden:
1. Nussnugatmasse enthält höchstens 50 % Zucker und mindestens 30 % Fett.
2. Mandelnugatmasse enthält höchstens 50 % Zucker und mindestens 28 % Fett.
3. Mandel-Nuss-Nugat-Masse enthält Mandeln und Nusskerne etwa zu gleichen Teilen, höchstens 50 % Zucker und mindestens 28 % Fett.
4. Gesüßtes Nussmark, auch als gesüßtes Nussmus oder als Nusspaste bezeichnet, wird aus geschälten Nusskernen und Zucker hergestellt; es enthält höchstens 50 % und mindestens 32 % Fett.
5. Gesüßtes Nussmark, das ohne Kakaoerzeugnisse und ohne Sahne- oder Milchpulver hergestellt wird.

Was bezeichnet man als Nugat?

Angewirkte Nugatmasse wird als *Nugat* oder *Noisette* bezeichnet.
1. Nugat ist eine Mischung aus Nugatmasse und höchstens der halben Gewichtsmenge Zucker. Ein Teil des Zuckers kann durch Sahne- oder Milchpulver ersetzt werden.
2. Sahnenugat ist ein Nugat, der einen Mindestgehalt von 5,5 % Milchfett aufweist, das aus Sahnepulver oder Sahne stammt.
3. Milchnugat ist ein Nugat, der einen Mindestgehalt von 3,2 % Milchfett und 9,3 % fettfreier Milchtrockenmasse aufweist.

ROHSTSTOFF- UND WARENKUNDE

Was versteht man unter dem Begriff Nugatkrem?

Nugatkrem enthält mindestens 10 % geschälte Haselnusskerne, geschälte Mandeln oder geschälte, entbitterte bittere Mandeln. Es werden höchstens 67 % Zucker und 2 % Feuchtigkeit, ferner Speisefette und Speiseöle pflanzlicher Herkunft verwendet. Getreidemahlerzeugnisse und stärkereiche Lebensmittel werden nicht verwendet. Ein Zusatz von Sojamehlerzeugnissen ist ohne Kenntlichmachung bis zu 3 % möglich. Die Bezeichnung „Noisettekrem" ist nicht üblich.

Glasurmassen/Kakaoerzeugnisse

Erklären Sie den Unterschied zwischen Kuvertüre und kakaohaltiger Fettglasur

Kuvertüre (Schokoladeüberzugsmasse) ist Schokolade, deren Mindestgehalt an Kakaobutter 31 Hundertteile und an entölter Kakaotrockenmasse 2,5 Hundertteile beträgt; falls die Schokoladeüberzugsmasse als „dunkle Schokoladeüberzugsmasse" bezeichnet wird, enthält sie mindestens 31 Hundertteile Kakaobutter und 16 Hundertteile entölte Kakaotrockenmasse. Entölte Kakaotrockenmasse ist die Gesamtkakaotrockenmasse abzüglich des Kakaofetts. Die Gesamtkakaotrockenmasse ist die Summe der Trockenmassen aller Kakaobestandteile (Kakaobutter, Kakaomasse, Kakaopulver).
Die optimale Überziehtemperatur für Kuvertüre liegt bei 32 °C. Aufklärung über die Zusammensetzung können von Firmen vorgegebene Kennziffern geben. Beispielsweise werden vielfach Angaben wie 70/30/41 verwendet, was Folgendes bedeutet:
a) erste Zahl   Kakaobestandteile   70 %
b) zweite Zahl   Zuckeranteil   30 %
c) dritte Zahl   Gesamtfettgehalt   41 %

Kakaohaltige Fettglasuren werden hergestellt aus mindestens 5 % Kakaopulver, ungehärtetem oder teilgehärtetem Speisefett und Zucker. Sie unterscheiden sich in der Zusammensetzung von der Kuvertüre dadurch, dass die Kakaobutter gegen ein anderes Speisefett ausgetauscht ist. Außerdem dienen sie als Ersatz für Kuvertüren sowie Schokolade und werden bei 40 °C bis 50 °C geschmolzen und dann knapp oberhalb des Schmelzpunktes mit ca. 38 °C bis 40 °C verarbeitet.

Die Verwendung von mit Kakaoerzeugnissen verwechselbaren Fettglasuren, auch in stückiger Form, muss ausreichend kenntlich gemacht werden, z. B. „mit kakaohaltiger Fettglasur". Fettglasuren werden bei Feinen Backwaren von besonderer Qualität, z. B. Oblatenkuchen, Printen, Spitzkuchen, Zimtsterne, oder bei Hinweisen hierauf nicht verwendet, dies gilt auch soweit die Verkehrsbezeichnung nicht Schokolade erwarten lässt.

Nennen Sie die Bestandteile von Schokolade!

Schokolade ist ein aus Kakaomasse, Kakaopulver, fettarmem oder magerem Kakaopulver und Saccharose mit oder ohne Zusatz von Kakaobutter hergestelltes Erzeugnis, das insgesamt mindestens 35 Hundertteile Gesamtkakaotrockenmasse, und zwar mindestens 14 Hundertteile entölte Kakaotrockenmasse mit mindestens 18 Hundertteilen Kakaobutter enthält. Die Verwendung des Wortes „Schokolade", auch in abgekürzter Form, in zusammengesetzten Bezeichnungen setzt eine Mitverarbeitung von Kakaoerzeugnissen und/oder Kakao in Teigen, Massen, im Überzug oder in der Füllung voraus; sie sind im fertigen Erzeugnis geschmacklich deutlich wahrnehmbar. Besteht der Anteil nur im Überzug oder in der Füllung, so werden hierfür nur Schokoladearten verwendet.

Welche Schokoladesorten bzw. Bezeichnungen und Begriffsbestimmungen werden nach der Kakaoverordnung unterschieden?

Die Kakaoverordnung unterscheidet folgende Schokoladesorten:
a) Schokolade
b) Haushaltsschokolade
c) Schokoladestreusel oder -flocken

ROHSTSTOFF- UND WARENKUNDE

d) Gianduja-Haselnussschokolade
e) Schokoladeüberzugsmasse
f) Milchschokolade (Vollmilchschokolade)
g) Haushaltsmilchschokolade
h) Milchschokoladestreusel oder Milchschokoladeflocken
i) Gianduja-Haselnussmilchschokolade
j) Milchschokoladeüberzugsmasse
k) Weiße Schokolade
l) Gefüllte Schokolade (Krem, Trüffel, Nugat)
m) Praline
n) Sahneschokolade (Rahmschokolade)
o) Sahneschokolade-Überzugsmasse
p) Magermilchschokolade

Was sind Pralinen?

Pralinen sind Erzeugnisse in Bissengröße, die aus folgendem Inhalt bestehen:
– aus gefüllter Schokolade oder
– aus aufeinandergelegten Schichten aus bestimmten Schokoladearten und Schichten aus anderen Lebensmitteln, soweit die Schichten der Schokoladeerzeugnisse zumindest teilweise klar sichtbar sind und mindestens 25 Hundertteile, bezogen auf das Gesamtgewicht des Erzeugnisses, darstellen oder
– aus einem Gemisch aus bestimmten Schokoladearten und anderen Lebensmitteln mit Ausnahme von
– Mehl und Stärke,
– anderen Fetten als Kakaobutter und Milchfett,
soweit die Schokoladeerzeugnisse mindestens 25 Hundertteile, bezogen auf das Gesamtgewicht des Erzeugnisses, darstellen.

Manche Pralinen werden einzeln (in Stanniol) verpackt. Welche Vorteile sehen Sie in dieser Mehrarbeit?

1. Optische Aufwertung.
2. Qualität wird unterstrichen, die Praline wird für den Kunden wertvoller.
3. Diese Aufmachung wirkt besonders verkaufsfördernd.
4. Verpackung schützt vor Wärme.
5. Verpackung schützt vor Auslaufen flüssiger Füllungen.

ROHSTOFF- UND WARENKUNDE

Welche Schäden können Schokolade und Pralinen befallen?

a) Schädlingsbefall durch Kakao-, Mehl und Dörrobstmotten, Schaben oder Ameisen.
b) Grauer Belag bei unsachgemäßer Lagerung.
c) Zuckerreif; kleinste Zuckerteile an der Oberfläche lösen sich in feuchter Luft und scheiden sich beim Trocknen grobkristallin aus.
d) Fettreif; wenn bei höheren Temperaturen (über 30 °C) sich an der Oberfläche flüssiges Fett abscheidet, das beim neuerlichen Erstarren weiße Flecken bildet.

Wie wird Tafelschokolade gehandelt?

Tafelschokolade darf zwischen 75 g und 500 g nur in Tafeln zu 75 g, 100 g, 125 g, 150 g, 200 g, 250 g, 300 g, 400 g und 500 g an Verbraucher abgegeben werden. Unter 75 g und über 500 g bestehen keine Gewichtsvorschriften.

Backmittel

Was bezeichnet man als Backmittel?

Backmittel sind Backzutaten aus Lebensmitteln und/oder Lebensmittelzusatzstoffen, die dazu bestimmt sind, die Herstellung von Backwaren zu erleichtern und zu vereinfachen, die wechselnden Verarbeitungseigenschaften der Rohstoffe auszugleichen und die Gebäckqualität zu verbessern. Sie werden bei der Teig-/Massenbereitung in einer Menge bis zu 10 %, berechnet auf die Rezepturbestandteile, ohne Flüssigkeit zugesetzt.

Welche Gebäckeigenschaften werden durch den Einsatz von Backmitteln verbessert?

Backmittel verbessern folgende Gebäckeigenschaften:
Oberflächenbeschaffenheit (Krustenbräunung und Rösche)
Volumen
Krumenelastizität
Schneidbarkeit
Bestreichbarkeit
Kaubarkeit
Geschmack
Frischhaltung

ROHSTOFF- UND WARENKUNDE

Die Backmittel üben ihre Wirkung in den verschiedenen Phasen der Gebäckherstellung aus: bei der Teig-/Massenbereitung, der Gärung (Fermentation), der Weiterverarbeitung und während des Backprozesses. Sie können auch die Frischhaltung von Backwaren verbessern. Sie ermöglichen die optimale Entfaltung der backtechnischen Eigenschaften der Rohstoffe und gleichen wechselnde Verarbeitungseigenschaften aus (dies gilt insbesondere für Getreidemahlerzeugnisse und Stärke); Backmittel verbessern die Teig-/Masseneigenschaften und passen sie an besondere Verarbeitungsweisen an. Außerdem beeinflussen sie den Gärungsverlauf und erhöhen die Gärstabilität.

Welche Backmittel unterscheidet man?

Die meisten Backmittel sind heute Mischungen aus verschiedenen Komponenten. Im Allgemeinen sind als backtechnische Auswirkungen gärfördernde, quellfördernde, teigsäuernde und teigverbessernde Effekte anzusehen.

Lockerungsmittel

Welche Lockerungsmittel werden in der Bäckerei und Konditorei verwendet?

a) biologische (Hefe und/oder Sauerteige)
b) physikalische (Unterschlagen von Luft oder durch die Erzeugung von Wasserdampf, z. B. Blätterteig)
c) chemische (Backpulver, Hirschhornsalz und Pottasche)

Woraus besteht Backpulver?

Aus Natriumhydrogencarbonat, einem kohlendioxidabspaltenden Salz (Natron), einer Säure (in der Regel saures Natriumpyrophosphat) und einem Trennmittel (Stärke).

Wozu wird Backpulver verwendet?

Zur Lockerung von fett- und zuckerreichen Kuchenteigen.

Was ist Hirschhornsalz?	Wird oft auch Ammonium genannt und ist ein Gemisch aus Ammoniumverbindungen der Kohlensäure und der Carbaminsäure. Es ist nur für die Herstellung von flachen Feinen Backwaren erlaubt.
Was ist Pottasche?	Kaliumcarbonat.
Wozu verwendet man Pottasche?	Zur Lockerung von Honigkuchen. (Die aus dem Zucker abgespaltenen Säuren ermöglichen die Lockerung der Teige durch die Pottasche.)

Blätter- und Plunderteige

Im Gegensatz zu allen anderen Teigen sind die Blätter- und Plunderteige 2-Phasen-Teige. Sie bestehen aus einem Grundteig und Ziehmargarine. Der Grundteig für Blätterteig enthält keinerlei Triebmittel und besteht in der Regel aus Weizenmehl, Type 550, Wasser, Salz und Zucker. Auf einen Grundteig von 1 kg Mehl wird 1 kg Ziehmargarine eingezogen.

Bei Plunder- oder Dänischteigen wird der Grundteig zusätzlich mit Hefe und Eiern hergestellt. Dieser Teig wird doppelt gelockert, d. h. sowohl biologisch (Hefe) als auch physikalisch (Wasserdampf), und ist daher besonders mürbe.

Das Einziehen der Ziehmargarine in den Grundteig wird auch als Tourieren bezeichnet. Beim Tourieren ist besonders wichtig, dass die Teig- bzw. Fettlagen dünn ausgerollt werden und sich beim Tourieren fest miteinander verbinden, aber nicht vermischen. Die dünnen Fett- und Teiglagen müssen für ein optimales Backergebnis bis zum Backprozess erhalten bleiben.

Verschiedene Unterscheidungsmerkmale
zum Plunder- und zum Dänischteig:

1. Blätterteig, deutsche Art
Die Ziehmargarine wird in den Teig eingeschlagen und touriert. Zahl der Touren: 1 x 3, 1 x 4, 1 x 3, 1 x 4 = 144 Lagen.
Bei weichem Grundteig kann hintereinander touriert werden. Bei festem Grundteig ist nach der 2. Tour eine Pause von 15 Minuten erforderlich, damit sich der Kleber im Teig entspannen kann.

ROHSTOFF- UND WARENKUNDE

2. Blätterteig, französische Art
Bei dieser Art wird der Teig in die Ziehmargarine eingeschlagen und dann touriert.
Zahl der Touren: 1 x 3, 1 x 4, 1 x 3, 1 x 4 = 144 Lagen.

3. Blätterteig, holländische Art, oder Blitzblätterteig
Bei dieser Art wird die Ziehmargarine in walnussgroße Stücke geschnitten und mit allen anderen Zutaten zu einem Teig verarbeitet. Es ist wichtig, dass die Ziehmargarine gut im Teig verteilt, aber noch als kleine Stücke erkennbar ist.
Zahl der Touren: 1 x 3, 1 x 4, 1 x 3, 1 x 4 = 144 Lagen für alle hochtreibenden Gebäcke
oder 1 x 4, 1 x 4, 1 x 4 = 64 Lagen für alle flachtreibenden Gebäcke wie Kremblätter, Schweineohren und Sahnerollen.

4. Wiener Blätterteig
Zur Herstellung des Grundteigs werden halb Wasser, halb Milch und zusätzlich auf 1 kg Mehl 1 bis 2 Eigelbe verwendet. Die daraus hergestellten Gebäcke sind besonders zart und haben eine goldbraune Backfarbe.

5. Halb-Blätterteig – Halb-Mürbeteig
Die beiden Teige werden in der Knetmaschine im Verhältnis 1:1 verarbeitet. Dieser Teig eignet sich gut als Boden für Obstkuchen (Pflaumenkuchen) oder auch als Decke bei gedecktem Apfelkuchen.

Nennen Sie den Unterschied zwischen einem deutsch und einem französisch gezogenen Blätterteig!

Bei der deutschen Art ist der Grundteig außen, bei der französischen Art die Ziehmargarine.

Wodurch werden Blätterung und Lockerung beim Blätterteig erzielt?

Durch das Tourieren entstehen viele dünne Teig- und Fettschichten. Das Wasser im Grundteig verdampft während des Backprozesses und dehnt sich aus. Die Fettschichten wirken jeweils als Trennschichten, halten den Wasserdampf zurück, und der Teig zieht hoch. Es entsteht die für einen Blätterteig typische Lockerung.

6. Deutscher Plunder
Ein guter Hefesüßteig mit 10 % Margarine, 10 % Zucker und 1 bis 2 Eiern auf 1 kg Mehl wird mit Ziehmargarine eingezogen. Die Ziehmargarinemenge schwankt zwischen 200 und 300 g auf 1 kg Hefeteig.
Zahl der Touren: 1 x 3, 1 x 3 = 9 Lagen.

ROHSTOFF- UND WARENKUNDE

7. Dänischer Plunder, auch Dänischteig genannt

Ein sehr kühl geführter Hefesüßteig mit 8 % Spezialmargarine, 10 % Zucker und mindestens 5 Eiern auf 1 kg Mehl, wird nur kurz geknetet. Auf 1 kg Hefeteig werden 400 bis 500 g Spezialmargarine eingezogen.
Zahl der Touren: 1 x 3, 1 x 3, 1 x 3 = 27 Lagen.
Plunderteige werden durch die Hefe gelockert und erhalten durch das Tourieren eine zusätzliche feinporige Blätterung.

Womit kann man Plundergebäcke füllen?	Mit Sultaninen, Zitronat, gehackten Mandeln, geriebenen Nüssen, Zucker, Backmasse, Marzipanmasse, Krem, Käsemasse usw.

Hefen

Was sind Hefen?	Hefen sind mikroskopisch kleine, pflanzliche Lebewesen. Sie gehören zu den Pilzen und besitzen kein Chlorophyll (Blattgrün). Allgemein bekannt ist die zum Backen verwendete, in Bäckereien und Lebensmittelgeschäften käufliche Pfund- oder Würfelhefe. Diese Hefe besteht aus 29 bis 32 % Trockensubstanz und 68 bis 71 % Wasser. Der Trockensubstanzgehalt setzt sich u. a. zusammen aus 47 % Eiweiß, 35 % Kohlenhydrate, 8 % Asche-(Mineralstoff-)gehalt, 7 % Lipide (fettähnliche Substanzen), 3 % Phosphorsäure und einigen Spurenelementen. Durch ihren hohen Vitamingehalt ist die Hefe besonders wertvoll. Sie hat eine große Triebkraft und keine kleberzerstörenden Enzyme.
Wie vermehrt sich Hefe?	Eine intensive Vermehrung der Hefe findet nur unter aeroben Bedingungen statt, d.h., die Nährlösung, die aus Zuckerstoffen (Melasse) sowie aus stickstoff- und phosphathaltigen Nährsalzen besteht, muss stark belüftet werden. Dabei bilden die Mutterzellen der Anstellhefe durch Sprossung Ausbuchtungen (Tochterzellen), die nach 3 bis 4 Stunden die Größe der Mutterzelle erreichen können. In dieser Phase folgt die Abtrennung der Tochterzellen, die ihrerseits dann wieder neue Zellen bilden.

ROHSTSTOFF- UND WARENKUNDE

So ist zu erklären, dass nach einer Züchtungsperiode von 12–13 Stunden die Anstellhefemenge verdrei- oder vervierfacht wird.

Wir wird der Teig gelockert?

Ein Teil der Stärke des Mehls wird im Teig durch das im Mehl vorhandene Enzym Diastase in vergärungsfähigen Zucker verwandelt, und die im Teig verteilte Hefe spaltet durch ihre Enzyme diesen Zucker in Kohlensäure und Alkohol. Die Kohlensäure wird durch den zähen Teig am Entweichen gehindert. Die Folge davon ist, dass der Teig sich hebt und durch die Kohlensäurebläschen ein poröses Gebilde entsteht. Während dieser Gärung im Teig bildet sich auch Alkohol neben der Kohlensäure – als Gärprodukt –, der nachher in der Backofenhitze wieder entweicht. Das Gashaltevermögen des Teigs wird durch den Klebergehalt und die Kleberstruktur bestimmt. Die Kleberstruktur selbst wird durch die Teigbereitung, Wassermenge und Knetung beeinflusst.

Sauerteig

Was ist Sauerteig?

Sauerteig ist ein von Milchsäurebakterien und Hefen vergorener Getreidemehlteig.

Nennen Sie die Definition für Sauerteig nach den Leitsätzen für Brot und Kleingebäck!

Sauerteig ist nach den Leitsätzen für Brot und Kleingebäck ein Teig, dessen Mikroorganismen (z. B. Milchsäurebakterien und Hefen) aus Sauerteig oder Sauerteigarten sich in aktivem Zustand befinden oder reaktivierbar sind. Sie sind nach Zugabe von Getreideerzeugnissen und Wasser zur fortlaufenden Säurebildung befähigt. Teile eines Sauerteigs werden als Anstellgut für neue Sauerteige verwendet. Die Lebenstätigkeit der Mikroorganismen wird erst durch Backen oder Heißextrudieren beendet. Die Säurezunahme des Sauerteigs beruht ausschließlich auf dessen Gärungen. Den Säuregehalt (Säuregrad) erhöhende Bestandteile, ausgenommen Sauerteigbrot, werden nicht verwendet.

Brot- und Kleingebäcksorten/Feine Backwaren

Welche Anforderungen werden an ein gutes Brot gestellt?

Äußerlich
gleichmäßige Form (etwas gewölbt, Seiten rund, Oberfläche glatt, keine Süßblasen, nicht geplatzt, kräftige Farbe).
Im Innern
gute Lockerung, artgemäße Porung, elastische und feuchte Krume.
Geruch und Geschmack
angenehm frisch und kräftig, aromatisch abgerundet; besonders nicht dumpf, nicht muffig, nicht bitter.

Was ist der Unterschied zwischen Vollkorn- und Mehrkornbrot?

Vollkorn heißt, dass alle Bestandteile des ganzen Getreidekorns enthalten sein müssen, also auch der nährstoffreiche Keimling und die Schalen mit ihren Vitaminen, Mineralstoffen und Ballaststoffen.
Vollkornbrot wird aus mindestens 90 % Roggen- und Weizenvollkornerzeugnissen in beliebigem Verhältnis zueinander hergestellt. *Weizenvollkornbrot* muss mindestens zu 90 % aus Weizenvollkornerzeugnissen, *Roggenvollkornbrot* entsprechend mindestens zu 90 % aus Roggenvollkornerzeugnissen hergestellt werden.
Mehrkornbrot (Dreikorn-, Vierkornbrot) wird aus mindestens einer Brotgetreideart sowie aus mindestens einer anderen Getreideart, insgesamt aus drei oder entsprechend mehr verschiedenen Getreidearten, hergestellt. Jede Getreideart ist mindestens mit 5 % enthalten.

Welches Brot ist für Diabetiker geeignet?

Prinzipiell sind alle Brotsorten für Diabetiker geeignet. Denn sie enthalten langkettige Kohlenhydrate (Stärke) und Ballaststoffe, dagegen fast keinen Zucker (bzw. Traubenzucker).
Insbesondere ballaststoffreiche Brote, z. B. Vollkorn-, Mehrkorn- und ballaststoffange-

---

Siehe auch Leitsätze für Brot und Kleingebäck, Anhang Seite 350 ff.

ROHSTOFF- UND WARENKUNDE

reicherte Brote, sind zu bevorzugen. Die Ballaststoffe dämpfen den Anstieg des Blutzuckerspiegels. Außerdem liefern ballaststoffreiche Brote weniger Stärke bzw. Kohlenhydrate an. Das bedeutet, dass ein Diabetiker von diesen Broten mehr essen kann. Dazu ein Beispiel: Ein Weizenbrötchen von 50 g entspricht 2 Broteinheiten (BE), eine Scheibe Vollkornbrot von ebenfalls 50 g dagegen nur 1,5 BE.
Auch Brote mit Malzmehl und -schrot sind für Diabetiker geeignet.

Welches Brot können Sie dem Kunden als „Vollwertbrot" empfehlen?

Die Bezeichnung „Vollwertbrot" ist umstritten. Der Verbraucher könnte denken, wenn er sich ausschließlich mit diesem Brot ernährt, dann ist seine Ernährung vollwertig. Mit anderen Worten: Er erhält alle lebensnotwendigen Nährstoffe. Das einzige Vollwert-Lebensmittel in diesem Sinne ist jedoch lediglich die Muttermilch für den Säugling.
Brot und Brötchen sind aber *wichtiger Bestandteil einer so genannten „vollwertigen Ernährung"*.
Vollkornbrote gelten als besonders hochwertige Lebensmittel, weil diese alle Bestandteile des ganzen Getreidekorns enthalten. Sie sind reich an Ballaststoffen, B-Vitaminen und Mineralstoffen.
Vollkornbrote sind somit im Rahmen einer vollwertigen Ernährung besonders zu empfehlen.

Welches Brot eignet sich zum Abnehmen am besten?

Vollkornbrote und ballaststoffangereicherte Brote sind ideale Bestandteile einer Diät zum Abnehmen. Durch den hohen Ballaststoffanteil wird der Kaloriengehalt dieser Brote gesenkt. Zum Beispiel liefert eine Scheibe Vollkornbrot von 50 g ca. 100 Kilokalorien, ein Weizenbrötchen von ebenfalls 50 g ca. 125 Kilokalorien.

Siehe auch Diabetikerbackwaren, Seite 323 ff.

ROHSTOFF- UND WARENKUNDE

Ballaststoffreiche Brote müssen außerdem intensiver gekaut werden und füllen schneller den Magen. Darüber hinaus dämpfen die Ballaststoffe den Anstieg des Blutzuckerspiegels.
Auf vielfältige Weise bewirken ballaststoffreiche Brote somit ein schnelleres sowie lang anhaltendes Sättigungsgefühl und helfen dadurch beim „Kaloriensparen". Sie lassen den Hunger zwischendurch erst gar nicht aufkommen. Diese Brote liefern zudem wertvolle Vitamine und Mineralstoffe, die gerade bei einer Diät sehr wichtig sind.

Was wissen Sie über Pumpernickel?

Pumpernickel wird aus mindestens 90 % Roggenbackschrot und/oder Roggenvollkornschrot mit Backzeiten von mindestens 16 Stunden hergestellt. Wird Pumpernickel aus Vollkornschrot hergestellt, so stammt die zugesetzte Säuremenge zu mindestens zwei Dritteln aus Sauerteig.

Nennen Sie die Bestimmungen für die Bezeichnung einer Backware als
a) Milchbrot und Milchbrötchen,
b) Feine Backwaren mit Hefe,
c) Feine Backwaren ohne Hefe!

a) Werden Milchbrot und Milchbrötchen hergestellt, dann muss die gesamte Teigflüssigkeit Vollmilch sein, mindestens aber 50 Liter auf 100 kg Getreidemahlerzeugnisse.
b) Für die Herstellung von Feinen Backwaren mit Hefe sind auf 100 kg Getreidemahlerzeugnisse mind. 40 Liter,
c) bei Feinen Backwaren ohne Hefe mind. 20 Liter Vollmilch vorgeschrieben. Man geht dabei von Trinkmilch mit 3,5 % Fett aus.

Was versteht man nach den DLG-Bestimmungen unter Spezialbroten?

Es sind Brote, die zwar von Mahlerzeugnissen des Roggens oder Weizens hergestellt werden, sich vom gewöhnlichen Brot jedoch unterscheiden durch
1. Zugabe von besonderen Getreidearten, z. B. Dreikorn-, Vierkorn-, Fünfkornbrot;

Leitsätze für Brot und Kleingebäck siehe Anhang Seite 350 ff.
Leitsätze für Feine Backwaren einschließlich Dauerbackwaren siehe Anhang Seite 356 ff.

ROHSTOFF- UND WARENKUNDE

2. besonders bearbeitete Mahlerzeugnisse, z. B. Steinmetzbrot, Schlüterbrot;
3. Zugabe pflanzlichen Ursprungs, z. B. Weizenkeim-, Kleie-, Leinsamen-, Sesam-, Gewürzbrot;
4. Zugabe tierischen Ursprungs, z. B. Milch-, Butter-, Sauermilch-, Buttermilch-, Joghurt-, Quarkbrot;
5. besondere Teigführung, z. B. Simonsbrot;
6. besondere Backverfahren, z. B. Holzofen-, Steinofen-, Dampfkammer-, Gerster-, Trockenflachbrot (Knäcke), Pumpernickel;
7. veränderte Nährwerte, z. B. eiweißangereichertes Brot, kohlenhydratvermindertes Brot, brennwertvermindertes Brot.

Außerdem gehören dazu:
Diätetische Brote, welche der Diätverordnung entsprechen, z. B. eiweißarmes Brot, glutenfreies (gliadinfreies) Brot, natriumarmes Brot, Diabetikerbrot. Vitaminisierte Brote, welche der Verordnung über vitaminisierte Lebensmittel entsprechen.

Die Bezeichnung *"Spezialbrot"* sollte nur verwendet werden, wenn mindestens eine der vorgenannten Eigenschaften erfüllt ist.

Welche Anforderungen werden an Spezialbrote mit verändertem Nährwert gestellt?

Bei *eiweißangereichertem Brot* beträgt der Eiweißgehalt mindestens 20 % in der Trockenmasse (Stickstoffgehalt mal 5,8).
Kohlenhydratvermindertes Brot weist mindestens 30 % weniger Kohlenhydrate auf als vergleichbare Brote.
Brennwertvermindertes Brot entspricht nach der Nährwert-Kennzeichnungsverordnung einem Diabetiker-Brot (siehe Diät-VO) und darf maximal einen Brennwert von 840 kJ/100 g Brot (200 kcal/100 g Brot) aufweisen.

Siehe Anhang ab Seite 323 ff.

Vollkornbrote werden von immer breiteren Käuferschichten gekauft. Mit welchen Argumenten können Sie einem unentschlossenen Kunden Vollkornbrot empfehlen? Nennen Sie mindestens 3 Argumente!

1. Vollkornbrote regen durch ihren Ballaststoffgehalt die Verdauung an.
2. Vollkornbrote enthalten Vitamine und besonders viele Mineralstoffe.
3. Vollkornbrote sind kräftig im Geschmack (leicht nussartig) und im Biss.
4. Vollkornbrote halten sich lange frisch, trocknen nicht so schnell aus.

Welche besonderen Eigenschaften weist ein Weißbrot nach „französischer Art" auf?

a) Meist lange Form (Baguette)
b) Stark gelockerte, großporige Krume
c) Kruste röscher als bei üblichem Weißbrot
d) Ausbund besonders ausgeprägt
e) Durch längere Führung bildet sich ein besonderes Aroma

Mit welchen Argumenten empfehlen Sie einem Kunden ein Brot mit hohem Roggenmehlanteil (Roggenmischbrot)?

a) Dunkles Brot mit Sauerteigzusatz
b) Kräftiger, aromatischer Geschmack
c) Sehr gute Frischhaltung

Wie gesund ist Brot?

Die verschiedenen Getreidearten (siehe Anhang, Seite 399 ff.) und damit auch das daraus gebackene Brot enthalten wichtige Mineralstoffe, Spurenelemente und Vitamine sowie viele Ballaststoffe und Kohlenhydrate.
Brot enthält verschiedene B-Vitamine, Vitamin E, Kalzium, Magnesium, Selen und Spurenelemente wie Zink, Eisen, Kupfer und Mangan (chemisches Element).
Vitamine der B-Gruppe sorgen für schöne Haare und schöne Haut: Biotin (ein Mineral) kurbelt den Stoffwechsel an und versorgt die Haut mit Aufbaustoffen. Schon vier Scheiben Brot decken 20 % des Tagesbedarfs an Biotin, mehr als ein Viertel der empfohlenen Zufuhr an Pantothensäure und fast 40 % der Niacinzufuhr. Besonders Vollkornbrote aus Roggen gehören zu den Vitamin-E-reichen Lebensmitteln. In

ROHSTOFF- UND WARENKUNDE

2 Scheiben à 50 g sind schon 10 % der empfohlenen Zufuhr enthalten. Vitamin E neutralisiert zellschädigende Stoffwechselprodukte und beugt damit den Alterungsprozessen des Körpers vor.

Was geschieht mit den Nährstoffen beim Mahlen?

Die Nährstoffe des Getreides bleiben beim Mahlen des Mehls erhalten. Wer Wert auf eine besonders ballaststoffreiche Ernährung legt, sollte Vollkornmehl und Vollkornschrot den Typenmehlen vorziehen, da Vollkornmehle und Vollkornschrote auch noch den ganzen Keimling sowie die Schalenbestandteile enthalten.

Je geringer die Typenzahl eines Mehls, desto weniger Mineralstoffe und Ballaststoffe enthält es. Dabei spielt die Feinheit eines Mehls keine Rolle. Weizenmehl der Type 550 enthält auf 100 g zwischen 0,51 und 0,63 g Mineralstoffe und weniger Ballaststoffe als ein Mehl mit einer höheren Typenzahl. Roggenmehl der Type 1740 hat einen Mineralstoffgehalt zwischen 1,61 g und 1,8 g pro 100 g Mehl sowie viele Ballaststoffe, die die Verdauung anregen.

ROHSTOFF- UND WARENKUNDE

Wie wird Brot
a) angeschoben
b) freigeschoben
c) Kastenbrot
d) Dampfkammerbrot
gebacken?

a) *Freigeschoben* – ist ein Brot, das fertig geformt in den Ofen geschoben wird und dort rundherum eine aromatische Kruste entwickelt.

b) *Angeschoben* – die in den Ofen geschobenen Teiglinge berühren sich an mindestens einer Seite. Dadurch ist der Krustenanteil geringer und der Geschmack wird etwas milder.

c) *Kastenbrot* wird in speziellen Brotformen gebacken. Gerne werden diese Kastenformen bei Broten verwendet, die in Körnern oder Saaten gerollt wurden.

d) *Dampfkammerbrot* – Pumpernickel ist ein typisches Dampfkammerbrot. Es wird in einer Dampfbackkammer mindestens 16 Stunden bei relativ niedrigen Temperaturen gebacken. Durch das Backen des Brotes in einer geschlossenen Backkammer, das eher an einen Kochvorgang erinnert, erhält das Brot eine dunkle Färbung, aber keine Kruste.

Welche Zusatzstoffe dürfen hinein?

Zusatzstoffe sind Substanzen, die vorrangig aus technischen Gründen zum Herstellen von Lebensmitteln verwendet werden. Diese Stoffe haben normalerweise keinen Nähr- oder Genusswert. Zusatzstoffe können aus pflanzlichen oder tierischen Substanzen gewonnen werden (z. B. Lecithin aus Ei oder Soja) oder chemisch hergestellt werden. Theoretisch können den Broten in Deutschland lebensmittelrechtlich etwa 50 verschiedene Zusatzstoffe zugesetzt werden. Tatsächlich werden aber höchstens 20 Zusatzstoffe im gesamten Brot- und Brötchensortiment verwendet, allerdings in vielen Brotsorten überhaupt nicht, sondern einzelne der Zusatzstoffe vorzugsweise in Kleingebäcken. Es gilt die Devise: So wenig wie möglich, so viel wie nötig.

ROHSTSTOFF- UND WARENKUNDE

Im Brot können folgende – unbedenkliche – Zusatzstoffe mit verwendet werden:

Emulgatoren wie Lecithin, Mono- und Diglyceride von Speisefettsäuren
Mehlbehandlungsmittel:
Ascorbinsäure (Vitamin C)
Konservierungsstoff für Schnittbrot:
Sorbinsäure
Säureregulatoren:
Natriumdiacetat
Frischhaltemittel:
Guarkernmehl, Johannisbrotkernmehl
Teigsäuerungsmittel:
Citronensäure, Milchsäure

Viele handwerklich arbeitende Betriebe benötigen bei der Herstellung von Brot keine Zusatzstoffe.

Warum ist Schwarzbrot schwarz?

Wer heute Schwarzbrot sagt, meint meistens Roggenvollkornbrot. Roggenmehl ist dunkler als Weizenmehl und gibt dem Brot eine dunklere Farbe. Wird Malz hinzugefügt, bekommt das im Innern eigentlich graue Brot einen etwas bräunlichen Farbton.

Das Pumpernickel erhält seine ausgeprägt schwarze Farbe durch die Maillard-Reaktion. Beim langen Backen/Garen reagieren Stärke und Eiweiß miteinander und färben das Brot dunkel.

Sind dunkle Brötchen aus Vollkornmehl gemacht?

Ein dunkles Brötchen enthält meistens Roggenmehl, welches dunkler ist als Weizenmehl. Das verwendete Mehl kann, muss aber kein Vollkornmehl sein.

Woran erkenne ich gutes Brot?

Gutes Brot kann man erkennen an einem ausgeprägten Aroma und seinem leckeren Geschmack, an seiner frischen und röschen Kruste, an einer saftigen Krume und an der langen Frischhaltung bei richtiger Lagerung.

Ist Biobrot besser ist als anderes Brot?

Pauschal lässt sich diese Frage sicher nicht beantworten. Alljährlich werden von der Deutschen- Landwirtschafts-Gesellschaft (DLG) Brotprüfungen durchgeführt. Als Beispiel sind nachfolgend die Beurteilungen von DLG-Qualitätswettbewerben für Backwaren und Getreidenährmittel aufgeführt.

Wie in der Tabelle ersichtlich, kann eine überzeugende, positive Aussage dafür, das Biobrote besser sind, nicht gemacht werden. Die Ergebnisse der Qualitätswettbewerbe unterliegen naturgemäß einigen Schwankungen. In den folgenden Jahren wurde wohl aus diesem Grund auf eine besondere Bewertung von Biobroten verzichtet. Nach Aussagen der Qualitätsprüfer des Zentralverbands halten sich Biobrote und konventionell hergestellte Brote in der Qualität in etwa die Waage.

Bei den letzten DLG-Qualitätswettbewerben festgestellte Fehler/Mängel bei konventionellen Broten und bei Biobroten

Produktmerkmale	Durchschnittliche Verteilung in %	
	konventionelle Brote	Biobrote
Form/Aussehen	55	65
Oberflächen-Krusteneigenschaften	30	25
Lockerung/Krumenbild	40	45
Struktur/Elastizität	20	15
Geruch und Geschmack	65	75

Und wo bekommt man gutes Brot?

Grundsätzlich gilt: Geschmäcker sind verschieden – und so wird jeder die Handwerks-Bäckerei seiner Wahl mit seinen Lieblingsbroten haben. Doch für alle Brote gilt: Ein gutes Brot soll frisch sein, intensiv duften und je nach Brottyp eine rösche (knusprige) Kruste und eine saftige, lockere Krume haben. Wer genau wissen möchte, was im Brot ist, kann Sie als Fachverkäuferinnen fragen und/oder sich die Produktinformationen im Geschäft zeigen lassen.

ROHSTOFF- UND WARENKUNDE

Wie gut sind das Brot und die Brötchen, aus zugekauften Teiglingen gebacken werden?

Wie gut das aus zugekauften Teiglingen fertiggebackene Brot ist, kann der Autor nicht beurteilen.
Wollte man einen Vergleich ziehen, könnte man sagen: Der Unterschied zwischen aufgebackenen Backwaren und frischen Backwaren vom Handwerksbetrieb ist vergleichbar mit dem Unterschied zwischen Fertiggerichten und frisch gekochten Speisen eines gelernten Kochs.
Der Verbraucher muss selbst entscheiden, ob ihm diese Backwaren schmecken.

Ist dunkle Kruste beim Brot ungesund? (Acrylamid)

Insgesamt weist frisches Brot nur sehr geringe Acrylamidwerte auf.
Wie sich Acrylamid bildet, ist noch nicht abschließend geklärt (Stellungnahme des Bundesinstitut für Risikobewertung (BfR) vom 19. März 2004). Sicher ist, dass mit zunehmender Dunkelfärbung der Kruste (bei verbrannter Kruste oder in verbrannten Böden) die messbaren Acrylamidgehalte ansteigen.
Andererseits sind gerade in der Kruste sehr wertvolle Bestandteile mit gesundheitsfördernder Wirkung nachgewiesen.

Warum sind Brot und Brötchen in Ballungsgebieten so teuer geworden?

Die bundesweiten Auswertungen des Statistischen Bundesamtes zeigen, dass Brot und Brötchen in den letzten Jahren etwa 2 bis 3 % teurer geworden sind. Preissteigerungen, die im Vergleich zu den Preissteigerungen vieler anderer Dinge des täglichen Bedarfes recht moderat sind. Eventuelle Preissteigerungen sind zurückzuführen auf gestiegene Energie- und Personalkosten sowie steigende Mieten in Ballungsgebieten.

Wie hält man sie zu Hause schön knusprig?

Weizenbrötchen schmecken am besten frisch. Für den nächsten Tag werden sie am besten in einem Plastikbeutel bei Zimmertemperatur aufbewahrt und kurz vor dem Essen im Ofen oder auf dem Toaster noch einmal aufgebacken.

Weizenbrot hält etwa 2 Tage, Vollkornbrot kann bis zu einer Woche aufbewahrt werden. Idealerweise in einem Keramiktopf, der die im Brot enthaltene Feuchtigkeit aufnimmt und sukzessive wieder an das Brot abgibt. Im Kühlschrank wird Brot besonders schnell altbacken (trocken und geschmacksarm).

Wird in Deutschland (gemeint: in den hiesigen Läden) Brot aus genmanipuliertem Getreide verkauft?

Nein. Die Kunden können sicher sein, dass die Backwaren der Bäckereibetriebe aus herkömmlichem Brotgetreide hergestellt werden. Die Lieferanten unserer Bäckereiunternehmungen müssten gentechnisch veränderte Mehlsorten aus Brotgetreide aufgrund einer gesetzlichen Verpflichtung besonders kennzeichnen. Solche Produkte werden unserem Bäckerhandwerk nicht angeboten.

Nennen Sie ortsübliche Kleingebäcksorten!

Wassergebäcke und Milchgebäcke wie Milchbrötchen, Wasserweck, Mohnbrötchen, Kümmelweck, Salzweck, Salzstangen, Salzbrezel, Kaisersemmel, Hörnchen, Salz und Mohnhörnchen, Kipfel, Zöpfchen usw.

Nennen Sie Weizengroßgebäcke!

Kastenbrote, Toastbrote, Kaviarbrote, Mohnzopf, Kuchenbrote, Stuten usw.

Was versteht man unter dem Begriff Feine Backwaren?

Der Begriff „Feine Backwaren" schließt die Gebäckkategorie „Dauerbackwaren" mit ein.
Feine Backwaren werden aus Teigen oder Massen durch Backen, Rösten, Trocknen, Kochextrusion oder andere Verfahren hergestellt. Die Teige oder Massen werden unter Verwendung von Getreide und/oder Getreideerzeugnissen, Stärken, Fetten, Zuckerarten bereitet.

Leitsätze für Feine Backwaren einschließlich Dauerbackwaren siehe Anhang Seite 356 ff.

ROHSTOFF- UND WARENKUNDE

Feine Backwaren unterscheiden sich von Brot und Kleingebäck dadurch, dass ihr Gehalt an Fett und/oder Zuckerarten mehr als 10 Teile auf 90 Teile Getreide und/oder Getreideerzeugnisse und/oder Stärken beträgt. Soweit in den besonderen Beurteilungsmerkmalen aufgeführt, können bestimmten Erzeugnissen auch geringere Anteile an Fetten und/oder Zuckerarten zugesetzt werden. Dauerbackwaren sind Feine Backwaren, deren Genießbarkeit durch eine längere, sachgemäße Lagerung nicht beeinträchtigt wird.

Die in den Leitsätzen angegebenen Mengen sind Gewichtsangaben, in Teilen oder Prozenten, so weit keine davon abweichenden Angaben gemacht werden. Diese Werte sind Mindestmengen.

Feine Backwaren werden häufig glasiert.
a) Welche Glasur wird üblicherweise verwendet?
b) Nennen Sie 3 weitere Möglichkeiten (und dazu je 1 Gebäck), die Feinen Backwaren ein appetitliches Aussehen zu geben!

a) Fondant
b) Staubzucker: Streuselkuchen, Berliner Pfannkuchen
Hagelzucker: Zöpfe, Knoten
Eigelb: Zöpfe, Brioches

Nennen Sie einige Hefeteiggebäcke!

Stuten, Schnecken, Apfeltaschen, Hahnenkämme, Hörnchen, Hefekränze, Streuselkuchen, Zöpfe, Mohnkuchen, Bienenstich, Obstkuchen, Berliner Pfannkuchen, Krapfen, Zwieback, Stollen usw.

Aus welchen Rohstoffen soll ein Mürbeteig hergestellt sein?

Mürbeteige enthalten mindestens 20 Teile Margarine oder 19,5 Teile Butter oder 16 Teile Reinfett auf 100 Teile Getreidemahlerzeugnisse und/oder Stärke sowie Zuckerarten.

ROHSTOFF- UND WARENKUNDE

Was ist unter einem Mürbeteig 1-2-3 zu verstehen?	1 Teil Zucker (1 kg), 2 Teile Fett (2 kg) und 3 Teile Mehl (3 kg) sowie 6 bis 8 Eier, etwas Salz und Gewürz.
Zu welchen Gebäcken wird Mürbeteig verwendet?	Zu verschiedenen Plätzchen, Spekulatius, gespritztem Tee- oder Sandgebäck, Obstkuchenböden, Torteletts, Sandrouladen, Schwarzweißgebäck.

Massen

Was versteht man unter Massen?	Bei Massen werden Eier und Eigelb oder Eiklar mit Butter (oder Margarine) und/oder Zucker und/oder Mehl gerührt oder geschlagen.
Welche Massen unterscheidet man?	a) Massen mit Aufschlag (gerührte oder geschlagene Massen), z. B. Biskuit-, Eiweiß-, Schaum-, Rühr-, Sand-, Baumkuchen- und Wiener Massen) b) Massen ohne Aufschlag (z. B. Brandmassen, Massen mit Ölsamen wie Makronen, Florentiner, Nussknacker) c) Waffelmassen
Was stellt man aus leichten warmen Massen her?	Sandtorten, Sandkuchen, Eierplätzchen, Böden für Torten, Schnitten und Desserts, Rouladen.
Was stellt man aus schweren Massen her?	Teekuchen, schwere Sandkuchen, Baumkuchen.
Wo finden Baisermassen Verwendung?	Als Böden für Butterkrem-, Sahne- und Eistorten, für Desserts und Sahnebaisers, Schaumkonfekt.
Was versteht man unter a) Hippenmasse, b) Hippengebäcke?	a) Hippenmasse ist eine dünnflüssige Makronenmasse mit Zusätzen von Zucker, Vollei oder Eiklar, Milch oder Sahne und Mehl, oft auch noch geriebenen Mandeln oder Nüssen und Butter. Zur Würzung dienen Vanille, Zimt oder Zitrone, teilweise auch Arrak oder Süßwein; gelegentlich wird Hippenmasse mit Kakaopulver aromatisiert und gefärbt.

ROHSTOFF- UND WARENKUNDE

b) Hippengebäcke sind Backwaren aus Hippenmasse, die dünn in Schablonen gestrichen und kurz auf gewachsten Blechen gebacken werden. Hippengebäck wird noch heiß gerollt oder gebogen und ist nach dem Auskühlen splitterig mürb.

Nennen Sie Gebäcke aus Hippenmassen!

Rollen, Blumen, Blätter, Schmetterlinge.

Wozu werden Hippengebäcke verwendet?

Hippengebäcke dienen als Garniermittel für Eisbomben, Torten und Desserts.

Welche Gebäcke werden aus Brühmassen hergestellt?

Aus Brühmassen werden Windbeutel, Spritzkuchen und Eclairs hergestellt. Brühmassengebäcke verwendet man außerdem noch als Böden für Desserts, Kremteilchen, Käsefours und zum Ausgarnieren von Torten, Eis und Desserts.

Fettgebäck/Petits Fours/bunte Platten

Was bezeichnet man als Fettgebäck?

Gebäcke, die im Siedefett schwimmend ausgebacken werden, wie z. B.:
a) Berliner Pfannkuchen, Krapfen
b) Spritzkuchen
c) Kameruner
d) Storchennester
e) Mutzen(-mandeln)
f) Donuts

Was sind Käsefours?

Pikante Käsegebäcke, die mit einem Käsekrem gefüllt werden.

Was bezeichnet man als Dessert?

Als Dessert bezeichnet man feines Kleingebäck, bunte Stückchen, die mit Kuvertüre überzogen (auch mit gefärbtem Fondant) und oft mit Spritzschokolade, Butterkrem und Früchten garniert werden.

Was sind Petits Fours?

Feine Backwaren; hochwertige, zierliche Dessertstücke, meist aus schweren Mas-

Welche Garnierungen finden bei Petits Fours Anwendung?	sen, mit feinsten Füllungen, dünner Glasurdecke und individuellem Dekor. Glasurüberzug, möglichst dünn, Spritzschokolade, Spritzfondant, Blattgold, kandierte und karamellisierte Früchte, auch Pralinen usw.
Welche Gebäcke enthält eine bunte Platte?	Verschiedene Feine Backwaren, wie z. B. Sahneschnitten, Obsttörtchen, Kremdesserts, Florentiner, Blechkuchenstücke u. ä.
Welches Warensortiment einer bunten Platte bieten Sie zu Kaffee und Tee an?	Petits Fours nach Geschmack, Größe, Form und Farbe auf einer Silberplatte anordnen, dazu Teegebäck. Die einzelnen Stückchen kommen in eine passende Kapsel.

Butterkrem/Torten/Waffeln

Was ist der Unterschied in der Bezeichnung Butterkremtorte und Kremtorte?	Butterkremtorte darf im Gegensatz zur Kremtorte grundsätzlich nur mit reiner Butter hergestellt werden.
Beschreiben Sie die Unterschiede zwischen deutschem, italienischem und französischem Butterkrem bezüglich der Rezeptur!	*Französisch:* sehr fetthaltig *Deutsch:* mit gekochtem Vanillekrem als Grundkrem *Italienisch:* mit Eischnee und gekochtem Zucker
Wie heißen die bekanntesten Tortenarten?	*Butterkremtorten* Schokolade-, Mokka-, Nuss-, Vanille-, Ananas-, Apfelsinen-, Erdbeer-, Kirschbutterkremtorte *Sahnetorten* Nuss-Sahne-Torte, Holländer Kirschtorte, Schwarzwälder Kirschtorte *Torten mit Konfitüren- und Marzipanfüllung* Wiener Torte, Mailänder Torte, Linzer Torte, Marzipantorte

ROHSTOFF- UND WARENKUNDE

Ungefüllte Torten
Sandtorte
Obsttorten
Erdbeer-, Stachelbeer-, Weintrauben-, Pfirsichtorte
Sonstige Torten
Sachertorte (häufig gefüllt) Fassontorten: Herztorte, Kleeblatttorte, Telegrammtorte
Kleintorten: Streifen

Welche gebräuchlichsten Tortenfüllungen kennen Sie?

Butterkrem, Nuss-Schlagsahne, Schokoladebutterkrem, Marzipan, Nugat-Butterkrem, Kirschkompott, Johannisbeerkonfitüre, Vanilleschlagsahne u. a.

Welche Böden werden zu Torten verwendet?

Biskuitböden, Wiener Böden, Mürbeteigböden, Nussböden, Mandelböden, Schokoladeböden.

Was sind Waffeln?

Waffelmassen werden aus Getreidemahlerzeugnissen und/oder Stärke, Flüssigkeit, Zuckerarten, Fett, evtl. auch Vollei, Milchprodukten u. a. Zutaten hergestellt.
Waffeln werden in eisernen Formen mit Waffelmustern gebacken. Wir kennen Schnitt- und Formwaffeln. Auch gefüllte Waffeln. Füllung: Kokosfett, Zucker, Aromen, Milch, Sahne, Schokolade.

Speiseeis

Was versteht man unter Speiseeis?

Speiseeis ist eine durch einen Gefrierprozess bei der Herstellung in einen festen oder pastenartigen Zustand, z. B. Softeis, gebrachte Zubereitung, die gefroren in den Verkehr gebracht wird und dazu bestimmt ist, in diesem Zustand verzehrt zu werden; im aufgetauten Zustand verliert Speiseeis seine Form und verändert sein bisheriges Gefüge.

Bezüglich der Herstellung von Speiseeis verweisen wir auf die in Zusammenarbeit zwischen der Deutschen Gesellschaft für Hygiene und Mikrobiologie, dem Zentralverband des Deutschen Bäckerhandwerks sowie dem Deutschen Konditorenbund erarbeiteten Hygieneempfehlungen, siehe Anhang Seite 391 ff.

ROHSTOFF- UND WARENKUNDE

Speiseeis wird unter Beachtung der Vorschriften der Speiseeis-VO und der Leitsätze für Speiseeis, insbesondere hergestellt unter Verwendung von Milch, Milcherzeugnissen, Ei, Zuckerarten, Honig, Trinkwasser, Früchten, Butter, Pflanzenfetten, Aromen und färbenden Lebensmitteln. Abhängig von der jeweiligen Speiseeissorte und dem Geschmack werden auch andere Zutaten verwendet. Bei Herstellung von Eiskrem, Fruchteiskrem, Einfacheiskrem und Eis mit Pflanzenfett werden die Ansätze pasteurisiert und homogenisiert. Nicht pasteurisierbare Zutaten werden den Ansätzen dieser Sorten erst nach der Pasteurisierung zugesetzt. Rücklauf von Ansätzen oder von Speiseeis wird erst nach erneutem Pasteurisieren wieder verwendet.

Wie heißen die einzelnen Sorten, und wie ist ihre Zusammensetzung?

1. *Kremeis, Cremeeis, Eierkremeis, Eiercremeeis* enthält mindestens 50 % Milch und auf 1 Liter Milch mindestens 270 g Vollei oder 90 g Eigelb. Es enthält kein zusätzliches Wasser.
2. *Rahmeis, Sahneeis, Fürst-Pückler-Eis*
   Rahmeis, Sahneeis, Fürst-Pückler-Eis enthält mindestens 18 % Milchfett aus der bei der Herstellung verwendeten Sahne (Rahm).
3. *Milcheis*
   Milcheis enthält mindestens 70 % Milch.
4. *Eiskrem, Eiscreme*
   Eiskrem, Eiscreme enthält mindestens 10 % der Milch entstammendes Fett.
5. *Fruchteis*
   In Fruchteis beträgt der Anteil an Frucht mindestens 20 %. Bei Fruchteis aus Zitrusfrüchten, anderen sauren Früchten mit einem titrierbaren Säuregehalt im Saft von mindestens 2,5 %, berechnet als Zitronensäure, beträgt der Anteil an Frucht mindestens 10 %.

Siehe auch Anhang „Leitsätze für Speiseeis und Speiseeis-Halberzeugnisse", S. 391 ff

6. *Fruchteiskrem, Fruchteiscreme*
Fruchteiskrem, Fruchteiscreme enthält mindestens 8 % der Milch entstammendes Fett und einen deutlich wahrnehmbaren Fruchtgeschmack.

7. *"(Frucht-)Sorbet"*
In „(Frucht-)Sorbet" beträgt der Anteil an Frucht mindestens 25 %.

Wird in der Verkehrsbezeichnung der Halberzeugnisse auf eine der beschriebenen Speiseeissorten hingewiesen, erfüllt das nach Zubereitungsanleitung hergestellte Fertigerzeugnis die Anforderungen der angegebenen Speiseeissorte.

Für Speiseeissorten gemäß Abschnitt II, Nummer 3, können die verwendeten Früchte namengebend sein, wenn sie einzeln oder in der im Namen verwendeten Mischung den Mindestanforderungen genügen, z. B. Erdbeereis, Erdbeersorbet.

Bei Speiseeis gemäß Abschnitt II A, Nummer 5 und 7, kann bei überwiegender Verwendung von fermentierten Milchsorten (z. B. Sauermilch, Joghurt, Kefir) anstelle von Milch in der Verkehrsbezeichnung darauf hingewiesen werden, z. B. Joghurteis.

Gesundheits- und Hygienestatus von Erzeugnissen auf Milchbasis

Speiseeis mit einem Anteil an Milch oder Milcherzeugnissen muss hohe gesundheitliche und hygienische Anforderungen erfüllen, was durch amtliche Untersuchung der von der Lebensmittelüberwachung in den Betrieben genommenen Stichproben (§ 42 und 43 LMBG) kontrolliert wird. Pathogene (krankheitserregende) Keime der Gattungen Listeria und Salmonella dürfen nicht enthalten sein, da sie die Gesundheit der Verbraucher beeinträchtigen können.

Als Nachweiskeime für mangelnde Hygiene und Indikatorkeime gelten Staphylococcus aureus, Escherichia coli und Coliforme 30 °C, wofür sehr eng begrenzte Höchst- bzw. Richtwerte festgesetzt sind, die nicht überschritten werden dürfen.

Ob Speiseeis mit einem Anteil an Milch oder Milcherzeugnissen zum Verzehr geeignet (d. h. nicht ekelerregend oder verdorben) ist, wird auch nach der die so genannten „Schmutzkeime" mit umfassenden Keimzahl beurteilt. Für den Keimgehalt (Keimzahl bei 30 °C) gilt ein Schwellenwert von 100 000/ml und ein Höchstwert von 500 000/ml. Das Ergebnis gilt als ausreichend, wenn die Keimzahl einer oder mehrerer Proben den Schwellenwert nicht übersteigt. Nicht ausreichend ist es, wenn die Keimzahl einer oder mehrerer Proben den Höchstwert erreicht oder überschreitet. Das Ergebnis gilt als akzeptabel, wenn 2 von 5 Proben in der Keimzahl zwischen Schwellenwert und Höchstwert liegen und die Keimzahl der übrigen Proben höchstens den Schwellenwert erreicht.

Was ist bei dem losen gewerbsmäßigen Verkauf von Speiseeis zu beachten?

Speiseeis darf lt. § 5 der Speiseeis-VO lose gewerbsmäßig nur in den Verkehr gebracht werden, wenn die Verkehrsbezeichnung nach Maßgabe des § 4 der Lebensmittel-Kennzeichnungsverordnung auf einem Schild neben der Ware oder in einem Aushang deutlich lesbar und unverwischbar angegeben ist. Ist das Speiseeis zum Verzehr in der Verkaufsstätte bestimmt, ist die Verkehrsbezeichnung zusätzlich auf der Speisekarte nach Maßgabe des Satzes 1 anzugeben.

Was versteht man unter folgenden Speiseeiszubereitungen:
a) Sorbet,
b) Parfait,
c) Omelette surprise?

a) Fruchteis mit Weinanteil im Eismix oder Fruchteis im Glas, übergossen mit Sekt oder Wein.
b) Sahneeis mit einem Fond aus Eigelb (Eiern).
c) Ein Eisziegel wird mit einer Soufflé- oder Baisermasse eingestrichen und im Backofen abgeflämmt.

Wie ist Fürst-Pückler-Eis zusammengesetzt?

Fürst-Pückler-Eis ist ein Sahneeis besonderer Art und besteht u. a. aus drei Schichten von Sahneeis:
a) rote Schicht (Fruchtmark)
b) dunkle Schicht (Schokolade)
c) weiße Schicht (Vanillearoma)

Was versteht man unter Eisbindemitteln?

Eisbindemittel sind Zusatzstoffe (z. B. Agar-Agar, Pektin, Traganth), die in sehr kleinen Mengen der Verbesserung und Erhaltung des sahnig-geschmeidigen feinkristallinen Gefüges von Speiseeis und Eiskrem dienen.

Welche Zusatzstoffe sind nach der Speiseeisverordnung gestattet?

Sorbit 3,0 %; Traganth oder Johannisbrotkernmehl 0,6 %; Pektin 0,3 %; Guarkernmehl 0,4 %; Alginsäure 0,3 %; Carrageen 0,3 %; Agar-Agar 0,15 % (jeweils Höchstanteil).
Werden diese Stoffe (außer Sorbit) in Verbindung untereinander verwendet, so vermindern sich die für jeden Stoff angegebenen Höchstmengen um so viel Hun-

ROHSTOFF- UND WARENKUNDE

Was versteht man unter einer Eisbombe?

dertteile, wie von den Höchstmengen der anderen Dickungsmittel zusammen im Gemisch enthalten sind.

Eine Zubereitung (Halbgefrorenes) aus Kremeis und Sahneeis in einer entsprechenden Halbkugelform. Diese Eisbombe lässt man im Gefrierfach durchfrieren (Dauer 2 bis 4 Stunden). Beliebt sind Fruchteinlagen.

Fruchtsäfte/Limonaden

Was ist Ihnen über Fruchtsäfte bekannt?

Fruchtsäfte haben einen Fruchtgehalt von 100 % und einen durchschnittlichen Energiewert von 40 bis 75 Kilokalorien je 100 ml, der in erster Linie vom natürlichen Fruchtzuckergehalt herrührt. Beim Vitamingehalt ist insbesondere das Vitamin C, das in nahezu allen Fruchtsäften vorkommt, hervorzuheben. Schwarzer Johannisbeersaft, Orangen- und Grapefruitsaft enthalten besonders reichlich Vitamin C. Orangen-, Mandarinen- und Passionsfruchtsaft enthalten zudem Carotin, die Vorstufe von Vitamin A. Bei den Mineralstoffen sind der hohe Kalium- und der niedrige Natriumgehalt positiv hervorzuheben. Fruchtsäfte sind daher auch für natriumempfindliche Personen geeignet. Der Gehalt an Fruchtsäuren, Aromen sowie Pektin, insbesondere bei den trüben Säften, wirkt sich günstig auf die Verdauung aus.

Fruchtsäfte gibt es sortenrein, z. B. Apfelsaft, Orangensaft, Traubensaft, oder aus mehreren Fruchtarten, wie Orangen-Maracuja-Saft, Apfel-Kirsch-Saft, Multi-Frucht-Saft. Eine besondere Gruppe sind die Multi-Vitamin-Fruchtsäfte, denen Vitamine zugefügt sind. Fruchtsäfte, die ganz oder teilweise über die Zwischenlagerung aus Fruchtsaftkonzentrat (Konzentration meist im Verhältnis 1:4 bis 1:6) hergestellt wurden, sind als „Saft aus ... saftkonzentrat" zu kennzeichnen.

ROHSTOFF- UND WARENKUNDE

Was wissen Sie über Limonaden?

Limonaden werden aus Trink-, Mineral-, Quell- oder Tafelwasser hergestellt. Sie enthalten mindestens 7 % Zucker, eine Begrenzung nach oben gibt es nicht, und sind daher nur bedingt als Durstlöscher geeignet. Werden Limonaden unter Verwendung von Fruchtsäften hergestellt, so beträgt ihr Fruchtsaftgehalt mindestens die Hälfte der für die entsprechenden Fruchtsaftgetränke erforderlichen Mengen, das heißt:

bei Limonaden aus Kernobst oder Traubensäften	15 Prozent
bei Limonaden aus Zitrussäften	3 Prozent
bei Limonaden aus anderen Fruchtsäften	5 Prozent

Kaffee/Tee/Kakao

Was wissen Sie über die Bedeutung der Heißgetränke Kaffee, Tee und Kakao, welche gerade in Bäckereien mit angeschlossenem Café gereicht werden?

Kaffee und Tee sind beliebte Heißgetränke, die insbesondere wegen ihrer anregenden und belebenden Wirkung, hervorgerufen durch den Gehalt an Coffein, getrunken werden, und damit auch als Genussmittel gelten.
Kakao ist dagegen wegen des Gehalts an Eiweiß, Fett und Kohlenhydraten ein nahrhaftes Getränk und besonders für Kinder und Jugendliche von Bedeutung.

Welche Sorten von Kaffee sind im Handel erhältlich?

Röstkaffee, als ganze Bohnen
Röstkaffee, beim Kauf frisch gemahlen oder gemahlen und vakuumverpackt
Spezialkaffee (behandelter Kaffee): Hierbei handelt es sich um Kaffee, dem bestimmte Inhaltsstoffe entzogen worden sind, wodurch die Bekömmlichkeit des Kaffees vor allem für magen-, galle- und leberempfindliche Konsumenten verbessert wird.
Entcoffeinierte Kaffees: Dies sind Röstkaffees, aus denen durch spezielle Verfahren das Coffein weitgehend entfernt wurde. Solche Kaffees dürfen gemäß der Kaffee-Verordnung höchstens noch 1 g Coffein

ROHSTOFF- UND WARENKUNDE

pro kg Kaffeetrockenmasse enthalten. Entcoffeinierter Kaffee ist für herz- und kreislaufempfindliche Kaffeetrinker bekömmlicher.

Schonkaffees: Solche Kaffeesorten werden sowohl entcoffeiniert als auch als coffeinhaltige Produkte angeboten. Hierzu gehören Kaffees, denen bestimmte Reizstoffe teilweise entzogen wurden. Im Gegensatz zu entcoffeiniertem Kaffee sind reizstoffarme Kaffeesorten in der Kaffee-Verordnung nicht definiert.

Löslicher Bohnenkaffee/Bohnenkaffee-Extrakt/Instantkaffee: Bei Kaffee-(Trocken-)Extrakt handelt es sich um sprüh- oder gefriergetrocknete Röstkaffee-Erzeugnisse. Im Handel sind verschiedene Varianten, unter anderem dunkler geröstete Mokka- oder Espressoprodukte oder entcoffeinierte Sorten, erhältlich. Entcoffeinierter Kaffee-Extrakt darf noch höchstens 3 g Coffein pro Kilogramm Kaffee-Extrakt-Trockenmasse enthalten.

Kaffee-Spezialitäten: Dies sind Mischungen mit löslichem Kaffee wie Cappuccino, Eiskaffee und Café au Lait, die bereits den Milchanteil löslich enthalten, und Spezialitäten mit besonderen Geschmacksrichtungen, z. B. Amaretto, Vanille, Irish Cream, Haselnuss oder Schokolade.

Wie wirkt sich das Warmhalten auf den Kaffeegeschmack aus?

Durch das Warmhalten des Kaffeegetränkes tritt bereits nach 30 bis 60 Minuten ein deutlicher Aromaverlust ein. Zu beachten ist, dass der zubereitete Kaffee mit der richtigen Temperatur warm gehalten wird. Am besten ist es, den Kaffee in Warmhaltekannen umzufüllen. Auch das Wiederaufwärmen von Kaffee auf Temperaturen von 85 bis 90 °C wirkt sich ungünstig auf den Geschmack aus.

Was wissen Sie über die ernährungsphysiologische Bedeutung von Kaffee?

Der Energiegehalt von Kaffee ist gering; eine Tasse enthält etwa 4 bis 8 Kilokalorien. Erwähnenswert ist der Gehalt an Niacin (Nicotinsäure), einem Vitamin der

B-Gruppe. Eine Tasse Kaffee deckt etwa $1/_{10}$ des Tagesbedarfs eines Erwachsenen an diesem Vitamin.

Was ist über die Wirkung von Coffein bekannt, und wie hoch ist der Anteil?

Anregend und belebend wirkt Kaffee durch den Gehalt an Coffein. In einer Tasse sind an Coffein etwa enthalten:
Normal starker Kaffeeaufguss (= 150 ml): 60 bis 120 mg.
Espresso (= 40 ml): 45 mg
Die Wirkung des Coffeins aus Kaffee erfolgt – anders als bei Tee – sehr schnell. Bereits 20 Minuten nach dem Kaffeegenuss sind etwa 80 % des Coffeins aus dem Magen-Darm-Trakt resorbiert. Die Halbwertzeit des Coffeins ist individuell sehr unterschiedlich und schwankt zwischen 2 und 12 Stunden. So lange dauert es also, bis die Hälfte des aufgenommenen Coffeins im Körper abgebaut ist.

Was wissen Sie über die ernährungsphysiologische Bedeutung von Tee?

Eine Tasse Tee enthält – ohne Zugabe von Zucker, Kandis, Milch oder Sahne – praktisch keine Energie. Aus ernährungsphysiologischer Sicht ist der Fluoridgehalt im Tee positiv zu bewerten. Mit 3 bis 5 Tassen Tee (abhängig vom Anbaugebiet) wird etwa 1 mg Fluorid aufgenommen; das entspricht der zur Kariesprophylaxe empfohlenen täglichen Zufuhrmenge. Außerdem ist Tee kaliumreich und enthält, abhängig von der Provenienz und der Sorte, erwähnenswerte Konzentrationen an B-Vitaminen, z. B. Thiamin (B_1) und Riboflavin (B_2). Der Genusswert des Tees beruht auf seinem Gehalt an Gerbstoffen und ätherischen Ölen, die für den Geruch und das typische Teearoma verantwortlich sind.

Was ist Ihnen über die ernährungsphysiologische Bedeutung von Kakao bekannt?

Ein Becher Kakaogetränk (200 ml), bestehend aus 0,2 Liter Vollmilch, 8 g schwach entöltem Kakaopulver sowie 10 g Zucker, liefert für Calcium 25 %, für Magnesium 15 %, für Eisen 13 % (weibl.) bzw. 16 % (männl.) und für Vitamin B 12 % des empfohlenen Tagesbedarfs eines Jugendlichen.

LEITFADEN FÜR BROT-, BRÖTCHEN- UND STOLLENPRÜFUNG

PRÜFSCHEMA FÜR BROT, BRÖTCHEN UND STOLLEN

Leitfaden für Brot-, Brötchen- und Stollenprüfungen

Die Aufgabe und Zielsetzung dieser Einrichtung ist es, das Streben nach Qualität in den handwerklichen Bäckereien nachhaltig zu unterstützen und entsprechende Hilfestellungen zu leisten.

Neutralisierung der Proben
Die eingereichten Proben sind von der Innung zu nummerieren. Die beim Zentralverband des Deutschen Bäckerhandwerks e. V. erhältlichen Listen und Karten erleichtern diese notwendige organisatorische Maßnahme.

Brotprüfung
Die eingereichten Brotproben müssen mindestens 24 Stunden alt sein. Ausnahme ist das französische Weißbrot (Baguette), das mindestens 6 Stunden alt sein sollte.
Die Prüfgruppe kann an einem Prüftag aus sensorischen Gründen nicht mehr als 50 Brotproben kontrollieren, da ansonsten die Qualität der Prüfung gefährdet würde.
Um das Brot optimal bewerten zu können, müssen folgende Informationen auf der Brotkarte enthalten sein:
– die entsprechende Nummerierung des Brotes
– die genaue Brotbezeichnung
– das Mehlmischungsverhältnis
– Angaben über weitere Zusätze, wie z. B. Saaten, Rosinen
– eventuell spezielle Angaben des Brottyps, z. B. Landbrot, genetzt

Brötchenprüfung
Bötchen können frühestens 1 Stunde und spätestens 6 Stunden nach dem Ausbacken geprüft werden. Zu beachten ist dabei, dass Brötchen zu besseren Beurteilung der Rösche möglichst schnell der Prüfgruppe vorgelegt werden sollten.
Von jeder zu prüfenden Sorte müssen mindestens 10 Brötchen für eine optimale Begutachtung vorliegen.
Die Prüfgruppe kann nicht mehr als 35 Brötchensorten pro Tag prüfen.
Zur optimalen Bewertung benötigt der Prüfer folgende Angaben:
– die entsprechende Nummerierung der Brötchensorte
– die Ausbackzeit (d. h. zu welcher Zeit die Brötchen aus dem Ofen gezogen wurden)
– die genaue Brötchenbezeichnung
– das Mehlmischungsverhältnis (im Besonderen bei Spezialbrötchen mit Roggenmehlanteil, Saatenzusatz oder Vollkornanteil)

BROT-, BRÖTCHEN- UND STOLLENPRÜFUNGEN

Stollenprüfung
Um eventuell geschmacklichen Mängeln vorzubeugen, sollte der eingereichte Stollen gut durchgezogen sein. Empfehlenswert sind abgelagerte Stollen von 7 bis 14 Tagen. Eine Prüfgruppe kann nicht mehr als 25 Stollen an einem Prüfungstag bewerten.
Notwendige Informationen für den Prüfer sind:
– die entsprechende Nummerierung des Stollens
– die genaue Stollenbezeichnung
– die Höhe des Fettanteils in % auf Mehl bezogen
– den Trockenfrüchteanteil in % auf Mehl bezogen
– Angaben bei Spezialstollen über sonstige Zutaten

Bewertung der Proben
Die Feststellung von Fehlern sowie die Bewertung des zu prüfenden Produkts erfolgt nach den Richtlinien der DLG. Dabei verfahren die Prüfer nach dem 5-Punkte-Schema, wobei von der max. zu erreichenden Punktzahl (100) die einzelnen Fehler gewichtet abgezogen werden. Die erreichten Punkte werden durch 20 dividiert, woraus sich die Qualitätszahl ergibt.

Prüfkriterien/Brot
a) Form, Herrichtung — Gewichtungsfaktor 1
b) Oberflächen-, Krusteneigenschaft — Gewichtungsfaktor 2
c) Lockerung, Krumenbild — Gewichtungsfaktor 4
d) Struktur, Elastizität — Gewichtungsfaktor 4
e) Geruch, Geschmack — Gewichtungsfaktor 9

Prüfkriterien/Brötchen
a) Form, Aussehen — Gewichtungsfaktor 2
b) Oberflächen-, Krusteneigenschaft — Gewichtungsfaktor 2
c) Lockerung, Krumenbild — Gewichtungsfaktor 3
d) Struktur, Elastizität — Gewichtungsfaktor 4
e) Geruch, Geschmack — Gewichtungsfaktor 9

Prüfkriterien/Stollen
a) Form, Aussehen — Gewichtungsfaktor 3
b) Oberflächen-, Krusteneigenschaft — Gewichtungsfaktor 3
c) Lockerung, Krumenbild — Gewichtungsfaktor 2
d) Struktur, Elastizität — Gewichtungsfaktor 3
e) Geruch, Geschmack — Gewichtungsfaktor 9

Benotung
Sehr gut — 5,00 Punkte
Gut — 4,99–4,50 Punkte
Befriedigend — 4,49–4,00 Punkte
Verbesserungsbedürftig — unter 4,00 Punkte

Prüfschema für Brot

Produktbezeichnung: _____

Brot-Nr.: _____
Beurteilungsdatum: _____ , den _____

1. Form, Aussehen

Code	Merkmal	4				Code	Merkmal	4				Code	Merkmal
5720	ungleichmäßige Form	4	–	–	–	4613	schlecht getrennte Kopfenden	4	–	–	–	4886	Stärkeklumpen
6290	flache Form	4	–	–	–	5745	unsaubere Seitenflächen	4	–	–	–	6235	zu viel Streumehl
6230	runde Form	4	–	–	–	3856	nicht artgemäßer Ausbund	4	–	–	–	5740	unansehnliches Gesamtbild
2367	nicht ausgefüllte Form	4	–	–	–	5723	ungleichmäßig bestreut	4	–	–	–	1125	aufgeplatzter Schluss
5370	Taillenbildung	4	–	–	–	6234	zu viel bestreut	4	–	–	–	2386	faltiger Boden
1961	eingefallene Oberfläche	4	–	–	–	5722	ungleichmäßig bemehlt	4	–	–	–	2975	hohler Boden
4890	schlecht getrennte Seitenflächen	4	–	–	–	6236	zu viel bemehlt	4	–	–	–	6245	breiter Boden

2. Oberflächen-, Krusteneigenschaften

Code	Merkmal					Code	Merkmal					Code	Merkmal
5730	ungleichmäßige Bräunung	4	–	–	–	1640	Blasen	4	–	–	–	1060	abgerissene Kruste
6305	helle Bräunung	4	–	–	–	4901	Sprenkel/Flecken/Stippen	4	–	–	–	1065	abgesplitterte Kruste
6310	dunkle Bräunung	4	–	–	–	5532	verbrannte Quetschfalte	4	–	–	–	5775	ungleichmäßige Kruste
4922	stumpfe Oberfläche	4	–	–	–	4410	rissige Kruste	4	–	–	–	6295	dünne Kruste
4887	Schrumpffalten	4	–	–	–								

3. Lockerung, Krumenbild

Code	Merkmal					Code	Merkmal					Code	Merkmal
5860	zu ungleichmäßige Lockerung	4	–	–	–	5940	Wasserring	4	3	–	–	6460	zu viele ungequollene Körner
6340	geringe Lockerung	4	3	–	–	5945	Wasserstreifen	4	3	–	–	4380	raue Schnittfläche
6370	übermäßige Lockerung	4	–	–	–	2995	Hohlräume	4	–	–	–	4986	Schneideölrückstände
3900	nicht artgemäße Lockerung	4	–	–	–	3345	Krumenrisse	4	–	–	–	4985	Schneiderückstände (Krustenpa
6362	dichte Porung in der Randzone	4	–	–	–	1146	abgebackene Kruste/Krume	4	–	–	–	2400	Flecken
5941	Wasserring unter der Kruste	4	3	–	–	1845	Druckstellen unter der Kruste	4	–	–	–		

4. Struktur, Elastizität

Code	Merkmal					Code	Merkmal					Code	Merkmal
3320	krümelt beim Schneiden	4	–	–	–	5805	ungleichmäßige Toastbräunung	4	–	–	–	2830	getoastet etwas hart
4945	beeintr. Trennbarkeit der Scheiben	4	–	–	–	6520	helle Toastbräunung	4	–	–	–	2767	geschwächte Krumenelastizität
1495	beeinträchtigter Zusammenhalt	4	–	–	–	6525	dunkle Toastbräunung	4	–	–	–	6375	trockene Krume
1493	beeinträchtigte Bestreichbarkeit	4	–	–	–	2825	getoastet etwas zäh	4	–	–	–	6385	feste Krume

5. Geruch, Geschmack

Code	Merkmal					Code	Merkmal					Code	Merkmal
5935	wenig aromatisch	4	–	–	–	3006	herbsauer	–	3	2*	–	4470	herb/streng
1210	aromaarm	–	3	–	–	2440	fremdartig sauer	–	2*	1*	–	2920	hefig
2170	fade	–	–	2	–	4440	salzig	4	3*	–	–	1005	alt
3355	kleistrig/teigig	–	3	2	–	5090	süß	4	–	–	–	3955	Nebengeruch
3910	nicht abgerundet (unharmonisch)	4	–	–	–	1365	bitter	4	–	–	–	2190	Fremdgeruch**
4525	sauer	4	3	2*	–	5865	überwürzt	4	3	–	–	3960	Nebengeschmack

ACHTUNG!
– Bei Nennung unterschiedlicher Punktzahlen innerhalb eines Prüfmerkmals wird die niedrigste als Berechnungsgrundlage herangezogen.
– Bei Mehrfachnennung derselben Punktzahl innerhalb eines Prüfmerkmals wird die nächstniedrigere als Berechnungsgrundlage herangezogen.
– Als Voraussetzung für eine Prämierung müssen in jedem Prüfmerkmal mindestens 3 Punkte (ungewichtet) erreicht werden.

* Laboruntersuchung:
 – Säuregrad: Bei 2 oder weniger Punkten muss der Säuregehalt bestimmt werden.

** Beschreibbar: ☐ ja – siehe Bemerkung ☐ nein

Bemerkung (sonstige Mängel):

Unterschriften:
(Prüfer)

BROT-, BRÖTCHEN- UND STOLLENPRÜFUNGEN 105

Punkte	Qualitätsbeschreibung	allgemeine Eigenschaften
5,00	sehr gut	volle Erfüllung der Qualitätserwartung
4,99–4,50	gut	geringfügige Abweichung
4,49–4,00	befriedigend	merkliche Abweichung
unter 4,00	verbesserungsbedürftig	deutlicher Fehler

Gewichtungsfaktoren = Gewichtete Bewertung

Bewertung: 5 4 3 2 1 0 x 1 =

5	4	3	2	1	0		5	4	3	2	1	0
	4	–	–	–		5765 unsauberer Boden		4	3	–	–	–
	4	–	–	–		2672 gewölbte Scheiben		4	–	–	–	–
	4	3	–	–		5755 ungleichmäßige Scheibengröße		4	3	2	–	–
	4	–	–	–		5760 ungleichmäßige Scheibendicke		4	–	–	–	–
	4	–	–	–		4710 sonstige Mängel**		4	3	2	–	–
	4	–	–	–		9998 nicht bewertbar**		–	–	–	–	0
	4	–	–	–								

Bewertung: 5 4 3 2 1 0 x 2 =

	4	–	–	–		6300 dicke Kruste		4	–	–	–	–
	4	–	–	–		5530 verbrannte Kruste		–	3	–	–	–
	4	–	–	–		4710 sonstige Mängel**		4	3	2	–	–
	4	–	–	–		9998 nicht bewertbar**		–	–	–	–	0
	4	–	–	–								

Bewertung: 5 4 3 2 1 0 x 4 =

	4	–	–	–		5635 Unkrautsamen		4	–	–	–	–
	4	–	–	–		5806 ungleichm. Krumenhelligkeit		4	–	–	–	–
	4	–	–	–		3901 nicht artgemäße Krumenfarbe		4	–	–	–	–
	4	–	–	–		4710 sonstige Mängel**		4	3	2	–	–
	4	–	–	–		9998 nicht bewertbar**		–	–	–	–	0

Bewertung: 5 4 3 2 1 0 x 4 =

	4	–	–	–		3335 klebende Krume		4	–	–	–	–
	4	3	2	–		3315 Krume ballt beim Kauen		4	–	–	–	–
	4	–	–	–		4710 sonstige Mängel**		4	3	2	–	–
	4	–	–	–		9998 nicht bewertbar**		–	–	–	–	0

Bewertung: 5 4 3 2 1 0 x 9 =

	4	–	–	–		2195 Fremdgeschmack**		–	–	2	1	–
	4	3	–	–		2585 gärig		–	3	2	1	–
	4	3	–	–		4235 ranzig		–	–	2	1	–
	4	3	–	–		1824 dumpf/muffig		–	–	2	1	–
	–	–	2	1	–	4710 sonstige Mängel**		4	3	2	–	–
	4	3	–	–		9998 nicht bewertbar**		–	–	–	–	0

Gewichtete Gesamtbewertung

Summe der Gew.-Faktoren = — =   20

Erzielte Qualitätszahl

Säuregrad:

pH-Wert:

(meister)

Prüfschema für Brötchen

Produktbezeichnung: _____

Brötchen-Nr.: _____
Beurteilungsdatum: _____ , den _____

1. Form, Aussehen

Nr.	Merkmal					Nr.	Merkmal					Nr.	Merkmal
5720	ungleichmäßige Form	4	3	–	–	6264	großes Volumen	4	–	–	–	5521	verschwommener Ausbund
6290	flache Form	4		–	–	1125	aufgeplatzter Schluss	4	–	–	–	3856	nicht artgemäßer Ausbund
6230	runde Form	4		–	–	5721	ungleichmäßiger Ausbund	4	–	–	–	6234	zu viel bestreut
2673	gekrümmte Form	4		–	–	6266	schmaler Ausbund	4	–	–	–	5723	ungleichmäßig bestreut
1067	aneinander gebacken	4		–	–	6267	breiter Ausbund	4	–	–	–	6236	zu viel bemehlt
1974	eingefallene Seitenflächen	4		–	–	6268	tiefer Ausbund	4	–	–	–	5722	ungleichmäßig bemehlt
6265	kleines Volumen	4		–	–	2999	hochgezogener Ausbund	4	–	–	–	5740	unansehnliches Gesamtbild

2. Oberflächen-, Krusteneigenschaften

Nr.	Merkmal					Nr.	Merkmal					Nr.	Merkmal
5730	ungleichmäßige Bräunung	4		–	–	6295	dünne Kruste	4	–	–	–	4901	Sprenkel/Flecken
6305	helle Bräunung	4		–	–	6300	dicke Kruste	4	–	–	–	1640	Blasen
6310	dunkle Bräunung	4	–	–	–	5530	verbrannte Kruste	–	3	–	–	4887	Schrumpffalten
4922	stumpfe Oberfläche	4		–	–	1064	abgelöste Kruste	4	–	–	–	6280	weiche Kruste
5775	ungleichmäßige Kruste	4		–	–	1065	abgesplitterte Kruste	4	–	–	–	6285	harte Kruste

3. Lockerung, Krumenbild

Nr.	Merkmal					Nr.	Merkmal					Nr.	Merkmal
5860	zu ungleichmäßige Lockerung	4		–	–	3900	nicht artgemäße Lockerung	4	–	–	–	2400	Flecken
6340	geringe Lockerung	4	3	–	–	2995	Hohlräume	4	–	–	–	5806	ungleichmäßige Krumenhelligkeit
6370	übermäßige Lockerung	4		–	–	6460	zu viele ungequollene Körner	4	–	–	–	3901	nicht artgemäße Krumenfarbe

4. Struktur, Elastizität

Nr.	Merkmal					Nr.	Merkmal					Nr.	Merkmal
3320	krümelt beim Schneiden	4		–	–	6375	trockene Krume	4	–	–	–	3335	klebende Krume
1493	beeinträchtigte Bestreichbarkeit	4		–	–	6380	straffe Krume	4	–	–	–	3315	Krume ballt beim Kauen
2767	geschwächte Krumenelastizität	4	3	2	–	–							

5. Geruch, Geschmack

Nr.	Merkmal					Nr.	Merkmal					Nr.	Merkmal
5935	wenig aromatisch	4		–	–	3006	herbsauer	–	3	2*	–	2920	hefig
1210	aromaarm	–	3	–	–	4440	salzig	4	3*	–	–	1005	alt
2170	fade	–	–	2	–	5090	süß	4	–	–	–	3955	Nebengeruch
3355	kleistrig/teigig	–	3	2	–	1365	bitter	4	–	–	–	2190	Fremdgeruch**
3910	nicht abgerundet (unharmonisch)	4		–	–	5865	überwürzt	4	3	–	–	3960	Nebengeschmack
4525	sauer	4	3	2*	–	4470	herb/streng	4	–	–	–	2195	Fremdgeschmack**

Achtung!

- Bei Nennung unterschiedlicher Punktzahlen innerhalb eines Prüfmerkmals wird die niedrigste als Berechnungsgrundlage herangezogen.
- Bei Mehrfachnennung derselben Punktzahl innerhalb eines Prüfmerkmals wird die nächstniedrigere als Berechnungsgrundlage genommen.
- Als Voraussetzung für eine Prämierung müssen in jedem Prüfmerkmal mindestens 3 Punkte (ungewichtet) erreicht werden.
  * Laboruntersuchung
  – Säuregrad: Bei 2 oder weniger Punkten muss der Säuregehalt bestimmt werden.
** Beschreibbar: ☐ ja – siehe Bemerkung   ☐ nein

Bemerkung (sonstige Mängel):

Unterschriften:
(Prüfer)

BROT-, BRÖTCHEN- UND STOLLENPRÜFUNGEN 107

unkte	Qualitätsbeschreibung	allgemeine Eigenschaften
.00	sehr gut	volle Erfüllung der Qualitätserwartung
.99–4,50	gut	geringfügige Abweichung
.49–4,00	befriedigend	merkliche Abweichung
nter 4,00	verbesserungsbedürftig	deutlicher Fehler

Gewichtungsfaktoren =   Gewichtete Bewertung

unentbehrlich für alle

Bewertung: | 5 | 4 | 3 | 2 | 1 | 0 | x 2 =

5	4	3	2	1	0	Nr.	Merkmal	5	4	3	2	1	0
	4	–	–	–	–	2386	faltiger Boden	–	4	–	–	–	–
	4	–	–	–	–	2975	hohler Boden	–	4	–	–	–	–
	4	–	–	–	–	6245	breiter Boden	–	4	–	–	–	–
	4	–	–	–	–	5765	unsauberer Boden	–	4	–	–	–	–
	4	–	–	–	–	4710	sonstige Mängel**	–	4	3	2	–	–
	4	–	–	–	–	9998	nicht bewertbar**	–	–	–	–	–	0
	4	3	–	–	–								

Bewertung: | 5 | 4 | 3 | 2 | 1 | 0 | x 2 =

5	4	3	2	1	0	Nr.	Merkmal	5	4	3	2	1	0
	4	–	–	–	–	1494	beeinträchtigte Rösche	–	4	3	–	–	–
	4	–	–	–	–	6411	zähe Kruste	–	4	–	–	–	–
	4	–	–	–	–	4710	sonstige Mängel**	–	4	3	2	–	–
	4	–	–	–	–	9998	nicht bewertbar**	–	–	–	–	–	0
	4	–	–	–	–								

Bewertung: | 5 | 4 | 3 | 2 | 1 | 0 | x 3 =

5	4	3	2	1	0	Nr.	Merkmal	5	4	3	2	1	0
	4	–	–	–	–	4710	sonstige Mängel**	–	4	3	2	–	–
	4	–	–	–	–	9998	nicht bewertbar**	–	–	–	–	–	0
	4	–	–	–	–								

Bewertung: | 5 | 4 | 3 | 2 | 1 | 0 | x 4 =

5	4	3	2	1	0	Nr.	Merkmal	5	4	3	2	1	0
	4	–	–	–	–	4710	sonstige Mängel**	–	4	3	2	–	–
	4	–	–	–	–	9998	nicht bewertbar**	–	–	–	–	–	0

Bewertung: | 5 | 4 | 3 | 2 | 1 | 0 | x 9 =

5	4	3	2	1	0	Nr.	Merkmal	5	4	3	2	1	0
	4	3	–	–	–	2585	gärig	–	–	3	2	–	–
	4	3	–	–	–	5105	talgig	–	–	3	2	–	–
	4	3	–	–	–	4235	ranzig	–	–	–	2	1	–
	–	–	2	1	–	1824	dumpf/muffig	–	–	–	2	1	–
	4	3	–	–	–	4710	sonstige Mängel**	–	4	3	2	–	–
	–	–	2	1	–	9998	nicht bewertbar**	–	–	–	–	–	0

Gewichtete Gesamtbewertung

Summer der Gew.-Faktoren   = —— =   20

Erzielte Qualitätszahl

Säuregrad:

pH-Wert:

BROT-, BRÖTCHEN- UND STOLLENPRÜFUNGEN

Prüfschema für Stollen

Produktbezeichnung: _____

Stollen-Nr.: _____
Beurteilungsdatum: _____ , den _____

1. Form, Aussehen

Nr.	Merkmal					Nr.	Merkmal					Nr.	Merkmal
5720	ungleichmäßige Form	4	3	–	–	4170	Pilzform	4	3	–	–	6236	zu viel bemehlt
4895	ungleichm. gr. St. (innerh. d. Pack.)	4	3	–	–	1961	eingefallene Oberfläche	4	3	–	–	5765	unsauberer Boden
6290	flache Form	4	3	–	–	5745	unsaubere Seitenflächen	4	3	2	–	5535	verschmierter Boden
1625	breite Form	4	3	–	–	3856	nicht artgemäßer Ausbund	4	3	–	–	2386	faltiger Boden
2367	nicht ausgefüllte Form	4	3	–	–	6234	zu viel bestreut	4	3	–	–	2975	hohler Boden
5370	Taillenbildung	4	3	–	–	5723	ungleichmäßig bestreut	4	3	–	–	1641	blasiger Boden

2. Oberflächen-, Krusteneigenschaften

Nr.	Merkmal					Nr.	Merkmal					Nr.	Merkmal
5730	ungleichmäßige Bräunung	4	3	–	–	4410	rissige Kruste	4	3	–	–	5785	unansehnlicher Überzug/Aufl.
6305	helle Bräunung	4	3	–	–	1060	abgerissene Kruste	4	3	–	–	5790	ungleichmäßig dicker Überzug
6310	dunkle Bräunung	4	3	–	–	1055	abgeblätterte Kruste	4	3	–	–	6320	„dicker" Überzug/Aufl.
4922	stumpfe Oberfläche	4	3	–	–	5775	ungleichmäßige Kruste	4	3	–	–	1851	durchweichter Überzug/Aufl.
4887	Schrumpffalten	4		–	–	6295	dünne Kruste	4	3	–	–	2230	feuchter Überzug/Aufl.
1640	Blasen	4	3	–	–	6300	dicke Kruste	4	3	–	–	2790	grauer Überzug/Aufl.
4901	Sprenkel/Flecken/Stippen	4	3	–	–	5530	verbrannte Kruste	–	3	2	–	2990	harter Überzug/Aufl.
6316	dunkle Kanten	4	–	–	–	2980	Haarrisse	4	3	–	–	1170	abblätternder Überzug/Aufl.

3. Lockerung, Krumenbild

Nr.	Merkmal					Nr.	Merkmal					Nr.	Merkmal
5860	zu ungleichmäßige Lockerung	4	3	–	–	6362	dichte Porung in der Randzone	4	3	–	–	3345	Krumenrisse
6340	geringe Lockerung	4	3	–	–	5795	ungleichm. Blätterung/Schichtung	4	3	–	–	1146	abgebackene Kruste/Krume
6370	übermäßige Lockerung	4	3	–	–	4957	speckige Schicht unter der Füllung	4	3	–	–	4935	Schlauchporen
3900	nicht artgemäße Lockerung	4	3	–	–	4960	speckige Streifen	4	3	–	–	3801	Krume/Füllung unausgewog.
4380	raue Schnittfläche	4	3	–	–	4955	speckige Krume	4	3	–	–	2360	Früchte ungleichmäßig verteilt
4985	Schneideölrückstände	4	3	–	–	2995	Hohlräume	4	3	–	–	1205	abgesunkene Früchte

4. Struktur, Elastizität

Nr.	Merkmal					Nr.	Merkmal					Nr.	Merkmal
1645	bruchanfällige Krume	4	3	–	–	2767	geschwächte Krumenelastizität	4	3	–	–	3315	Krume ballt beim Kauen
4940	splittriger Bruch	4	3	–	–	6375	trockene Krume	4	3	–	–	4975	schmierende Krume
5355	weicher Bruch	4	3	–	–	6415	raue Krume	4	3	–	–	3335	klebende Krume
6395	harter Bruch	4	3	–	–	6385	feste Krume	4	3	–	–	5735	ungleichmäßige Konsistenz d.
3320	krümelt beim Schneiden	4	3	–	–	4980	strohige Krume	4	3	–	–	5896	wässrige Füllung
4945	beeinträchtigte Trennbarkeit der Scheiben	4	3	–	–	6410	zähe Krume	4	3	–	–	6420	feste Füllung
1495	beeinträchtigter Zusammenhalt	4	3	–	–								

5. Geruch, Geschmack

Nr.	Merkmal					Nr.	Merkmal					Nr.	Merkmal
5935	wenig aromatisch	4	–	–	–	4440	salzig	4	3*	–	–	2920	hefig
1210	aromaarm	–	3	–	–	5090	süß	4	3*	–	–	1215	alt/kratzend
2170	fade	4	3	–	–	1365	bitter	4	3	–	–	3955	Nebengeruch
3355	kleistrig/teigig	4	3	2	–	1966	einseitig gewürzt	4	3	–	–	2190	Fremdgeruch **
3910	nicht abgerundet (unharmonisch)	4	–	–	–	5865	überwürzt	4	3	–	–	3960	Nebengeschmack
4525	sauer	4	3	2*	–	3635	mehlig	4	3	–	–	2195	Fremdgeschmack **

Achtung!

- Bei Nennung unterschiedlicher Punktzahlen innerhalb eines Prüfmerkmals wird die niedrigste als Berechnungsgrundlage herangezogen.
- Bei Mehrfachnennung derselben Punktzahl innerhalb eines Prüfmerkmals wird die nächstniedrigere als Berechnungsgrundlage genommen.
- Als Voraussetzung für eine Prämierung müssen in jedem Prüfmerkmal mindestens 3 Punkte (ungewichtet) erreicht werden.

* Laboruntersuchung
 – Säuregrad: Bei 2 oder weniger Punkten muss der Säuregehalt bestimmt werden.

** Beschreibbar: ☐ ja – siehe Bemerkung ☐ nein

Bemerkung (sonstige Mängel):

Unterschriften:
(Prüfer)

BROT-, BRÖTCHEN- UND STOLLENPRÜFUNGEN

Punkte	Qualitätsbeschreibung	allgemeine Eigenschaften
00	sehr gut	volle Erfüllung der Qualitätserwartung
39–4,50	gut	geringfügige Abweichung
49–4,00	befriedigend	merkliche Abweichung
ter 4,00	verbesserungsbedürftig	deutlicher Fehler

Gewichtungsfaktoren = | Gewichtete Bewertung

BÄCKER-HANDWERK — unentbehrlich für alle

Bewertung: 5 4 3 2 1 0   x 3 =

5	4	3	2	1	0	Nr.	Beschreibung	5	4	3	2	1	0
	4	3	–	–		5740	unansehnliches Gesamtbild		4	3	–	–	
	4	3	–	–		5755	ungleichmäßige Scheibengröße		4	–	–	–	
	4	3	–	–		5760	ungleichmäßige Scheibendicke		4	3	–	–	
	4	3	–	–		4710	sonstige Mängel**		4	3	2	–	
	4	3	–	–		9998	nicht bewertbar**	–	–	–	–	–	0

Bewertung: 5 4 3 2 1 0   x 3 =

5	4	3	2	1	0	Nr.	Beschreibung	5	4	3	2	1	0
	4	3	–	–		4920	stumpfer Überzug		4	3	–	–	
	4	3	–	–		4420	Reif auf Überzug		4	3	–	–	
	4	3	–	–		2390	Fehlstellen Überzug/Aufl.		4	3	–	–	
	4	3	–	–		2375	Fußbildung Überzug		4	3	–	–	
	4	3	–	–		3658	Käseauflage unzureich. geflossen		4	3	–	–	
	4	3	–	–		2775	Garnierung nicht sorgfältig		4	3	–	–	
	4	3	–	–		4710	sonstige Mängel**		4	3	2	–	
	4	3	–	–		9998	nicht bewertbar**	–	–	–	–	–	0

Bewertung: 5 4 3 2 1 0   x 2 =

5	4	3	2	1	0	Nr.	Beschreibung	5	4	3	2	1	0
	4	3	–	–		5500	verunreinigte Krume		4	3	–	–	
	4		–	–		5875	ungleichmäßiges Schnittbild		4	3	–	–	
						5806	ungleichmäßige Krumenfarbe		4	3	–	–	
	4		–	–		3901	nicht artgemäße Krumenfarbe		4	3	–	–	
	4		–	–		4710	sonstige Mängel**		4	3	2	–	
	4		–	–		9998	nicht bewertbar**	–	–	–	–	–	0

Bewertung: 5 4 3 2 1 0   x 3 =

5	4	3	2	1	0	Nr.	Beschreibung	5	4	3	2	1	0
	4	3	–	–		6425	weiche Füllung		4	3	–	–	
	4	3	–	–		3401	leimige Füllung		4	3	–	–	
	4	3	–	–		5010	Schmelz verzögert Überzug/Aufl.		4	3	–	–	
	4	3	–	–		4065	ölig/fettig/anhaftend		4	3	–	–	
	4	3	–	–		4710	sonstige Mängel**		4	3	2	–	
	4	3	–	–		9998	nicht bewertbar**	–	–	–	–	–	0

Bewertung: 5 4 3 2 1 0   x 9 =

5	4	3	2	1	0	Nr.	Beschreibung	5	4	3	2	1	0
	4	3	–	–		2585	gärig	–	–	–	2	1	
	4	3	–	–		4235	ranzig	–	–	–	2	1	
	4	3	–	2	1	–	1824	dumpf/muffig	–	–	–	2	1
			2	1	–	4450	seifig	–	–	–	–	1	
	4	3	–	–		4710	sonstige Mängel**		4	3	2	–	
			2	1	–	9998	nicht bewertbar**	–	–	–	–	–	0

Gewichtete Gesamtbewertung

Summe der Gew.-Faktoren = 20 =

Erzielte Qualitätszahl

(eister)

VERKAUFSKUNDE

Erfolgreich verkaufen – Schlüssel der Zukunft

Der Erfolg eines Bäckereiunternehmens entscheidet sich immer stärker im Verkauf. Die Qualifikation der Verkäuferin ist ein entscheidender Faktor für den langfristigen wirtschaftlichen Aufbau einer Bäckerei. Zusätzlich vermittelt Kompetenz der Mitarbeiterin im Verkauf Sicherheit und Erfolgserlebnisse. Fachwissen schafft Autorität im Team und Erfolg beim Verkauf. Gerade Aushilfskräfte und ungelernte Mitarbeiter werden gerne diese Schritte zum Erfolg mitgehen.

Kann man Verkaufen lernen? Gibt es die geborene Verkäuferin, oder sind bestimmte Charaktereigenschaften notwendig?

Das sind Fragen, die dann auftauchen, wenn von einer besonderen verkäuferischen Leistung die Rede ist oder wenn Probleme der Aus- und Weiterbildung von Verkaufskräften diskutiert werden.

Natürlich wird es eine einfallsreiche, kontaktfreudige, wortgewandte und nicht so leicht zu entmutigende und aus der Fassung zu bringende Persönlichkeit im Verkauf erheblich leichter haben als ein eher statisch veranlagter, in sich gekehrter und schnell zu verunsichernder Mensch. Aber – eine Garantie, um im Verkauf ohne Ausnahme nur Erfolge verbuchen zu können, sind die genannten Eigenschaften nicht. In der Praxis entscheidet ein ganz anderer Faktor darüber: **Das Interesse an der Arbeit.**

Damit relativiert sich der weit verbreitete Glaube an die geborene Verkäuferin und die Frage, ob Verkaufen nicht doch – zumindest bis zu einem gewissen Grad – lehr- und damit lernbar sei, erscheint plötzlich in einem erheblich anderen Licht. Denn

– Selbstbewusstsein ohne Achtung vor dem anderen und wirklicher Bereitschaft, den Kunden nicht nur ernst, sondern ihn auch so zu nehmen, wie er ist oder sich – zunächst – gibt,

– Wortgewandtheit ohne solide Wissensbasis und das tatsächliche Bemühen, auch die Sprache des Kunden nicht nur wirklich zu verstehen, sondern in der konkreten Verkaufsunterhaltung auch zu sprechen, um ihn kompetent beraten und mit der eigenen Botschaft auch erreichen zu können,

führt in der über den Tag hinausgreifenden Betrachtung ins verkäuferische Abseits und beschert eher den Verlust als den Gewinn von Kunden und damit Marktanteilen.

Gerade unter dem Blickwinkel der „**Erfolgsrezepte im Verkauf**" im neuen Jahrtausend kann das Motto aufgestellt werden „**Wohin geht die Reise im Verkauf?**".
Folgende **Schlagworte** geben einen Überblick über wichtige Kriterien für eine erfolgreiche Verkäuferin im Bäckerfachgeschäft:

- **Was bedeutet der Wertewandel in der Gesellschaft für die Entwicklungen im Verkauf?**
- **Kunden im Mittelpunkt – wie bekommt man sie dahin?**
- **Neben absoluter Qualität sind Serviceorientierung und neue Geschäftsideen der richtige Weg zu den Kunden.**
- **Kunden unter der Informationsdusche – wo bleibt das Kauferlebnis?**
- **Produkt- oder Kundenvorteile – wer oder was hat denn nun die Vorteile?**
- **Kunden kaufen Unterschiede – wie können wir sie schaffen?**
- **Schritt halten im Wettlauf der Serviceleistungen.**
- **Die Arbeitszeit im Verkauf wird immer teurer – wird sie auch effizienter genutzt?**
- **Was macht Verkaufsgespräche schneller?**
- **Richtig reagieren, wenn der Wettbewerb ins Gespräch kommt.**
- **Bäckereien und Konditoreien müssen künftig verkaufsintensiver handeln.**
- **Mit snackbetonten Frischesortiment im Mittelpunkt – attraktiv für alle Mahlzeiten des Tages.**
- **Auch jenseits von runiösem Preisdumping, Konkurrenz durch Discounter und Behördenvorschriften sind attraktive und ausbaufähige Absatzmärkte zu finden.**
- **Die Kommunikation mit den Kunden ist für die Entwicklung des Bäckereiunternehmens heute wichtiger denn je, denn der Verbraucher ist der Boss.**
- **Schlechter Service treibt dem Discounter Kunden zu.**

Die drei Säulen des Verkaufens
Das „magische Dreieck" erfolgreichen Verkaufens wird von den drei großen „W" gebildet: **WAS? WEM? WIE?**, d. h.
- gründliche stocksolide Angebots-, Produkt- beziehungsweise Warenkenntnisse, das Wissen um Verkaufsmodalitäten und -konditionen, die Kenntnis der Mitbewerber und ihrer Stärken sowie Schwächen im Vergleich zu den eigenen Vorzügen und Schwächen **(= Was?)**
in Verbindung mit
- der Fähigkeit, Kunden einzuschätzen, sie in ihrer Persönlichkeit zu erfassen, verkaufstaktische und strategische Schlüsse daraus ziehen zu können und die wirkliche Bereitschaft, sich dann und damit auf den Kunden einzustellen, ohne zum profillosen „Gummiwesen" zu werden **(= Wem?)**

unterstützt durch
- fundiertes Wissen über die Gesetzmäßigkeiten der Gesprächs- und Verhandlungsführung, der Kunst zu argumentieren, ohne zu überrumpeln, die Darstellung des Verkaufsobjektes und auch der eigenen Person **(= Wie?)**

Auf diesen drei Säulen ruht erfolgreiches Verkaufen, und diese lassen sich „aufbauen", d. h., das „Material", aus dem sie „erstellt" werden können, ist vermittelbar. Damit entzieht sich das Verkaufenkönnen in grundsätzlicher Betrachtung nicht der Lehr- und Lernbarkeit. Wie „hoch" diese Säulen werden können, das hängt selbstverständlich von den individuellen Voraussetzungen ab, von denen das Interesse der Arbeit die wesentlichste ist.

Prüfungsfragen aus der Verkaufskunde

Welche technischen Fertigkeiten gehören zum Aufgabenbereich einer Verkäuferin?

- Herrichten der Backwaren für den Verkauf.
- Einräumen der Backwaren in Regale und Fächer.
- Aufbau auf Theke und in den Glasaufsatz.
- Herrichten der Gebäcktheke und der Schnellverkaufstheke mit Ausstellungsetagen, der Sahneklimatheke und des in die Arbeitsplatten eingelassenen Messerbechers.
- Verkaufen und Bedienen.
- Verpacken der Backwaren.
- Fertigmachen von Paketen.
- Ausführung einfacher Garnierung.
- Portionieren von Sahne (Sahnespender).
- Aufschneiden von Torten und Streifen.
- Bedienen der Registrierkasse.
- Geld einnehmen, Geld wechseln, Geld herausgeben.
- Schleifenbinden.
- Klarsichtpackungen versiegeln.
- Zusammenstellen von bunten Platten.
- Dekorieren des Schaufensters.
- Auspreisen und Deklarieren der Waren.
- Bedienen und Reinigen von Maschinen und Geräten.
- Sauberhalten des Arbeitsplatzes.

Man unterscheidet zwischen 2 Verkaufsarten: dem Aushändigungs- und dem Beratungsverkauf.
a) Nennen Sie je 3 typische Unterscheidungsmerkmale dieser Verkaufsarten!
b) Beschreiben Sie 2 Möglichkeiten, die eine gute Fachverkäuferin hat, um einen Kunden von einem reinen Aushändigungsverkauf zu einem Beratungsverkauf zu führen!

a) *Aushändigungsverkauf*
1. Der Kauf geht schnell vonstatten, ohne Beratung durch die Verkäuferin.
2. Der Kunde hat einen festen Kaufwunsch.
3. Die Verkäuferin händigt lediglich die Ware aus und kassiert den Kaufpreis.

Beratungsverkauf
1. Der Kauf erfordert Zeit, im Mittelpunkt steht die Beratung durch die Verkäuferin.
2. Der Kunde ist nicht auf ein bestimmtes Erzeugnis festgelegt.
3. Die Verkäuferin hat die Möglichkeit, Einfluss auf den Kunden zu nehmen.

b) Die Verkäuferin kann diesen Kunden unaufdringlich auf andere Erzeugnisse hinweisen, ihn auf Sonderangebote, auf Qualitätsunterschiede und Preisvorteile aufmerksam machen.
Die Verkäuferin muss aktiv werden. Freundliche, gezielte Fragen zeigen ihr, wofür der Kunde die gewünschte Ware braucht. Hier kann dann die Beratung einsetzen, an deren Ende ein ganz anderer Kaufwunsch des Kunden stehen kann.

Welche Anforderungen stellt man an den Charakter einer Verkäuferin?

a) Gleichbleibende Freundlichkeit
b) Ungezwungene Höflichkeit
c) Gute Laune und Liebenswürdigkeit
d) Selbstbeherrschung und Takt
e) Pünktlichkeit, Ordnungsliebe und Ehrlichkeit
f) Geschäftsinteresse
g) Hilfsbereitschaft

Wie muss das äußere Erscheinungsbild einer Verkäuferin aussehen?

a) Gepflegtes Aussehen
b) Moderne Berufskleidung
c) Absolute Sauberkeit

Welche äußerlichen Merkmale wirken auf die Kundschaft abstoßend?

a) Unangenehmer Körpergeruch
b) Ausschläge
c) Unreine Haut
d) Unnatürliches Make-up und übertriebener Parfümgeruch

VERKAUFSKUNDE

e) Unsaubere Hände
f) Zu lange und farbig lackierte Fingernägel
g) Schadhafte Zähne
h) Ungepflegte Frisur
i) Müder Gang, übernächtigtes Gesicht
j) Nicht zur Figur passende und unsaubere Berufskleidung

Welche unhygienischen Handlungen stoßen ebenfalls die Kundschaft ab?

a) Haare in Ordnung bringen während des Bedienens
b) Sich kratzen und einen Bogen Einschlagpapier anfassen
c) Benetzen der Finger am Mund, um Papier aufzunehmen
d) Hineinpusten in Tüten, um diese zu öffnen
e) Benutzen eines schmutzigen Taschentuches
f) Unkontrolliertes Niesen

Welche geistigen Anforderungen muss eine Verkäuferin erfüllen?

a) Konzentrationsvermögen
b) Gutes Gedächtnis
c) Gute Umsicht (Genauigkeit, Sorgfalt, Gründlichkeit)
d) Sprachgewandtheit
e) Sicheres Rechnen
f) Fundiertes Fachwissen (u. a. richtiges Ausstellen von Rechnungen und Quittungen, Kundenberatung)

Verschiedene andere Eigenschaften gehören aber noch zum perfekten Verkauf. Nennen Sie einige!

a) Die Verkäuferin muss Menschenkenntnis besitzen.
b) Die Verkäuferin muss individuell bedienen.
c) Das Kennen der Namen und Titel der Stammkunden ist wichtig.
d) Peinliche Verwechslungen vermeiden.
e) Kleine Wünsche und Angewohnheiten der Kunden sich merken

Was wissen Sie über Begrüßung und Anrede?

a) Begrüßung und Anrede sind von großer Bedeutung.
b) Die Begrüßung kann sich unterschiedlich vollziehen.

	c) Die Begrüßung kann erfolgen, wenn der Kunde eintritt. d) Die Begrüßung kann erfolgen, wenn der Kunde an den Verkaufstisch herantritt. e) Die Stammkundschaft wird mit dem Namen angesprochen.
Bilden Sie ein Beispiel der Begrüßung und Anrede bei Laufkundschaft!	„Guten Tag! Bitte, womit kann ich dienen?"
Wie bedienen Sie richtig?	Hat der Kunde seinen Kaufwunsch geäußert, wird er nach folgenden Grundsätzen bedient: a) Korrekte Erfüllung des Kaufwunsches b) Flinke Bedienung c) Ermittlung des richtigen Verkaufspreises d) Richtiger Geldwechsel e) Höfliche Verabschiedung
Eine Kundin behauptet, sie hätte Ihnen einen Schein von 50 € gegeben. Sie haben jedoch auf 20 € herausgegeben. a) Wie können Sie sich vor derartigen Reklamationen schützen? b) Was können Sie in der aktuellen Situation unternehmen?	a) 1. Aufmerksam arbeiten 2. Die Höhe des erhaltenen Scheines laut bestätigen 3. Das Wechselgeld deutlich vorzählen 4. Den Schein außerhalb der Kasse deponieren, bis die Kundin bestätigt hat, dass das Wechselgeld stimmt b) Die Kundin auf die Kassenabrechnung am Abend hinweisen; gibt sie sich damit nicht zufrieden, sofort Kassenabrechnung machen.

Anmerkung:

Ein Kardinalfehler ist, wenn man einen Kunden zu spät oder gar nicht grüßt. Das kann schon vor dem Verkaufsgespräch für gereizte Stimmung sorgen.
Der Kunde ärgert sich, nicht sofort gebührend wahrgenommen und empfangen zu werden. Begeistert einkaufen wird er dann wahrscheinlich nicht mehr.

VERKAUFSKUNDE

Warum verwendet man heute überwiegend Registrierkassen?

a) Sie errechnen die Verkaufsleistung der Verkäuferin nach Umsatz und Kundenzahl.
b) Sie zeigen die Zahl der Bar- und Kreditverkäufe sowie die Anzahl der bezahlten Rechnungen.
c) Die Ausgabebelege werden festgehalten.
d) Sie berechnen auch Rabattabzüge.
e) Der Bon zeigt Firma, Warenart, Nummer und Datum.
f) Sie zeigen Einzelbeträge und den Endbetrag.

Wie geht das Wechseln des Geldes richtig vor sich?

a) Geldschein oder Geldstück in der Hand behalten oder in dem Kassenteller liegen lassen.
b) Beim Zurückgeben des Wechselgeldes zählt man der Kundschaft das Geld auf dem Zahlteller vor.
c) Kindern wickelt man das Wechselgeld ein.

Welche Arten von Waagen kennen Sie?

a) Tafelwaagen mit Gewichten
b) Schnellwaagen (Tachometerwaagen)

Welchem Zweck dient der Glasaufsatz?

a) Vorteilhaftes Aufbauen der Backwaren
b) Schutz der Backwaren vor Anhauchen, Anfassen, Anniesen und Diebstahl

Wie muss die Platte der Theke gearbeitet sein?

Die Tischplatte muss sauber, glatt und leicht abwaschbar sein. Marmorplatten werden bevorzugt.

Welche Zweck hat die Kühltheke?

Sie dient zur Kühllagerung wärmeempfindlicher Backwaren. Ihr wesentlicher Zweck ist die Frischhaltung leicht verderblicher Lebensmittel für wenige Stunden oder über Tag und Nacht.
Die Temperaturen liegen je nach der zu kühlenden Backware zwischen +2 und +8 °C; sehr wichtig ist eine ausreichende Luftumwälzung.

Welche Arbeitsgeräte braucht eine Bäckerei oder Konditoreiverkäuferin?	Messer, Sägen, Gebäckzangen, Kuchenheber, Tortenheber, Kuchen- und Tortenplatten, Tabletts, Verpackungsmaterial.
Wie behandeln Sie den Messertank?	Reinigen und öfter das Wasser wechseln.
Welche Maschinen werden durch die Verkäuferin bedient?	Brotschneidemaschine, Sahnespender und Kaffeemaschine.
Wie behandeln Sie diese Geräte im Einzelnen?	a) Messer werden im Spülwasser gespült und fettfrei gemacht. b) Aluminiumgeräte werden mit Stahlwolle behandelt. c) Bestecke aus Silber können mit Silberwatte, Silbertuch oder Silberputzflüssigkeit geputzt werden. d) Messinggegenstände werden mit Metallputz gereinigt. e) Glasplatten und Porzellan werden in nicht zu heißem Spülwasser gespült, nachgespült und mit nicht faserndem Tuch getrocknet. f) Glasaufsätze ebenso reinigen, jedoch mit Fensterleder nachreiben, um Fingerabdrücke zu beseitigen. g) Marmorplatten reinigt man mit Seifenwasser, reibt nach, ledert ab und poliert mit erstklassigem Wachs.
Welche Gestaltungen von Schaufenstern gibt es?	a) *Verkaufsfenster:* Von der Verkaufsseite her zu erreichen. Von der ausgestellten Ware kann laufend verkauft werden. Es ist flach gehalten und ohne Rückwand. b) *Dekorationsfenster:* In der Absicht gestaltet, eine möglichst große Werbewirkung zu erzielen. Es lockt Vorübergehende zum Stehenblei-

---

Ausführliche Bewertungsrichtlinien für Schaufenster siehe Seite 162, 12 Gestaltungspunkte von Schaufenstern siehe Seite 163, 16 praktische Tipps zur Herstellung eines Werbeschaufensters siehe Seite 164 f. Grundsätzliches über das Schaufenster als Visitenkarte siehe Seite 165 ff.

VERKAUFSKUNDE

ben an, veranlasst zum Betrachten der Backwaren. Hier besteht die Möglichkeit, auf saisonale bzw. örtliche oder überregionale Themen besonders einzugehen, wobei diese Dekoration 10 bis 14 Tage bestehen bleiben kann. Sehr empfindliche Ausstellungsstücke sollten evtl. durch frische appetitliche Waren ausgetauscht werden.

c) *Schaufenster mit Regalsystem:*
Es ist mit Gestellen und Auflegeplatten ausgestattet, die mit Ware vollbepackt werden. Unten Brote, darüber Weizengebäck und Feine Backwaren. Es gilt der Grundsatz: Schwere, größere Ware nach unten, leichtere nach oben.

d) *Stapelfenster*
Mit einer großen Auswahl und Menge von Backwaren wird der Eindruck eines großen Angebots vermittelt.

e) *Aktionsfenster*
Die neue Gebäcksorte (das aktuelle Gebäck) steht im Vordergrund. Hier wird die Dekoration in den Dienst einer bestimmten, zielgerichteten Aktion gestellt.

f) *Informationsfenster*
Termine, Ergeignisse, Eigendarstellung, Stadtfeste, Vereinsfeiern usw.

g) *Ideenfenster*
Phantasievolle Dekoration zu bestimmten Anlässen, wie zum Beispiel Ostern oder Weihnachten, Fastnacht, Geschäftsjubiläum oder Vereinsfest.

Welches ist der Zweck des Schaufensters?

a) Produktpräsentation und Darstellung der Leistungsfähigkeit des Betriebes (Visitenkarte)
b) Blickfang und Werbung
c) Beleuchtung des Ladens

Erklären Sie Blickfang und Blickpunkt des Schaufensters!

Blickfang:
Wenn man bei der Schaufensterdekoration nicht nur Backwaren als Werbezweck benutzt, sondern auch Dekorationsmaterial wie Streifen, Schilder, Pfeile, Bänder und Beschriftung.

Blickpunkt:
Nicht jeder Punkt im Schaufenster wird vom Betrachter gleichmäßig beachtet. Der Blick wendet sich meistens in die Mitte des Fensters. Die meistbeachtete Stelle liegt direkt unter Augenhöhe. Was sich hier im „Blickpunkt" befindet, fällt am meisten auf.

Welche Tipps würden Sie für die Dekoration des Schaufensters geben?

a) Schaufenster nicht mit allen möglichen Backwaren vollstopfen
b) Gebäcke und Feine Backwaren kurzfristig wechseln
c) Bewegliche Aufsätze, Stufen, Erhöhungen bei Neudekorationen in eine andere Stellung bringen
d) Hin und wieder einmal nur ein einziges Produkt herausstellen
e) Korrekte Preisschilder
f) Einwandfreie Deklaration
g) Werbematerial ist nur Hilfsmittel. Schöne, einwandfreie Qualitätsware ist die Hauptsache
h) Hauptlaufrichtung der Passanten beachten
i) Gepflegte Schaufensterscheibe
j) Blendfreie Beleuchtung
k) Kritische Betrachtung des Fensters von außen

Wie reinigen Sie am besten die Schaufenster?

a) Innenseite zuerst säubern
b) Außenrahmen (Metall, Holz) reinigen
c) Schaufensterscheibe (Kristallglas) mit lauwarmem Wasser unter Zusatz von Spiritus oder entsprechendem Putzmittel abwaschen
d) Mit Fensterleder abledern
e) Kalkspritzer mit Essig entfernen
f) Ölfarbflecken mit Terpentin entfernen.
g) Fliegenschmutz mit Spiritus oder Salmiakwasser entfernen
h) Putzen während direkter Sonneneinstrahlung vermeiden
i) Leichtes Bestreichen mit Glyzerin beugt Beschlagen oder Gefrieren vor
j) Gefrorene Scheiben mit lauwarmem Salzwasser auftauen

VERKAUFSKUNDE

Nennen Sie mindestens 5 Gestaltungsgrundsätze für ein Schaufenster!

1. Es soll heller als die Umgebung sein (Licht lockt Leute)
2. Direkte Sonnenbestrahlung vermeiden (Markisen usw.)
3. Auslagen übersichtlich und für den Betrachter leicht erfassbar anordnen (weniger ist mehr!)
4. Handwerkliche Arbeit sollte im Mittelpunkt stehen
5. Einheitliche Idee
6. Es sollte der Jahreszeit oder einem besonderem Anlass entsprechen
7. Blickfang verwenden
8. Preisschilder einwandfrei lesbar und sorgfältig gestalten usw.

Was versteht man unter einem Saisonschaufenster?

Zu den Fest- und Feiertagen (Neujahr, Ostern, Pfingsten, Erntedankfest, Weihnachten) sowie zur Reise- und Urlaubszeit, Fastnacht, Woche des Brotes und zum Nikolaustag wird nicht nur der Bedeutung entsprechend dekoriert, sondern auch die Warenausstellung entsprechend gestaltet.

Wie werden einfache Kuchen geschnitten?

Kuchen zum Kaffee, z. B. Blechkuchen und Obstkuchen, dürfen nicht nach Augenmaß geschnitten werden.
Für rechteckige Blechkuchen nimmt man den 10-teiligen Scherenteiler zu Hilfe.
Nachdem die Ränder abgetrennt sind, kann man mit der Einteilung und dem Schneiden beginnen.
Runde Obstkuchen sind von der Backstube her am Rand eingeteilt.
Benutzung des Sägemessers beim Durchschneiden in sägender Bewegung.
Bei Obstkuchen mit Decke zuerst die Decke durchschneiden und beim zweiten Schnitt den übrigen Kuchen.
Bei offenen Obstkuchen erst die Früchte und dann den Boden durchschneiden.

Wie schneiden Sie vorteilhaft die Torten?

Torten sind von der Backstube her eingeteilt (Tortenteiler). Sie werden vor den Augen des Kunden geschnitten (Verhinderung des Austrocknens). Das Messer muss im Wasser (Messertank) aufbewahrt sein.

Der Schnitt muss glatt geführt werden. Nicht durchdrücken, sondern schneiden (hin- und herfahren).
Harter Schokoladeüberzug lässt sich nicht schneiden, er muss von der Backstube her mit warmem Tortenteiler oder heißem Messer durchschmolzen sein.
Sahnetorten müssen mit feuchtem Messer geschnitten werden.
Der Deckboden ist meist vorgeschnitten aufgelegt.

Was müssen Sie beim Belegen von Obsttörtchen beachten?

Von Früchten, die der Dose entnommen werden, muss vor dem Auflegen der Saft abtropfen; Zuckerwasser weicht den Boden auf.
Früchte sind sauber aufzulegen, damit sie dem Törtchen einen appetitlichen Anblick verleihen.
Pfirsiche und Aprikosen sollen leicht gestaffelt arrangiert werden.
Eine rote Kirsche in der Mitte steigert das bildmäßige Aussehen.
Wenn Obsttörtchen mit Sahne ausgarniert werden, wird am besten ein Tupfenrand ringsum gespritzt.

Was haben Sie beim Anrichten von Portionseis zu beachten?

Eisschalen müssen vorgekühlt sein. Eisportionierer in einem Gefäß mit Wasser aufbewahren (Eis löst sich dann besser und bildet eine glatte Oberfläche), Aufbewahrungsgefäße von Eis nach der Entnahme schließen.

Wie richten Sie einen Eisbecher an?

Es gibt verschiedene Anrichtungsarten. Die Zusammenstellung besteht meist aus Speiseeis, Früchten, Saucen oder Gelees.
Das Eis kommt nach unten zu liegen.
Früchte und Saucen werden aufgefüllt.
Den Abschluss bildet die Garnierung. Der Glasrand oder Becherrand muss sauber bleiben.

Vorteilhaft sind Aufbewahrungsgefäße mit fließendem Wasser. Bei stehendem Wasser muss diesem zur Vermeidung von Bakterien usw. Zitronensäure (1 bis 2 %) zugesetzt werden.

VERKAUFSKUNDE

	Gläser oder Silberbecher sind vorgekühlt. Beim Glas (von allen Seiten kann man den Inhalt sehen) muss man vorsichtig füllen, damit der Inhalt nicht durcheinander läuft.
Wie portionieren Sie Schlagsahne?	Mit dem Sahnespender (Gewicht der Portion ist automatisch eingestellt)
Warum ist der Sahneblasapparat zum Portionieren besser?	Er bläst gekühlte Luft ein. Die Sahne ist dadurch auf dem richtigen Stand. Das Blasen ist wirtschaftlicher und hygienischer. Das Volumen der Sahne ist gleichbleibend reguliert.
Welches Verpackungsmaterial steht Ihnen zur Verfügung?	Packpapier in verschiedenen Stärken. Weißes Einwickelpapier mit einseitigem Firmenaufdruck. Seiden-, Pergament- und Wachspapier. Klarsichtpackung, Spitz- und Flachtüten, gefütterte Tüten, Faltbeutel, Pappteller, Kuchen- und Tortenschachteln, Manschetten, Kapseln, Kordeln, Bänder.
Welchen Zweck erfüllt die Klarsichtpackung?	Die Klarsichtpackung verschönt und schützt, wobei das Produkt sichtbar bleibt.
Welches Verpackungsmaterial in dieser Art wird heute verwendet?	a) Beutel für Kleingebäck, Teegebäck usw. b) Bogen und Rollen für größere Stücke.
Welche Hilfsmittel benötigt man für diese Art der Verpackung?	a) Folienrollen mit Schneidevorrichtung b) Siegelkolben zum Verschweißen c) Siegelplatten d) Schrumpffolien e) Nahtsiegelgerät
Wie verpackt man Backwaren?	a) Brötchen usw. kommen in Tüten b) Brot wird in Einwickelpapier eingeschlagen c) Schnittbrot ist in Klarsichtpackung verpackt d) Als Unterlage für Kuchen benutzt man einen rechteckigen Pappteller e) Feste Kuchen und Plunder legt man nach unten, darauf kann man empfindlichere Teile packen

f) Feste und empfindliche Stückchen kann man nebeneinander aufbauen
g) Butterkremgarnierungen muss man mit Fettpapier abdecken und erst dann einschlagen
h) Ganze Torten sind am besten in Tortenbehältern verpackt; auch Fettkartons eignen sich zum Mitnehmen durch den Kunden. Bei Lieferungen eignet sich der Aluminiumbehälter am besten, wobei aber auch Styroporbehälter eine längere Kühlung gewährleisten

Wie kann man Verpackungsmaterial einsparen?

Bogen, Tüten und Teller nie größer wählen als erforderlich. Nicht 2 oder 3 Bogen verwenden, wenn 1 Bogen genügt.

Ist Selbstbedienung im Bäcker- oder Konditorladen zweckmäßig?

In Bäckerfachgeschäften und deren Filialen kommt es vereinzelt vor, dass verschiedene Backwaren in Selbstbedienung angeboten werden, während in Konditoreien die Selbstbedienung nicht eingeführt ist. Wenn eine Selbstbedienungsabteilung besteht, dann muss die Backware stets eine Umhüllung haben, möglichst durchsichtig. Hierzu eignet sich die Klarsichtpackung. Sollte durch die Umhüllung eine Fertigpackung entstehen, sind die lebensmittel- und eichrechtlichen Kennzeichnungsvorschriften zu beachten.

Wie verhalten Sie sich bei einer mündlichen Bestellung?

Bestellungen sind grundsätzlich in ein Bestellbuch einzutragen, bzw. im PC festzuhalten. Hierbei sind folgende Eintragungen zu machen:
a) Name und Wohnort
b) Warenart und Anzahl mit Preis
c) Selbstabholung oder Zustellung
d) Lieferzeit (Tag und Stunde)
Der Meister oder Backstubenleiter ist vor der Zusage zu fragen, ob die gewünschte Bestellung auch ausgeführt werden kann.

Siehe Lebensmittel-Kennzeichnung, Seite 401 ff.

VERKAUFSKUNDE

Wie verhalten Sie sich bei einer telefonischen Bestellung?

Auch bei einer telefonischen Bestellung ist der Auftrag sofort zu registrieren, um Irrtümer zu vermeiden, genau und deutlich zu wiederholen. Der Dank für den Auftrag und die höfliche Verabschiedung dürfen nie vergessen werden.

Wie verhalten Sie sich bei einer Reklamation oder Beschwerde?

Bitten Sie reklamierende Kunden in ein Hinterzimmer.
Hören Sie sich die Beschwerde ruhig und aufmerksam an.
Wenn der Kunde unhöflich wird, verfallen Sie nicht in den gleichen Ton. Entscheiden Sie, ob die Reklamation berechtigt ist oder nicht. Entschuldigen Sie sich für Fehler des Backbetriebes – und geben Sie die Beschwerde dorthin weiter, damit der Fehler in Zukunft nicht mehr vorkommt.
Geben Sie dem Kunden möglichst immer Ersatz.

Was wissen Sie vom Umtausch der Backwaren?

Der Umtausch von Backwaren ist aus hygienischen Gründen gesetzlich verboten.
Der Umtausch von Waren in festen, unbeschädigten Packungen ist möglich.
Bei falscher Warenlieferung ist der Kunde zum Umtausch berechtigt.
Bei Lieferung von nicht einwandfreier Ware hat der Kunde das Recht, vom Kaufvertrag zurückzutreten. Er kann aber auch eine einwandfreie Ware verlangen; die fehlerhafte ist zurückzunehmen und vom Verkauf auszuschließen.

Welche Mengen an Backwaren würden Sie pro Person bei einem festlichen Anlass empfehlen?

Torten	2 Stücke oder 1 St. u. 1 Dessert
Obsttorten	1½ bis 2 Stücke
Obsttörtchen	2 bis 3 Stückchen
Dessertstücke	2 bis 3 Stücke
Petits Fours	2 bis 3 Stückchen
Schlagsahne	70 bis 80 Gramm
Hefe- od. Blätterteig	3 bis 4 Stücke
Bunte Platte	1 Dessertstück u. 2 Kaffeegebäcke
Eisbomben oder Eisspeisen	⅛ Liter

	Tee- u. Weingebäck 60 bis 70 Gramm Käsegebäck 4 bis 5 Stücke Salzgebäck 3 bis 4 Stücke Die angeführten Mengen sind **Erfahrungs-** bzw. **Durchschnittswerte** und können selbstverständlich unter- oder überschritten werden!
Was bieten Sie zum Kaffee an?	Alle Arten von Kuchen, Blätter-, Plunder- und Hefeteig.
Was bieten Sie zum Tee an?	Belegte Brötchen, Teegebäck, vielleicht Teekuchen usw.
Was bieten Sie zum Wein an?	Zu lieblichem Wein ist Kleingebäck zu empfehlen. Zu herbem Wein empfiehlt man belegte Brötchen, kleine Appetithäppchen aus verschiedenen Brotsorten, Salz- und Käsegebäck.
Was bieten Sie zum Bier an?	Belegte Brötchen, Brezeln, Salzstangen, Salzwecken, Käsegebäck.
Welche Brotsorten empfehlen Sie zu Käseplatten?	Vollkornbrote und Pumpernickel. In Süddeutschland auch Baguette oder Weißbrot.
Was bietet man bei einer Faschingsveranstaltung an?	Fettgebäcke, Petits Fours, Käse- und Salzgebäck, belegte Brötchen, Torten.
Welche Gebäcke empfehlen Sie zum Camping?	Dauergebäcke, Knäckebrot, Schnittbrot (Graubrot, Vollkornbrot in Klarsichtpackungen).
a) **Nennen Sie Gründe, weshalb der Verkehr von Snacks zugenommen hat?** b) **Welche Besonderheiten haben Snacks**	a) Zunahme an Singlehaushalten. Rückgang der selbsthergestellten Zwischenmahlzeiten. Zunahme der Verkaufsstellen für Snacks usw. b) Kleingebäcke sind Halberzeugnisse für Snacks: werden belegt, gefüllt usw. Snacks sind pikant (gewürzt). Snacks sind verzehrfertig hergerichtet. Zwischenmahlzeit, die warm verzehrt wird, usw.

VERKAUFSKUNDE

Ist ein Bedienen außer der Reihe statthaft?

Ein Bedienen außer der Reihe ist nur dann statthaft, wenn alle vorher kommenden Kunden einwilligen und die Verkaufshandlung nur kurze Zeit in Anspruch nimmt.

Wie erfolgt die Bedienung eines Spätkunden?

Spätkunden, die kurz vor Ladenschluss das Geschäft betreten, sind genauso freundlich zu bedienen wie die vorhergehenden. Sie haben kein Verständnis für eine ermüdete Verkäuferin.

Eine Kundin will einen Geschenkkauf machen. Mit welchen direkten Fragen führen Sie das Verkaufsgespräch?

Beispiele:
a) Ist es für einen Herrn (Dame, junge Dame, Kind usw.)?
b) Welchen Preis gedachten Sie auszugeben?
c) Soll es zum Geburtstag sein?
d) Ist es für eine Damengesellschaft bestimmt?
e) Ist es für eine Party (Damen, Herren, Kinder, Schüler)?

Welche Überlegungen stellen Sie an, wenn Ihre Verkaufshandlung erfolglos geblieben ist?

a) Habe ich nicht höflich gegrüßt oder bedient?
b) Habe ich nicht verstanden, die Waren mit entsprechender Sachkenntnis zu empfehlen?
c) Habe ich die Geduld und Selbstbeherrschung verloren?
d) Lag es an der Entschlussunfähigkeit des Kunden?
e) Bei begründeten Mängeln an Backwaren werden diese der Backstube weitergegeben.

Welche Aufgaben haben Sie bei der Zusammenstellung von Lieferungen?

a) Richtiges Einzählen der Waren
b) Transportgerechte Verpackung
c) Beigabe des kontrollierten Lieferscheines oder der Rechnung
d) Nach Ablieferung Empfangsquittung verlangen!

Was verstehen Sie unter Zuempfehlen?

Darunter versteht man, den Kunden zu weiteren Käufen anzuregen. Die Verkäuferin muss hierbei vorsichtig sein. Der Kunde soll das Geschäft mit dem Gefühl verlassen, aus eigenem Antrieb gekauft zu haben.

VERKAUFSKUNDE

Was verstehen Sie unter Werbung?

Werbung sind alle Maßnahmen, die dazu dienen, dem Bäckerei-/Konditoreibetrieb neue Kundschaft zuzuführen.

Was versteht man unter Marketing?

Marketing umfasst alle Maßnahmen, die ein Unternehmen trifft, um einen Markt aufzuspüren, zu schaffen, ihn zu erhalten oder zu vergrößern. Marketing will beim Kunden erreichen, dass das eigene Unternehmen gegenüber der Konkurrenz bevorzugt wird. Es ist Planung, Koordination und Kontrolle aller Unternehmensaktivitäten auf dem Markt.

Welche Werbemittel kennen Sie?

Beste Warenqualität, ansprechendes Schaufenster, Werbebriefe, Prospekte, Zeitungsinserate, Werbefotos, Lichttransparent, Karton-, Tüten- und Packpapieraufdruck, Diapositive fürs Kino.

Welche Werbearten gibt es?

Einzelwerbung, Gemeinschaftswerbung, Ausstellung.

Wie können Sie persönlich für den Betrieb werben?

a) Optimale und kreative Schaufensterdekoration
b) Korrekte Bedienung
c) Geschmackvolle Zusammenstellung bunter Platten
d) Warenkenntnisse bei der Kundenberatung
e) Ansprechendes und gepflegtes Äußeres als Verkäuferin im Laden

Was ist bei einer zweckdienlichen Laden- und Schaufensterbeleuchtung zu beachten?

a) Schlechtes Licht ermüdet die Augen der Verkäuferin.
b) Lieber 100 Watt mehr als zu wenig.
c) Beleuchtung so anbringen, dass weder Kunde noch Verkäuferin geblendet werden.
d) Licht soll sich nicht im Glasaufsatz spiegeln, sondern die Ware ausleuchten.
e) Seitenleuchten und Tiefstrahler, auch im Schaufenster, dürfen nicht blenden.
f) Sehr beliebt sind Leuchtstoffröhrenlampen. (Vorsicht bei der Wahl von Röhrenfarben!)

VERKAUFSKUNDE

Welche Leuchtmittel sind hinsichtlich Lichtfarbe und Wärmeentwicklung auszuwählen, um die Backprodukte appetittlich und ansprechend aussehen zu lassen?

Leuchtfarben mit Leuchtmittel möglichst warmweiß (hoher Gelbanteil).
Leuchtmittel mit geringer Wärmeentwicklung damit das Backgut (insbesondere Schokoladenglasuren) nicht leidet.

Was ist bei der Ausleuchtung des Schaufensterbereichs zu beachten?

Hohe Leuchtkraft (mind. 1000 Lux), damit der Verkaufsladen schon von weitem wahrgenommen wird und den Kunden zum Hinschauen animiert.

Welche positiven Effekte erzielt eine optimale Ausleuchtung des Verkaufsraumes?

Positiver Gesamteindruck auf den Kunden.
Ware sieht appetitlich aus.
Angenehme Atmosphäre
Aufmerksamkeit kann auf bestimmte Produkte gelenkt werden

Nennen Sie besondere Berufsunfälle!

a) Stürze von Treppen
b) Stürze von Leitern und behelfsmäßigen Auftritten
c) Ausgleiten auf glatten Fußböden
d) Unfälle an schadhaften elektrischen Leitungen und Steckern
e) Verbrennungen an Kaffeemaschinen und Aufheizgeräten
f) Verletzungen durch Messer, Sägen und Brotschneidemaschinen

Worauf muss die Verkäuferin beim Bedienen eines ausländischen Kunden besonders achten?

1. Klar und deutlich sprechen, ohne in eine Art Kindersprache zu verfallen;
2. Statt Zahlen zu nennen auf Preisschilder zeigen;
3. Genauso freundlich bedienen wie Einheimische, um Misstrauen und Unsicherheit abzubauen.

Was versteht man unter rationeller Gestaltung des Verkaufs?

a) Zweckmäßige Einrichtung und Raumaufteilung im Laden
b) Übersichtliches Warenangebot
c) Vermeidung unnötiger Wege

Ausführliche Fragen und Antworten über die Berufsgenossenschaft ab Seite 287

Welche Arbeiten sind nach Ladenschluss zu tätigen?	d) Verkaufshilfe durch Selbstbedienungsabteilung e) Ausnutzung der stillen Verkaufsstunden für Vorbereitungs- und Nebenarbeiten a) Leicht verderbliche Kuchen und Torten zusammenstellen und in die Kühltheke bringen b) Dauerbackwaren frisch präsentieren c) Retouren registrieren d) Theke, Regale, Messer, Sägen, Zangen, Messertank, Platten usw. säubern e) Verpackungsmaterial ergänzen f) Arbeitsplatz reinigen g) Eventuell Kassen abrechnen
Nennen Sie Verhaltensregeln, wenn im Laden Hochbetrieb herrscht!	1. Genügend Verpackungsmaterial bereithalten; 2. Für ausreichendes Wechselgeld sorgen; 3. Ausführung aller Vorarbeiten, wie z. B. Legen; Herrichten der Bestellungen; 4. Nervosität und Hektik vermeiden; 5. Freundliche und zügige Bedienung der Reihe nach; 6. Beschränkung des Verkaufsgesprächs auf das Wesentliche.

Beim Verkaufsgespräch entsteht oftmals eine kundenfeindliche Situation, wie zum Beispiel die Frage eines Kunden: „Können Sie mir bitte ein Taxi rufen, da ich einen dringenden Arzttermin wahrnehmen muss" Antwort der Verkäuferin: „Die nächste öffentliche Telefonzelle ist auf dem Marktplatz."

a) Nennen Sie 3 Auswirkungen dieser kundenfeindlichen Situation!	a) 1. Verärgerung und Enttäuschung der Kunden; 2. Gute Kunden gehen verloren; 3. Aufbau einer Stammkundschaft wird verhindert, die Kunden erzählen über ihre schlechten Erfahrungen, Rückgang neuer Kunden.
b) Geben Sie an, wie Sie sich als erfolgreiche Verkäuferin verhalten hätten!	b) Verkäuferin: „Sehr gern! Ich rufe sofort ein Taxi."

VERKAUFSKUNDE

Welche Fehler sollte eine Verkäuferin unbedingt vermeiden?

a) Gleichgültigkeit beim Bedienen
b) Wiederholte Fehler beim Bedienen
c) Zu langes Wartenlassen des Kunden
d) Ungenügende Warenkenntnis bei der Beratung
e) Unhöflichkeit oder plumpe Vertraulichkeit
f) Unreelles Verhalten, knappes Maß

Nennen Sie im Hinblick auf die Kundenorientierung mindestens 4 Zufriedenheitsmerkmale

– Erreichbarkeit
– Pünktlichkeit
– Freundlichkeit
– Kompetenz
– Zuverlässigkeit
– Schnelligkeit

Nennen Sie verschiedene Kundentypen!

Der entschlossene Kunde, der sachliche Kunde, der streitsüchtige Kunde, der impulsive Kunde, der schüchterne Kunde, der aufgeregte Kunde, der eilige Kunde, der nörgelnde Kunde, der gesprächige Kunde, der eingebildete Kunde, der schwatzhafte Kunde, der sparsame Kunde, der eigenwillige Kunde, der anspruchsvolle Kunde, die Hausfrau als Stammkunde, das Kind als Kunde usw.

Den Umgang mit verschiedenen Kundentypen sowie das Kapitel „Verkaufsgespräche" siehe Seite 135 ff.

Die Kundenbefragung

Um in Zukunft erfolgreich zu sein, müssen unsere Betriebsinhaber und Sie als Verkäuferin unbedingt wissen, was Ihre Kunden wollen. Dabei liegen Bäckereien, die glauben, ihre Stärken und Schwächen zu kennen, teilweise falsch. Deshalb sollten Sie zumindestens alle fünf Jahre eine Kundenbefragung durchführen.

Vorgehensweise

Zunächst müssen Sie überlegen, was Sie durch die Befragung erfahren wollen.
- Wollen Sie Ihre Produktpalette oder Ihre Serviceleistungen verbessern?
- Möchten Sie viele Kritikpunkte hören und die Kundenbindung intensivieren?
- Ist die Ladengestaltung aus Kundensicht ein Thema oder
- Geht es um Öffnungszeiten?

Die Kunden wollen nur wenige und auch keine komplizierten Fragen beantworten. Deshalb müssen Sie sich für einzelne Schwerpunkte entscheiden. Formulieren Sie die Fragen in leicht verständlicher Form. Geben Sie für die Antworten eine Skala von 1 bis 6 vor, wie bei den Schulnoten. Das macht die Auswertung sehr viel leichter. Lassen Sie aber auch Raum, wenn die Kunden etwas mehr sagen wollen.

Die meisten Verbraucher antworten am liebsten anonym. Dehalb können Sie auch Informationen bei der Zielgruppe anonym abfragen (Alter? Geschlecht? Einzugsgebiet?).
Für Bäckereien bietet sich ein schriftlicher Fragebogen an, der auch in den Filialen ausliegt.

VERKAUFSKUNDE

MUSTER/FRAGEBOGEN

Bitte beurteilen Sie uns! (Rechts = Logo Ihrer Bäckerei)

Wir versichern Ihnen, dass wir alles tun, um Sie voll und ganz mit unseren Produkten und unserem Service zufrieden zu stellen. Daher möchten wir Sie bitten, uns die nachfolgenden Fragen zu beantworten. Damit helfen Sie uns, noch besser zu werden.

**Beurteilen Sie uns nach Schulnoten von 1 bis 6
(1 = sehr gut / 6 = ungenügend)**

Brötchen	1	2	3	4	5	6
Geschmack	☐	☐	☐	☐	☐	☐
Aussehen	☐	☐	☐	☐	☐	☐
Auswahl	☐	☐	☐	☐	☐	☐

Spezialbrötchen

	1	2	3	4	5	6
Geschmack	☐	☐	☐	☐	☐	☐
Aussehen	☐	☐	☐	☐	☐	☐
Auswahl	☐	☐	☐	☐	☐	☐

Brote

	1	2	3	4	5	6
Geschmack	☐	☐	☐	☐	☐	☐
Aussehen	☐	☐	☐	☐	☐	☐
Auswahl	☐	☐	☐	☐	☐	☐

Feine Backwaren (Kuchen/Teilchen)

	1	2	3	4	5	6
Geschmack	☐	☐	☐	☐	☐	☐
Aussehen	☐	☐	☐	☐	☐	☐
Auswahl	☐	☐	☐	☐	☐	☐

Service

	1	2	3	4	5	6
Freundlichkeit	☐	☐	☐	☐	☐	☐
Kompetenz	☐	☐	☐	☐	☐	☐

	1	2	3	4	5	6
Preis/Leistung	☐	☐	☐	☐	☐	☐

Welches Produkt kaufen Sie bei uns am liebsten?
Was sollten wir aus Ihrer Sicht verbessern?
Werden Sie uns weiterempfehlen? Ja ☐ Nein ☐

DER KUNDE – DAS VERKAUFSGESPRÄCH

Kleine Kundentypologie, mit deren Hilfe man erfolgreich auf die Eigenarten der Verbraucher eingehen kann

Soll der Verkaufsvorgang das entsprechende Ergebnis bringen, dann muss sich die Verkäuferin vor dem Verkauf auf den Kunden einstellen, seine besonderen Eigenschaften zu erkennen versuchen und bei der Bedienung entsprechend berücksichtigen. Jeder Mensch – so auch der Kunde – ist in seiner individuellen Prägung und seiner Persönlichkeit verschieden, und daher gibt es kein Rezept oder Schema, nach dem man alle Kunden richtig behandelt. Was für den einen Kunden richtig ist, kann bei einem anderen völlig fehl am Platze sein.
Jeder Kundenkontakt beginnt deshalb mit einer stillen Analyse. Die Verkäuferin muss versuchen, die Eigenart des Kunden herauszufinden. Das Rezept heißt: Augen auf und das Geschehene richtig deuten, denn jeder Kunde gibt ungewollt Auskunft über sich durch Wort und Tat, Kleidung sowie Haltung und durch all die Kleinigkeiten im Umgang mit anderen.
An den folgenden Beispielen soll nun gezeigt werden, welche Kennzeichen die **verschiedenen Kundentypen** charakterisieren, wie sie zu behandeln sind und was beim Entschlüsseln der Kundenmentalität helfen kann, denn **Verkaufen will gelernt sein!**

1. Der sachliche Kunde

Erkennungszeichen: Er hält nichts von Übertreibungen. Dieser Kunde liebt sachliche Argumentation und Information und bildet sich danach sein Urteil.

Behandlungsweise: Gute und fundierte Argumentation ohne Übertreibung – wie sie ein Verstandesmensch erwartet.

2. Der schwatzhafte Kunde

Erkennungszeichen: Jeder Mensch hungert nach Anerkennung. Beim schwatzhaften Kunden drückt sich dies in einem übergroßen Mitteilungsbedürfnis aus.

Behandlungsweise: Geduld zeigen, nicht bedrängen. Nicht „zu viel" auf einmal anbieten. Suggestivfragen anwenden; nicht auf endlose Gespräche einlassen.

3. Der nörgelnde Kunde

Erkennungszeichen: Dieser Typ – auch Alles- oder Besserwisser genannt – hält nur die eigene Meinung für richtig, ist sehr empfindlich und stark ichbezogen. Er macht keine Fehler – so glaubt er – und sucht die Schuld immer beim anderen.

Behandlungsweise: Nicht mit ihm streiten! Auf seine Ideen eingehen und ihm Recht geben – also zustimmen. Man darf ihm nicht „das Gesicht" rauben.

4. Der streitsüchtige Kunde

Erkennungszeichen: Der grobe und unfreundliche Kunde ist fast immer anderer Meinung und wartet förmlich auf die „passende" Gelegenheit.

Behandlungsweise: Ruhig bleiben, nicht widersprechen! Er lässt sich durch geduldiges Zuhören am leichtesten besänftigen. Wenn der „Dampf" abgelassen ist, evtl. durch geschickte Fragen „an die Leine nehmen".

5. Der schweigsame Kunde

Erkennungszeichen: Es ist schwer, seine Wünsche oder Widerstände zu erkennen, da er weder Zustimmung noch Ablehnung äußert.

Behandlungsweise: Präzise Fragen stellen, um ihn zur Antwort oder zumindest zu einer Reaktion zu zwingen und ihn aus der Reserve zu locken.

6. Der unentschlossene Kunde

Erkennungszeichen: Er wird ungern vor Entscheidungen gestellt und kann sich nur langsam und sehr zögernd – zur eigenen und anderer Leute Qual – zu einem Entschluss durchringen.

Behandlungsweise: Im Tempo auf ihn einstellen. Nach lebendigem Angebot sofort auf den Abschluss zustreben. Entscheidungen für ihn treffen, ihm dabei Gelegenheit geben, sein Gesicht zu wahren. Also: beweglich sein und zügig auf das Ziel hinarbeiten.

7. Der impulsive Kunde

Erkennungszeichen: Er ist schnell ungeduldig, manchmal sprunghaft und unterbricht seine Gesprächspartner oft. Er ist ein Mensch der Tat und handelt impulsiv aufgrund spontaner Eingebungen. Er erwartet auch bei seinen Partnern Konzentration und Aktivität. Er liebt keine Langatmigkeit, verfällt in unruhige Bewegungen und läuft unter Umständen weg oder schaut woanders hin.

DER KUNDE – DAS VERKAUFSGESPRÄCH

Behandlungsweise: Eine gute Zuhörerin sein. Interesse zeigen. Den Gesprächspartner durch gezielte Fragen zur Sache bringen. Die Initiative der Gesprächsführung in die „eigene Hand" bekommen.

8. Der sichere und entschlossene Kunde

Erkennungszeichen: Sicheres und zielstrebiges Auftreten deuten auf die oben genannten Eigenschaften hin. Er bedient sich einer klaren Sprechweise und äußert seinen Kaufwunsch sehr bestimmt.

Behandlungsweise: Solche Kunden sind beliebt. Die Verkäuferin soll nicht viel fragen, sondern rasch und sicher die Ware vorlegen. Eine kurze, sachliche Beratung führt schnell zum Erfolg.

9. Der schüchterne Kunde

Erkennungszeichen: Er ist unsicher im Auftreten, spricht leise und ungenau. Hat vielleicht keine guten Warenkenntnisse und stellt geringe Ansprüche.

Behandlungsweise: Freundlich und ruhig bedienen und sein Interesse für die guten Backwaren wecken.

10. Der sachverständige Kunde

Erkennungszeichen: Zu den sachverständigen Kunden gehören die Fachleute. Auch viele Hausfrauen, die gerne daheim backen, gehören dazu. Sie prüfen die Waren eingehend und sprechen sich sachkundig aus. Sie stellen nicht viele Fragen.

Behandlungsweise: Die Verkäuferin soll sich ihrer Fachsprache bedienen und die Ware selbst für sich sprechen lassen. Der Kunde weiß ja Bescheid und muss als Fachmann anerkannt werden. Es wäre nicht ratsam, fachliche Ratschläge zu geben.

11. Der sparsame Kunde

Erkennungszeichen: Er versucht zu handeln, ist pedantisch, wählt beim Kauf vorsichtig, sucht nach Vorteilen, lehnt Luxus und Aufwand ab, fragt nach dem Preis, ist oft etwas altmodisch gekleidet.

Behandlungsweise: Auf Sparsamkeit eingehen, nicht mit teuren Angeboten belästigen, auf Sonderverkäufe hinweisen, Vorteile einer Ware eingehend besprechen.

12. Der eigenwillige Kunde

Erkennungszeichen: Er hat eine ausgeprägte und selten zu beeinflussende Ansicht. Er kommt mit konkreten Wünschen und will diese verwirklicht sehen.

Behandlungsweise: Die Wünsche des Kunden exakt ermitteln und respektieren, Vorurteile nicht antasten, höchstens Widersprüche mit der „Ja-aber"-Methode einleiten.

13. Der gebildete Kunde

Erkennungszeichen: Er ist zurückhaltend und höflich, hat im Allgemeinen wenig Verständnis für Extravaganzen, drückt sich gewählt aus und bleibt bei aller Aufgeschlossenheit distanziert.

Behandlungsweise: Die Wünsche erfragen und die Bedienung exakt ausführen. Zurückhaltung üben im Gespräch, Hinweise auf Warenqualität und Neuheiten sind erwünscht.

14. Der anspruchsvolle Kunde

Erkennungszeichen: Er wünscht erlesene Ware und eine gute Bedienung. Prüft Ware und Wert genau und ist unbestechlich. Lässt sich nichts aufschwatzen, bleibt Herr der Situation. Er ist stets gut gekleidet.

Behandlungsweise: Die Wünsche genau ermitteln und exakt ausführen und wichtige Hinweise auf qualitativ hochwertige Ware machen. Dieser Kunde ist für Neuheiten aufgeschlossen und wünscht eingehende Auskunft.

15. Der eilige Kunde

Erkennungszeichen: Er schaut nervös um sich und immer wieder auf die Uhr, spricht schnell und unruhig, versucht sich vorzudrängen, ist schweigsam und mit seinen Gedanken beschäftigt.

Behandlungsweise: Alles tun, um die Bedienungszeit zu verkürzen. Verzögerungen vermeiden, durch schnelle Bewegungen andeuten, dass man seiner Eile entgegenkommt.

16. Die Hausfrau als Stammkunde

Erkennungszeichen: Die Hausfrauen als Stammkunden kaufen im Allgemeinen gern ein. Sie schätzen den persönlichen Kontakt in „ihren Geschäften" und die gleichmäßig gute Ware. Das Geld spielt allerdings für sie eine große Rolle, denn sie verwalten daheim meist eine bestimmte Summe Haushaltsgeld.

Behandlungsweise: Die Bedienung ist oft nicht so einfach, weil die Hausfrau Vor- und Nachteile abwägt und auch übergenau werden kann. Die bekannten Eigenschaften sollten entsprechend respektiert werden. Ein persönliches Wort oder Kurzgespräch hilft, die Bedienung freundlich zu gestalten. Eine neue Backware empfehlen.

DER KUNDE – DAS VERKAUFSGESPRÄCH

17. Das Kind als Kunde

Das Kind, das im Auftrag der Eltern einkauft, bringt den Einkaufszettel mit; es kauft gerne ein.

Behandlungsweise: Das Kind nicht zugunsten anderer Kunden warten lassen. Es wird bedient und behandelt wie ein Erwachsener. Damit werden die Eltern zufrieden gestellt. Sorgfältiges Einpacken der Ware, Rückgabe des Wechselgeldes in die Geldbörse, Kassenzettel beilegen, kleine Zugabe, freundliche Verabschiedung.

Die Körpersprache im Verkauf

Die Körpersprache ist eine Sprache, die überall auf der Welt verstanden wird. Ihr bewusster Einsatz öffnet im Verkauf viele Türen, die zum Kunden und damit zum Umsatz führen. Sie teilen sich anderen Menschen durch Gestik, Mimik und Ihre Haltung mit. Es ist erwiesen, dass nur 7 Prozent der Informationen durch Worte, 38 Prozent über den Klang der Stimme und 55 Prozent über die Körpersprache vermittelt wird.
Was bedeutet das konkret für den Verkauf? Hier ein Beispiel: Ein Kunde betritt das Geschäft . Innerhalb von Sekunden bilden sich sowohl der Kunde als auch die Verkäuferin eine Meinung über die jeweils andere Person. Daher ist der bewusste Einsatz von Körpersprache im Verkauf wichtig.

Die wichtigsten Aspekte der Körpersprache einer Verkäuferin sind:

Die Augen

Wenn ein Kunde das Geschäft betritt und wir nicht innerhalb von Sekunden Augenkontakt aufnehmen, beleidigen wir ihn und machen ihn uns zum Feind. Weil wir sein starkes Bedürfnis nicht wahrnehmen, beachtet und erkannt zu werden. Es stimmt: Augen sagen mehr als tausend Worte!

Der Mund und die Sprache

Ein Wort, das man ausgesprochen hat, kann man nicht zurücknehmen. Gesagt ist gesagt. Daher ist auch die Fragestellung so bedeutend, wie man Kundenwünsche in Erfahrung bringt. Wichtig: Sprechen Sie stets mit fester und gut verständlicher Stimme.

Die Hände

Der bewusste Einsatz der Hände (offene Hände) macht Sie sympathischer. Benutzen Sie niemals den Zeigefinger, um auf die Ware zu zeigen. Denken Sie immer beim Einpacken der Ware daran, dass der Kunde genau zusieht. Schließlich gehört ihm die Ware schon.

Das Verkaufsgespräch

Der Verkauf ist nicht nur eine rechtliche, technische und warenkundliche Angelegenheit, sondern auch ein psychologischer Vorgang.

Es ist deshalb wichtig, dass die Verkäuferin, wenn sie erfolgreich verkaufen will, die Wechselwirkungen zwischen Kunden und sich selbst erkennt und versteht. Sie muss daher über den Ablauf und das Ziel des Verkaufsgesprächs Bescheid wissen. Es beginnt mit der *Begrüßung* und der *Anrede* des eintretenden Kunden.

Wie angenehm wird es empfunden, wenn freundliche Worte der Begrüßung den Kunden empfangen!

Das Gespräch hat bereits begonnen, denn die gute *Kontaktaufnahme* hat stattgefunden.

Die Anrede des Kunden – vielleicht auch noch mit dem Namen – ist von besonderer Bedeutung: Der Kunde fühlt sich persönlich angesprochen; er weiß, dass man von ihm Notiz genommen hat. Er wendet sich deshalb der Verkäuferin etwas freier, ja sogar vertrauensvoll zu.

Jetzt ist der Augenblick gekommen, durch geschicktes Fragen zu erfahren, welche Kaufwünsche (Brot, Feingebäck usw. und Geschmacksrichtung) der Kunde hat.

Nicht immer hat der Kunde eine bestimmte Vorstellung von dem, was er kaufen will; vielleicht hat er dann den Wunsch, beraten zu werden. In diesem Fall wird die Verkäuferin den richtigen Ton finden müssen. Das verlangt oft Fingerspitzengefühl. Es folgt also eine geschickte Demonstration der Backware, ohne bei der Beratung den Kunden zu bevormunden. In den meisten Fällen ist der Kunde für einen fachmännischen Rat dankbar und wird ihn auch befolgen.

Selbstverständlich braucht die Verkäuferin gute Warenkenntnisse, um eine richtige Empfehlung geben zu können. Nach der abschließenden Beratung wird die routinierte Verkäuferin den richtigen Augenblick erkennen, um dem Kunden für dieses oder jenes Gebäck den Preis zu nennen. Nachdem die geschickte Verkäuferin die Ware einwandfrei und transportsicher verpackt hat, wird sie den Kunden mit Worten des Dankes und guten Wünschen verabschieden.

Alle Verkäuferinnen, die fach- und sachkundig geschult sind, die einen gepflegten Wortschatz besitzen und darüber hinaus sauber und adrett gekleidet sind, werden für den Kunden immer angenehm und für das Geschäft wertvolle und unentbehrliche Mitarbeiterinnen sein.

DER KUNDE – DAS VERKAUFSGESPRÄCH

Für ein **erfolgreiches Verkaufsgespräch** könnten **nachfolgende Grundsatzregeln** eine **wertvolle Hilfe** sein:
1. Kontaktaufnahme (Begrüßung und Anrede)
2. Erfragen und Erfüllen des Kaufwunsches
3. Das Verkaufsgespräch in gutem Deutsch führen
4. Wirkungsvolles Vorlegen der gewünschten Ware
5. Hinweis durch gute Warenkenntnisse auf den Verkaufswert
6. Fachausdrücke erläutern!
7. Überzeugende Redewendungen gebrauchen!
8. Dank für den Einkauf nicht vergessen!
9. Freundliche Verabschiedung

Neben dem normalen Verkaufsgespräch wird es immer wieder vorkommen, dass Abweichungen vom normalen Verkaufsvorgang und verschiedene Situationen im Ladengeschäft spezielle Gespräche erfordern.

Solche Gespräche sind dann notwendig, wenn die Verkäuferin mit **folgenden Situationen** konfrontiert wird:

1. Bedienen mehrerer Kunden gleichzeitig
2. Spätkunden, die kurz vor Ladenschluss das Geschäft betreten
3. Geschenkkäufe
4. Beschwerden
5. Reklamationen
6. Umtausch von Backwaren

Beispiele verschiedener Situationsgespräche

1. Kunde beschwert sich über altes Brot

Kunde: „Ich habe heute morgen ein frisches Brot bei Ihnen verlangt, und jetzt habe ich festgestellt, dass Sie mir doch eines von gestern gegeben haben."
Verkäuferin: „Haben Sie das Brot dabei, damit ich nachprüfen kann, ob es auch stimmt?"
Kunde: „Nein, ich habe es nicht dabei – können Sie sich nicht mehr an mich erinnern?"
Verkäuferin: „Nein, wir haben so viele Kunden jeden Tag, da kann man sich nicht an jedes Gesicht erinnern. Es wäre aber wichtig, dass Sie das Brot mitbringen, damit ich prüfen kann, ob Ihre Beanstandung berechtigt ist."
Kunde: „Lassen Sie nur, das Brot werde ich schon behalten, aber ich möchte Sie bitten, mir in Zukunft schon frisches Brot zu geben . . ."

2. Kunde drängelt sich vor, er hat es eilig

Kunde 1: „Entschuldigen Sie, können Sie mir noch schnell fünf Brötchen geben?"
Kunde 2: „Ich war eher im Laden als Sie!"
Kunde 1: „Ja, ich muss schnell ins Büro, ich habe keine Zeit."
Kunde 2: „Ich habe auch keine Zeit!"
Verkäuferin: „Ich würde Sie gerne bedienen, wenn Frau Schneider nichts dagegen hat."
Kunde 1: „Sie können mir doch schnell die fünf Brötchen geben!"
Kunde 2: „Ich muss auch weggehen, ich muss zum Bus!"
Verkäuferin: „Ich werde mich beeilen. Sie bekommen Ihre fünf Brötchen, und Frau Schneider ist jetzt auch schon dran. So, bitte . . .
Ich hoffe, Sie sind jetzt beide zufrieden."

3. Ein Kunde möchte ein besonderes Brot und bittet um Beratung

Kunde: „Wir haben eine Feier zu Hause, und einige Gäste sind Brotfeinschmecker, denen ich etwas bieten möchte. Deshalb wollte ich Sie fragen, ob Sie mir etwas Entsprechendes anbieten können."
Verkäuferin: „Gerne; vielleicht haben Sie schon im Schaufenster und hier im Regal etwas gesehen. Dort hinten haben wir Schwarzwälder Brot und Quarkstuten oder hier mit jeweils viel Ballaststoffen Berliner Landbrot sowie Dreikorn- und Weizenflockenbrot.
Was darf ich Ihnen anbieten?"
Kunde: „Geben Sie mir bitte das Berliner Landbrot."
Verkäuferin: „Gerne, bitte."

4. Kunde beschwert sich über verdorbene Ware

Kunde: „Guten Tag. Vielleicht können Sie sich an mich erinnern. Ich war gestern bei Ihnen und habe Bienenstich und eine Torte gekauft. Dies habe ich meinen Gästen serviert, doch die Sahne war schlecht, und die Torte war ungenießbar. Ich habe Sie noch gefragt, ob sie frisch ist, und Sie haben ja gesagt. Wie kommt so etwas vor, dass die Sahne in wenigen Stunden schlecht ist? Habe ich die Torte falsch gelagert, oder woran lag es?"
Verkäuferin: „Ich kann es mir gar nicht richtig erklären, dass die Sahne schlecht war. Vielleicht haben Sie die Torte nicht richtig kalt gestellt. Sollte es trotz richtiger Lagerung vorgekommen sein, bitte ich Sie, dies zu entschuldigen. Natürlich bekommen Sie die Torte ersetzt. Haben Sie diese dabei?"
Kunde: „Nein, wir haben sie weggeworfen."
Verkäuferin: „Ich frage in der Backstube nach, was da vorgekommen ist, und sage Ihnen das nächste Mal Bescheid.
Kann ich sonst noch etwas für Sie tun?"
Kunde: „Ja, ich möchte . . ."

DER KUNDE – DAS VERKAUFSGESPRÄCH

5. Eine erbetene Ware ist nicht vorrätig
Kunde: „Ich möchte gerne vier Stückchen Blätterteiggebäck."
Verkäuferin: „Oh, es tut mir leid, wir backen so viel anderes Gebäck. Blätterteig ist gerade nicht mehr vorrätig, aber wir haben noch eine große Auswahl an anderen Feinen Backwaren."
Kunde: „Wieso haben Sie die Blätterteigstücke denn gerade heute nicht? Ich kaufe doch jeden Tag bei Ihnen ein, und Sie wissen doch, was ich meistens kaufe."
Verkäuferin: „Ja, schon, aber es kann doch sicher einmal etwas anderes sein. Möchten Sie nicht einmal ein anderes Produkt probieren? Zum Beispiel . . ."
Kunde: „Hmmh, ich probiere es einmal . . ."

6. Kunde möchte sich über das Verhalten einer Verkäuferin beim Chef beschweren
Kunde (hat Verschiedenes gekauft): „Ich möchte Ihren Chef sprechen."
Verkäuferin: „Der ist im Moment nicht anwesend!"
Kunde: „Wann kann ich ihn denn sprechen?"
Verkäuferin: „Oh, das weiß ich nicht, vielleicht morgen."
Inhaber (kommt zufällig herein, hörte den letzten Teil mit): „Na, was haben wir denn?"
Kunde: „Ich hätte eine kleine Beschwerde. Um es dezent auszudrücken: Man wird hier nicht gerade sehr freundlich bedient; das ist mir schon ein paarmal aufgefallen, auch heute wieder. Ich weiß nicht, ob Ihre Mitarbeiterin einen schlechten Tag erwischt hat oder ob es Absicht war."
Inhaber: „Danke, dass Sie damit zu mir kommen. Ich kann es mir auch nicht so recht erklären. Fräulein Edelmann ist sonst sehr ruhig und ausgeglichen. Es war vorhin eine andere Kundin da, die etwas Hektik hereinbrachte. Es ist schon manchmal nervenaufreibend und schwierig, den ganzen Tag ruhig zu bleiben. Wenn Sie es nochmals miteinander versuchen würden? Sicher entschuldigt Fräulein Edelmann sich auch . . ."
(Die Verkäuferin entschuldigt sich, und der Kunde verlässt nach kurzem Dialog ruhig den Laden.)

Die Todsünden im Verkauf

1. Die Unfreundlichkeit der Verkäuferinnen und damit im besonderen Maße das desinteressierte Gesicht des Verkaufspersonals. Ein entspannter Gesichtsausdruck, das Lächeln, ist das A und O; denn das Lächeln ist neben dem gesprochenen Wort der wichtigste Schlüssel zum Herzen der Kunden.

2. Fehlender Blickkontakt zum Kunden. Wenn die Verkäuferin keinen Blickkontakt zum Kunden hat, fühlt er sich nicht persönlich angesprochen, kauft nicht mehr so gerne ein. Ganz wichtig ist auch der Blickkontakt noch einmal, wenn die Verkäuferin sich vom Kunden verabschiedet.

3. Eine hohe monotone Stimmlage und auch generell zu leises Sprechen. Das ist in Bäckereien und Konditoreien immer wieder ein Problem, weil viele Geräusche im Verkaufsraum doch sehr stark ablenken. Eine Verkäuferin, die zu leise spricht und keinen Blickkontakt zum Kunden hat, zeigt ganz klar einen großen Unsicherheitsfaktor.

4. Ein ungepflegtes Äußeres, ein ungepflegtes Erscheinungsbild. Immer wieder ist gerade in Bäckereien und Konditoreien festzustellen, dass Inhaber und Chefinnen sich sehr viel Gedanken über die Berufskleidung machen, die heute wirklich schick ist. Aber was dann so darunter getragen wird, ist oft weniger schick. Da ist es manchmal der Norwegerpulli oder unter einer rot-weiß gestreiften Schürze eine schwarze Bluse. Das ganze Erscheinungsbild wird dadurch kaputtgemacht.

5. Zu starkes Parfüm. Viele Impulskäufe in einer Bäckerei werden aufgrund der gut riechenden Ware getätigt. Und wenn Verkäuferinnen sehr stark Parfüm aufgelegt haben, wird dieser Geruch kaputtgemacht und der Umsatz wesentlich schlechter.

6. Private Telefongespräche hinter der Theke (sofern diese betrieblich genehmigt sind). Diese sind absolut menschlich. Nur in dem Moment, wenn ein Kunde die Bäckerei betritt, müssen diese Telefongespräche beendet sein. Das verstehen viele Verkäuferinnen nicht. Es wird immer wieder Desinteresse gezeigt, indem man sich weiter unterhält.

7. Kunden, die ein Verkaufsgespräch führen. Es sind nicht Verkäuferinnen, die das Verkaufsgespräch führen, sondern sie reagieren nur auf Fragen von Kunden. 10 Brötchen über die Theke schleudern, das macht schon ein Mädchen mit 13 Jahren exzellent und dazu „Bitte schön" und „Danke schön", bzw. „Einen schönen Tag noch". Die **Verkäuferin soll in der aktiven Rolle sein,** denn das Verkaufen beginnt doch erst da, wo der Kunde nicht weiß, was er will.

Heißes Eisen: Kunden-Beschwerden

Wesentliche Punkte bei der Beschwerdeannahme sind:

a) Freundliches und aufmerksames Anhören des Kunden, ohne ihn zu unterbrechen. Anschließend das Wesentliche der Beschwerde durch höfliche Fragen herauskristallisieren. Jede Peinlichkeit vermeiden.

DER KUNDE – DAS VERKAUFSGESPRÄCH

b) Kleinigkeiten und Nebensächlichkeiten sind großzügig unter dem Motto „Der Kunde hat immer Recht" – ohne Umschweife und ohne lange Diskussion – höflich zu akzeptieren. Der „Stein des Anstoßes" ist zu beseitigen oder die Beseitigung zu versprechen.

c) Bei Beschwerden über andere Verkäuferinnen ist eine verbindliche Zurückhaltung geboten: Niemals sofort und blindlings dem Kunden beistimmen. Zur Klärung solcher Angelegenheiten sollte grundsätzlich der Vorgesetzte verständigt werden, dem in diesen Fällen alles Weitere zu überlassen ist.

d) Hat der Kunde offensichtlich Unrecht, so kann er nur mit großem psychologischem Fingerspitzengefühl und Einfühlungsvermögen davon überzeugt werden.

Oberstes Gebot: Keinen Augenblick die Ruhe verlieren, stets höflich und verbindlich bleiben. Niemals Überheblichkeit oder gar Ironie aufkommen lassen. Sachlich und stichhaltig argumentieren.

Es ist immer zu bedenken, dass ein brüsk oder unter peinlichen und verletzenden Umständen abgewiesener Kunde nicht nur verloren geht, sondern auch seinen gesamten Verwandten- und Bekanntenkreis in diesem Sinne beeinflusst. Vor einem Kunden, der aus reiner Rechthaberei, übler Laune, Einbildung oder gar Böswilligkeit auf seinem Standpunkt beharrt, braucht man zwar nicht unter Missachtung der Menschenwürde zu Kreuze kriechen, aber er sollte nicht noch mehr gereizt und verärgert werden. Niemals darf jedenfalls das Beschwerdegespräch zu einer Auseinandersetzung ausarten. Die Verkaufskraft sollte sich selbst in den hartnäckigsten Fällen darauf beschränken, in aller Freundlichkeit ihre Ansicht zu wiederholen und bedauern, dass es ihr beim allerbesten Willen nicht möglich sei, sich unter den gegebenen Umständen der Meinung des Beschwerdeführenden anzuschließen.

e) Bei allen gerechtfertigten Beschwerden, gleichgültig ob sie kleine oder große Dinge betreffen, sollte nie vergessen werden, dass ein klares „Ich bitte um Entschuldigung" psychologisch der beste Balsam ist und oft schon die reinsten Wunder vollbracht hat. Und niemand vergibt sich etwas, wenn er noch einen Schritt weitergeht, indem er sich ehrlich und aufrichtig bei dem Kunden dafür bedankt, dass er gekommen ist und mit seiner Beschwerde der Firma nutzt. Denn seine Kritik zeigt einen Mangel, der vielleicht bisher so manchen weniger mutigen und offenen Kunden verscheucht hat, was nun durch die Hilfe des Beschwerdeführenden für die Zukunft vermieden werden kann.

Mit solchen auf Wahrheit beruhenden einsichtsvollen Argumenten wird erreicht, dass sich Verkaufskraft und Kunde mit dem Gefühl großer Hochachtung trennen.

Warum kann man eine Beschwerde als Glücksfall bezeichnen?
Wenn eine Reklamation richtig behandelt wird, können alle Beteiligten profitieren. Der Kunde macht sich die Mühe, auf einen Missstand hinzuweisen, der vielleicht noch gar nicht erkannt wurde. Honorieren Sie diesen Hinweis und entschädigen Sie dafür den enttäuschten Kunden. Gehen sie ruhig davon aus, dass er Ihnen treu bleiben wird, wenn er feststellt, dass sein Hinweis ernst genommen wurde und sich etwas zum Besseren geändert hat.

Anmerkungen:

Verstehen Sie Beschwerden als:

- Hinweise auf Fehlleistungen
- Anregungen zur Beseitigung von Schwachstellen
- Wertvolle Hinweise zur Position im Markt

Beschwerden sollten:

- Immer uneingeschränktes Interesse erhalten
- Innerhalb des Tagesgeschäfts höchste Priorität haben
- Aktiv, motiviert und schnell bearbeitet werden

Einstellungsänderung

- Bäckereiinhaber, Verkäuferinnen und Mitarbeiter müssen Beschwerden positiv auffassen
- Alle müssen sich der Behandlung und Lösung verantwortlich fühlen
- Eine Beschwerde soll die Kundenbeziehung nicht gefährden, sondern festigen

Extra-Service für Kinder und Senioren

Fachverkäuferinnen sollten jeden Kunden gleich höflich und freundlich bedienen. Es gibt aber dennoch Kundengruppen, die einen „Extra-Service" beanspruchen dürfen: alte Leute und Kinder.
Manchmal sind ältere Leute schon seit Jahren Stammkunden des Bäckerfachgeschäfts. Sie fühlen sich hier ein bisschen zu Hause und wollen entsprechend bevorzugt bedient werden. Deshalb einige Tipps für den netten Umgang mit Senioren:

- Werden Sie nicht ungeduldig, wenn ältere Kunden etwas langsam bei der Auswahl der Waren, beim Bezahlen und beim Einpacken sind. Helfen Sie lieber.
- Nehmen Sie sich, wenn es möglich ist, Zeit für ein kleines, auch persönliches Gespräch.

DER KUNDE – DAS VERKAUFSGESPRÄCH

- Bieten Sie zum Beispiel gebrechlichen Kunden an, wenn sie sich nicht wohl fühlen, die Brötchen vorbeizubringen.
- Empfehlen Sie alten Menschen, nicht gerade zu Spitzenzeiten ins Geschäft zu kommen. Damit Sie mehr Zeit für sie haben.
- Machen Sie Senioren auf Sonderangebote aufmerksam, denn alte Menschen haben oft nicht viel Geld.

Kinder sind die Kunden von morgen. Sie können aber ihre Mütter schon heute beeinflussen, ein bestimmtes Geschäft zu bevorzugen. Ihr Bäckerfachgeschäft zum Beispiel, weil Kinder dort besonders nett bedient werden:

- Achten Sie darauf, ein Kind, das allein einkauft, rechtzeitig zu bedienen. Oft drängen sich Erwachsene vor – und Kinder können sich nicht wehren.
- Geben Sie sich bei kleinen Kunden die gleiche Mühe in der Auswahl der Waren.
- Beobachten Sie, ob die Kinder das Wechselgeld sicher verwahren, und legen Sie den Kassenbon für die „Abrechnung" zu Hause sichtbar in die Einkaufstasche.
- Fragen Sie die Mütter, ob Sie den Kindern eine kleine Belohnung geben dürfen.

Das Einpacken von Backwaren

Das Ein- und Verpacken muss die Verkäuferin sachgemäß vornehmen. Backwaren, insbesondere Konditorei-Erzeugnisse, sind mehr oder weniger empfindlich gegen Druck; sie verlangen also eine behutsame und pflegliche Behandlung.
Die verkauften Backwaren werden so auf den Verkaufsplatz der Ladentheke gelegt, dass sie der Kunde beim Verpacken sehen kann. Dieser Thekenplatz muss selbstverständlich genügend Platz bieten und frei von jeden Backwarenkrümeln sein.
Das Verpackungsmaterial muss natürlich vorrätig gehalten werden und günstig zu greifen sein.
Die verschiedenen Arten der Backwaren, vor allen Dingen der Konditorei-Erzeugnisse, verlangen geradezu auch eine unterschiedliche Behandlung. Während es einfach ist, sämtliche Brot- und Brötchensorten, auch Berliner Pfannkuchen, in Einwickelpapier bzw. in eine Tüte zu verpacken, wird es andererseits nicht zweckmäßig sein, bei Blätterteigstücken ebenso zu verfahren.

Schwieriger wird es dann, wenn Tortenstücke verschiedener Art, auf Pappteller arrangiert, mit Sahneabdeckpapier getrennt oder abgedeckt werden müssen. Hieraus wird ersichtlich, dass sich die Verpackung nach Art der Empfindlichkeit der Backware zu richten hat. Die überaus praktischen Verpackungsmaterialien sind einer geschickten Verkäuferin sehr behilflich. Das Verpacken der gekauften Backwaren ist sicherlich eine Empfehlung für einen weiteren Kauf. Ein leichter Faltkarton oder eine Tragetasche entsprechender Größe ist zum Transport unbedingt anzuraten. Ganze Torten gehören immer in eine Tortenschachtel. Bei Geschenkverpackungen muss die Verkäuferin mit besonderem Geschmack und einer ganz persönlichen Note die Verpackung harmonisch vollenden. Bringt der Kunde Feingebäck, Torten oder Geschenke wegen unsachgemäßer Verpackung zerdrückt oder unansehnlich nach Hause, dann ist das für ihn ein Grund zur Beschwerde, oder aber er kommt nicht wieder ins Geschäft.

Verpackungsmaterial verwendet man nie größer als erforderlich. Die Verkäuferin muss darauf achten, nicht unnötig Verpackungsmaterial zu vergeuden. Verpackungsmaterial ist heutzutage sehr teuer, und übermäßiger Verbrauch erhöht die Geschäftsunkosten.

Das Verpackungsmaterial

Ein breit gefächertes Angebot von Verpackungsmaterialien und Papierwaren stellt heutzutage die Verpackungsindustrie den Verkäuferinnen in Bäckereien und Konditoreien zur Verfügung. Das gesamte Verpackungsmaterial, das in der Praxis Eingang gefunden hat, muss den Bestimmungen des Lebensmittel- und Bedarfsgegenständegesetzes bzw. der Lebensmittelhygiene-Verordnung entsprechen, denn dieses Material ist ein Bedarfsgegenstand, der mit den Lebensmitteln (Backwaren) unmittelbar in Berührung kommt. Sämtliches Verpackungsmaterial mit Druck darf nur einseitig (Außenseite) bedruckt sein; in Papptellern findet man die Firmenbezeichnung oder den Namenszug ohne Druckfarbe eingeprägt. Neben der Schutzfunktion des Verpackungsmaterials kann dieses durch Aufdruck des Geschäftsnamens oder von Spezialitäten der Bäckerei/Konditorei als wirksamer Werbeträger dienen und durch entsprechende Aufmachung zum Kauf der verpackten Ware anreizen.

Die gebräuchlichsten Papierarten zum Einpacken von Brotsorten, Feinen Backwaren und Konditorei-Erzeugnissen sind

Rollenpapier (weiß, rosa, gelb, mit oder ohne Druck) in verschiedenen Breiten,

Spitzenpapier (rund, rechteckig, verschiedene Durchmesser und Maße),

Brotseide, Kuchenseide und Packseide verschiedener Größen,

Sahneabdeckpapier, paraffiniertes Sahneabdeckpapier, pergamentiertes Sahneabdeckpapier,

Servietten-Flausch, Papier-Falthandtücher usw.,

Faltenbeutel, Bodenbeutel, Pariser Brotbeutel usw.,

Spitztüten mit oder ohne Druck,

Papier-Tragetaschen, Plastik-Tragetaschen,

Gebäckkapseln,

Tortenböden, Pappteller, Tortenspitzen, Tortenschachteln, Gebäckschalen, Papptrennstreifen usw.

Neben diesen Papierwaren zum Einpacken sind die Klarsichtfolien als Verpackungsmaterial nicht mehr wegzudenken. Diese Verpackungsmaterialien besitzen folgende Eigenschaften:

Schutz des verpackten Feingebäcks gegen Staub, Mikroorganismen (Schimmelsporen und Bakterien), Wasserdampf und Luft. Bei fettreichem Gebäck ist es auch vorteilhaft, wenn dieses Verpackungsmaterial das Licht nur in geringem Maße durchlässt. Wenn die Backware eingefrostet werden soll, muss die Verpackung kältebeständig sein. Wird Wert auf die Werbung gelegt, dann muss die Klarsichtpackung auch bedruckbar sein.

Folgende Verpackungsmaterialien, die meistens aus regenerierter Zellulose hergestellt sind, werden verwendet:

Zellglas. Diese Folie ist glasklar, staub- und mikrobendicht und undurchlässig für Luft. Auch hält sie das Aroma der Backware und verhütet das Austrocknen.

Schrumpffolie ist aus Kunststoff hergestellt, deren besondere Eigenschaft es ist, dass sie beim Erwärmen um ca. 45 Prozent schrumpft und sich hauteng um die verpackte Ware legt.

Polyäthylen-Flach-, -Falten- und -Bodenfaltenbeutel bestehen ebenfalls aus Kunststoff, der in dünnen Folien durchsichtig, in dickeren Schichten weiß ist. Die Folien sind geschmeidig, kältebeständig und undurchlässig für Wasserdampf. Diese Beutel sind verschweißbar und können bedruckt werden.

Polypropylen-Folien sind ganz durchsichtig und geschmeidig. Sie sind sehr gut kältebeständig, aroma-, wasserdampf- und gasdicht. Sie werden meist als Schrumpffolien geliefert.

Aluminiumfolie besteht aus Reinaluminium; sie ist wasserdampf-, gas-, aroma- und lichtundurchlässig. Man kann sie bedrucken. Sie ist am besten bei Dauerbackwaren zu verwenden.

Dosen-Verpackung. Es sind verzinnte und innen goldlackierte Weißblechdosen. In diesen Dosen kann gebacken werden; vor dem Einlegen der Masse werden sie mit Pergamentpapier ausgelegt (Sandmassen und Rodonkuchen).

DEKORATIVES GESTALTEN
NEU: KLEINE FARBENLEHRE

Schriftschreiben für Verkäuferinnen sowie Bewertungsrichtlinien für Schaufenstergestaltung

Auf den folgenden Seiten werden verschiedene Schriften mit den zugehörigen Satzzeichen und Ziffern gezeigt; außerdem zu jedem Alphabet ein Anwendungsbeispiel für die Theke oder das Schaufenster.
Durch eifriges Üben mit dem entsprechenden Material sollte die Verkäuferin sich im Schreiben dieser Schriften so weit vervollkommnen, dass sie die Schilder für die Auslage in ansprechender Weise selbst schreiben und gestalten kann.
Die Schriften auf den Seiten 156 und 157 werden mit der Rundfeder (Schnurzug), die auf den Seiten 158 bis 161 mit der Breitfeder (Bandzug) geschrieben. Die gleiche Wirkung kann mit entsprechenden Pinsel oder Filzschreibern erreicht werden. Durch Mischungen und Abwandlungen der Buchstaben sind natürlich auch eigene Vorstellungen zu verwirklichen.
Das Alphabet auf Seite 159 wurde aus Gründen der besseren Lesbarkeit geringfügig umgestellt.
Bei Prüfungsarbeiten sind in Baden-Württemberg als Geräte Zeichenfedern, Pinsel, Tusche, farbigo Filzstifte, Schere u. a. zugelassen, nicht aber Schriftschablonen und Abreibebuchstaben. Im Allgemeinen werden zwei Aufgaben gestellt. So ist zum Beispiel ein Preisschild in Postkartengröße zu schreiben und ein Plakat zu gestalten. Beim Plakat können zur Schrift noch gestalterische Elemente nach freier Wahl eingesetzt werden. Text und Papiergröße werden bei Prüfungen genau vorgeschrieben. Bei den Übungen sollte man also bestrebt sein, die Schriften nicht nur in der gezeigten Größe, sondern auch in plakativer Vergrößerung zu beherrschen.

Aufgaben zum dekorativen Gestalten

Aufgabe 1
Blattgröße: A3
Hilfsmittel: Zeichengeräte, Schere, Federn, Tusche, farbige Filzstifte, jedoch keine Schablonen

DEKORATIVES GESTALTEN

Fertigen Sie ein werbewirksames Plakat im Format A3 mit folgendem Text: „Für Ihr nächstes Fest empfehlen wir unseren Partyservice" Einteilung, Schriftart, Schriftgröße und Verzierung sind freigestellt. Schneiden Sie aus einem A3-Zeichenblatt ein Herz aus, Format zirka 15 cm breit, 16 cm hoch. Beschriften Sie dieses Herz mit folgendem Text:

„Köstliche Pralinen für Ihre Liebsten" 100-g-Mischung 8,– €
Einteilung, Schriftart und Schriftgröße sind freigestellt.

Aufgabe 2
Blattgröße: A4, A3
Hilfsmittel: Zeichengeräte, Federn, Tusche, Filzstifte, Buntstifte, jedoch keine Schablonen

Gestalten Sie ein farbiges Plakat mit folgendem Text:

„Zum Kinderfest Leckeres für Ihre Kleinen"
Gestalten Sie Schrift, Motiv und Farbe, dem Anlass „Kinderfest" entsprechend.

Fertigen Sie ein Preisschild mit Umrandung an, das folgenden Text beinhaltet:

„Eiswaffeln" 100 g 3,20 €
(Größe: 7 x 12 cm auf einem DIN-A4-Blatt)
Gestalten Sie Schrift und Umrandung des Preisschilds dem Artikel entsprechend.

Aufgabe 3
Blattgröße: A3
Hilfsmittel: Zeichengeräte, Federn, Tusche, Farbstifte, jedoch keine Schablonen

Ihr Betrieb veranstaltet eine Aktionswoche für Kaffeegebäcke. Fertigen Sie dazu eine werbewirksame Preistafel mit folgendem Text:

Für Ihre Kaffeetafel:		
Apfelstrudel mit Zimtzucker	*1 Stück*	*2,40 €*
Rhabarberkuchen, erfrischend	*1 Stück*	*2,20 €*
Erdbeerkuchen, mit frischen, aromatischen Früchten	*1 Stück*	*2,30 €*
Brioches, französische Hefeteigspezialität	*1 Stück*	*2,00 €*

Aufgabe 4
Blattgröße: A3, A5
Hilfsmittel: Zeichengeräte, Farbstifte, Schere, Klebstoff, jedoch keine Schablonen

DEKORATIVES GESTALTEN

Fertigen Sie ein Aufstellschild für das Café. Das Schild soll die Gesamtgröße A5 haben. Falten Sie es zur Größe A6, so dass es auf dem Tisch frei stehen kann. Der Text lautet:

„Vanilleeis – mit heißen Himbeeren – 1 Portion 5,80 €"

Aufgabe 5
Blattgröße: A3, A5
Hilfsmittel: Zeichengeräte, Farbstifte, Schere, Klebstoff

Gestalten Sie ein werbewirksames Plakat im Format A3 mit dem Text:

„Probieren Sie schon in der Adventszeit unsere reiche Auswahl an Weihnachtsgebäcken"

Aufgabe 6
Bäckerei Kirner feiert Firmenjubiläum, und die diesbezügliche Vorlage soll als Thekenaufsteller dienen. Übertragen Sie den nachfolgenden Text in das Vorlagenmotiv.

100 Jahre Bäckerei Kirner.
Wir feiern – feiern Sie mit uns!
1 Tasse Kaffee und 1 Stück Käsekuchen zusammen nur 4,80 €

Aufgabe 7
Anlässlich der im Spätsommer stattfindenden „Apfel-Aktionswoche" soll eine neue Werbelinie entworfen werden.
Bäckermeister Knoll lässt seine Verkäuferinnen einen Ideenwettbewerb bestreiten.

Es sollen zum Thema passende Plakate, Thekenaufsteller, Preisschilder und Handzettel gestaltet werden.

Skizzieren Sie auf einem DIN-A4-Blatt ein zum Thema passendes Logo, und beschriften Sie dieses mit folgendem Text:

Neu! „Apfel mit Schuss"
Feine Apfelsahnetorte mit Calvados
Stück 4,20 €

Aufgabe 8
Bäckerei Gerd Hefe stellt selbst Suppennudeln her. Für die 1000-g-Tüte soll ein neues, werbewirksames Etikett entworfen werden. Herr Hefe setzt deshalb unter seinen Beschäftigten einen Preis für das schönste Etikett aus.

Entwerfen Sie ein Etikett mit folgenden Angaben und dem nebenstehenden Firmenlogo:

Bäckerei Gerd Hefe, Ratsgasse 1, 76137 Karlsruhe, Suppennudeln, Eierteigwaren, 1000 g

Schneiden Sie das Firmenlogo aus, und kleben Sie es an geeigneter Stelle auf.
Bestimmen Sie geeignete Schriftgrößen, Farbgebung und Einteilung.

Aufgabe 9
Am 15. März eröffnet Ihr Geschäft (Name frei wählbar) die erste Filiale. Die Adresse lautet: *Am Ring 7...*
Skizzieren Sie einen Handzettel, mit dem auf die Filialeröffnung hingewiesen wird. Die äußere Form des Handzettels können Sie beliebig wählen. Sie soll aber die Maße eines DIN-A4-Blattes nicht überschreiten. Die Skizze soll mit Farben angefertigt werden.

Anmerkung:
Die unten stehenden Beispiele sollen Ihnen helfen, zwischen den Begriffen „Entwerfen", „Skizzieren" und „Gestalten" zu unterscheiden. Sie sollten dieses Motiv nicht verwenden.

"Entwerfen"   "Skizzieren"   "Gestalten"

Aufgabe 10
Auf den Tischen Ihres Stehcafés sollen die Kunden auf die italienische Kaffeespezialität „Latte Macchiato" hingewiesen werden.
Der Text auf dem Tischaufsteller soll Folgendes beinhalten:

Latte Macchiato – Ein kleiner Espresso in großem Glas – mit viel heißer Milch
Geben Sie auch den Preis an!

Das Format sollte maximal DIN A5 sein, die Form ist frei. Achten Sie auf den werbewirksamen Einsatz von Motiv und Farben.

DEKORATIVES GESTALTEN

Aufgabe 11
Blattgröße: A5
Hilfsmittel: Tusche, Filzschreiber, Buntstifte, Lineal

In Ihrem Geschäft soll als neues Backerzeugnis Knäckebrot eingeführt werden. Gestalten Sie dazu unter der Verwendung von folgendem Text:

„Knäckebrot macht Wangen rot"

werbewirksam einen Handzettel in der Größe DIN A5, den Sie auf der Ladentheke auslegen bzw. in die Gebäcktüten mit einpacken, um Ihre Kunden darauf aufmerksam zu machen.

Aufgabe 12
Blattgröße: A4

In Ihrem Betrieb soll im September eine Apfelaktionswoche stattfinden. Folgende Artikel werden angeboten:

Apfelstrudel, Apfelsahnetorte, Apfeleis. Es werden ausschließlich Äpfel aus der Region verarbeitet.

Entwerfen Sie für diese Aktion ein werbewirksames attraktives Flugblatt.

DEKORATIVES GESTALTEN

ABCDEFGHIJ
KLMNOPQRS
TUVWXYZ.;:!?
abcdefghijklm
nopqrsßtuvw
xyz1234567890

UNSERE
TAGES-
SPEZIALITÄT
Früchtekuchen

DEKORATIVES GESTALTEN

ABCDEFGHIJ
KLMNOPQRS
TUVWXYZ.,;:!?
abcdefghijklm
nopqrsßtuvw
xyz1234567890

Apfeltaschen
Stück 2.50

ABCDEFGHIJ
KLMNOPQRS
TUVWXYZ.;:!?
abcdefghijklm
nopqrsßtuvw
xyz1234567890

Krokantstangen

Stück **2,30**

ABCDEFGHI
KLMNOPQ
RSTUVWXYZ
abcdefghijkmln
opqrßstuvwxyz
1234567890 .,:;!?

Fürs Baby
Löffelbiskuits

ABCDEFGHIJKLMN
OPQRSTUVWXYZ
abcdefghijklmn
opqrsßtuvwxyz
1234567890.,;:!?

Montags
geschlossen

DEKORATIVES GESTALTEN

ABCDEFGHIJ
KLMNOPQRS
TUVWXYZ.,;:!?
abcdefghijklm
nopqrsſßtuvw
xyz1234567890

Schwarzwälder
Landbrot
1000g 5.20

Bewertungsrichtlinien für Schaufenstergestaltung

Bewertungsgruppen	Bewertungsmerkmale	Höchstpunktzahl
1. Warenpräsentation	Sortimentsquerschnitt- oder Saisonfenster mit ausreichender Sortimentstiefe, – werbewirksame Platzierung der Gebäckgruppen – äußeres Erscheinungsbild der Backwaren	20
2. Dekoration	Einsatz und richtige Anwendung von Dekorationsmitteln, Aufbau – Farbgestaltung – Textaussage	20
3. Schaustück Blickfang	Eigenproduktion bevorzugt Platzierung Ergänzung zum Fenster	20
4. Raumgestaltung	Vordergrund – Mittelpunkt – Hintergrundgestaltung Gesamtaufbau Raumnutzung	10
5. Sauberkeit	Sauberkeit des Fensters, des Tuches, sauberes Ein- und Aufsetzen der Waren, Sauberkeit der ganzen Anlage	10
6. Gesamteindruck	Gesamteindruck Werbewirksamkeit verkaufsfördernde Wirkung	10
7. Preis- und Hinweisschilder	Originalität, Sauberkeit, Beachtung der Gesetzesvorschrift für Preisauszeichnung	10
	Gesamtpunktzahl	100

DEKORATIVES GESTALTEN

Gestaltung von Schaufenstern

Was man bei der Warenauslage im Fenster besonders beachten muss

1. Nur so viele Waren in die Schaufensterauslage bringen, wie der Betrachter in etwa 12 bis 20 Sekunden erfassen kann. Es ist besser, die Warenauslage häufiger zu wechseln, als alle Waren gleichzeitig zeigen zu wollen; das wäre eine so genannte Speisekartenauslage (alles anbieten, was man hat).
2. Die Waren im Schaufenster so ordnen, dass zusammengehörige Artikel einzelne Gruppen bilden und von anderen getrennt sind. Das erleichtert die Übersicht.
3. Es ist günstiger, die Waren unter einem Thema oder einer Leitidee zu zeigen, als sie unzusammenhängend in das Blickfeld des Betrachters zu stellen.
4. Waren bitte so anordnen, dass Schwerpunkte entstehen; nicht über die ganze Auslagefläche gleichmäßig verteilen.
5. Stets alle Artikel von der günstigsten Seite zeigen. Der Betrachter muss sie gut erkennen können. Kleine Waren müssen weiter vorne stehen, damit sie deutlich zu erkennen sind.
6. Man kann die Wirkung der kleinen Waren dadurch heben, dass man den gleichen Artikel in zwei oder drei Exemplaren zeigt.
7. Ein Artikel erscheint jedoch als Massen- oder Ramschware, wenn man ihn zu oft im Fenster auslegt.
8. Waren, die durch die Fensterauslage eine qualitative oder im Erscheinungsbild eine Einbuße erleiden, sollte man nicht selbst, sondern durch Attrappen zeigen.
9. Waren, die in der Auslage eine Betonung erfahren sollen, z. B. bei Neueinführung eines Artikels, kann man durch Auslagehilfen (Sockel, Untersätze, Bänder, Beleuchtung, Farbkontrast) und durch bevorzugte Platzanordnung hervorheben.
10. Beim Dekorieren der Waren darauf achten, dass sie gut stehen und nicht durch Erschütterungen ins Wanken geraten bzw. umfallen können.
11. Die Gesetzesvorschrift der Preisauszeichnung beachten! Jeder Artikel, der im Schaufenster erscheint, muss ein gut sichtbares, leicht lesbares Preisschild tragen.
12. Täglich nachsehen, ob noch alle Artikel den richtigen Platz haben. So vermeiden Sie, dass in der Auslage herabgefallene, umgefallene oder abgebrochene Sachen, verwelkte Blumen und tote Fliegen die Wirkung stören.

Praktische Tipps zur Herstellung eines Werbeschaufensters

Sauberkeit ist oberstes Gebot, deshalb vor der Dekoration die Scheibe innen und außen reinigen!

1. Bespannung (Tuch) in arteigenen Farben wählen.
2. Bei der Dekoration keine 5 Brote übereinander legen.
3. Mit Kleiderbügeln aus Holz, Peddigrohr oder Bambus lassen sich Plakate gut aufhängen.
4. Runde Plakate und Körbe verwenden, alles, was rund ist, wird vom Auge besser aufgenommen.
5. Korbwaren im Satz einkaufen. Bei einer Art im Fenster bleiben. Höhe der Körbe 10 bis 15 cm.
6. Helle Körbe in der Spülmaschine reinigen.
7. Bei der Dekoration auf der Bespannung arbeiten (praktischer, sicherer).
8. Einen Plastikwerkzeugkasten bereitstellen, der – immer greifbar – folgende Werkzeuge enthalten sollte:
   - Hammer, Schere, Zickzackschere
   - Seitenschneider
   - Teppichmesser
   - Eisenstecknadeln
   - größere Dekorationsnadeln
   - Perlonfaden, verschiedene Stärken, 30/40/80er
   - Blumendraht, vernickelt, um schwere Gegenstände (Räder) aufhängen zu können
   - Spachtel (um Folien aufzukleben)
   - evtl. Makrameekordel
   - doppelseitiges Klebeband
   - verschiedene Klebstoffe, z. B. für Holz, Styropor usw.
   - aufrollbares Bandmaß
9. Ährenstrauß mit kariertem Band bündeln! Im großen, blauen Müllsack aufbewahren, bietet Schutz vor Ungeziefer und Beschädigung.
10. Anbringung des Blickfangs in Augenhöhe! Ende des 1. Drittels auf der linken Seite.
    Blick der Passanten geht
    - zuerst in die Mitte,
    - dann nach rechts,
    - dann nach links, insgesamt 4 bis 6 Sekunden lang.

DEKORATIVES GESTALTEN

11. Folien, Plakate und Poster immer flach lagern.
12. Folien im Sommer morgens früh oder abends spät auf die Scheibe kleben (Sommerhitze im Glas).
13. Beim Aufbringen der Folie die zu beklebende Scheibe mit Seifenwasser befeuchten. Die Folie lässt sich verschieben und später auch wieder besser abziehen.
14. Die Folie im Winter zum Abziehen mit warmem Wasser befeuchten.
15. Die Folie mit einem Spachtel auf der Scheibe glatt streichen. Luftblasen lassen sich besser entfernen.
16. Reihenfolge der Dekoration: Bespannung, Aufbau, Blickfang, dann zügig durchdekorieren.

Das Schaufenster als Visitenkarte

Ein attraktives Schaufenster erweckt Interesse und fördert den Verkauf

Das Schaufenster ist eines der wichtigsten und wirksamsten Werbemittel. Es ist Blickfang, Anziehungspunkt und Visitenkarte zugleich. Es soll das angestrebte Erscheinungsbild unterstützen. Es soll dem Betrachter „Appetit" auf die Produkte machen, seine Neugier wecken und ihn anreizen, das Geschäft zu betreuen. Während früher das Schaufenster zum Ladeninneren hin durch einen geschlossenen Kasten abgegrenzt war, ermöglicht man heute in der Regel den Passanten den ungehinderten Blick ins Ladeninnere. Dadurch kann der gesamte Verkaufsraum – oder zumindest ein Teil davon – in das Schaufenster einbezogen und die nach außen wirkende Ausstellungsfläche erheblich vergrößert werden.

Das hat allerdings zu Folge, daß auch im Verkaufsraum angebotene Ware nach denselben Grundsätzen werbeaktiv präsentiert werden kann, wie im Schaufenster. Die Dekoration muss Aufmerksamkeit, Interesse und Neugierde wecken. Sie sollt deshalb möglichst immer einen neuen thematischen Akzent haben (im Idealfall abgestimmt auf unsere werblichen Aussagen).

In jede Dekoration gehört ein Blickfang

Er muss in gehobener Position angeordnet werden, damit er schon von weitem gesehen wird.

Der Blickfang gehört ins linke obere Viertel des Schaufensters, weil die Menschen die Augen meistens von links nach rechts bewegen. Allerdings sollte die Hauptrichtung des Passantenstromes beachtet werden. Das Schaufenster muss übersichtlich und für den Beschauer leicht erfassbar sein: Durch die Verknüpfung der ausgestellten Produkte können Blickfanglinien durch die gesamte Schaufensterauslage geschaffen werden. In etwa 10 bis 20 Sekunden Betrachtungsdauer muss der Passant die wesentlichen Gegenstände erfasst haben.

Im Mittelpunkt der Gestaltung sollte die handwerkliche Arbeit stehen.

Durch eine einheitliche Auszeichnung, sorgfältig gestaltete Preis- und Hinweisschilder, wird die Übersichtlichkeit stark verbessert.

Ins Schaufenster gehören nur ausgesuchte und einwandfreie Produkte. Eine grundsätzliche Säuberung des Schaufensters vor jeder Neudekoration ist selbstverständlich.

Gestaltungsarten

siehe Seite 118 in Fragen und Antworten

Wie wird dekoriert?

Es gibt viele Dekorationsmöglichkeiten, bestimmte Regeln gelten aber grundsätzlich:

- Fester Unterbau
- Übersichtliche Anordnung
- Farbliche Abstimmung
- Geeignete Stoffe
- Platzierung der Werbemittel und Informationen

Was eignet sich als Unterbau?

- Holzkisten, Klötze
- Rahmen oder Kastensets
- Pappkartons sind mit Vorsicht zu verwenden

Welche Stoffe bieten sich an?

Leinen, Samt, Mollton, Jersey, Kunstseiden, Rupfen, Filz, Folien, Sackleinen, Markenware, zum Beispiel Duni.

Wann und wie werden Poster eingesetzt?

- Als Mittelpunktinformation
- Als Abrundung (Hintergrundinformation)
- Abgehängt zur dreidimensionalen Raumnutzung
- Aber immer in einem Bezug zur Ware

DEKORATIVES GESTALTEN

Wenn man abwechslungsreich und interessant dekorieren will, bietet sich unsere eigene Kleidung als Vergleich an: Wir wechseln unsere Kleidung, um dem Zweck und der Gelegenheit entsprechend angezogen zu sein. Darum wechseln wir vom Sportdress zum Abendanzug, vom Straßenkleid zum Cocktailkleid, von Jeans zum Dirndl, zum Faschingskostüm.

Wie kann das aussehen?

- Vornehm-elegant in Samt und Seide zu feierlichen Anlässen und hochwertiger Ware
- Schaustücke (Kommunion, Konfirmation, Jubiläum)
- Herzhaft bei Partygebäcken
- Übermütig-bunt zu Fasching und Neujahr
- Sachlich-geradlinig, das tägliche Sortiment-

Wie muss man beleuchten?

Nach Art der Dekoration, Punkt- und Flächendekoration, Tages- und Abenddekoration, direkte oder indirekte Beleuchtung.

Farbenlehre

Die geheimnisvolle Kraft der Farben – seit Jahrtausenden weiß man um ihre Macht. Schon im alten Ägypten wurden Magenkranke mit gelber Farbe bestrichen – so sollte der Verdauungstrakt gereinigt werden. Chinesische Heiler hüllten Herzkranke in rote Tücher, regten so den Kreislauf an.

Durch Farben verraten wir auch, wie wir uns fühlen und wie wir uns darstellen wollen. Nicht umsonst sagen z. B. 50 % der Deutschen, dass Blau ihre Lieblingsfarbe ist: Die Farbe von Himmel und Meer steht für Ausgeglichenheit und Eleganz - wer sich blau kleidet, ruht in sich, will sich nicht in den Mittelpunkt stellen.

„Farben beeinflussen unseren Hormonhaushalt - und damit unsere Laune", sagt Farbpsychologe Prof. Harald Braem von der Universität Wiesbaden. „Sie aktivieren auch unsere Selbstheilungskräfte." Physikalisch gesehen setzen sich Farben aus verschiedenen Wellenlängen und Schwingungen des Lichts zusammen. Braem: „Sie werden über Reizleitungssysteme von unserem Körper aufgenommen, lösen dort Zellreaktionen aus." Und diese Reaktionen – auch auf unser Unterbewusstsein – sind so vielfältig wie die Farben selbst.

Welche Farben sind geeignet?

- Die Farbwahl richtet sich nach dem angestrebten Ziel
- Dezente Ton-in-Ton-Dekoration schafft Wärme und Sympathie
- Fröhlich bunte und kräftige Farben vermitteln eine positive Stimmung
- Hell-Dunkel-Kontrast
  Er entsteht, wenn extrem helle Farben mit extrem dunklen Farben kombiniert werden,
  zum Beispiel Schwarz-Weiß, Gelb-Dunkelbraun.
- Warm-Kalt-Kontrast
  Er entsteht, wenn warme Farben mit kalten kombiniert werden, zum Beispiel Orange-Türkis, Weiß-Sand.
- Quantitätskontrast
  Die proportionale Verteilung der Farben. Stichwort: Farbtupfen
  Warme Farben: Gelb, Orange, Rot, Erdfarben
  Kalte Farben: Blau, Blautöne, Türkis, Weiß
  Beruhigende Farben: Grün, Sandfarben, Erdfarben
  Feierliche Farben: Violett, Silber, Gold

Die Farben und ihre Bedeutung

ROT ist die Farbe der Stärke, Gesundheit und Vitalität, Tatkraft und Erregung, im positiven wie auch im negativen Sinn. Rot ist die Farbe der Erde und der Erdung.

ORANGE wirkt mild, aufbauend, kräftigend, positiv verhaltend, fröhlich in jeder Beziehung und gesundheitsfördernd. Diese Farbe ist inspirierend und anregend.

GOLDTOPAS ist die Farbe der Sonne, der ausgewogenen Kraft und der Fülle.

GELB bietet mehr gemäßigte Wärme, hat ausgleichenden Charakter, jedoch mit kräftiger Tiefenwirkung. Gelb unterstützt beim Lernen, aktiviert u. a. die linke Gehirnhälfte und bringt Licht in das Leben.

CITRON weist ähnliche Potentiale wie Gelb auf, aktiviert jedoch zudem noch die spirituellen Anteile dank seiner Klarheit.

LINDENGRÜN kann Potentiale, die im Menschen schlummern, entwickeln lassen. Lindengrün repräsentiert im Frühling das Wachstum. Jede Pflanze, die neu aus dem Boden treibt, birgt diese Farbe in sich.

TANNENGRÜN ist die Farbe der Balance, die Farbe zwischen Gelb und Blau. Grün unterstützt das Nervensystem, hat eine ausgleichende Wir-

DEKORATIVES GESTALTEN

kung und fördert so die Herzfunktion. Grün ist beruhigend und zudem ausgleichend.

ROSÉ ist eine Mischfarbe und eine Art „geerdetes Violett". Rosé gilt auch als Farbe der Liebe und kann sehr gut auf die Emotionen des Herzens wirken.

AQUAMARIN ist die Farbe der Kommunikation. Ihre Anwendung unterstützt die Aufarbeitung von Schockerlebnissen und harmonisiert die jeweiligen Symptome wie z. B. Stottern, Asthma, Hautprobleme, Angst und mangelndes Selbstvertrauen.

INDIGOBLAU ist die Heilfarbe mit dem stärksten Potential. Sie beruhigt und fördert zudem die Intuition.

FLIEDER weckt versteckte Potentiale und aktiviert diese sehr sanft.

MAGENTA ist eine Übergangsfarbe. Sie verbindet Rot (Erde) und Violett (Himmel). Sie wirkt zwischen der Polarität und kann Transformationsprozesse umsetzen.

VIOLETT wirkt besonders im geistigen und spirituellen Bereich und repräsentiert den Übergang von der materiellen Dimension in andere Dimensionen.

OPAL hat mit der Wahrnehmung von Strukturen zu tun, die sich vom Unsichtbaren ins Sichtbare bewegen. Opal hilft Ideen zu materialisieren und umzusetzen.

KRISTALL hat mit Klarheit und Informationsübermittlung zu tun.

ikk > aktiv an Ihrer Seite

Gesund(heit) lernen

Es gibt Themen, die auf keinem Lehrplan stehen, obwohl sie wichtig sind. Wie die Gesundheit zum Beispiel. Als Spezialist in diesem „Fach" setzt sich die IKK gezielt für Auszubildende und Mitarbeiter im Handwerk ein. Mit IKKimpuls, unserer Marke zur Gesundheitsförderung, bieten wir praxisnahe Trainings und Workshops.

www.ikkbw.de

Baden-Württemberg

TECHNISCHE MATHEMATIK

(Bei den Preisen handelt es sich aus kartellrechtlichen Gründen um fiktive Angaben. Es soll lediglich der Rechenweg dargelegt werden.)

Verhältnisrechnen

Aufgabe 1
Aus einer Masse von 450 g bekommt man 25 Windbeutel. Es werden 40 Windbeutel hergestellt.
Wie viel kg Masse müssen hergestellt werden?

Lösung

25 Windbeutel $\hat{=}$ 450 g Masse
40 Windbeutel $\hat{=}$? g Masse

$$\frac{450 \times 400}{25} = 720 \text{ g} = \underline{\textbf{0,720 kg Masse}}$$

Aufgabe 2
Für 220 Sahneteilchen braucht man 5,5 Liter Sahne.
Wie viel Teilchen bekommt man bei Verwendung von 3,5 Litern?

Lösung

5,5 Liter Sahne $\hat{=}$ 220 Sahneteilchen
3,5 Liter Sahne $\hat{=}$? Sahneteilchen

$$\frac{220 \times 3,5}{5,5} = \underline{\textbf{140 Stück}}$$

Aufgabe 3
Der Fettverbrauch zum Backen von 90 Berlinern beträgt 495 g.
Wie viel Berliner kann man mit 605 g Fett backen?

Lösung

495 g Fett $\hat{=}$ 90 Berliner
605 g Fett $\hat{=}$? Berliner

$$\frac{90 \times 605}{495} = \underline{\textbf{110 Berliner}}$$

Prozentrechnen

Aufgabe 1

Folgender Auftrag ist ausgeführt worden:
66 Stück Sahnegebäck   je Stück 1,70 €
90 Stück Obsttörtchen   je Stück 1,50 €
Wie viel € hat der Kunde bei Gewährung von 3 % Skonto zu zahlen?

Lösung

1,70 € x 66 = 112,20 €
1,50 € x 90 = 135,— €
                 247,20 €

100 % $\hat{=}$ 247,20 €
3 % $\hat{=}$?   €

$\dfrac{247,20 \times 3}{100}$ = 7,42 € = 3 %

Rechnungsbetrag   247,20 €
./. 3 % Skonto   7,42 €
                    239,78 € hat der Kunde zu zahlen.

Aufgabe 2

Eine Kundin bestellt für einen Kindergeburtstag 9 Tüten Bonbonmischung zu je 125 g. Es sollen Schokolinsen (1,35 €/100 g), Zitronenbonbons (1,19 €/100 g), Sahnekaramellen (1,55 €/100 g) und Lakritzen (0,97 €/100 g) im Verhältnis 2 : 3 : 3 : 1 gemischt werden.
Wie viel kostet eine Tüte Bonbonmischung?

Lösung

2 : 3 : 3 : 1 = 9 Teile Mischung
9 Teile   = 1,125 kg Mischung (9 Tüten à 0,125 kg)

2 Teile = $\dfrac{1,125 \text{ kg} \times 2}{9}$ = 0,250 kg *1,35 €/100 g* 3,38 €

3 Teile = $\dfrac{1,125 \text{ kg} \times 3}{9}$ = 0,375 kg *1,19 €/100 g* 4,46 €
                                    0,375 kg *1,55 €/100 g* 5,81 €

1 Teil = $\dfrac{1,125 \text{ kg}}{9}$ = 0,125 kg *0,97 €/100 g* 1,21 €

1,125 kg Mischung   14,86 €
0,125 kg Mischung   **1,65 €/Tüte**

TECHNISCHE MATHEMATIK

Aufgabe 3

Von einer Rechnung dürfen bei Zahlung innerhalb von einer Woche 3 % Skonto = 104,40 € einbehalten werden.
a) Wie hoch war der Rechnungsbetrag?
b) Wie viel € MwSt. wurden bezahlt?

Lösung

a) $\quad 3\ \% \;\hat{=}\; 104{,}40\ €$
$\quad 100\ \% \;\hat{=}\; ?\ €$

$$\frac{104{,}40 \times 100}{3} = \underline{\underline{3480{,}-\ €}}$$

b) $\quad 107\ \% \;\hat{=}\; 3480{,}-\ €$
$\quad 7\ \% \;\hat{=}\; ?\ €$

$$\frac{3480 \times 7}{107} = \underline{\underline{227{,}66\ €}}$$

Aufgabe 4

Ein Kunde hat Ihrem Geschäft folgenden Auftrag gegeben:
80 Brezeln   je 0,60 €
60 Roggenbrötchen   je 0,50 €
15 Zwiebelbrote   je 2,50 €
10 Krustenbrote   je 2,30 €
10 Französische Weißbrote   je 2,00 €

a) Auf welchen Betrag lautet die Rechnung?
b) Wie hoch ist der Mehrwertsteuer-Anteil (7 %)?
c) Wie viel muss er zahlen, wenn er bei Barzahlung 3 % Skonto erhält?

Lösung

a) $\quad 80 \times 0{,}60\ € \;=\; 48{,}-\ €$
$\quad 60 \times 0{,}50\ € \;=\; 30{,}-\ €$
$\quad 15 \times 2{,}50\ € \;=\; 37{,}50\ €$
$\quad 10 \times 2{,}30\ € \;=\; 23{,}-\ €$
$\quad \underline{10 \times 2{,}-\ € \;=\; 20{,}-\ €}$
$\quad \quad \quad \quad \quad \quad \mathbf{158{,}50\ €}$

b) $\quad 107\ \% \;\hat{=}\; 158{,}50\ €$
$\quad 7\ \% \;\hat{=}\; ?\ €$

$$\frac{158{,}50 \times 7}{107} = \underline{\underline{10{,}37\ €}}$$

c) $\quad 100\ \% \;\hat{=}\; 158{,}50\ €$
$\quad 3\ \% \;\hat{=}\; ?\ €$

$$\frac{158{,}50 \times 3}{100} = \underline{\underline{4{,}76\ €}}$$

Rechnungsbetrag	158,50 €
./. 3 % Skonto	4,76 €
	153,74 €

Aufgabe 5

Eine Bäckerei mit angeschlossenem Lebensmittelgeschäft verkaufte im 1. Halbjahr für 453 014,50 € Backwaren und für 72 320,50 € Handelswaren.
a) Wie hoch war der Gesamtumsatz der Bäckerei im 1. Halbjahr?
b) Wie viel Prozent des Umsatzes entfallen auf Backwaren, wie viel Prozent auf Handelswaren?

Lösung

a)   453 014,50 €
   +   72 320,50 €
      525 335,– €

b) $\dfrac{100 \times 453\,014{,}50}{525\,335} = \underline{\underline{\mathbf{86{,}2\,\%}}}$ **Backwarenanteil**

    100,0 % Gesamtumsatz
./. 86,2 % Backwarenumsatz
    13,8 % Handelswarenumsatz

Aufgabe 6

Eine Verkäuferin erhielt nach einer Lohnerhöhung von 3,5 % einen Nettolohn von 1480,– €. Wie hoch war ihr vorheriger Lohn?

Lösung

103,5 % $\hat{=}$ 1480,– €
100,0 % $\hat{=}$? €

$\dfrac{1480{,}-\times 100}{103{,}5} = \underline{\underline{\mathbf{1429{,}95\,€}}}$

Aufgabe 7

Der Preis eines Sandkuchens ist um 5 % erhöht worden; der Sandkuchen kostet jetzt 4,25 €. Wie viel hat er vorher gekostet?

Lösung

105 % $\hat{=}$ 4,25 €
100 % $\hat{=}$? €

$\dfrac{4{,}25 \times 100}{5} = \underline{\underline{\mathbf{4{,}05\,€}}}$

TECHNISCHE MATHEMATIK

Aufgabe 8

Eine Bäckerei stellt einfachen Hefezopf her; Stückpreis 3,30 €/500 g. Ein Butter-Hefezopf wird zum Stückpreis von 1,75 €/250 g verkauft. Berechnen Sie den Preisunterschied auf der Basis des einfachen Hefezopfes in %!

Lösung

Einf. Hefezopf	6,60 €/kg
Butter-Hefezopf	7,— €/kg
Differenz	0,40 €/kg

6,60 €/kg $\hat{=}$ 100 %
0,40 €/kg $\hat{=}$? %

$\dfrac{100 \times 0{,}4}{6{,}60} \approx$ **6,06 % Preisunterschied**

Rohstoffrechnen

Aufgabe 1

Wie viel Liter Vollmilch mit 3,5 % Fettgehalt sind notwendig, um 2 kg Butter herzustellen, die einen Mindestfettgehalt von 82 % haben soll?

Lösung

Fettgehalt der Butter = $\dfrac{2000 \times 82}{100}$ = 1640 g Fett

3,5% $\hat{=}$ 1 640 g
100,0% $\hat{=}$? g

$\dfrac{1640 \times 100}{3{,}5}$ = 46 857 g = **46,857 Liter Vollmilch**

Aufgabe 2

Für eine Bestellung müssen 116 Windbeutel mit Sahne gefüllt werden. Wie viel Liter Sahne sind dazu notwendig, wenn für ein Gebäckstück durchschnittlich 48,8 cm³ Sahne verwendet werden und die Volumenzunahme im Sahneautomat (Sahnebläser) 105,8 % beträgt?

Lösung

1000 cm³ Sahne
+ 1058 cm³ Volumensteigerung
2058 cm³ Sahnevolumen

$\frac{116 \times 48{,}8}{2058}$ = 5660,8 cm³ : 2058 = **2,75 = 2³/₄ Liter Sahne**

Nährwertrechnen

Aufgabe 1

Zwieback enthält 61,5 % Kohlenhydrate, 10,5 % Eiweiß und 4,5 % Fett. Berechnen Sie den Nährwert eines Päckchens Zwieback (Inhalt 225 g) in Kilojoule!

1 g Kohlenhydrat = 4,10 kcal
1 g Eiweiß = 4,10 kcal
1 g Fett = 9,30 kcal
1 kcal = 4,18 kJ

Lösung

2,25 × 61,5 ≈ 138 g Kohlenhydrate
         × 4,1 ≈ 566 kcal × 4,18 ≈ 2366 kJ

2,25 × 10,5 ≈ 24 g Eiweiß
         × 4,1 ≈ 98 kcal × 4,18 ≈ 410 kJ

2,25 × 4,5 ≈ 10 g Fett
         × 9,3 = 93 kcal × 4,18 ≈ 389 kJ
              = 757 kcal = **3165 kJ**

oder   138 g × 17 = 2346 kJ
          24 g × 17 = 408 kJ
          10 g × 37 = 370 kJ
                    3124 kJ

Aufgabe 2

Berechnen Sie die Zusammensetzung und den Nährwert von 1,6 Liter Vollmilch bei folgender Zusammensetzung:
Wasser 87,5 %, Milchzucker 4,7 % (17 kJ/g), Eiweiß 3,6 % (17 kJ/g), Fett 3,5 % (37 kJ/g), Mineralstoffe 0,7 %.

TECHNISCHE MATHEMATIK

Lösung

Wasser	87,5 %	=	$\frac{1,6 \times 87,5}{100}$	=	**1,4000 Liter**
Milchzucker	4,7 %	=	$\frac{1,6 \times 4,7}{100}$	= 0,0752 Liter =	**75 g**
Eiweiß	3,6 %	=	$\frac{1,6 \times 3,6}{100}$	= 0,0576 Liter =	**58 g**
Fett	3,5 %	=	$\frac{1,6 \times 3,5}{100}$	= 0,0560 Liter =	**56 g**
Mineralstoffe	0,7 %	=	$\frac{1,6 \times 0,7}{100}$	= 0,0112 Liter =	**11 g**

```
1 g Milchzucker   =  17 kJ
75 g Milchzucker  =  17 x 75  =  1275 kJ
1 g Eiweiß        =  17 kJ
58 g Eiweiß       =  17 x 58  =   986 kJ
1 g Fett          =  37 kJ
56 g Fett         =  37 x 56  =  2072 kJ
                     Nährwert = 4333 kJ
```

Aufgabe 3

Ermitteln Sie den Nährstoffgehalt in g und Brennwert in kJ eines Pausenbrotes (1 g Eiweiß und 1 g Kohlenhydrate liefern 17 kJ, 1g Fett 37 kJ), das folgendermaßen zusammengesetzt ist:

	Gewicht	Eiweiß	Fett	Kohlenhydr.
Mischbrot	100 g	7 % (7,0 g)	1 % (1,0 g)	52 % (52,0 g)
Butter	20 g	1 % (0,2 g)	82 % (16,4 g)	–
Fleischwurst	60 g	12 % (7,2 g)	22 % (13,2 g)	–

Lösung

	Eiweiß	Fett	Kohlenhydr.
100 g Mischbrot	7,0 g	1,0 g	52,0 g
20 g Butter	0,2 g	16,4 g	–
60 g Fleischwurst	7,2 g	13,2 g	–
	14,4 g	30,6 g	52,0 g

```
Eiweiß           14,4  x 17 kJ  =   244,8  kJ
Fett           + 30,6  x 37 kJ  =  1132,2  kJ
Kohlenhydrate  + 52,0  x 17 kJ  =   884,0  kJ
                                   2261,0  kJ
```

Das Pausenbrot enthält **14,4 g Eiweiß, 30,6 g Fett** und **52 g Kohlenhydrate, der Joulegehalt beträgt 2261 kJ.**

Aufgabe 4

In der Pause trinkt ein Schüler $1/4$ Liter (250 g) Milch. Nährstoffgehalt der Milch = 3,2 % Eiweiß, 3,5 % Fett und 4,8 % Kohlenhydrate.
a) Wie viel Energie in kJ liefert $1/4$ Liter Milch, wenn 1 g Eiweiß und 1 g Kohlenhydrate je 17 kJ und 1 g Fett 37 kJ liefern?
b) Wie viel Liter Milch müsste er trinken, wenn er damit den Tagesbedarf (=10 000 kJ) decken möchte?

Lösung

a) Eiweiß:
100 % = 250 g
3,2 % = ?   g = 250 : 100 x 3,2 = 8 g x 17 kJ = 136,00 kJ

Fett:
100 % = 250 g
3,5 % = ?   g = 250 : 100 x 3,5 = 8,75 g x 37 kJ = 323,75 kJ

Kohlenhydrate:
100 % = 250 g
4,8 % = ?   g = 250 : 100 x 4,8 = 12 g x 17 kJ = 204,00 kJ
zusammen: **527,75 kJ**

$1/4$ Liter Milch liefert **527,75 Kilojoule.**

b) 527,75 kJ = 0,250 Liter
10 000,00 kJ = ? Liter = 0,250 : 527,75 x 10 000 = **4,737 Liter**

Es müssten **4,737 Liter** Milch getrunken werden, um den Tagesbedarf zu decken.

Aufgabe 5

Ein Lehrling wiegt 64 kg.
a) Wie viel g Eiweiß, Fett und Kohlenhydrate muss er täglich zu sich nehmen, wenn der Nährstoffbedarf je kg Körpergewicht 1 g Eiweiß, 1 g Fett und 6 g Kohlenhydrate beträgt?

TECHNISCHE MATHEMATIK

b) Wie viel kJ nimmt er täglich zu sich, wenn 1 g Eiweiß und 1 g Kohlenhydrate je 17 kJ und 1 g Fett 37 kJ liefern?

Lösung

a) Eiweiß   64 x 1 g =   64 g
   Fett   64 x 1 g =   64 g
   Kohlenhydrate 64 x 6 g = 384 g   zusammen **512 g**

Tägliche Nährstoffmenge in Gramm = **512 g**

b) Eiweiß   64 x 17 kJ = 1088 kJ
   Fett   64 x 37 kJ = 2368 kJ
   Kohlenhydrate 384 x 17 kJ = 6528 kJ   zusammen **9984 kJ**

Tägliche Nährstoffmenge in Kilojoule = **9984 kJ**

Brotausbeute/Gebäckausbeute

Aufgabe 1

Aus 40 kg Mehl erhält man 72 Brote mit 750 g Gebäckgewicht.
Wie hoch ist die Brotausbeute (BA)?
Die Brotausbeute (BA) kann auch als Gebäckausbeute (GA) bezeichnet worden.

Lösung

72 Brote x 0,750 kg Brotgewicht = 54,000 kg Gesamtbrotgewicht

aus   40,000 kg Mehl erhält man 54,000 kg Brot
aus 100,000 kg Mehl erhält man   ?   kg Brot

$\frac{54,000 \times 100}{40}$ 135 kg Brot = **BA 135**

Aufgabe 2

Bäckermeister Back stellt aus 45,500 kg Weizenmehl und 19,500 kg Roggenmehl 182 Weizenmischbrote mit je 500 g Gebäckgewicht her.
Welche Gebäckausbeute (GA) ergibt sich demnach für diese Brote?

Lösung

45,500 kg Weizenmehl + 19,500 kg Roggenmehl = 65,000 kg Gesamtmehl

182 Brote x 0,500 kg Brotgewicht = 91,000 kg Gesamtgebäckgewicht

aus 65,000 kg Mehl erhält man 91,000 kg Gebäck
aus 100,000 kg Mehl erhält man   ?   kg Gebäck

$\frac{91,000 \times 100}{65,000}$ 140 kg Brot = **GA 140**

Volumenausbeute

Aufgabe 1

Bei einem Vergleichsbackversuch erhielt man aus 250 g Mehl A ein Gebäckvolumen von 1050 cm^3, Mehl B hatte eine Volumenausbeute von 464.
a) Welches Mehl brachte die höhere Volumenausbeute?
b) Um wie viel Punkte lag die Volumenausbeute höher?

Lösung

250 g Mehl ergaben 1050 cm^3 Gebäckvolumen
100 g Mehl ergaben   ?   cm^3 Gebäckvolumen

$\frac{1050 \times 100}{250}$ = 420 cm^3 Gebäckvolumen

a) **Mehl B** brachte die höhere Volumenausbeute.
b) Die Volumenausbeute lag um **44 Punkte** höher.

Aufgabe 2

Ein Roggenbrot hat eine Gebäckausbeute von 140 und eine Volumenausbeute von 310. Berechnen Sie das Gebäckvolumen, wenn das Gebäckgewicht 750 g beträgt.

Lösung

Berechnung des Mehlanteils:
zu 140,000 kg Brot benötigt man 100,000 kg Mehl
zu   0,750 kg Brot benötigt man   ?   kg Mehl

$\frac{100,000 \times 0,750}{140,000}$ 0,536 kg Mehl = 536 g Mehl

TECHNISCHE MATHEMATIK | 181

Berechnung des Gebäckvolumens:
aus 100 g Mehl erhält man 310 cm³ Volumen
aus 536 g Mehl erhält man ? cm³ Volumen

$$\frac{310 \times 536}{100} \qquad \underline{\underline{1661,6 \text{ cm}^3 \text{ Gebäckvolumen}}}$$

Backverlust

Aufgabe 1

Laut Backzettel sind folgende Mischbrote herzustellen:
20 Stück zu 750 g, 35 Stück zu 1 kg, 25 Stück zu 1250 g und 15 Stück zu 1500 g. Es wird ein durchschnittlicher Backverlust von 12,9 % erwartet.
Wie viel kg Teig ist herzustellen?

Lösung

```
   20 x 0,75 kg   =   15,000 kg
+  35 x 1,00 kg   =   35,000 kg
+  25 x 1,25 kg   =   31,250 kg
+  15 x 1,50 kg   =   22,500 kg

Gesamtbrotmenge       103,750 kg
```

Teiggewicht	100,0 %
./. Backverlust	12,9 %
Gebäckgewicht	87,1 %

$$\frac{103,75 \times 100}{87,1} = \underline{\underline{119,116 \text{ kg}}}$$

Herzustellende Teigmenge: **119,116 kg**

Aufgabe 2

Ein Geselle stellt Zwieback her. Der Teig wiegt 12,800 kg. Nach dem Backen wiegt er nur noch 11,008 kg. Weitere 24 % verliert der Zwieback beim Rösten.

Berechnen Sie:
a) das Gewicht des fertigen Zwiebacks,
b) den Prozentsatz des Backverlustes!

Lösung

a) 100 % ≙ 11,008 kg Einback
   ./. 24 % ≙ 2,642 kg Röstverlust

   76 % ≙ **8,366 kg Zwieback**

b) 12,800 kg Teig
   ./. 11,008 kg Einback
    1,792 kg Backverlust

   12,800 kg ≙ 100 %
    1,792 kg ≙ ?

$$\frac{100\ \%\ \times 1{,}792}{12{,}800} = \mathbf{14\ \%\ Backverlust}$$

Aufgabe 3

Ein Teekuchen soll einschließlich 50 g Glasur 600 g wiegen. Der Backverlust beträgt 22 %.
Wie viel g Masse müssen eingewogen werden?

Lösung

Teekuchen unglasiert   550 g

Eingewogene Masse = $\dfrac{550 \times 100}{78}$ ≈ **705 g**

Mischungsrechnen

Aufgabe 1

Aus 4 Gebäcksorten sind 3,5 kg Mischung im Verhältnis 1,5 : 1,5 : 2 : 2 herzustellen.
a) Welche Mengen sind von den einzelnen Sorten abzuwiegen?
b) Wie teuer kommen 100 g dieser Gebäckmischung, wenn die Preise der Sorte I = 1,30 €/100 g, Sorte II = 1,50 €/100 g, Sorte III = 1,60 €/100 g und Sorte VI = 1,90 €/100 g betragen?

TECHNISCHE MATHEMATIK

Lösung

a) 3,5 kg : 7 Anteile = 0,5 kg/Anteil

I =	0,5 kg x 1,5	= **0,750 kg** x 13,— €/kg	= 9,75 €
II =	0,5 kg x 1,5	= **0,750 kg** x 15,— €/kg	= 11,25 €
III =	0,5 kg x 2,0	= **1,000 kg** x 16,— €/kg	= 16,— €
IV =	0,5 kg x 2,0	= **1,000 kg** x 19,— €/kg	= 19,— €
	7 Teile		= 56,— €

b) 56,— € : 3,5 kg = 16,— €/kg = **1,60 €/100 g**

Aufgabe 2

Die beiden folgenden Gebäckmengen werden miteinander vermischt.
3125 g Waffelgebäck   je 125 g = 1,90 €
1875 g Sandgebäck   je 125 g = 1,50 €

Wie viel € kosten 125 g dieser Mischung?

Lösung

$$\frac{1{,}90 \times 3125}{125} = 47{,}50 \text{ € kostet die 1. Sorte}$$

$$\frac{1{,}50 \times 1875}{125} = 22{,}50 \text{ € kostet die 2. Sorte}$$

3125 g kosten 47,50 €
1875 g kosten 22,50 €
5000 g kosten 70,— €

5000 g kosten 70,— €
 125 g kosten ? €

$$\frac{70 \times 125}{5000} = \underline{\mathbf{1{,}75 \text{ €}}}$$

Die nachfolgenden Mischungsrechnungen sind mit dem Mischungs-(Andreas-)kreuz zu lösen:

Aufgabe 1

Für Milchbrötchen soll ein Teig aus 12 kg Mehl hergestellt werden. Als Zuguss wird Magermilch (0,3 % Fettgehalt) verwendet. Da für Milchbrötchen jedoch Vollmilch (3,5 % Fettgehalt) vorgeschrieben ist, muss der fehlende Fettanteil durch Zusatz von Butterreinfett (99,5 % Fettgehalt) ergänzt werden.

a) Berechnen Sie das Mischungsverhältnis von Magermilch und Butterreinfett!
b) Wie viel Magermilch und Butterreinfett werden für 7 kg Zuguss benötigt?

Lösung

a)
Magermilch	0,3 %		96,0	gekürzt	**30 Teile**
Vollmilch		3,5 %			
Butterreinfett	99,5 %		3,2		**1 Teil**

zusammen 31 Teile

Das Mischungsverhältnis ist **30 : 1**.

b) zu 31 Teilen = 7,0 kg
   zu 1 Teil = ? kg   = 7,0 kg x 1 : 31   = 0,226 kg
   Magermilch   = 1 x 0,226 kg   = **6,780 kg**
   Butterreinfett   = 1 x 0,226 kg   = **0,226 kg**

Für 7 kg Zuguss werden **0,226 kg** Butterreinfett und **6,780 kg** Magermilch benötigt.

Aufgabe 2

Bäcker- und Konditormeister Zimmermann temperiert zum Überziehen seiner Sachertorten in der Regel Kuvertüre mit einem Fettgehalt von 45 %. Da er aber lediglich Kuvertüre mit einem Fettgehalt von 35 % zur Verfügung hat, erhöht er den Fettgehalt mit Kakaobutter (100 % Fett).

a) In welchem Verhältnis muss er die Kuvertüre und die Kakaobutter mischen?
b) Welche Kakaobuttermenge muss er zu 2,2 kg Kuvertüre (35 % Fett) geben, um den gewünschten Fettgehalt von 45 % zu erhalten?

Lösung

a)
Kakaobutter	100 %		10		**2 Teile**
Mischung		45 %		gekürzt	
Kuvertüre	35 %		55		**11 Teile**

Das Mischungsverhältnis ist **2 : 11**.

b) 11 Teile = 2,2 kg
   2 Teile = ? kg   2,2 kg : 11 x 2 = **0,400 kg**

Es müssen **0,400 kg** Kakaobutter zugegeben werden.

TECHNISCHE MATHEMATIK

Aufgabe 3

Sie sollen eine Keksmischung herstellen; 250 g kosten 4,20 €. Zur Verfügung haben Sie Sorte A = 250 g je 3,60 €, Sorte B = 250 g je 3,90 €.
a) In welchem Verhältnis müssen Sie mischen?
b) Von Sorte A haben Sie einen Rest von 5,6 kg. Wie viel brauchen Sie von Sorte B, damit die Mischung richtig ist?

Lösung

a)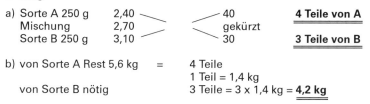

Sorte A 250 g	2,40	40	**4 Teile von A**
Mischung	2,70	gekürzt	
Sorte B 250 g	3,10	30	**3 Teile von B**

b) von Sorte A Rest 5,6 kg = 4 Teile
                              1 Teil = 1,4 kg
   von Sorte B nötig   3 Teile = 3 x 1,4 kg = **4,2 kg**

Aufgabe 4

Bäcker Frisch mischt Zugussflüssigkeit. Er hat 10 Liter 80 °C heißes Wasser zur Verfügung, und weiß, dass die Zugusstemperatur 28 °C betragen muss. Das Wasser aus der Leitung hat eine Temperatur von 12 °C.
Wie viel Liter Leitungswasser muss er zum heißen Wasser zugeben?

Lösung

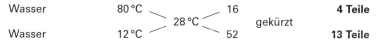

Wasser	80 °C		16		**4 Teile**
		28 °C		gekürzt	
Wasser	12 °C		52		**13 Teile**

Mischungsverhältnis 4 : 13
  4 Teile entsprechen 10 Liter Wasser
  1 Teil entspricht 2,5 Liter Wasser
13 Teile entsprechen **32,5 Liter Wasser**

Er muss **32,5 Liter** Leitungswasser zulaufen lassen.

Aufgabe 5

Eine Bonbonmischung soll hergestellt werden, von der 2 kg 17,50 € kosten sollen.
Zur Mischung stehen 2 Sorten zur Verfügung:
1. Sorte = 5 kg zum Preis von 46,25 €
2. Sorte = 3 kg zum Preis von 25,65 €

a) Wie groß ist das Mischungsverhältnis?
b) Wieviel kg von jeder Sorte sind notwendig, wenn 14,7 kg Bonbonmischung hergestellt werden sollen?

Lösung

Preis für 1 kg Mischung = 17,50 € : 2 = 8,75 €
Preis für 1 kg, Sorte 1 = 46,25 € : 5 = 9,25 €
Preis für 1 kg, Sorte 2 = 25,65 € : 3 = 8,55 €

a) Sorte 1   9,25 ╲   ╱ 0,20   2 Teile von 1
   Mischung   ╲ 8,75 ╱   gekürzt
   Sorte 2   8,55 ╱   ╲ 0,50   5 Teile von 2

   Mischungsverhältnis **2 : 5** = 7 Teile

b) 7 Teile = 14,7 kg = Mischung
   1 Teil = 14,7 kg : 7   = 2,1 kg
   2 Teile = 2,1 kg x 2   = **4,2 kg von Sorte 1**
   5 Teile = 2,1 kg x 5   = **10,5 kg von Sorte 2**

Gesamt   = **14,7 kg Mischung**

Zinsrechnen

Aufgabe 1

Ein Bäckermeister investiert 56 000,– € in seinen Betrieb.
a) Wie viel Zinsen hätte dieses Kapital gebracht, wenn er es für 18 Monate zu einem Zinssatz von 6 % bei seiner Bank angelegt hätte?
b) Hat sich die Investition gelohnt, wenn er in dieser Zeit einen Mehrgewinn von 6500,– € erzielt?

Lösung

a) Zinsen = $\dfrac{K \times p \times t}{100 \times 360}$

Zinsen = $\dfrac{56\,000 \times 6 \times 18}{100 \times 12}$ = **5400,– € Zinsen** für 18 Monate

b)   6500,– €
   ./. 5040,– €
   1460,– €

Die Investition hat sich gelohnt, da er **1460,–** € mehr erlöst.

TECHNISCHE MATHEMATIK

Aufgabe 2

Ein Meister zahlt eine Rechnung für eine Kasse über 14 366,— €
20 Tage nach dem Zahlungsziel.
Daraufhin fordert die Lieferfirma 8,5 % Verzugszinsen (pro Jahr).
a) Welchen Betrag muss der Meister nachzahlen?
b) Wie viel € hätte er insgesamt sparen können, wenn er bar mit 2 % Skonto bezahlt hätte?

Lösung

a) 100,0 % $\hat{=}$ 14 366,— €
   8,5 % $\hat{=}$?   €

$$\frac{14366 \times 8,5}{100} = \mathbf{1221,11\ €}$$

360 Tage $\hat{=}$ 1221,11 €
 20 Tage $\hat{=}$?   €

$$\frac{1211,11 \times 20}{360} \quad \mathbf{67,84\ €} \text{ muss der Meister nachzahlen.}$$

b) 100 % $\hat{=}$ 14 366,— €
    2 % $\hat{=}$? €

$$\frac{14\,366 \times 2}{100} = \mathbf{287,32\ €}$$

Zinsen für 20 Tage	=	67,84 €
+ Skontobetrag	=	287,32 €
Gesamtersparnis		**355,16 €**

Aufgabe 3

Am 28. Oktober war eine Rechnung über 650,— € fällig. Sie bezahlen am 16. Dezember, darum berechnet Ihnen der Lieferer 8 % Verzugszinsen. Wie viel € zahlen Sie mehr, wenn Sie bei Barzahlung 3 % Skonto hätten abziehen können?

Lösung

Überzogene Zeit vom 28. Oktober bis 16. Dezember = 48 Tage

$$\frac{650 \times 8 \times 48}{100 \times 360} = 6,93 \text{ € Verzugszinsen}$$

Skonto: 650,— € x 3 %   = 19,50 €
Unterschied: verlorener Nachlass 19,50 €
               + Verzugszinsen   6,93 €
               Sie müssen   **26,43 €** mehr zahlen.

Aufgabe 4

Durch Umschulden konnte Bäcker- und Konditormeister Weber den Zinssatz für sein Baudarlehen (Darlehensstand 96 000,— €) von 7,75 % auf 6,5 % senken.
Um wie viel € verringert sich dadurch seine monatliche Belastung?

Lösung

7,75 % ./. 6,5 % = 1,25 %

$$\text{Zinsen} = \frac{K \times p \times t}{100 \times 12} = \frac{96\,000,- \times 1,25 \times 1}{100 \times 12} = \underline{\mathbf{100,-\ €}}$$

Die monatliche Belastung verringert sich um 100,— €.

Aufgabe 5

Ein Bäcker- und Konditormeister benötigt für seinen Betrieb einen Kredit in Höhe von 150 000,— €. Seine Bank macht ihm folgendes Angebot:

Laufzeit des Kredits   = 7 Jahre
Bearbeitungsprovision   = 2,5 %
Zinssatz = 8,5 %

a) Wie viel € beträgt die Auszahlung nach Abzug der Bearbeitungsprovision?
b) Wie viel € betragen die Kreditkosten im Jahr unter Berücksichtigung der Provision und der Zinsen?

Lösung

a) Auszahlung: 100 %, = 150 000,— €
                 2,5 % =   ?   €

$$\frac{150\,000 \times 2,5}{100} = 3750\ €$$

150 000,— € − 3750,— € = **146 250,— €**

Die Auszahlung beträgt **146 250,— €**.

TECHNISCHE MATHEMATIK

b) Provision pro Jahr: 3750 € : 7   = **535,71 €**
Zinsen pro Jahr: 100 %   = 150 000,— €
                     8,5 %   = ? €

$$\frac{150\,000 \times 8{,}5}{100} = 12\,750\ €$$

Kreditkosten pro Jahr: = Provision pro Jahr + Zinsen pro Jahr
                              = 535,71 € + 12 750,— € = **13 285,71 €**

Die Kreditkosten für 1 Jahr betragen **13 285,71 €**.

Aufgabe 6

Eine Bäckerei benötigt kurzfristig einen Kredit für die Renovierung einer Filiale. Zwei verschiedene Banken machen ein Angebot:
Bank A: Kredit über 30 600,— €; nach 8 Monaten Rückzahlung von insgesamt 32 946,— €.
Bank B: Kredit über 32 400,— €; nach 10 Monaten und 12 Tagen Rückzahlung von insgesamt 35 839,80 €.
Welche Bank bietet den günstigeren Kredit?

Lösung

Bank A:
$Z = 2346,— €$ $p = \dfrac{Z \times 100}{K \times t} = \dfrac{2346 \times 100 \times 12}{30\,600 \times 8} = \underline{\mathbf{11{,}5\ \%}}$

Bank B:
$Z = 3439{,}80,— €$ $p = \dfrac{Z \times 100}{K \times t} = \dfrac{3439{,}80 \times 100 \times 360}{32\,400 \times 312} = \underline{\mathbf{12{,}25\ \%}}$

Die **Bank A** ist günstiger.

Umsatzrechnen

Aufgabe 1

Durch die Einstellung einer neuen Filialleiterin wurde in einer Filiale in den ersten 2½ Monaten ein Umsatz von 147 770,50 € erreicht. Der gesamte Umsatz des Vorjahres betrug 588 190,— €.
a) Wie hoch ist der Jahresumsatz der neuen Filialleiterin zu erwarten, wenn man mit dem Umsatz der ersten 2½ Monate hochrechnet?
b) Um wie viel € wird sie den Vorjahresumsatz überschreiten?
c) Um wie viel % wird sie den Vorjahresumsatz steigern?

Lösung

a) Hochrechnung auf 12 Monate

$$\text{Umsatz} = \frac{147\,770{,}50 \times 12}{2{,}5} = \underline{\underline{709\,298{,}40 \text{ €}}}$$

b) Vergleich mit Vorjahr

709 298,40 €
./. 588 190,— €

Umsatzdifferenz $\underline{\underline{121\,108{,}40 \text{ €}}}$

c) Umsatzsteigerung $= \dfrac{121\,108{,}40 \times 100}{588\,190} = \underline{\underline{20{,}59\,\%}}$

Aufgabe 2

Eine Bäckerei hatte bei einer Verkaufsfläche von 60 m² 249 256,— € Umsatz. Nach der Erweiterung um 20 m² stieg er auf 341 479,— €.
a) Auf wie viel % beläuft sich der Gesamtumsatz?
b) Wie groß war der Umsatz je m² vor und nach der Erweiterung?
c) Hat sich die Vergrößerung gelohnt?

Lösung

a) 249 255,— € $\hat{=}$ 100 %
   341 479,— € $\hat{=}$? %

$\dfrac{100 \times 341\,479}{249\,255} = \underline{\underline{137\,\% \text{ Gesamtumsatz}}}$

b) 249 255,— € : 60 m² = $\underline{\underline{4154{,}25 \text{ €/m}^2}}$ vor der Erweiterung

   341 479,— € : 80 m² = $\underline{\underline{4268{,}49 \text{ €/m}^2}}$ nach der Vergrößerung

c) Ja, es wurden $\underline{\underline{114{,}24 \text{ € je m}^2}}$ mehr umgesetzt.

Kalkulation

Aufgabe 1

Bei einem Handelsaufschlag von 28 % kostet eine Schachtel Pralinen 11,50 € ohne MwSt. im Verkauf.

TECHNISCHE MATHEMATIK

a) Zu welchem Nettopreis konnte die Firma einkaufen?
b) Wie hoch ist die Handelsspanne in € und %?

Lösung

a) 128 % = 11,50 €
   100 % = ?   €

$$\frac{11,50 \times 100}{128} = 8,98 \text{ €}$$

Der Nettoeinkaufspreis beträgt **8,98 €**.

b) Handelsspanne in €:   11,50 € ./. 8,98 €   = **2,52 €**
   Handelsspanne in %:   11,50 € = 100 %
                         2,52 € = ? %

$$\frac{100 \times 2,52}{11,50} = \underline{\underline{21,9 \text{ \%}}}$$

Die Handelsspanne beträgt **21,9 % und 2,52 €**.

Aufgabe 2

Ein Karton Pralinen wiegt brutto 5 kg. Tara ist 300 g. Der Nettoverkaufspreis für diese Ware ist 120,— €. Sie verpacken die Pralinen in Cellophanbeutel zu je 100 g. Dabei haben Sie einen Einwiegeverlust von 5 %. Wie hoch kommt der Bruttopreis für 1 Beutel, wenn Sie 7 % Mehrwertsteuer aufschlagen?

Lösung

Bruttogewicht	5000 g	Nettopreis	120,— €
./. Tara	300 g	+ 7 % MwSt.	8,40 €
Nettogewicht	4700 g	Bruttopreis	128,40 €
./. 5 % Verlust	235 g		
	4465 g		

Verkauft werden **4465 g** in 100-g-Tüten ≈ 44 Tüten

44 Tüten kosten   128,40 €
1 Tüte kostet   128,40 € : 44   = **2,92**

Aufgabe 3

Der Einkaufspreis für 1 kg Kaffee beträgt 7,20 €.
Der Verkaufspreis für 0,5 kg Kaffee ist auf 4,85 € festgesetzt worden.
Errechnen Sie den Handelsaufschlag in Prozent!
(Hinweis: Der Handelsaufschlag beinhaltet in dieser Aufgabe die Verkaufskosten, das Risiko, den Gewinn und die Mehrwertsteuer.)

Lösung

4,85 € x 2 = 9,70 €   9,70 €
                     ./. 7,20 €
                      2,50 € Handelsaufschlag

7,20 € ≙ 100 %
2,50 € ≙ ? %

$$\frac{100 \times 2,5}{7,20} = 250 : 7,20 = \underline{\underline{34,72 \text{ \% Handelsaufschlag}}}$$

Aufgabe 4

Es werden Kokosmakronen hergestellt aus
1000 g Zucker, je kg zu 0,95 €
500 g Kokosraspeln, je kg zu 1,70 €
450 g Eiweiß (15 Eiklar) je 0,10 €
50 g Mehl, je kg zu 0,38 €

a) Berechnen Sie die Materialkosten!
b) Wie viel Beutel mit 125 g Füllung erhalten wir bei 16²/₃ % Backverlust?

Lösung

a) 1,000 kg Zucker   je 0,95 €   =   0,95 €
   0,500 kg Kokosraspeln   je 1,70 €   =   0,85 €
   0,450 kg Eiweiß = 15 Eiklar je 0,10 €   =   1,50 €
   0,050 kg Mehl   je 0,38 €   =   0,02 €

   2,000 kg Masse   Materialkosten **3,32 €**

b) 100 %   = 2,000 kg   Masse
   16²/₃ % = 0,333 kg   Verlust
              1,667 kg   Gebäck

1667 g : 125 g = 13,34

Wir erhalten **13 Beutel** mit 125 g Füllung.

TECHNISCHE MATHEMATIK

Aufgabe 5

Eine Sendung mit Dauerbackwaren wiegt brutto 6,5 kg.
a) Wie viel Päckchen je 125 g muss sie enthalten, wenn der Karton 250 g wiegt?
b) 1 kg Dauerbackwaren kostet brutto für netto 8,80 €. Wie viel kostet ein Päckchen?

Lösung

a)   6,500 kg   brutto
    ./. 0,250 kg   Tara
    6,250 kg   netto : 0,125 kg = **50 Päckchen**

b) 6,5 kg x 8,80 € = 57,20 € : 50 = **1,14 €/Päckchen**

Aufgabe 6

Kalkulieren Sie den Verkaufspreis für Berliner Pfannkuchen!

Rezept: 4000 g   Weizenmehl, Type 405   je kg   0,38 €
          800 g   Feinbackkrem   je kg   1,95 €
          200 g   Hefe   je kg   1,25 €
          12   Eier   je St. 0,19 €
          1600 g   Vollmilch   je kg   0,60 €
                   Salz und Gewürze   für   0,50 €

Dieses Rezept ergibt 180 Berliner Pfannkuchen. Des Weiteren werden je Berliner benötigt:

5 g Siedefett   je kg 3,05 €   10 g Konfitüre je kg 1,85 €
5 g Puderzucker   je kg 1,10 €

Die Stundenleistung beträgt 120 Stück bei einem Stundenkostensatz von 55,— €. Für Gewinn und Risiko (Marge) werden insgesamt 35 % veranschlagt. Die ermäßigte Mehrwertsteuer in Höhe von 7 % ist zu berücksichtigen.

Zu welchem Preis ist 1 Berliner im Laden zu verkaufen?

Lösung

		Preis je kg	Gesamtpreis
4,000 kg	Weizenmehl, Type 405	0,38 €	1,52 €
0,800 kg	Feinbackkrem	1,95 €	1,56 €
0,200 kg	Hefe	1,25 €	0,25 €
12	Eier	0,19 €/St.	2,28 €
1,600 kg	Vollmilch	0,50 €	0,80 €
	Salz und Gewürze		0,50 €
	Materialkosten des Teiges		6,91 €

1,800 kg	Konfitüre	1,85 €	3,33 €
0,900 kg	Puderzucker	1,10 €	0,99 €
0,900 kg	Siedefett	3,05 €	2,75 €

Materialkosten	13,98 €
+ Betriebskosten (88,— € x 1,5)	82,50 €
Selbstkosten	96,48 €
+ Marge (35 %)	33,77 €
Nettoverkaufspreis (Erlös)	130,25 €
+ Mehrwertsteuer (7 %)	9,11 €
Bruttoverkaufspreis	**139,36 €**

Stückpreis: 139,36 € : 180 = **0,77 €**

Aufgabe 7

Ein Stück Johannisbeer-Schnitte kostet im Laden 1,75 €. Berechnen Sie den Preis für eine Schnitte im Café bei einem Café-Aufschlag von 22 % und einem MwSt.-Satz von 7 %!

Lösung

Bruttoverkaufspreis	= 1,75 €	
./. MwSt. (7 %)	= 0,11 €	(1,75 : 107 x 7)
Nettoverkaufspreis	= 1,64 €	
+ Café-Aufschlag (22 %)	= 0,36 €	(1,64 : 100 x 22)
Nettoverkaufspreis Café	= 2,— €	
+ MwSt. (7 %)	= 0,14 €	(2,— : 100 x 7)
Bruttoverkaufspreis Café	= **2,14 €**	

Der Café-Preis der Johannisbeer-Schnitte beträgt **2,14 €**.

Aufgabe 8

Bäcker- und Konditormeister Schmidt kalkuliert anhand folgender Daten den Verkaufspreis für eine runde Geburtstagstorte mit einfachem Dekor:

Materialkosten 15,10 €   Arbeitszeit (AZ) 54 Minuten
Stundenkostensatz (SKS) 43,00 €   Risiko und Gewinn 30 %
Minutenkostensatz = MKS (= SKS : 60); MwSt. 7 %
Welchen kalkulatorischen Verkaufspreis ermittelt Bäcker- und Konditormeister Schmidt?

TECHNISCHE MATHEMATIK

Lösung

Materialkosten	=	15,10 €	
+ Betriebskosten (AZ x MKS)	=	38,70 €	(54,— x 0,72 €)
Selbstkosten	=	53,80 €	
+ Risiko und Gewinn (30 %)	=	16,14 €	(53,80 : 100 x 30)
Nettoverkaufspreis Café	=	69,94 €	
+ MwSt. (7 %)	=	4,90 €	(69,94 : 100 x 7)
Bruttoverkaufspreis	=	**74,84 €**	

Der kalkulatorische Verkaufspreis beträgt **74,84 €**.

Aufgabe 9

Die Materialkosten für 1 Stück Sahnetorte betragen 0,40 €. Betriebskosten je Stück: 1,2 Minuten à 0,55 €. Gewinn und Risiko (Marge) 28 %, Café-Aufschlag 25 %. Wie teuer wird das Stück Sahnetorte im Café bei einem MwSt.-Satz von 7 % verkauft?

Lösung

Materialkosten	= 0,40 €
+ Betriebskosten (1,2 x 0,55)	= 0,66 €
Selbstkosten	= 1,06 €
+ Marge 28 %	= 0,30 €
Nettopreis	= 1,36 €
+ Café-Aufschlag 25 %	= 0,34 €
Nettopreis (Café)	= 1,70 €
+ Mehrwertsteuer 7 %	= 0,12 €
Bruttoverkaufspreis je Stück	= **1,82 €**

Aufgabe 10

Der Nettowarenwert von Backwaren beträgt 117,60 €. Für Risiko und Gewinn wurden 24 % veranschlagt.
a) Berechnen Sie die Höhe der Selbstkosten!
b) Für wie viel € werden diese Backwaren im Laden angeboten?

Lösung

a) Netto: 124 % = 117,60 €
   SK   100 % = ?   €

$$\frac{117{,}60 \times 100}{124} = \underline{\underline{\mathbf{94{,}84\ €}}}$$

b) Netto: 117,60 €
+7 % MwSt. 8,23 €
Brutto: **125,83 €**

Aufgabe 11

Im Laden werden Ihre Croissants für 0,80 € pro Stück verkauft. Der Kalkulation liegen folgende Daten zugrunde:
Materialkosten für 60 Stück = 7,25 €
Gesamtarbeitszeit für 60 Stück = 40 Minuten
Risiko und Gewinn = 23 %
Mehrwertsteuer = 7 %

Wie teuer ist die Betriebskostenminute anzusetzen?

Lösung

Bruttoverkaufspreis	107 %	= 48,00 €	(60 x 0,80 €)
./. MwSt.	7 %	= 3,36 €	(48 : 107 x 100)
Nettoverkaufspreis	123 %	= 51,36 €	
./. Risiko und Gewinn	23 %	= 9,60 €	(51,36 : 123 x 23)
Selbstkosten		= 41,76 €	
./. Materialkosten		= 7,25 €	
Betriebskosten		= 34,51 €	

Betriebskostenminute = 40 Min = 34,51 €
                     1 Min = ? €

34,51 : 40 = **0,86 €/Minute**

Die Betriebskostenminute ist mit **0,86 €** anzusetzen.

Kassenbestand

Aufgabe 1

Eine Kundin kommt aufgeregt in den Laden: Sie hat am Morgen bei Ihnen eingekauft und mit einem 100-Euro-Schein bezahlt. Nun glaubt sie, dass Ihre Kollegin aus der Frühschicht ihr nur auf 50 € herausgegeben hat.

Um den Sachverhalt zu klären machen Sie einen Kassensturz:

TECHNISCHE MATHEMATIK

Wechselgeldeinlage am Morgen	150,— €
Einnahmen bis jetzt laut Kassenrolle	1478,74 €
Bezahlung von Putzmitteln	30,— €
Paketgebühr	10,— €
vom Untermieter bezahlte Miete	250,— €
im Augenblick in der Kasse vorhanden	1888,74 €

Ist die Kundin im Recht?

Lösung

Einnahmen:		Ausgaben:	
Wechselgeldeinlage	150,— €	Bezahlung von Putzmitteln	30,— €
Einnahmen	1478,74 €	Paketgebühr	10,— €
Miete	250,— €	Summe	40,— €
Summe	1878,74 €		

Berechneter Kassenbestand:
1878,74 € ./. 40,— € Ausgaben = **1838,74 €**

Tatsächlicher Kassenbestand: **1888,74 €**.

Es sind **50 € zu viel in der Kasse,** die Kundin hatte Recht.

Aufgabe 2

Der Zettel mit dem Kassenbestand des Vortages ist verloren gegangen. Berechnen Sie nach folgenden Angaben, wie viel Geld in der Kasse gewesen sein muss.

In der Kasse waren:	
Einnahmen laut Kontrollstreifen	4633,35 €
Lieferantenrechnung, bar bezahlt	428,78 €
Privatentnahme	245,20 €
Bankeinzahlung	3800,— €
Kassenbestand bei Geschäftsschluss	462,34 €

Lösung

	Kassenbestand bei Geschäftsschluss	462,34 €
+	Lieferantenrechnung	428,78 €
+	Privatentnahme	245,20 €
+	Bankeinzahlung	3800,— €
./.	Bareinnahmen	4633,35 €
=	**Wechselgeld**	**302,97 €**

Der Kassenbestand des Vortages betrug **302,97 €**.

Abschreibung

Aufgabe 1

Ein Sahnebläser kostet 1900,– €.
a) Wie hoch ist der jährliche Abschreibungsbetrag bei einem Abschreibungssatz von 12,5 % (linear)?
b) Welchen Buchwert hat der Sahnebläser nach 4 Jahren?

Lösung

a) 100 : 16,67 = 6 Jahre
1900,– € : 6 = **316,67 €**/Jahr Abschreibung

b) 316,67 x 4 = 1266,68 €

```
       1900,– €
./.   1266,68 €
       633,32 €  Buchwert nach 4 Jahren
```

Aufgabe 2

Eine neue Kühltheke kostet 11 000,– €. Die Lebensdauer beträgt 6 Jahre.
a) Berechnen Sie die lineare Abschreibung in € und Prozent!
Diese Theke wird nach 4 Jahren für 6304,34 € verkauft.
In diesem Betrag sind 16 % Mehrwertsteuer enthalten.
b) Wie hoch ist der Verlust bzw. Gewinn beim Verkauf in € und Prozent?

Lösung

a) 11 000,– € : 6 = **1833,33 €**

$$11\,000,-\,€ \;\hat{=}\; 100\,\%$$
$$1\,833,33\,€ \;\hat{=}\; ?\,\%$$

$$\frac{100 \times 1833,33}{11\,000} = \mathbf{16,67\,\%}$$

b) Verkaufspreis mit MwSt. = 116 % $\hat{=}$ 6 304,34 €
Verkaufspreis ohne MwSt. = 100 % $\hat{=}$?

$$\frac{6\,304,34 \times 100}{116} = \mathbf{5434,78\,€}$$

TECHNISCHE MATHEMATIK

Neupreis	= 11 000,— €
./. Abschreibung nach 4 Jahren	= 7 333,32 €
Buchwert nach 4 Jahren	= 3 666,68 €
Verkaufspreis ohne MwSt.	= 5 434,78 €
./. Buchwert nach 6 Jahren	= 3 666,68 €
Gewinn	**1 768,10 €**

$3666{,}68 \ € \ \hat{=} \ 100 \ \%$
$1768{,}10 \ € \ \hat{=} \ ? \ \%$

$$\frac{100 \times 1768{,}10}{3666{,}88} = \underline{\underline{48{,}2 \ \%}}$$

Kundenrechnung

Aufgabe 1

Bei einer Bestellung von 36 Kuchenstücken zu je 1,90 € (Ladenpreis), 88 Dänischen Plunderteilen zu je 1,10 € (Ladenpreis) und 1,25 kg Teegebäck (3,20 €/100 g im Laden) werden 18 % Rabatt gewährt. Auf welchen Betrag stellen Sie die Rechnung aus, und wie viel € ermäßigte Mehrwertsteuer muss abgeführt werden?

Lösung

36 Kuchenstücke	à 1,90 €	=	68,40 €	
88 Plunderteile	à 1,10 €	=	96,80 €	
1,25 kg Teegebäck	à 32,— €/kg	=	40,— €	
	Brutto	=	205,20 €	205,20 x 7
	./. 7 % MwSt.	=	13,42 €	107
	Netto	=	191,78 €	191,78 x 18
	./. 18 % Rabatt	=	34,52 €	100
	Netto (red.)	=	157,26 €	157,26 x 7
	+ 7 % MwSt.	=	11,00 €	100
	Rechnungsbetrag:		**168,26 €**	

Aufgabe 2

An das Hotel „Adler" wurden geliefert:

150 Deutsche Plunderteilchen	Stück	1,10 €
80 Pasteten	Stück	0,95 €
4 Obstkuchen	Stück	18,50 €
6 Sahnetorten	Stück	24,50 €
120 Dessertstückchen	Stück	1,50 €

TECHNISCHE MATHEMATIK

Die Preise sind Nettopreise. Es werden 15 % Rabatt gewährt.
Die ermäßigte Mehrwertsteuer ist zu berücksichtigen!
Erstellen Sie die Kundenrechnung!

Lösung

150 Deutsche Plunderteilchen	je	1,10 €	=	165,— €
80 Pasteten	je	0,95 €	=	76,— €
4 Obstkuchen	je	18,50 €	=	74,— €
6 Sahnetorten	je	24,50 €	=	147,— €
120 Dessertstückchen	je	1,50 €	=	180,— €
				642,— €
	./. 15 % Rabatt		=	96,30 €
				545,70 €
	+ 7 % MwSt.		=	38,20 €
Rechnungsbetrag				**583,90 €**

Aufgabe 3

An das Hotel „Goldener Hirsch" wurden folgende Waren geliefert:
Von Montag bis Samstag täglich
75 Tafelbrötchen   Nettopreis 0,30 €/Stück
 5 Toastbrote (500 g)   Nettopreis 2,20 €/Stück
 6 Weizenmischbrote (1000 g)   Nettopreis 2,50 €/Stück
 3 Roggenmischbrote (1000 g)   Nettopreis 2,80 €/Stück

zusätzlich am Samstag
40 Stück Käsekuchen   Nettopreis 1,80 €/Stück
80 Stück Apfelkuchen   Nettopreis 2,10 €/Stück

Das Hotel erhält auf die Nettopreise 15 % Rabatt

a) Schreiben Sie eine ordnungsgemäße Wochenrechnung!
   (Die Mehrwertsteuer in Höhe von 7 % ist zu berücksichtigen.)
b) Berechnen Sie den Barzahlungsbetrag, wenn außerdem 2,5 % Skonto gewährt wird.

Lösung

a)

Stück	Warenbezeichnung	Einzelpreis	Gesamtpreis
450	Tafelbrötchen	0,30 €	135,— €
30	Toastbrote	2,20 €	66,— €
36	Weizenmischbrote	2,50 €	90,— €
18	Roggenmischbrote	2,80 €	50,40 €
40	Käsekuchenstück(e)	1,80 €	72,— €
80	Apfelkuchenstück(e)	2,80 €	168,— €
			581,40 €

TECHNISCHE MATHEMATIK

./. 15 % Rabatt		87,21 €
		494,19 €
+ 7 % Mehrwertsteuer		34,59 €
= **Rechnungsbetrag**		**528,78 €**

b) Rechnungsbetrag	528,78 €
./. 2,5 % Skonto	13,22 €
= **Barzahlungsbetrag**	**515,56 €**

Rabatt und Skonto

Aufgabe 1

Die Bäckerei-Konditorei Korn liefert an das Gasthaus „Schönblick" verschiedene Backwaren zum Netto-Rechnungsbetrag von 784,95 €. Es werden 8,5 % Rabatt und bei Zahlung innerhalb von 10 Tagen 3 % Skonto gewährt.

Welcher Betrag muss bei Zahlung innerhalb von 10 Tagen überwiesen werden?

Lösung

Rechnungsbetrag	=	784,95 €
./. 8,5 % Rabatt	=	66,72 €
= Netto-Rechnungsbetrag	=	718,23 €
+ 7 % Mehrwertsteuer	=	50,28 €
= Brutto-Rechnungsbetrag	=	768,51 €
./. 3 % Skonto	=	23,55 €
= Zahlungsbetrag		**745,46 €**

Es müssen **745,46 €** überwiesen werden.

Aufgabe 2

Bäckermeister Braun bestellt einen Büroschrank für 1100,– € zuzüglich Mehrwertsteuer. Die Firma gewährt 8 % Rabatt. Für Zahlungen innerhalb von 14 Tagen werden 2 % Skonto eingeräumt.

Welchen Betrag muss Meister Braun überweisen, wenn er 8 Tage nach Erhalt der Lieferung bezahlt?

Lösung

Rechnungsbetrag	=	1100,– €
./. 8 % Rabatt	=	88,– €
= Netto-Rechnungsbetrag	=	1012,– €
+ 16 % Mehrwertsteuer	=	161,92 €
= Brutto-Rechnungsbetrag	=	1173,92 €
./. 2 % Skonto	=	23,48 €
= Zahlungsbetrag		**1150,44 €**

Meister Braun muss **1150,44 €** überweisen.

KOSTENRECHNUNG

Einführung

Bei Kalkulation denken die meisten Unternehmer an ein Verfahren zur Berechnung eines Produktpreises. Doch genau dies gestaltet sich nicht nur in einem Bäckereiunternehmen als außerordentlich schwierig: Eine Vielfalt an Produkten wird mit einer großen Zahl diverser Geräte und Maschinen und jeweils ganz unterschiedlichem Arbeitseinsatz hergestellt, und auch der Vertrieb erfolgt über mehrere Wege.

Am einfachsten gestaltet sich dabei noch die Berechnung der Materialkosten. Aber die verursachungsgerechte Zurechnung der anderen Kosten ist das große Problem. Zur Lösung existieren in der Praxis sehr viele Ansatzpunkte.

In grauen Vorzeiten wurde mit einem Aufschlag auf den Materialpreis eines Produkts gearbeitet, was dazu führte, dass sich für einen materialintensiven Artikel ein hoher Verkaufspreis errechnete. Es wurde unterstellt, dass sich alle Kosten auf jedes Produkt so verteilen wie die Rohstoffkosten, was jedoch nicht der Realität entspricht.

Spätere Ansätze verteilten die Kosten entsprechend der von einem Artikel in Anspruch genommenen Arbeitszeit, was ebenso realitätsfern ist. In der Praxis scheiterten diese Verfahren bereits bei der Kalkulation des ersten Artikels. Der Preis, der dabei ausgerechnet wurde, stimmte mit dem aktuellen Marktpreis des Bäckers oftmals nicht annähernd überein, weshalb er verständlicherweise weitere Bemühungen einstellte.

Alle diese Verfahren basieren auf dem Grundgedanken der **Vollkostenrechnung**. Die Vollkostenrechnung will einen Preis für ein Produkt ausrechnen, bei dem die Existenz des Betriebes gesichert ist, also die langfristige Preisuntergrenze.

Ein anderes Verfahren ist die **Teilkostenrechnung**. Diese geht davon aus, dass sich Preise am Markt bilden und ein Unternehmer zwei Aufgaben zu lösen hat:

1. einen Preis für ein Produkt zu finden, bei dem die Nachfrage nach diesem Produkt am höchsten ist, und
2. zu entscheiden, ob er bei diesem Marktpreis genug Geld verdienen kann.

Wenn man davon ausgeht, dass sich der Preis durch Angebot und Nachfrage am Markt bildet, kann man diesen Preis auch nicht aus der Kostenstruktur eines Betriebs berechnen. Damit entfällt aber auch das immer ungerechte Verteilen von Kostenbestandteilen auf einzelne Produkte.
Man braucht sich dann in erster Linie nur mit den veränderlichen Kostenbestandteilen eines Produkts zu beschäftigen. Dies ist wesentlich einfacher und kann vor allem in kleinen Schritten, Artikel für Artikel, vorgenommen werden. Die Teilkostenrechnung setzt die veränderlichen Kosten eines Produkts in Beziehung zu dem Nettoverkaufspreis und versucht, durch geeignete Maßnahmen diese Spanne zu erhöhen.

> **Merke: Der Bäcker hat dann den größten Erfolg, wenn er den Kunden ein Produkt in einer gewünschten Qualität in einer gewünschten Menge zu einem gewünschten Preis an einem gewünschten Ort anbietet!**

Die Teilkostenrechnung errechnet den Preis für ein Produkt, bei dem nur die variablen (veränderlichen) Kosten gedeckt sind, also die kurzfristige Preisuntergrenze. Die kurzfristige Preisuntergrenze ist die für die meisten betriebswirtschaftlichen Entscheidungen relevante Größe.
Zur Darstellung der Unterschiede zwischen der Vollkosten- und der Teilkostenrechnung wird im Folgenden anhand von Beispielen eine Gegenüberstellung beider Verfahren und die Interpretation der Ergebnisse vorgenommen.

Vollkostenrechnung

Zunächst werden mittels der Rezeptur und der Rohstoffpreise die Materialkosten für einen Artikel berechnet.
In einem zweiten Schritt werden alle Produktionskosten, also Mieten, Energie, Versicherungen, Abschreibungen, Kfz-Kosten usw., durch die Anzahl der Anwesenheitsstunden in der Produktion geteilt. So erhält man den Stundenkostensatz bzw. daraus abgeleitet den Minutenkostensatz.
Die für die Herstellung eines Artikels erforderliche Arbeitszeit wird mit dem Minutenkostensatz multipliziert. Addiert man dazu die Materialkosten und schlägt man einen Gewinn- und Risikoaufschlag dazu, erhält man den Bäckereiabgabepreis (BAP). Kennt man seine Verkaufskosten, so lässt sich der Anteil der Verkaufskosten am Umsatz ermitteln und auf Grund dieser Basis ein Preis für das Produkt errechnen, der alle Kosten deckt und dem Unternehmen einen Gewinn beschert. Kann man den so errechneten Preis für das Produkt am Markt durchsetzen, so ist die Existenz des Betriebs gesichert.
Neben dem enormen Arbeitsaufwand zur Ermittlung dieses Preises sei anhand eines vereinfachten Beispiels auf die gravierendsten Probleme dieses Verfahrens in der Praxis hingewiesen.

KOSTENRECHNUNG

Die Materialkosten werden anhand der Rezeptur und der jeweils gültigen Rohstoffpreise errechnet. Im folgenden Rechenbeispiel betragen die Materialkosten für ein Produkt A 2 Cent. Zur Herstellung werden 0,042 Minuten pro Stück benötigt (2,5 Sekunden dividiert duch 60 ergibt 0,042 Minuten). Arbeitszeit mal Minutenkostensatz ergibt die Produktionskosten von 0,03 €. Der Bäckereiabgabepreis beträgt somit 0,03 + 0,02 = 0,05 €. Bei einem Verkaufspreis von 21 Cent netto und einer verkauften Menge von 120 000 Stück errechnet sich ein Nettoerlös von 25 200 €. Die Bäckereiabgabekosten betragen 6000 €, was einem Anteil von etwa 24 % entspricht.

Dieselbe Berechnung für ein Produkt B, welches 1,4 Minuten Herstellungszeit erfordert und zu einem Nettoverkaufspreis von 1,80 € verkauft wird, ergibt bei einem Nettoumsatz von 18 000 € Bäckereiabgabekosten von 14 200 €, was einem Anteil von etwa 79 % entspricht. Dieser enorme Unterschied kommt in erster Linie durch den unterschiedlichen Arbeitseinsatz für die Herstellung der beiden Produkte zustande. Die arbeitsintensive Herstellung des Produkts B führt zu einer hohen Belastung mit Produktionskosten, obwohl kaum Maschinen eingesetzt werden. Wenn das gesamte Sortiment nach diesem Verfahren kalkuliert wird, ergeben sich für alle arbeitsintensiven Produkte zu hohe Kosten, während die Preise für diejenigen Produkte, die wenig Arbeitszeit in Anspruch nehmen, zu niedrig sind.

Vollkostenrechnung	Produkt A	Produkt B
Material/Stück	0,02 €	0,30 €
Arbeitszeit	0,042 Min.	1,400 Min.
Minutenkostensatz	0,80 €	0,80 €
Produktionskosten/Stück	0,03 €	1,12 €
Bäckereiabgabepreis BAP	**0,05 €**	**1,42 €**
verkaufte Menge	120 000 St.	10 000 St.
Bäckereiabgabekosten	6 000 €	14 200 €
Verkaufspreis netto	0,21 €	1,80 €
Nettoumsatz	25 200 €	18 000 €
Anteil der Bäckereiabgabekosten am Nettoumsatz	23,8 %	78,9 %

Fehlinterpretationen bei der Bewertung der Bedeutung von Filialen

Was dieses Verfahren für eine Kostenstellenrechnung bedeutet, veranschaulicht das nächste Tableau. Da Filiale 1 einen enorm hohen Anteil des Produkts A verkauft und Filiale 2 einen hohen Anteil im Verkauf des Produkts B hat, muss jetzt auch der Erfolg der Filiale 1 im Vergleich zu dem der Filiale 2 deutlich höher sein bei gleichem Umsatz und gleichen Filialkosten. Die Kostenstellenrechnung signalisiert sogar einen Verlust in der Filiale 2, was die Entscheidung nahe legt, diese Verkaufsstelle besser zu schließen. Der Grund für dieses Ergebnis liegt in der Tatsache begründet, dass der arbeitsintensive Artikel Produkt B mit entsprechend vielen Produktionskosten belastet wird.

	Filiale 1	Filiale 2
verkaufte Produkte A	90 000	30 000
verkaufte Produkte B	1 500	8 500
erzielter Umsatz	21 600 €	21 600 €
Wareneinsatz	6 630 €	13 570 €
Filialkosten	8 700 €	8 700 €
Erfolg	**6 270 €**	**−670 €**

Vollkostenrechnung ist vom Grad der Beschäftigung abhängig

Wird beispielsweise durch eine Rationalisierungsinvestition die erforderliche Arbeitszeit zur Herstellung von Brötchen reduziert, sinkt die Anzahl der Anwesenheitsstunden in der Produktion. Die Produktionskosten bleiben aber in etwa konstant, da Personalkosten durch Maschinenkosten ersetzt werden. Dann erhöht sich der Stundenkostensatz, weil sich dieselben Kosten auf weniger Anwesenheitsstunden verteilen. Da aber auch das Brot mit demselben Stundenkostensatz kalkuliert wird, steigt der Bäckereiabgabepreis für das Brot, was unsinnig ist. Kaum ein Bäcker wird wohl seine Brotpreise erhöhen, weil er sich eine Brötchenanlage gekauft hat.

Umsatzsteigerungen führen zu Preissenkungen

Bei einer Umsatzausweitung steigt die Produktivität. Die Arbeitszeiten pro Stück sinken durch die bessere Chargenauslastung, weshalb jetzt wiederum die Bäckereiabgabepreise sinken, was dem Unternehmer signalisiert: Die Verkaufspreise müssen gesenkt werden. Das wiederum macht natürlich keiner, weil es kontraproduktiv ist.
Ähnliches gilt für eine Neuprodukteinführung. Dabei werden bereits einmal bezahlte Fixkosten erneut mitberechnet, die aber gar nicht anfallen.

Festschreiben einer Umsatzrendite

Wird immer der gleiche Gewinnaufschlag zugrunde gelegt, wird das Ziel einer Erhöhung der Umsatzrendite nie erreicht werden können.

KOSTENRECHNUNG

Teilkostenrechnung

Die Teilkostenrechnung dagegen geht von einem grundsätzlich anderen Gedankengang aus. Sie zerlegt die anfallenden Kosten in variable bzw. fixe Bestandteile. Variable Bestandteile verändern sich proportional zu der hergestellten Menge, also

- die Materialkosten
- die Personalkosten
- die Energiekosten und
- der Reparaturaufwand

Bei der Erfassung der Materialkosten gibt es keine Unterschiede zu der Vollkostenrechnung. Die Personalkosten sind arbeitsrechtlich zwar eher fix, in der Teilkostenrechnung werden sie aber als mit der herzustellenden Menge veränderlich angesehen. Streng genommen sind auch die Energiekosten und der Reparaturaufwand veränderlich mit der Ausbringungsmenge, können aber in der einfachen Version auf Grund ihrer relativ geringen Bedeutung dem Fixkostenblock zugerechnet werden.

Alle fixen Kostenbestandteile werden natürlich erfasst, aber grundsätzlich nicht anhand eines Schlüssels auf die Produkte verteilt, denn jeder Verteilungsschlüssel ist falsch und führt bei der internen Leistungsverrechnung zu Fehlern mit fatalen Folgen. Wichtig ist jedoch, dass in einem späteren Schritt die Fixkosten auch bezahlt werden können!

Die Vorgehensweise bei der Teilkostenrechnung sei an dem gleichen Beispiel verdeutlicht. Der entscheidende Unterschied zur Vollkostenrechnung besteht darin, dass die erforderliche Arbeitszeit zur Herstellung eines Produkts nicht mit dem Minutenkostensatz, der ja die gesamten Produktionskosten berücksichtigt, sondern lediglich mit den anfallenden Personalkosten bewertet wird.
Dazu addiert man alle Löhne der Produktionsmitarbeiter inklusive der Lohnnebenkosten und teilt diesen Wert durch die Anwesenheitsstunden (nicht zu verwechseln mit den bezahlten Stunden) der lohnabhängigen Mitarbeiter. Kommissionierungs-, Reinigungs- und Fuhrparkmitarbeiter finden hierbei keine Berücksichtigung. In der Praxis schwanken die durchschnittlichen Kosten pro Anwesenheitsstunde zwischen 15 und über 20 €. Die variablen Bestandteile Material- und Personalkosten ergeben die variablen Kosten, die in der Literatur auch als Grenzkosten bezeichnet werden.

Im nachfolgenden Beispiel wird von 15 € je Anwesenheitsstunde ausgegangen.

Die Deckungsspanne

Um die Ergebnisse der Berechnungen zu veranschaulichen und das Sortiment nach einem gleichen Maßstab zu vergleichen, verwendet man in der Teilkostenrechnung die Deckungsspanne eines Artikels.

Die Deckungsspanne gibt an, wie viel Prozent des Nettoverkaufspreises nach Abzug der variablen Kosten verbleiben, im Beispiel also
(0,21 − 0,03) / 0,21 = 85,71 % beim Produkt A und
(1,80 − 0,65) / 1,80 = 63,88 % beim Produkt B

Nun erfolgt die Verrechnung der variablen Kosten auf die Filialen anhand der jeweils verkauften Mengen. Um das Beispiel einfach zu halten, bleiben Retouren unberücksichtigt; an der grundsätzlichen Aussage der Ergebnisse ändert sich dadurch nichts. Bei gleichem Umsatz werden in Filiale 1 nur 3675 € variable Kosten verrechnet, in Filiale 2 dagegen 6425 €. Zieht man die variablen Kosten vom erzielten Umsatz ab, so erhält man den Deckungsbeitrag 1 der Filiale. Zieht man vom Deckungsbeitrag 1 wiederum die Kosten der Filiale ab, so ergibt sich der Deckungsbeitrag 2.

Teilkostenrechnung	Produkt A	Produkt B
Material/Stück	0,02 €	0,30 €
Arbeitszeit	0,042 Min.	1,4 Min.
Personalkosten/Min.	0,25 €	0,25 €
Personalkosten/Stück	0,01 €	0,35 €
variable Kosten/Stück	**0,03 €**	**0,65 €**
Verkaufspreis netto	0,21 €	1,80 €
Deckungsspanne	**85,7 %**	**63,9 %**
verkaufte Menge	120 000 St.	10 000 St.
Nettoumsatz	25 200 €	18 000 €

	Filiale 1		Filiale 2	
verkaufte Produkte A	90 000 St.		30 000 St.	
verkaufte Produkte B	1 500 St.		8 500 St.	
erzielter Umsatz	21 600 €		21 600 €	
variable Kosten	3 675 €		6 425 €	
Deckungsbeitrag 1	17 925 €	83 %	15 175 €	70 %
Filialkosten	8 700 €		8 700 €	
Deckungsbeitrag 2	**9 225 €**	43 %	**6 475 €**	30 %

KOSTENRECHNUNG

An dieser Stelle zeigt sich nun ein ganz anderes Bild als bei der Vollkostenrechnung. Zwar ist Filiale 1 auch bei der Teilkostenbewertung besser als Filiale 2, aber Filiale 2 erwirtschaftet einen positiven Deckungsbeitrag 2 von immerhin 6475 €, ist also unverzichtbarer Bestandteil des Unternehmens und darf auf keinen Fall geschlossen werden; denn die Summe der Deckungsbeiträge 2 (9225 + 6475 = 15 700) muss immer größer sein als die anfallenden Fixkosten, nur so entsteht erst der Gewinn. Filiale 2 wird benötigt, um die Fixkosten zu decken.

Sehr schön wird jetzt erkennbar, dass der Deckungsbeitrag 1 in Filiale 1 83 % des Nettoumsatzes erreicht. Filiale 2 erreicht dagegen auf Grund seiner anderen Sortimentsstruktur nur einen Deckungsbeitrag 1 von 70 % des Umsatzes. Jetzt wird deutlich, wie auch Filiale 2 gesteuert werden kann, um den Unternehmenserfolg zu verbessern.

ACHTUNG: Ausdrücklich sei an dieser Stelle darauf hingewiesen, dass der Teilkostenpreis in der Praxis in der Regel kein Angebotspreis sein darf. Ein Wiederverkäufer darf nicht zu dem Teilkostenpreis beliefert werden, denn dann trägt diese Belieferung nicht zur Deckung der Fixkosten bei, und es entsteht kein Gewinn. Langfristig müssen immer alle Fixkosten bezahlt werden können, um die Existenz eines Unternehmens zu sichern.

Bäckereiabgabepreis	Vollkostenrechnung	Nettoverkaufspreis	Teilkostenrechnung	Deckungsspanne
	Verkaufskosten		Gewinn	
	Gewinn		Verkaufskosten	
	Vertriebskosten		Fixe Produktionskosten	
	Gesamte Produktionskosten		Variable Produktionskosten	

Das oben stehendes Tableau verdeutlicht noch einmal die Zusammenhänge bei der Voll- bzw. Teilkostenrechnung.
Bei der Vollkostenrechnung wird versucht, die Selbstkosten eines Produkts zu berechnen und durch einen Zuschlag den Verkaufspreis zu bestimmen. Dieser soll die gesamten Produktions- und Verkaufskosten anteilig bezahlen können und einen Unternehmensgewinn erzielen. Ein-

zig bestimmende Größe ist hierbei die Arbeitszeit für die Herstellung des einzelnen Artikels. Jeder Artikel bezahlt den gleichen Anteil an fixen Kosten und muss den gleichen Gewinnbeitrag leisten.
Steuerungsgröße bei der Teilkostenrechnung ist die Deckungsspanne, die wiederum durch die Höhe der variablen Kosten bestimmt wird, die bei jedem Artikel verschieden sind. Je höher die Deckungsspanne, desto eher sind die Verkaufskosten und fixen Produktionskosten bezahlt.
Die Deckungsbeiträge der einzelnen Artikel werden mit den jeweils verkauften Mengen multipliziert, umso den Deckungsbeitrag des gesamten Sortiments zu errechnen, von dem die Fixkosten bezahlt werden können. Erst wenn diese bezahlt sind, entsteht Gewinn. Unerheblich ist jetzt, ob jeder einzelne Artikel den gleichen Beitrag liefert, Hauptsache ist, dass alle Fixkosten bezahlt werden können.
Der Teilkostenrechner versucht, die Deckungsbeiträge zu maximieren, umso den Gewinn zu steigern. Gezielte Sortimentspolitik wird so zu einem der wichtigsten Steuerungsinstrumente des unternehmerischen Erfolgs. Der Teilkostenrechner orientiert sich nicht in erster Linie an Umsätzen, sondern an Deckungsbeiträgen.

Weitere Vorteile der Teilkostenrechnung

Leistungslohn

Als sinnvolles Steuerungsinstrument für eine Filiale kann der Deckungsbeitrag 2 verwendet werden. Der Deckungsbeitrag 2 kann auch Grundlage einer leistungsgerechten Bezahlung im Verkauf werden; als Gradmesser für die Leistung im Verkauf dient dann der Deckungsbeitrag 2 pro Anwesenheitsstunde. Die Steuerung der Filialen geht jetzt zielstrebiger in die richtige Richtung.
Die hierfür erforderlichen Grundlagen wie Kalkulation des gesamten Sortiments sowie die systematische Erfassung aller Warenströme im Unternehmen erfordern einen hohen Aufwand, der nur mit Einsatz modernster EDV-Systeme möglich ist.

Warenpräsentation

Die Frequenzartikel sind hinsichtlich ihrer Deckungsspannen zu optimieren. Das Verkaufspersonal wird angewiesen, die Artikel mit hohen Deckungsspannen in der Warenpräsentation entsprechend zu würdigen. Die Bewertung des Sortiments nach dem Kriterium der Deckungsspanne ermöglicht wertvolle Ansätze zur Sortimentspolitik. Ziel darf es allerdings nicht sein, um jeden Preis die Deckungsspannen zu maximieren und alles aus dem Sortiment zu werfen, was eine niedrige Deckungsspanne hat. Sehr wichtig ist die Optimierung jedes einzelnen Produkts unter Beibehaltung der Produktqualität, des Profils und des Images einer Bäckerei.

KOSTENRECHNUNG

Beurteilung von Fertigmischungen

Stellen Sie jede bisher verwendete Rezeptur, insbesondere den Einsatz von Fertigmischungen, in Frage! Beschäftigen Sie sich mit alternativen Rezepturen, und rechnen Sie aus, welches Herstellungsverfahren für Ihren Betrieb das günstigste ist. Die Anwendung der Teilkostenrechnung gibt Ihnen zukünftig die Selbstsicherheit in allen unternehmerischen Entscheidungen.

Retouren

Die variablen Kosten geben auch den tatsächlichen Preis für die Retouren an. Jetzt ist ersichtlich, dass im obigen Beispiel die gleiche mengenmäßige Retoure bei Produkt A deutlich weniger variable Kosten verursacht als bei Produkt B. Die Fixkostenbelastung steigt nicht, wenn 10 % mehr von z. B. Brötchen hergestellt als verkauft werden.

Wenn die A-Artikel gleichzeitig die mit den besten Deckungsspannen sind, kann und sollte man diese bewusst mit hohen Retourmengen versehen. Damit gewährleisten Sie, dass Ihre Kompetenzartikel bis Ladenschluss vorrätig sind und schöpfen so das Umsatzpotenzial Ihrer Standorte besser aus.

Snacks kalkulieren

Snacks können nach diesem Verfahren hinsichtlich ihrer Bedeutung im Vergleich zu den anderen Produkten bewertet werden. Außerdem können Sie Möglichkeiten zur Optimierung in der Herstellung erkennen, so dass Snacks tatsächlich zu dem werden, was sie sein sollen, nämlich ein profitables Zusatzgeschäft.

Zukauf von TK-Artikeln

Die variablen Kosten geben auch zumindest die betriebswirtschaftliche Grenze an, ab der es sich erst lohnt, Tiefkühlprodukte zuzukaufen. Liegt der Preis für den TK-Artikel inklusive der noch erforderlichen Personalkosten über dem eigenen Teilkostenpreis, kauft man sich zusätzliche Fixkosten, und die Retouren mit diesem Artikel werden teurer. Natürlich sind hier auch immer qualitative und betriebliche Aspekte zu berücksichtigen.

Kooperationen

Dasselbe gilt auch für die Entscheidung, wann es sich lohnt, mit einem Bäckerkollegen zu kooperieren. Kooperationen im Bäckerhandwerk scheitern in der Regel an der Unkenntnis über die eigenen Teilkosten der Artikel. Mit dem entsprechenden Wissen eröffnen sich ganz neue Chancen für Ihr Unternehmen.

Investitionsentscheidungen

Mit Hilfe der Teilkostenrechnung lassen sich die Auswirkungen von Rationalisierungsinvestitionen recht genau berechnen. Sie bildet die Grundlage für die Berechnung einer herzustellenden Menge eines Artikels, ab der sich die Anschaffung einer Maschine tatsächlich rechnet.

Vorsicht bei maschinenintensiver Produktion!

Die hier vorgestellte Teilkostenrechnung stößt an ihre Grenzen, wenn bei der Herstellung einzelner Artikel ein hoher Maschineneinsatz, also Kapitaleinsatz erforderlich ist. In diesem Fall müsste zusätzlich mit Maschinenkostenstundensätzen gearbeitet werden.

Vieles also spricht für die Teilkostenrechnung. Um Ihnen einen leichten Einstieg in die Teilkostenrechnung zu ermöglichen, hat unser Zentralverband für Sie ein Excel-Programm entwickelt, mit dem Sie in kurzer Zeit zu wichtigen Erkenntnissen gelangen können. Mit diesem Programm können Sie unmittelbar die Auswirkungen verschiedenster Maßnahmen auf die entscheidende Größe, nämlich die Deckungsspanne eines Artikels, ablesen.

Beim Zentralverband des Deutschen Bäckerhandwerks e. V. gibt es das Programm bro:t, mit dem Sie schnell und einfach die Deckungsspannen Ihrer Artikel ermitteln können. Bestellungen und Informationen unter **www.baeckerhandwerk.de**, per E-Mail: **zv@baeckerhandwerk.de** oder **Telefon (0 30) 20 64 55-0**, wobei dieses Programm zum Preis von 25 € zzgl. MwSt. erhältlich ist.

PRÜFUNGSFRAGEN

Technische Mathematik

1. Abrechnungen durchführen   Richtzeit: 15 Minuten

Die Auszubildende Jessica rechnet am Donnerstagabend die Kasse ab. In der Kasse befinden sich folgende Belege:

Bareinzahlung bei der Volksbank	750,00 €
Quittung in Briefmarken	10,00 €

Ein Kunde bezahlte eine Rechnung von der Vorwoche in Höhe von 150,00 € bar; Morgens hatte sie 200,00 € Wechselgeld in der Kasse, der Kassenbestand am Abend beträgt 1230,40 €.

Berechnen Sie die Höhe des Tagesumsatzes.

Lösungsvorschlag:

Kassenbestand abends	1230,40 €
+ Bareinzahlung – Volksbank	750,00 €
+ Quittung Briefmarken	10,00 €
Kassenbestand rechnerisch	1990,40 €
./. Wechselgeld	200,00 €
./. Barzahlung – Kunde	150,00 €
Tagesumsatz	**1640,40 €**

2. Verkaufspreise für Handelswaren kalkulieren   Richtzeit: 15 Minuten

Die Konditorei Süß stellt fest, dass sich von einer früheren BÄKO-Lieferung noch ein Restbestand von 23 Schachteln Pralinen der Sorte „Lindt Spezial Auslese 250 g" am Lager befindet, deren Verfallsdatum in wenigen Tagen überschritten würde. Die Pralinen sollen daher zu einem Aktionspreis in Höhe der betrieblichen Gestehungskosten verkauft werden. Der Ladenverkaufspreis betrug 10,20 € die Mehrwertsteuer 7 %, die veranschlagte Handelsspanne 25 %.

Berechnen sie die Gestehungskosten bzw. den Aktionspreis für eine Schachtel Pralinen!

Gestehungskosten = Einkaufspreis netto ./. Rabatt + Bezugskosten

Lösung:

Brutto-Verkaufspreis:		10,20 €

Netto-Verkaufspreis
  107 % = 10,20 €
  100 % =   x €

$$x = 10{,}20 \times 100/107 \text{ €} = 9{,}53 \text{ €}$$

./. Handelsspanne:

  100 % = 9,53 €
   25 % =   x €

$$x = 9{,}53 \times 25/100 \text{ €} = 2{,}38 \text{ €}$$

Gestehungskosten = Aktionspreis **7,15 €**

---

3. Verkaufspreise für den Imbiss-Verkauf kalkulieren (mit Nebenrechnung) Richtzeit: 15 Minuten

In der Konditorei Schreyer kostet ein Stück gebackener Obstkuchen bisher im Laden 1,75 €, im Café wird es zu 2,35 € verkauft.
Aufgrund einer Lohnerhöhung für die Verkäuferinnen und die Konditorinnen wird der Netto-Verkaufspreis neu kalkuliert und beträgt nun im Laden 1,80 €/Stück.

3.1 Wie hoch ist der Café-Aufschlag in € und Prozent vor der Lohnerhöhung?

3.2 Zu welchem Preis wird nun ein Stück im Café verkauft, wenn 25 % Café-Aufschlag festgesetzt werden?

Lösung:

3.1	Brutto-Verkaufspreis Café	2,35 €
	./. 16 % MwSt. (1)	0,32 €
	Netto-Verkaufspreis Café	2,03 €
	./. Café-Aufschlag (3)/(4)	0,39 €
	Netto-Verkaufspreis Laden	1,64 €
	Brutto-Verkaufspreis Laden	1,75 €
	./. 7 % MwSt. (2)	0,11 €
	Netto-Verkaufspreis Laden	1,64 €

PRÜFUNGSFRAGEN

Nebenrechnungen:
(1) 2,35 € x 16/116 = 0,324 = 0,32 €
(2) 1,75 € x 7/107 = 0,114 = 0,11 €

(3) NVP-Café	2,03 €	(4) 100 x 0,39 €/1,64 €
./. NVP-Laden	1,64 €	= 23,780 % = **23,8 %**
Café-Aufschlag	**0,39 €**	

3.2 Netto-Verkaufspreis Laden	1,80 €
+ Café-Aufschlag 25 % (5)	0,45 €
Netto-Verkaufspreis Café	2,25 €
+ 16 % MwSt. (6)	0,36 €
Brutto-Verkaufspreis Café	**2,61 €**

Nebenrechnungen:
(5) 1,80 € x 25/100 = 0,45 €   (6) 2,25 € x 16/100 = 0,36 €

4. Verkaufspreise von Erzeugnissen aus eigener Produktion ermitteln
Richtzeit: 15 Minuten

Das Feinkostgeschäft „Edel", das Ihr Betrieb mit Backwaren beliefert, plant eine Werbeaktion und möchte 5 Berliner zum Preis von 2,20 € anbieten.

Berechnen Sie, ob Ihr Betrieb unter Zugrundelegung der betrieblichen Daten den gewünschten Lieferpreis akzeptieren kann, ohne einen Verlust zu erleiden.

Betriebliche Daten: Materialkosten für 1500 Stück = 105,00 €, Stundenkostensatz 70,00 €, Herstellungszeit für 1500 Berliner = 360 Minuten, Risiko und Gewinn 30 %, Wiederverkäuferrabatt 12 %.

Lösung:

Materialkosten für 1500 Berliner:		105,00 €
+ Betriebskosten:	70 € x 360/60	420,00 €
Selbstkosten		525,00 €
+ Risiko/Gewinn 30 %		
	100 % = 525,00 €	
	30 % = x €	
x	= 525 € x 30/100 =	157,50 €

PRÜFUNGSFRAGEN

Netto-Verkaufspreis I 682,50 €
./. Wiederverkäuferrabatt: 12 %

$$100 \% = 682,50 €$$
$$12 \% = x \quad €$$

$x = 682,50 € \times 12/100 = \quad 81,90 €$

Netto-Verkaufspreis II 600,60 €
+ MwSt.: 7 %

$$100 \% = 600,60 €$$
$$7 \% = x \quad €$$

$x = 600,60 € \times 7/100 = \quad 42,04 €$

Brutto-Verkaufspreis: 642,64 €

Preis für 5 Stück Berliner
624,64 € : 1500 x 5 = **2,14 €**

Der Betrieb kann den Lieferpreis akzeptieren.

5. Mischungen berechnen
Richtzeit: 15 Minuten

Das Hotel „Seeblick" möchte seinen Gästen ein „Mitbringsel" (ein kleines Geschenk für zuhause) bestehend aus 250 g Gebäckmischung, die in einer Zellophantüte hübsch verpackt sein soll, anbieten. Es fordert Ihren Betrieb auf, Sorten für die Mischung zu benennen und ein Preisangebot abzugeben.

Ihr Chef bittet Silke, planerisch die Gebäckmischung zusammen zu stellen und das Preisangebot für das Hotel zu erstellen.

Für die Gebäckmischung verwendet Silke folgende Gebäckmengen zu den jeweiligen Ladenpreisen:

5,500 kg	Kokosmakronen	zu	1,65 €/100 g
4,500 kg	Spitzbuben	zu	18,00 €/ 1 kg
2,750 kg	Spritzgebäck	zu	9,25 €/500 g
1,800 kg	Schwarz-Weiß-Gebäck	zu	2,25 €/125 g
0,500 kg	Kleine Florentiner	zu	0,50 €/ 10 g

5.1. Berechnen Sie den Preis für eine Tüte Mischgebäck mit 250 g.

5.2. Berechnen Sie die Anzahl der füllbaren Tüten und den rechnerischen Gebäckrest.

PRÜFUNGSFRAGEN

Lösung:

5.1

5,500 kg Kokosmakronen:	5,50 kg x 16,50 € =	90,75 €
4,500 kg Spitzbuben:	4,50 kg x 18,00 € =	81,00 €
2,750 kg Spritzgebäck:	2,75 kg x 18,50 € =	50,88 €
1,800 kg Schwarz-Weiß-Gebäck:	1,80 kg x 18,00 € =	32,40 €
0,500 kg kleine Florentiner:	0,50 kg x 50,00 € =	25,00 €

15,050 kg Gebäckmischung: = 280,03 €

Preis für 250 g:
  15,050 kg = 280,03 €
  0,250 kg = x €

  x = 280,03 € x 0,250/15,050 = **4,65 €**

5.2 Zahl der Tüten:
  15,050 kg : 0,250 kg = 60,2 = **60 Tüten**

Gebäckrest:
  250 g x 0,2 = **50 g**

6. Rechnungsbeträge erfassen und Rechnungen erstellen (mit Nebenrechnung)

Richtzeit: 15 Minuten

Das Hotel Krone bezieht täglich zu Ladenpreisen folgende Backwaren von der Bäckerei Beutel:

160 Brötchen à 0,25 €   160 Brezeln à 0,45 €   80 Croissants à 0,75 €

Weil das Hotel ein langjähriger und guter Kunde ist, gewahrt ihm die Bäckerei Müller einen Treuerabatt in Höhe von 12 %; der Hotelier überweist die Rechnung immer sofort nachdem er die Rechnung erhalten hat und kann deshalb 2 % Skonto abziehen.

6.1 Erstellen Sie die Rechnung für den Monat April (30 Tage).

6.2 Wie hoch ist der Überweisungsbetrag dieser Rechnung?

Lösung:

6.1

Anzahl:	Artikel:	Preis/Stück	Preis gesamt:
160	Brötchen	0,25 €	40,00 €
160	Brezeln	0,45 €	72,00 €
80	Croissants	0,75 €	60,00 €

Brutto-Rechnungsbetrag/Tag   172,00 €

Brutto-Rechnungsbetrag – April (30 x 172,00)	5160,00 €
./. 7 % MwSt. (1)	337,57 €
Netto-Rechnungsbetrag I	4822,43 €
./. 12 % Rabatt (2)	578,69 €
Netto-Rechnungsbetrag II	4243,74 €
+ 7 % MwSt. (3)	297,06 €
Brutto-Rechnungsbetrag	**4540,80 €**

Nebenrechnungen
(1) 5160,00 € x 7/107   = 337,57 €
(2) 4822,43 € x 12/100   = 578,691 €   = 578,69 €
(3) 4243,74 € x 7/100   = 297,063 €   = 297,06 €

6.2 Brutto-Rechnungsbetrag	4540,80 €
./. 2 % Skonto (4)	90,82 €
Zahlungsbetrag/Überweisungsbetrag	**4449,98 €**

Nebenrechnungen
(4) 4540,80 € x 2/100   = 90,816 €   = 90,82 €

7. Verluste zahlungsmäßig erfassen   Richtzeit: 15 Minuten

Die Bäckerei-Konditorei Stritzelberger feiert ihr 50-jähriges Geschäftsjubiläum. Jeder Kunde soll als kleines Dankeschön 1 Tütchen gefüllt mit 50 g Käsemürbeteiggebäck erhalten. Dazu werden 30 kg Gebäck bereit gestellt, beim Abpacken zerkrümeln jedoch insgesamt 4 kg.

7.1 Wie viele Tütchen könnten ohne Verpackungsverluste abgepackt werden?
7.2 Wie viele Tütchen werden tatsächlich abgepackt?
7.3 Wie hoch ist der Verlust in Prozent?

Lösung:

7.1.   50 g = Tüte
          30000 g = 1 x 30000/50 = **600 Tütchen**

7.2   Gesamtgewicht: 30000 g
          ./.Krümel: 4000 g

          verbleibende Menge: 26000 g

PRÜFUNGSFRAGEN

50 g = 1 Tüte
26000 g = 1 x 26.000/50 = **520 Tütchen**

7.3 Sollanzahl – Tütchen = 600
./. Istanzahl – Tütchen = 520

Verlust = 80

600 Tütchen = 100 %
80 Tütchen = 100 x 80/600 = 13,333 =   **13,3 %**

8. Nährwert- und Nährstoffbedarf berechnen   Richtzeit: 15 Minuten

Die Auszubildenden Tina und Eva sind sich nicht einig in der Bewertung, wie sich Brötchen mit Vollkornbrötchen hinsichtlich ihrer darin enthaltenen Energiemengen unterscheiden.

Im Fachbuch finden sie folgende Angaben zur inhaltlichen Zusammensetzung der beiden Brötchensorten.

Vollkornbrötchen: Fett: 1,69 %, Kohlenhydrate: 47,60 %, Eiweiß: 8,76 %

Brötchen: Fett: 1,35 %, Kohlenhydrate: 50,70 %, Eiweiß: 7,43 %

Helfen Sie Tina und Eva bei der Energiemengenberechnung für ein Brötchen und ein Vollkornbrötchen mit jeweils 50 g Gebäckgewicht.

Lösung:

Vollkornbrötchen: 50 g

Fett:	50 g x 1,69/100 = 0,85 g x 37 kJ	=	31,45 kJ
Kohlenhydrate:	50 g x 47,6/100 = 23,80 g x 17 kJ	=	404,60 kJ
Eiweiß:	50 g x 8,76/100 = 4,38 g x 17 kJ	=	74,46 kJ

Energiemenge: **510,51 kJ**

Brötchen: 50 g

Fett:	50 g x 1,35/100 = 0,68 g x 37 kJ	=	25,16 kJ
Kohlenhydrate:	50 g x 50,7/100 = 25,35 g x 17 kJ	=	430,95 kJ
Eiweiß:	50 g x 7,43/100 = 3,72 g x 17 kJ	=	63,24 kJ

Energiemenge: **519,35 kJ**

9. Prozentrechnen/Arbeitszeit   Richtzeit: 10 Minuten

Die Verkäuferin Schnell erhofft sich bei der Einstellung, dass sie netto mindestens 950,00 € verdienen wird.

9.1 Wie hoch müsste das Bruttogehalt bei derzeit 39 % Abzügen (für Lohnsteuer und Sozialversicherung) sein?

9.2 Wie viele Stunden pro Monat müsste die Verkäuferin arbeiten, um dieses Gehalt bei einem Bruttostundenlohn von 9,11 € zu verdienen?

Lösung:

9.1 Bruttolohn   100 %   61 %   =   950,00 €
    ./. Abzüge   39 %   100 %   =   x

    = Nettolohn   61 %   Bruttolohn = 950,00 € x 100/61
                                         1557,38 €

9.2 1.557,38 € : 9,11 €/Std. = 170,95 Std. = **171 Stunden pro Monat**

10. Energiebedarf   Richtzeit: 10 Minuten

Carola ist eine junge Bäckereifachverkäuferin, die bei ihrer Tätigkeit (körperlich mittelschwere Arbeit) täglich insgesamt ca. 9400 kJ Energie aufnehmen sollte.

Wie hoch ist die täglich erforderliche Nährstoffmenge in kJ und g, wenn der Anteil der Kohlenhydrate 55 %, der Anteil an Fetten 30 % und der Anteil an Eiweißen 15 % betragen soll?

BRENNWERTE	
1 g Eiweiß	= 17 kJ
1 g Kohlenhydrate	= 17 kJ
1 g Fett	= 7 kJ

Lösung:

100 % = 9400 kJ
  1 % =   94 kJ

Kohlenhydrate: 94 kJ x 55 % = **5170 kJ** : 17 kJ/g = **304,118 g**

Fette: 94 kJ x 30 % = **2820 kJ** : 37 kJ/g = **76,216 g**

Eiweiße: 94 kJ x 15 % = **1410 kJ** : 17 kJ/g = **82,941 g**

PRÜFUNGSFRAGEN

11. Fahrtkosten berechnen Richtzeit: 10 Minuten

Sabine fährt täglich mit dem Auto zur Arbeit. Das sind im Monat 420 km. Ihr Chef ist großzügig und erstattet ihr 0,15 € Fahrtgeld pro Kilometer.

11.1 Sabine kann immer 3 Monate zusammen abrechnen. Wie viel Fahrtgeld erhält Sie dann?

11.2 Manchmal macht Sabine auch Geschäftsfahrten mit ihrem Auto. Dann erhält sie 0,20 €/km. Im Jahr 2004 fuhr Sabine 516 km geschäftlich mit ihrem Auto. Wie viele km sind das durchschnittlich im Monat und wie viel € erhält Sabine dafür pro Monat?

11.3 Berechnen Sie, wie viel Prozent der gefahrenen Kilometer pro Jahr privat und wie viel geschäftlich sind.

Lösung:

11.1 420 km/Monat x 3 Monate x 0,15 €/km = **189 € in 3 Monaten**

11.2 516 km : 12 Monate = **43 km durchschnittlich im Monat**

   43 km x 0,20 €/km = 8,60 € pro Monat

11.3 Privatkilometer: 420 x 12 =   5040 km
   Geschäftskilometer: 516 km
   _____
                      5556 km

5556 km = 100 %
5040 km = 100 x 5040/5556   = 90,70 % privat

5556 km = 100 %
516 km = 100 x 516/5556   = 9,30 % geschäftlich

12. Durchschnittsberechnung Richtzeit: 10 Minuten

Sie sollen eine Weihnachtsgebäckmischung zusammenstellen und in 250 g Beutel abfüllen. Dazu verwenden Sie:

3,000 kg	Mürbeteigausstecher	zu	20,00 € je kg
2,500 kg	Makronen	zu	3,50 € je 100 g
3,500 kg	Butter-S	zu	3,00 € je 100 g
2,250 kg	Zimtsterne	zu	3,75 € je 100 g
1,000 kg	Bärentatzen	zu	22,50 € je kg

Berechnen Sie den Verkaufspreis für einen 250 g Beutel.

Lösung:

3,000 kg	Mürbteeigausstecher	x 20,00 €/kg	=	60,00 €
2,500 kg	Makronen	x 35,00 €/kg	=	87,50 €
3,500 kg	Butter – S	x 30,00 €/kg	=	105,00 €
2,250 kg	Zimtsterne	x 37,50 €/kg	=	84,38 €
1,000 kg	Bärentatzen	x 22,50 €/kg	=	22,50 €
12,250 kg			=	359,38 €
0,250 kg	= 359,38 € x 0,250/12,250		=	**7,33 €**

Ein Beutel Weihnachtsgebäckmischung wird für **7,33 €** verkauft.

13. Rechnung
Richtzeit: 10 Minuten

Für eine Grillparty bestellt Frau Käsmann:

30	belegte Brötchen	zu	1,45 € je Stück
30	Brezeln	zu	0,51 € je Stück
15	Ciabattabrötchen	zu	1,00 € je Stück
15	Baguettebrötchen	zu	0,25 € je Stück
2	Partyräder	zu	10,00 € je Stück

Die angegebenen Preise sind Bruttopreise. Ab einer Rechnungssumme von 50,00 € werden 10 % Rabatt gewährt.
Frau Käsmann bezahlt 90,00 €. Zu Hause rechnet sie nach und bemerkt, dass sie zu viel bezahlt hat.
Prüfen Sie nach und erstellen Sie den Rechenweg für die Kundin.

Lösung:

30	belegte Brötchen	x 1,45 €	=	43,50 €
30	Brezeln	x 0,51 €	=	15,30 €
15	Ciabattabrötchen	x 1,00 €	=	15,00 €
15	Baguettebrötchen	x 0,25 €	=	3,75 €
2	Partyräder	x 10,00 €	=	20,00 €
	Bruttopreis		=	97,55 €

PRÜFUNGSFRAGEN

107 %	entspricht	97,55 €
1 %	entspricht	0,91 €
Nettoverkaufspreis 100 %	entspricht	91,17 €
- 10 % Rabatt	=	9,11 €
		82,06 €
+ 7 % MwSt.		5,74 €
Rechnungsendbetrag		87,80 €

$$90,00 € - 87,80 € = \mathbf{2,20 €}$$

Frau Käsmann hat 2,20 € zu viel bezahlt.

14. Kassenabrechnung   Richtzeit: 10 Minuten

Verkäuferin Bea weiß wegen der Hektik am Vormittag nicht mehr, wie viel € sie dem Postboten für eine Lieferung per Nachnahme bar aus der Kasse bezahlt hat.

Ermitteln Sie diesen fehlenden Betrag in der Kasse nach folgenden Angaben:

Wechselgeld am Morgen	120,00 €
Kassenbestand am Abend	268,75 €
Tageseinnahmen laut Kontrollstreifen	716,55 €
Bareinzahlung laut Bankbeleg	550,00 €

Lösung:

Wechselgeld		120,00 €
+ Tageseinnahmen		716,55 €
	=	836,55 €
Kassenbestand am Abend		268,75 €
+ Bareinzahlung		550,00 €
	=	818,75 €
		836,55 €
		- 818,75 €
		17,80 €

17,80 € ist der fehlender Betrag, der von Verkäuferin Bea für die Lieferung entnommen wurde.

15. Verkaufspreise für Handelswaren Richtzeit: 15 Minuten

Bäckermeister Schlecker hat bei einem Testangebot zugegriffen und 200 Päckchen Kaffee für insgesamt 578,00 € erworben.
Er kalkuliert mit einem Handelsaufschlag von 35 % und 7 % Mehrwertsteuer.

15.1 Berechnen Sie den Bruttoverkaufspreis, mit dem er ein Päckchen Kaffee im Laden verkauft.

15.2 Leider wurde das Angebot nicht so gut genutzt wie gedacht, und Bäckermeister Schlecker muss den restlichen Kaffee für 3,99 € pro Päckchen anbieten.
Berechnen Sie die verbleibende Handelsspanne in € und in %.

Lösung:

15.1	Einkaufspreis (100 %)	578,00 €	
	+ Handelsaufschlag (35 %)	202,30 €	
	= Nettoverkaufspreis	780,30 €	
	+ MwSt. (7 %)	54,62 €	
	= Bruttoverkaufspreis	834,92 € : 200 =	**4,17 € p. Päckchen**
15.2	Einkaufspreis	2,89 €	
	+ Handelsaufschlag	**0,84 € = 22,50 %**	
	= Nettoverkaufspreis (100 %)	3,73 €	
	+ MwSt. (7 %)	0,26 €	
	= Bruttoverkaufspreis (107 %)	3,99 €	

Einkaufspreis: 578 : 200 = 2,89 € pro Päckchen

16. Berechnung von Betriebskosten Richtzeit: 15 Minuten

Die Bäckerei-Konditorei Schnell bietet Sahnetorten zu einem Preis von 19,00 € an.
Die Materialkosten dieser Torten betragen 3,25 €.
Der Gewinn und das Risiko sind mit 19 % kalkuliert.
Im Verkaufspreis sind 7 % Mehrwertsteuer enthalten.

Wie viel € und wie viel Prozent Betriebskosten hat Meister Schnell eingerechnet?
Erstellen Sie ein vollständiges Kalkulationsschema!

PRÜFUNGSFRAGEN

Lösung:

107 % = 19,00 €
100 % =   x   €   x = 19,00 €/107 x 100 = 17,76 €

119 % = 17,76 €
100 % =   x   €   x = 17,76 €/119 x 100 = 14,92 €

Betriebskosten: 14,92 € - 3,25 € = 11,67 €

Materialkosten	3,25 €
+ Betriebskosten	**11,67 €**
= Summe Kosten	14,92 €
+ Gewinn und Risiko	2,84 €
= Nettoverkaufspreis	17,76 €
+ MwSt. (7 %)	1,24 €
= Bruttoverkaufspreis	19,00 €

Betriebskosten in %:   3,25 € = 100 %
                       11,67 € =   x %

x = 100 %/3,25 € x 11,67 % = **359,10 %**

17. Berechnung des Verkaufspreises im Café
Richtzeit: 15 Minuten

Feine, gefüllte Blätterteig-Stückchen werden im Laden für 1,10 € pro Stück angeboten.
Schlagen Sie vor, zu welchem Preis das Stückchen im Café angeboten werden soll. (Rechenweg vollständig darstellen!)

Berücksichtigen Sie dabei:

Mehrwertsteuer im Ladenverkauf:	7 %
Mehrwertsteuer im Café:	16 %
Café-Aufschlag:	18 %

Lösung:

107 % = 1,10 €
100 % =   x   €   x = 1,10 €/107 x 100 = 1,03 €

100 % = 1,03 €
118 % =   x   €   x = 1,03 €/100 x 118 = 1,22 €

100 % = 1,22 €
116 % =   x   €   x =1,22 €/100 x 116 = **1,42 €**

Das Blätterteig-Stückchen sollte im Café um 1,45 € angeboten werden.

18. Energie- und Nährwertberechnung   Richtzeit: 15 Minuten

Immer häufiger erkundigen sich Kunden nach dem Brennwert (Energiegehalt) von Lebensmitteln. Eine Kundin möchte von Ihnen den Energiegehalt von einer Biskuitrolle wissen. Da Sie es nicht auswendig wissen, vertrösten Sie die Kundin bis zum nächsten Einkauf. In der Backstube erfahren Sie, dass die Biskuitrolle 62 % Kohlenhydrate, 13 % Fett und 7 % Eiweiß enthält.
Berechnen Sie den Energiegehalt von einem Stück mit 70 g.

Lösung:

Kohlenhydrate:	70 g x 62/100 = 43,4 g x 17 kJ/g =	737,8 kJ
Fett:	70 g x 13/100 = 9,1 g x 37 kJ/g =	336,7 kJ
Eiweiß:	70 g x 7/100 = 4,9 g x 17 kJ/g =	83,3 kJ
Summe		= **1157,8 kJ/Stück**

19. Mischungsrechnen   Richtzeit: 15 Minuten

Ihre Kundin Frau Schön bestellt für die Gäste ihrer Hochzeitsfeier 40 Pralinenpräsente. Sie sollen 75 g Trüffel enthalten und wie folgt gemischt werden:

3 Teile Champagnertrüffel zu 4,30 €/100 g und
2 Teile Kirschwassertrüffel zu 4,10 €/100g

19.1 Wie viel g jeder Sorte enthält ein Pralinentütchen?

19.2 Wie viel € kostet ein Pralinentütchen?

19.3 Wie viel € muss Frau Schön insgesamt bezahlen?

Lösung:

		19.1	19.2	19.3
CT 3 Teile	=	**45 g** x 4,30 €/100 g	= 1,94 €	
KT 2 Teile	=	**30 g** x 4,10 €/100 g	= 1,23 €	
5 Teile	=	75 g	= 3,17 € x 40 =	**126,80 €**
1 Teil	=	15 g		

PRÜFUNGSFRAGEN

20. Kassenabrechnung Richtzeit: 15 Minuten

Die tägliche Abrechnung der Kasse gehört zu Ihren Aufgaben. In der Kasse befand sich bei Ladenöffnung 148,50 € Wechselgeld. Nach Ladenschluss stellen Sie zusammen mit der Filialleiterin einen Kassenbestand von 580,90 € fest. Laut Kontrollstreifen und Belegen konnten Sie folgende Einnahmen registrieren:

Für den Getränkelieferanten:	40,70 €
Für den Rohstofflieferanten Schmidt & Co.:	420,50 €
Bankeinzahlung am Nachmittag:	125,80 €
Entnahme des Betriebsleiters:	150,00 €

Berechnen Sie die Tageseinnahmen.

Lösung:

Tageseinnahme		=	**1169,40 €**
+ Wechselgeld		=	148,50 €
– Entnahmen	40,70 €		
	420,50 €		
	125,80 €		
	150,00 €	=	737,00 €
Kassenbestand am Abend		=	580,90 €

---

21. Energieverbrauch Richtzeit: 15 Minuten

In Ihrem Betrieb werden sämtliche Glühbirnen durch Energiesparlampen ausgetauscht. Bisher trug der jährliche Energieverbrauch für die gesamte Beleuchtung 18 000 kWh.
Durch den Einsatz der Energiesparlampen kann der Verbrauch um 75 % gesenkt werden.

Wie viel € spart Ihre Bäckerei jährlich ein bei einem Kilowattstundenpreis von 0,1485 €?

Lösung:

100 % entsprechen 18.000 kWh
75 % entsprechen 13.500 kWh

13.500 kWh x 0,1485 €/kWh = **2004,75 € Ersparnis**

22. Verluste
Richtzeit: 15 Minuten

Für Ostern wurden 150 Biskuitlämmchen bestellt. Beim Verpacken gehen von 100 Lämmchen erfahrungsgemäß zwei kaputt.

22.1 Wie viel Lämmchen müssen hergestellt werden?

Laut Kalkulation würde ein Lämmchen ohne den Verpackungsverlust 3,78 € kosten.

22.2 Was kostet ein Lämmchen, wenn Sie den Verlust einkalkulieren?

Lösung:

22.1   98 % entsprechen   50 Lämmchen
        100 % entsprechen **153 Lämmchen**

22.2   153 Lämmchen x 3,78 € = 578,34 €
        578,34 € : 150   = **3,86 €**

23. Kalkulation Handelswaren
Richtzeit: 15 Minuten

In der Konditorei Faller werden 20 Tafeln Vollmilchschokolade für 12,60 € netto eingekauft.
Der Verkaufspreis im Laden beträgt 0,85 € pro Tafel.

Berechnen Sie den Handelsaufschlag in € und %.

Lösung:

Nettoeinkaufspreis	12,60 € : 20	= 0,63 €	=	100,00 %
+ Handelsaufschlag		= **0,16 €**	=	**25,40 %**
= Nettoverkaufspreis	100 %	= 0,79 €		
+ Mehrwertsteuer	7 %	= 0,06 €		
= Bruttoverkaufspreis	107 %	= 0,85 €		

24. Kreditkosten
Richtzeit: 15 Minuten

Sie wollen sich nach der Abschlussprüfung mit Ihrem Lebenspartner, einem Konditormeister, selbständig machen. Sie benötigen neben Ihrem Eigenkapital einen Kredit in Höhe von 45 000 €.
Ihre örtliche Bank macht Ihnen ein Angebot über ein Existenzgründungsdarlehen zu 4,3 % Zinsen und 3,5 % Tilgung.

PRÜFUNGSFRAGEN

Mit welcher Gesamtbelastung müssen Sie pro Monat rechnen?

Lösung:

100,0 % - 45000 €
7,8 % -   3510 €/Jahr : 12 = **292,50 €/Monat**

25. Kalkulation von Torten im Café
Richtzeit: 15 Minuten

Ein Stück Flockensahnetorte wird im Laden für 1,80 € verkauft. Berechnen Sie den Caféverkaufspreis bei 35 % Caféaufschlag. Berücksichtigen Sie die gültigen Mehrwertsteuersätze.

Lösung:

BVP	107 %	= 1,80 €
- MWST	7 %	= 0,12 €
= NVP	100 %	= 1,68 €
+ Caféaufschlag	35 %	= 0,59 €
= NVP	100 %	= 2,27 €
+ MWST	16 %	− 0,36 €
= BVP		= **2,63 €**

26. Gewinnermittlung
Richtzeit: 15 Minuten

In Ihrem Betrieb sollen im Rahmen einer Werbeaktion für Siedegebäcke 3 Berliner Pfannkuchen für 1,98 € verkauft werden. Sie bekommen den Auftrag, den Gewinn bzw. den Verlust für 3 Berliner zu berechnen.

Kalkulationsdaten:

Hergestellt werden 300 Stück.

Die Materialkosten für den Teig betragen: 10,21 €

Pro Berliner werden verbraucht: 0,005 kg Siedefett (2,75 €/kg)
0,010 kg Erdbeerkonfitüre (3,32 €/kg)
0,003 kg Zimtzucker (0,92 €/kg)

Der Risikozuschlag beträgt 5 %.

Für die Herstellung werden 112 Minuten benötigt.

Der Stundenkostensatz beträgt 48,45 € und die Mehrwertsteuer 7 %.

Lösung:

Teig:		= 10,21 €
Siedefett	300 x 0,005 kg x 2,75 €/kg =	4,13 €
Erdbeerkonfitüre	300 x 0,010 kg x 3,32 €/kg =	9,96 €
Zimtzucker	300 x 0,003 kg x 0,92 €/kg =	0,83 €
Materialkosten		= 25,13 €
Betriebskosten	60 Min. - 48,45 €	
	112 Min. - X	= 90,44 €
Selbstkosten	100 %	= 115,57 €
Risiko	5 %	= 5,78 €
Gewinn		= 63,70 € : 100 = **0,64 €**
Netto-VKP	100 %	= 85,05 €
MwSt.	7 %	= 12,95 €
Brutto-VKP	300 Stück 107 %	= 198,00 €
	3 Stück	= **1,98 €**

6. Berechnungen zum Arbeitsplatz durchführen

Die Verkäuferin Claudia bestellt für ihre Filiale Blechkuchen. Die Lieferung erfolgt grundsätzlich auf Ladenblechen der Größe 60 cm x 40 cm; 1 Stück Kuchen misst 12 cm x 8 cm.

6.1 Welche Stückchen sind auf einem Blech?
6.2 Claudia schätzt, dass sie 120 Stücke verkaufen kann. Wie viele Bleche muss sie bestellen, wenn nur volle Bleche geliefert werden?

Lösung:

6.1   Länge Blech   =   60 cm
       Länge Stück   12 cm

       = 5 Stücke in der Länge

       Breite Blech   =   40 cm
       Breite Stück   8 cm

       = 5 Stücke in der Breite

       ergibt: 5 x 5 Stücke = **25 Stücke auf einem Blech**

6.2   benötigte Stückzahl =   120 Stück
       Stückzahl/Blech   25 Stück

       = 4,8 Bleche, d. h. **5 Bleche**

PRÜFUNGSFRAGEN

Fachtechnologie und Verkaufskunde
Allgemeine Richtzeit zur Lösung der jeweiligen Aufgaben: 18 Minuten

1. Warensortiment/Teige und Massen

1.1 In Ihrem Geschäft erscheint eine Kundin und verlangt ein Blätterteigcroissant und möchte einige Hinweise wissen.
Beschreiben Sie, was Sie der Kundin antworten.

1.2 Welche grundsätzlichen Unterschiede bestehen zwischen Teigen und Massen?
Nennen Sie 3 davon!

1.3 Ordnen Sie folgende Gebäcke den unterschiedlichen Teigen und Massen zu:

Berliner	Amerikaner	Florentiner
Linzer Torte	Schwarzwälder Kirschtorte	Windbeutel
	Holländer Kirschtorte	Meringen

1.4 Außerdem bestellt die Kundin eine bunte Kaffeeplatte für 6 Personen. Beschreiben Sie das Herrichten der Platte mit je einem Beispiel in Bezug auf

- Menge
- optische Gestaltung
- Art der Gebäckteile
- hygienische Anforderungen

Lösung:

1.1 Croissants sind nie aus Blätterteig, sondern aus Plunderteig.
Plunderteig ist ein Hefefeinteig, in den Ziehfett eingearbeitet (touriert) wurde.
Plunderteig enthält nicht so viel Fett wie Blätterteig, hat aber eine ähnlich blättrige Konsistenz.

1.2
Massen	Teige
enthalten überwiegend Zucker, Ei, und Fett	überwiegend Getreidemahlerzeugnisse
enthalten eher helle Weizenmehle/Weizenpuder	enthalten helle und dunkle Weizen- undRoggenmehle
werden gerührt, geschlagen oder abgeröstet	werden geknetet (oder gerührt)

Massen sind schaumig, weich, fließend oder streichfähig	Teige sind fest und formbar
Lockerung mit Luft, Wasserdampf oder Backpulver	Lockerung mit Hefe oder Backpulver

1.3
Berliner	Hefeinteig
Amerikaner	Rührmasse
Florentiner	Röstmasse
Linzer Torte	Mürbeteig
Schwarzwälder Kirschtorte	Biskuitmasse
Windbeutel	Brandmasse
Holländer Kirschtorte	Blätterteig
Meringen	Baisermasse

1.4 z. B.
- 2 Gebäckstücke pro Person
- 1 Dessertstück pro Person
- Gebäckstücke können nach Geschmack gemischt werden
- Farben und Formen der Teilchen beachten
- Platte mit Papierspitzen abdecken
- Gebäckstücke in Papiermanschetten einkapseln / Trennpapier
- Kühlung

2. Brot in der Ernährung

Brot ist eines unserer ältesten Nahrungsmittel. Mit der Entwicklung unserer Wohlstandsgesellschaft hat Brot an Bedeutung als Grundnahrungsmittel verloren.
Andererseits hat Brot als schmackhafte Grundlage und Beilage von Mahlzeiten und Zwischenmahlzeiten sowie als Lebensmittel mit hohem Gesundheitswert an Bedeutung zugenommen.

2.1 Nennen Sie die wichtigsten Nährstoffe, die im Brot enthalten sind.

2.2 Ballaststoffreiche Brote werden beim Kunden immer beliebter. Erklären Sie die Bedeutung der Ballaststoffe für die menschliche Ernährung.

2.3 Ein beliebtes Fast-Food-Produkt bei Jugendlichen ist der „Hamburger". Beurteilen Sie das „Hamburger"-Brötchen vom Gesichtspunkt der Ernährungsberaterin aus.

2.4 Erstellen Sie ein Angebot für eine Zwischenmahlzeit unter Verwendung von Brot oder Kleingebäck, das den Anforderungen an eine gesunde Ernährung entspricht.

PRÜFUNGSFRAGEN

Lösung:

2.1 Die folgenden Nährstoffe sind im Brot enthalten:

Energie liefernde Nährstoffe
- Kohlenhydrate (vor allem Stärke)
- Eiweiß
- Fett

Energiefreie Nährstoffe
- Vitamine (vor allem B-Vitamine)
- Mineralstoffe
- Wasser

2.2 „Ballaststoffe" sind Vielfachzucker, die im Darm des Menschen nicht abgebaut werden können. Sie dienen im Verdauungsapparat als unverdaulicher Füllstoff, der die Darmtätigkeit anregt und somit Verstopfung vorbeugt. Durch die längere Verweildauer der Speisen im Darm erhöht sich außerdem das Sättigungsgefühl. Gleichzeitig sind Ballaststoffe in der Lage, Giftstoffe zu binden.

2.3
- „Hamburger"-Brötchen sind vergleichbar mit herkömmlichen Tafelbrötchen.
- Durch die Verwendung heller Mehle ist der Anteil an Vitaminen, Mineralstoffen, Ballaststoffen und essentiellen Fettsäuren gering.
- Diese Brötchen haben nur einen geringen Sättigungswert, so dass es bei einem „Hamburger" nicht bleibt und damit mehr Energie, vor allem als Fett, aufgenommen wird als erwünscht ist.

2.4 Mögliche Beispiele für eine Zwischenmahlzeit:
- Vollkornbrötchen mit Salat, Tomate, Mozzarella, Basilikum
- Mehrlagiges Sandwich mit Vollkorn- oder Mehrkornbrot, Frischkäse, Schinken, Tomate, Salat

3. Verkäuferpersönlichkeit und Kundentypen

Als Verkäuferin haben Sie tagtäglich mit den unterschiedlichsten Kundentypen zu tun und müssen die verschiedensten Verkaufssituationen bewältigen.

3.1 Nennen Sie jeweils 4 Anforderungen, die an das äußere Erscheinungsbild und an die Persönlichkeit der Verkäuferin gestellt werden.

3.2 Kunden haben oftmals ganz unterschiedliche Gründe für den Kauf einer Ware.
Nennen und beschreiben Sie 4 unterschiedliche Motive, die den Kunden zum Kauf einer bestimmten Ware veranlassen können.

PRÜFUNGSFRAGEN

3.3 Welche Kundentypen begegnen Ihnen tagtäglich. Nennen und erläutern Sie 4 unterschiedliche Kundentypen. Erklären Sie, wie Sie mit diesen Kundentypen umgehen.

Lösung:

3.1 saubere Kleidung, gewaschene Haare, gepflegte Hände, kein Körpergeruch, kein Nagellack, freundlich, höflich, gesprächsbereit, offen, hilfsbereit usw.

3.2
- knappe Finanzen: Kunde kauft nur das Notwendigste
- Zeitersparnis: keine Zeit zum Selbermachen
- Krankheit: kauft nur Diabetikerbackwaren
- Qualitätsbewusstsein: kauft nur hochwertige Waren
- Geruchsempfinden: wird vom Backduft angelockt
- Neugier: möchte etwas Neues ausprobieren

3.3 z. B. sachverständiger, unentschlossener, sparsamer, anspruchsvoller, sachlicher Kunde

4. Kaffee im Café

Sie sind in ihrem Betrieb für den Kaffeeservice zuständig und müssen eine neue Aushilfskraft einweisen.

4.1 Erklären Sie der neuen Mitarbeiterin die Wirkung von zwei Inhaltsstoffen von Kaffee.

4.2 Was versteht man unter entkoffeiniertem Kaffee und welchen Personen ist er zu empfehlen?

4.3 Beschreiben Sie die fachgerechte Zubereitung einer Tasse Cappuccino.

4.4 Worauf sollte Ihre neue Kollegin beim Servieren von Cappuccino besonders achten?

Lösung:

4.1 *Koffein:* Geruchlos, schmeckt bitter, regt Herz und Kreislauf an, erhöht den Blutdruck und steigert schnell die körperliche und geistige Leistungsfähigkeit.

Gerbsäuren (Bitterstoffe): Regen die Verdauung an und reizen die Magenschleimhäute.

PRÜFUNGSFRAGEN

Ätherische Öle: Geben dem Kaffee den Geschmack.

4.2 Normaler Kaffee hat ca. 2 % Koffein, entkoffeinierter maximal 0,1 %. Empfehlenswert für Menschen mit hohem Blutdruck und Herzkrankheiten.

4.3 Gemahlenen Kaffee (6 bis 8 g) in Druckkaffeemaschine bei 6 bis 8 bar auslaugen.
Mit heißem Milchschaum (oder Sahne) und Kakaopulver garnieren.

4.4 Heiß in sauberer Tasse auf passendem Unterteller servieren; Löffel rechts neben Tasse platzieren; Zucker nicht vergessen; nichts verschütten; freundliches „Bitteschön" oder „Ihr Cappuccino".

5. Grundlagen des Verkaufs

Frau Gittermann ist Stammkundin in Ihrer Bäckerei-Konditorei; sie plant die Konfirmationsfeier ihrer Tochter Franziska. Dieses Familienfest soll besonders gut gelingen und deshalb begibt sich Frau Gittermann zu Ihnen ins Fachgeschäft, um sich beraten zu lassen.

5.1 Beschreiben Sie 2 mögliche Gründe, weshalb Frau Gittermann Stammkundin geworden ist und welche Erwartungen damit an Sie als Verkäuferin gestellt werden.

5.2 Frau Gittermann möchte Kuchen/Torten zu dieser Konfirmationsfeier. Welche Informationen brauchen Sie, um Ihre Kundin bedarfsgerecht beraten zu können?
Formulieren Sie dazu ein mögliches Verkaufsgespräch.

5.3 Ihre Kunden haben unterschiedliche Persönlichkeitsmerkmale; Frau Gittermann ist z. B. eine sehr anspruchsvolle Kundin.
Welche Eigenschaften bzw. welches Verhalten lassen Sie dieses Merkmal erkennen?
Beschreiben Sie 2 Möglichkeiten.

5.4 Sie haben als Verkäuferin entscheidenden Anteil am Geschäftserfolg. Als gute Verkäuferin müssen Sie verschiedene Anforderungen erfüllen.
Erörtern Sie folgende Aussage: „Nur eine gesunde Verkäuferin ist eine gute Verkäuferin."
Was können Sie selber dazu beitragen?

Lösung:

5.1 Kunde wohnt in der Nähe, Kunde schätzt den Kontakt und die Beratung der Verkäuferinnen, Kunde ist sehr zufrieden mit dem Angebot, der Qualität der Ware und der fachkundigen Beratung bzw. der freundlichen Bedienung.

Stammkunden wollen mit ihrem Namen angesprochen werden und die Verkäuferin sollte auf deren Eigenarten unaufgefordert reagieren; besonders allein stehende Personen wünschen das persönliche Gespräch; durch die Anteilnahme an ihren persönlichen Lebensumständen wie z. B. Krankheit, Arbeitslosigkeit, Prüfung usw. kann die Verkäuferin ihr Interesse am Kunden zeigen.

5.2 Anzahl der Gäste, Alter der Gäste, Einschränkungen durch Krankheit z. B. Diabetes, Zöliakie ..., Eigenarten des Kunden im Angebot aufnehmen ...

Verkäuferin: „Guten Tag Frau Gittermann. Womit kann ich Ihnen heute behilflich sein?"

Kundin: „Ich hätte gerne Kuchen und Torten zur Konfirmation meiner Tochter."

Verkäuferin: „Zu diesem Fest haben Sie bestimmt einige Gäste eingeladen. Deshalb müsste ich zunächst wissen, wie viele Personen an dieser Feier teilnehmen."

Kundin: „Es sind 20 Personen, davon sind 4 Kinder."

Verkäuferin: Sind dabei Diabetiker oder Allergiker zu berücksichtigen? Das müsste ich bei der Auswahl des Gebäcks berücksichtigen."

Kundin: „Nein."

Verkäuferin: „Sie bevorzugen unsere Kremtorte; deshalb möchte ich Ihnen unsere feine Nusskremtorte als Festtagstorte, dekoriert z. B. mit dem Foto Ihrer Tochter, als Mittelpunkt Ihrer Kaffeetafel empfehlen; eine gemischte Platte mit verschiedenen Stückchen frischen Obstkuchens ergänzt die Kaffeetafel und trifft bestimmt den Geschmack aller Ihrer Gäste, vor allem nach einem ausgiebigen Mittagessen; man rechnet pro Person 2 Stückchen; ein zartkrumiger Sandkuchen rundet das Angebot ab und schmeckt außerdem auch gut zu Wein."

5.3 Anspruchsvolle Kunden wollen nur Spitzenqualität, der Preis spielt nicht die entscheidende Rolle, sie erwarten erstklassige Beratung und Bedienung, bei großen Bestellungen erwarten Sie Lieferservice.

5.4 Verkauf ist eine körperliche und seelische Belastung; zum Stressabbau bietet sich Ausgleichssport z. B. Bewegung in der Natur (Radfahren, Joggen ...) an; frische Luft, aber auch eine ausgeglichene Ernährung fördern das allgemeine Wohlsein; Fortbildungen zum Umgang mit Kunden geben der Verkäuferin Sicherheit und Stabilität ihrer Person.

PRÜFUNGSFRAGEN

6. Warenpräsentation und Bedarfsermittlung

Gabi und Ulrike sind Auszubildende im 1. und 3. Ausbildungsjahr. Über das Einräumen der Theke sind sie sich nicht einig. Während Gabi die Waren in die Theke räumt, wie sie kommen, meint Ulrike, dass sie die Waren nach einem System einräumen müssen.

6.1 Nennen Sie 4 Grundsätze, die für einen Thekenplan gelten.

6.2 Ein Thekenplan kann während des Tages mehrmals wechseln. Erstellen Sie für Ihre Bäckerei/Konditorei einen Thekenplan für die

- Thekenbelegung von 6.00 bis 11.00 Uhr
- Thekenbelegung von 11.00 bis 15.00 Uhr
- Thekenbelegung von 15.00 bis 18.00 Uhr

6.3 Ihr Chef besitzt ein Hauptgeschäft in einem Wohngebiet und erwirbt nun eine Filiale im Hauptbahnhof. Sie sind mit der Auswahl des Sortiments in der Filiale beauftragt. Erläutern Sie an 3 Beispielen, wie sich das Sortiment in der Filiale von dem im Hauptgeschäft unterscheidet.

Lösung:

6.1
- Übersichtlichkeit, damit eine rasche Orientierung möglich ist
- ständig geführte Artikel am gleichen Platz
- neue Artikel an auffälligen Stellen
- Saison- und Aktionsartikel im Vordergrund
- Schaffung von Farbkontrasten
- üppige und großzügig präsentieren

6.2 Theke von 6.00 bis 11.00 Uhr: Backwaren, belegte Brötchen, belegte und überbackene Laugengebäcke, Sandwiches usw.

Theke von 11.00 bis 15.00 Uhr: Snacks, kleine Gerichte, Salate

Theke von 15.00 bis 18.00 Uhr: Kuchen, Torten, Stückchen, Sandwiches

6.3 Angebote der Bahnhofsfiliale:
- Frühstücksangebote
- Imbissangebote
- Snackangebote
- weniger Kuchen und Torten / eher Stückchen
- mehr Handelswaren (z. B. Getränke)

7. Hygiene im Umgang mit Lebensmitteln

Eine Schlagzeile im Regionalteil einer Tageszeitung lautete: „Hygienische Mängel in Bäckerei – auf Anordnung der Lebensmittelüberwachungsbehörde wurde der Betrieb behördlich geschlossen."

7.1 Erläutern Sie den Begriff „Lebensmittelüberwachungsbehörde"

7.2 Beschreiben Sie eine mögliche Ursache, die zur Schließung des Backbetriebes geführt haben könnte.

7.3 Nennen Sie 2 Gesetze und/oder Verordnungen, die der Lebensmittelsicherheit und dem Verbraucherschutz dienen und beschreiben Sie je 2 Bestimmungen daraus.

7.4 Eine Kundin bringt schimmeliges Toastbrot in den Laden zurück, das sie reklamieren und zurückgeben möchte.

Beschreiben Sie Ihr Verhalten unter Beachtung der einschlägigen hygienischen Vorschriften.

Lösung:

7.1 Die „Lebensmittelüberwachungsbehörde" ist in Baden-Württemberg bei den Landratsämtern bzw. den Verwaltungen der Stadtkreise angesiedelt. Sie überprüft die Betriebe in Zusammenarbeit mit dem Wirtschaftskontrolldienst, bei Bedarf unter Beteiligung von tierärztlichen, lebensmittelchemischen und humanmedizinischen Sachverständigen. In den anderen Bundesländer sind dieses die zuständigen Ordnungsbehörden.

7.2 Ursache: Eine vorangehende Belehrung und Verwarnung des Betriebes war ergebnislos. Eine Abhilfe ist nicht denkbar, sei es aus technischen Gründen, aus Nichtwirkungsgründen oder aus fehlender Einsicht seitens des Betriebsinhabers.

Beispiel: Sämtliche Betriebsräume und Arbeitsgeräte sind stark verschmutzt und über längere Zeit nicht gereinigt worden. Darüber hinaus werden in den Produktionsräumen Lebensmittelschädlinge festgestellt.

7.3 Lebensmittel- und Futtermittelrecht:

1. Es ist verboten, Lebensmittel derart herzustellen oder zu behandeln, dass ihr Verzehr geeignet ist, die Gesundheit zu schädigen.

2. Es ist verboten, Bedarfsgegenstände so zu verwenden, dass von ihnen Stoffe auf Produkte übergehen, die beim Verzehr die Gesundheit schädigen können.

PRÜFUNGSFRAGEN

7.4 Lebensmittelhygiene-Verordnung:
1. *Eigenkontrollsystem der Betriebe:*
   - Analyse der möglichen Gefahren
   - Identifizierung von Gefahrenpunkten
   - Festlegung und Durchführung von Sicherungsmaßnahmen
   - Überprüfung des eingeführten Konzeptes
2. *Schulungspflicht der Mitarbeiter:*
   Wer Lebensmittel herstellt, hat zu gewährleisten, dass Personen, die mit ihnen umgehen, in Fragen der Lebensmittelhygiene unterrichtet und geschult werden.

7.5 Ich bitte die Kundin, das angeschimmelte Brot nicht auf der Ladentheke abzulegen. Wenn möglich, bitte ich sie, das Brot in einem herbei geholten Abfallbehälter selbst zu entsorgen. Sollte dieser nicht zur Verfügung stehen, nehme ich vor der Ladentheke das Produkt selbst in Empfang, um es dann zu entsorgen. Ein nachfolgendes Waschen und Desinfizieren der Hände und der Theke ist selbstverständlich.

8. Verkaufsförderung durch Werbung

In ihrem Betrieb finden regelmäßig Mitarbeiterbesprechungen und Schulungen statt. Bei der letzten Besprechung ging es um die Frage, durch welche Werbemaßnahmen der Umsatz gesteigert werden kann.

8.1 Welche Möglichkeiten hat ein Bäckerei-/Konditoreifachgeschäft, um auf sich aufmerksam zu machen? Nennen Sie fünf!

8.2 Ihre Aufgabe ist es, das Schaufenster neu zu gestalten. Nennen Sie fünf Grundsätze, die Sie dabei beachten sollten.

8.3 Nennen Sie zwei Arten von Werbung, die nicht zulässig sind.

Lösung:

8.1 Schaufenster, Plakate, Inserate, Webseite, Kostproben, Sponsoring, Verpackungsmaterial mit Firmenlogo.

8.2 Vorplanung mittels Skizze; größere Waren hinten aufstellen, kleine vorne; Tabletts, Platten und Torten leicht schräg aufstellen; nur einwandfreie schöne Waren ausstellen; nur so viel Ware aufstellen, dass sie der Besucher schnell erfassen kann; Warengruppen bilden.

8.3 Irreführende Werbung, Gesundheitsbezogene Werbung.

9. Was ist in unseren Lebensmitteln enthalten?

Als Fachverkäuferin gelten Sie als Expertin für Lebensmittel. Als Grundwissen für die Kundenberatung sollten Sie wissen, was in Backwaren enthalten ist.

9.1 Ordnen Sie folgende Begriffe den Überbegriffen zu (Mehrfachzuordnungen sind möglich): Zellulose, Eiweiß, Eisen, Glukose, Stärke, Sorbinsäure, Kalzium, Pektin, Saccharose.

Nährstoffe	Ballaststoffe	Baustoffe	Energielieferanten	Zusatzstoffe

9.2 Nennen Sie fünf ballaststoffreiche Backwaren und beschreiben Sie die Bedeutung von Ballaststoffen für den Körper.

9.3 Ihre Freundin will abnehmen. Sie sagt: „Das Allerbeste ist: gar kein Fett mehr essen, denn Fett ist nur ein Dickmacher...!"
Erklären Sie drei Aufgaben von Fett für eine gesunde Ernährung.

9.4 „Fett ist nicht gleich Fett!" Bewerten Sie Butter als Gebäckzutat im Hinblick auf eine gesunde Ernährung.

Lösung:

9.1

Nährstoffe	Ballaststoffe	Baustoffe	Energielieferanten	Zusatzstoffe
Eiweiß	Zellulose	Pektin	Saccharose	Sorbinsäure
Saccharose	Pektin	Kalzium	Stärke	(Pektin)
Stärke		Eiweiß	Glukose	
Glukose		Eisen	Eiweiß	

9.2 Alle Vollkornprodukte, Kleiebrot, Snacks mit Salat, Gebäcke aus dunklen Mehlen. Ballaststoffe regen die Verdauung an, machen satt, sind zum Abnehmen geeignet.

9.3 Fett dient im Körper:
- als Energielieferant
- als Träger der fettlöslichen Vitamine
- als Lieferant der lebensnotwendigen Fettsäuren
- als Hautschutz
- als Stoßschutz

9.4 Butter ist reich an den Vitaminen A und D, leicht verdaulich auf Grund der kurzkettigen Fettsäuren, und hat einen hohen Genusswert. Der Energiegehalt ist relativ hoch (ca. 32 kJ/Gramm), der Cholesteringehalt sollte beachtet werden.

PRÜFUNGSFRAGEN

10. Das Warensortiment – Feine Backwaren aus Teigen und Massen

Was wäre eine Kinderparty ohne Berliner oder Amerikaner, ein Kaffeeklatsch ohne ein Stück Obstkuchen, eine Hochzeit ohne Hochzeitstorte? Sind Sie fit, Ihre Kunden zu informieren und zu beraten?

10.1 Nennen Sie die Definition für Feine Backwaren nach den Leitsätzen des Deutschen Lebensmittelbuches bezüglich ihrer Zusammensetzung im Vergleich mit Brot und Kleingebäck.

10.2 Bei den Kunden sehr gefragt sind Produkte aus Hefefeinteigen. Nennen Sie 5 unterschiedliche Gebäcke und beschreiben Sie 2 davon werbewirksam.

10.4 Eine Rezeptur sieht folgende Zutaten vor:

> 350 g Zucker
> 700 g Butter / Margarine
> 1000 g Weizenmehl 405 / 550

Nennen Sie 4 Gebäcke, die aus obiger Rezeptur oder einer von ihr abgewandelten Form hergestellt werden können und erklären Sie, wofür Sie diese Gebäcke empfehlen würden.

10.4 Maria klagt bei der Schulung durch die Verkaufsleiterin: „Wenn die Kundschaft mich danach fragt, „woraus" (gemeint ist aus welchen Teigen oder Massen) Gebäcke hergestellt sind, habe ich große Schwierigkeiten, die richtige Antwort zu geben.

Helfen Sie Maria, die aufgelisteten Gebäcke den entsprechenden Teigen oder Massen zuzuordnen.

Käsestangen
Berliner
Gugelhupf (Napfkuchen)
Schwarz-Weiß-Gebäck
Mohrenköpfe
Muffins (amerikanische)

Marmorkuchen
Croissant
Brioche
Amerikaner
Windbeutel

Lösung:

10.1 Feine Backwaren unterscheiden sich von Brot und Kleingebäck dadurch, dass ihr Gehalt an Fett und/oder Zucker mindestens 10 Teile auf 90 Teile Getreidemahlerzeugnisse beträgt.

10.2 Gebäcke aus Hefefeinteigen:
Gugelhupf (Napfkuchen), Croissant, Hefezopf, Berliner, Bienenstich.

Gugelhupf: Er besteht aus einem weichen, eierreichen Hefeeinteig, dem Geschmackstoffe wie Zitrone, Vanille, Bittermandel, Rum sowie Kuchenfrüchte zugesetzt werden. Der Gugelhupf ist ein ideales Gebäck zu Kaffee und Tee. Er ist sehr aromatisch und kann als Reservegebäck 14 Tage gelagert werden.

Croissants: Croissants sind französische Frühstückshörnchen aus einem zuckerarmen, tourierten Hefeeinteig. Es sind lockere, gut bekömmliche Gebäcke mit wenig Fett. Sie sind in Verbindung mit Käse oder Schinken sehr geschmackvoll und delikat.

10.3 Die Rezeptur ist für Mürbeteige.

Gebäcke aus Mürbeteigen sind:
Teegebäck, Schwarz-Weiß-Gebäck, Flammende Herzen, Schokobögen, Kakaozungen, Käsemürbeteiggebäcke.

Mürbegebäcke sind aufgrund des recht hohen Fettanteiles besonders zart und mürbe und sind lange lagerfähig.
Die Verwendungsmöglichkeiten sind recht vielfältig: Mürbegebäcke eignen sich als Beilage zu Kaffee und Tee, sie sind typische Weihnachtsgebäcke und Käsemürbeteiggebäcke können bei der Party verzehrt werden.

10.4
Käsestangen	Blätterteig
Berliner	Hefefeinteig
Gugelhupf	Hefefeinteig
Schwarz-Weiß-Gebäck	Mürbeteig
Mohrenköpfe	Biskuitmasse
Muffins	Sandmasse (Rührmasse)
Marmorkuchen	Sandmasse
Croissants	Plunderteig
Brioche	Hefefeinteig
Amerikaner	Sandmasse
Windbeutel	Biskuitmasse

11. Die ideale Verkäuferin

Sie wollen nach der Lehre den Betrieb wechseln, haben ein Vorstellungsgespräch und möchten sich von ihrer besten Seite zeigen.

11.1 Nennen Sie fünf Anforderungen an das Erscheinungsbild einer Bäckerei-/Konditoreifachverkäuferin.

PRÜFUNGSFRAGEN

11.2 Die junge Auszubildende Barbara hat nach den ersten Arbeitstagen Probleme mit ihren Beinen. Ihr tun die Füße weh, und die Beine schwellen an.
Geben Sie ihr Tipps, wie sie das in Zukunft vermeiden kann.

11.3 Barbara möchte gleich Kunden bedienen und bittet Sie, ihr zu erklären, wie ein ideales Verkaufsgespräch ablaufen könnte.

11.4 Nachdem Barbara ein halbes Jahr im Betrieb ist, stellen Sie fest, dass immer wieder Geld in der Kasse fehlt. Welche Ursachen kann das haben?

Lösung:

11.1
- Gepflegtes Äußeres
- Saubere Arbeitskleidung
- Freundlicher Gesichtsausdruck
- Aufrechte, ungezwungene Körperhaltung
- Ehrliches, echtes Lächeln
- Ruhige, bewusste Bewegungen

11.2
- Sie soll flache Schuhe tragen, eventuell mit Einlagen
- Abends die Füße hochlegen
- Regelmäßig Sport treiben

11.3
- Begrüßung
- Erfragen des Kundenwunsches
- Empfehlung von Waren, Zusatzverkäufe
- Einpacken und Verpacken der Ware
- Kassieren
- Verabschieden

11.4
- Barbara kann nicht rechnen
- Sie gibt die Preise und/oder die Artikelmenge falsch ein
- Sie gibt falsch heraus
- Barbara ist unehrlich und bedient sich aus der Kasse.

12. Milch und Milcherzeugnisse

Ältere Menschen und Kinder bevorzugen häufig Brote und Kleingebäcke, die mit Milch hergestellt werden.

12.1 Nennen Sie drei Vorzüge, die Milchgebäcke gegenüber Wasserware haben.

12.2 Ein Kunde beschwert sich, dass die Milchbrötchen teurer seien, als die Schnittbrötchen.
Wie würden Sie auf den Einwand des Kunden reagieren?

PRÜFUNGSFRAGEN

12.3 Auch im Snackbereich sind Erzeugnisse aus oder mit Milchprodukten nicht mehr wegzudenken.
Zählen Sie 4 Snacks auf, die mit Milchprodukten hergestellt oder zubereitet werden.

12.4 Mit welchen Milchprodukten werden Snacks hergestellt, beziehungsweise zubereitet?
Nennen Sie 4 Beispiele.
Beschreiben Sie in kurzen Zügen die Herstellung eines dieser Milchprodukte.

Lösung:

12.1 Milchgebäcke sind weicher, nicht so knusprig oder so hart, länger haltbar, eignen sich besser zum Einfrieren, haben einen höheren Nährwert und sind feiner im Geschmack.

12.2 Freundlich erklären, dass für Milchgebäck keine andere Zugussflüssigkeit als Vollmilch verwendet werden darf und dass dieser wertvolle Rohstoff teurer als Wasser ist.

12.3 Käse-Laugenstangen, Pizzaschnitten, Flammkuchen, gefüllte Croissants, überbackene Seelen, Lauchtorte, Toasts ...

12.4 je nach Beispiel:
geriebener Hartkäse, saure Sahne, Frischkäse, Quark ...

je nach Beispiel:
Dicklegen von Milch durch ... (Lab oder Milchsäurebakterien) ...

13. Das Warensortiment – Brot

Jahrelang standen die Kohlenhydrate als Dickmacher im Verdacht.
Ernährungswissenschaftler sagen heute, dass der Mensch täglich 450 bis 500 g Kohlenhydrate in Körperenergie umsetzt.
Deshalb hat die Vielfalt unseres Brotsortiments eine herausragende Bedeutung in der modernen Ernährung.

13.1 Deutschlands Bäcker sind Weltmeister im Backen von verschiedenen Brotsorten. 350 davon soll es geben.
Erklären Sie einer Kundin, wie diese Vielfalt möglich ist. (3 Möglichkeiten)

13.2 In welchen Mehlzusammensetzungen dürfen nach den Leitsätzen für Brot und Kleingebäck: Weizenbrot, Weizenmischbrot, Dinkelbrot, Roggenvollkornbrot, Roggenbrötchen nach den Beurteilungsmerkmalen in den Verkehr gebracht werden?

PRÜFUNGSFRAGEN

13.3 Der Wirtschaftskontrolldienst bzw. die zuständige Ordnungsbehörde reklamiert die Preisauszeichnung von Broten in Ihrem Ladengeschäft.
Nennen Sie die Angaben, die nach der Verordnung zur Regelung der Preisangaben für Ganzbrot und für in Stücke geteiltes Brot erforderlich sind.

13.4 Im Verkaufsraum Ihres Betriebes hängen an der Wand Preisurkunden, die Ihr Betrieb anlässlich durchgeführter Brotprüfungen erhalten hat. Diese haben eine enorme Werbewirkung.
Beschreiben Sie die Bedeutung der Brotprüfung für den Betrieb und den Kunden.

Lösung:

13.1 Brot wird immer aus den Grundgetreidesorten Weizen und Roggen hergestellt.
- Zu den Grundgetreidesorten können andere Getreidesorten, wie z. B. Mais, Gerste, Reis hinzugefügt werden.
- Zu den Mehlen aus den verschiedenen Getreidesorten können Zusatzstoffe, die nicht vom Getreide stammen, wie z. B. Milch, Ölsaaten oder Nüsse hinzu gegeben werden.
- Teiglinge können auf verschiedene Weise ausgebacken werden: nass gebacken, im Holzofen gebacken, in Formen gebacken.

13.2
- Weizenbrot wird aus mindestens 90 % Weizenmehl hergestellt. Der Roggenmehlanteil darf 10 % betragen.
- Weizenmischbrot wird aus 51–89 % Weizenmehl hergestellt. Der jeweilig verbleibende Anteil ist Roggenmehl.
- Dinkelbrot wird aus mindestens 90 % Dinkelmahlerzeugnissen hergestellt.
- Roggenvollkornbrot wird aus mindestens 90 % Roggenvollkornerzeugnissen hergestellt
- Roggenbrötchen werden aus mindestens 50 % Roggenmehl hergestellt.

13.3 Bestimmung für Ganzbrot:
- Angabe des Brotgewichtes und des Preises.
- Das Gewicht muss leicht erkennbar und deutlich lesbar auf dem Brot oder auf dem Schild angegeben sein.

Bestimmung für in Stücke geteiltes Brot:
- Zum Preis des jeweiligen Brotstückes und seines Gewichtes muss noch der Grundpreis, zum Beispiel je kg, angegeben werden.

13.4
- Der Betrieb erfährt vom Prüfer, welche Qualität er produziert, ob er seine Qualität verbessern muss oder nur zu halten braucht.
- Der Kunde sieht die Qualität seines gekauften Brotes objektiv getestet und wird dem Geschäft treu bleiben.

14. Brote

Mit über 300 verschiedenen Brotsorten sind Deutschlands Bäcker Weltmeister. Sie als Fachverkäuferin müssen über Brot Bescheid wissen.

14.1 Welche Gewichtsvorschriften gelten für Schnittbrote?

14.2 Beschreiben Sie die Qualitätsmerkmale eines guten Toastbrotes.

14.3 Eine Kundin bringt Ihnen ein verschimmeltes Toastbrot zurück. Wie verhalten Sie sich?

14.4 Informieren Sie die Kundin auch über die Ursachen von Brotschimmel und über die sachgerechte Brotlagerung.

14.5 Begründen Sie, warum ernährungsbewusste Kunden ein Vollkorntoastbrot einem Toastbrot aus Weizenmehl Type 550 vorziehen.

Lösung:

14.1 Schnittbrote dürfen in folgenden Gewichten verkauft werden: 125 g, 250 g, 500 g, 750 g, 1000 g, 1250 g, 1500 g, 1750 g sowie 2000 g.

14.2 Form: Gleichmäßiger Quader
Kruste: Dünn und hellbraun
Krume: Locker, feinporig, nicht krümelnd
Geschmack: Zurückhaltend, leicht salzig
Frischhaltung: Mindestens 2 Woche

14.3 Wenn das Toastbrot aus unserem Betrieb stammt und das Mindesthaltbarkeitsdatum (MHD) noch nicht abgelaufen ist, sich entschuldigen und bereitwillig Ersatz anbieten.

14.4 Die Infektion des Toastbrotes erfolgt nach dem Backen, wenn nach dem Schneiden die Schimmelpilze der Luft zwischen die Scheiben gelangen. Toastbrot sollte kühl, trocken und nicht zu lange gelagert werden.

14.5 Vollkorntoastbrot wird aus Weizenvollkornschrot hergestellt, enthält mehr Keimlinge und Schale und somit mehr Mineralstoffe, Vitamine und Ballaststoffe.

GESETZESKUNDE

Stand: Oktober 2005

Welche fachlichen Gesetze, Verordnungen, Leitsätze und Richtlinien muss die Bäckerei-Fachverkäuferin hauptsächlich beachten?

	Seite
• Berufsbildungsgesetz	251
• Berufsgenossenschaft	287
• Bundeserziehungsgeldgesetz	257
• Bundesurlaubsgesetz	250
• Diätverordnung/Diabetikerbackwaren	275
• Entgeltfortzahlungsgesetz	248
• Infektionsschutzgesetz	290
• Jugendarbeitsschutzgesetz	264
• Kündigungsschutzgesetz	249
• Ladenschlussgesetz	269
• Lebensmittel-, Bedarfsgegenstände- und Futtermittelgesetz (LMBG)	271
• Mutterschutzgesetz	257
• Preisangabenverordnung	277
• Wettbewerbsrecht	284
• Weitere allgemeine Rechts- und Fachgebiete	291
• Wichtige arbeitsrechtliche Grundsätze	248
• Zusatzstoff-Zulassungsverordnung	274

Wichtige arbeitsrechtliche Grundsätze

Dieser Artikel umfasst wichtige Hinweise
zu folgenden Rechtsvorschriften:

- Entgeltfortzahlungsgesetz
- Kündigungsschutzgesetz
- Bundesurlaubsgesetz
- Gesetz über arbeitsrechtliche Vorschriften
  zur Beschäftigungsförderung
- Bürgerliches Gesetzbuch
- Arbeitsplatzschutzgesetz
- Betriebsverfassungsgesetz
- Übergangsregelung zum Konkursrecht
- Arbeitsschutzgesetz
- Gesetz über Betriebsärzte, Sicherheitsingenieure
  und andere Fachkräfte für Arbeitssicherheit
- Berufsbildungsgesetz
- Bundeserziehungsgeldgesetz

Entgeltfortzahlungsgesetz (EFZG)

Seit 1. Januar 1999 gilt wiederum die 100%ige Entgeltfortzahlung im Krankheitsfall, anstatt 80%. Außerdem dürfen Rehabilitationszeiten und Kuren, für die ein gesetzlicher Anspruch auf Entgeltfortzahlung besteht, nicht mehr auf den Urlaub angerechnet werden. Im Unterschied zur früheren Regelung werden bei der Bemessung der Entgeltfortzahlung aber Überstundenvergütungen nicht mehr berücksichtigt. Der Anspruch auf Entgeltfortzahlung entsteht erst nach einer 4-wöchigen, ununterbrochenen Dauer des Arbeitsverhältnisses. Die Entgeltfortzahlung als solche erstreckt sich bis zu einem Zeitraum von 6 Wochen.

Besteht bei Erkankung eines Kindes für den Arbeitnehmer Anspruch auf Entgeltfortzahlung nach dem EFZG?

Nein, es besteht laut § 45 Sozialgesetzbuch (SGB) V ein Anspruch auf Krankengeld, wobei Versicherte anspruchsberechtigt sind, wenn es nach ärztlichem Zeugnis erforderlich ist, dass sie zur Beaufsichtigung, Betreuung oder Pflege ihres erkrankten und versicherten Kindes der Arbeit fernbleiben, eine andere in ihrem Haushalt lebende Person das Kind nicht beaufsichtigen, betreuen oder pflegen kann und das Kind das 12. Lebensjahr noch nicht vollendet hat. Anspruch auf Krankengeld besteht pro Kalenderjahr für jedes Kind längstens für 10 Arbeitstage, für allein erziehende Versicherte längstens für 20 Arbeitstage. Der Anspruch ist jedoch begrenzt auf nicht mehr als 25 Arbeitstage, für allein erziehende Versicherte auf nicht mehr als 50 Arbeitstage je Kalenderjahr.

Kündigungsschutzgesetz (KSchG)

Das Gesetz gilt seit dem 1. Januar 2004 für Betriebe mit mehr als 10 (bisher mehr als 5) vollzeitbeschäftigten Arbeitnehmern, wobei Teilzeitkräfte mit einer Wochenarbeitszeit bis zu 20 Stunden mit 0,5 und mit nicht mehr als 30 Stunden mit 0,75 Teilen zu berücksichtigen sind. Liegt obengenannter Punkt vor, bedarf es neben der Einhaltung der Kündigungsfrist eines besonderen gesetzlichen Grundes für eine rechtmäßige Kündigung. Das Gesetz unterscheidet insoweit zwischen personen- und betriebsbedingten Gründen. Außerdem wurden die Sozialauswahl bei betriebsbedingten Kündigungen verändert und es wurden Regelungen zu Abfindungen in KSchG ausgenommen.

Für Arbeitnehmer, deren Arbeitsverhältnis in einem Betrieb mit bis zu zehn Beschäftigten am 31. 12. 2003 bereits bestanden hat, richtet sich der Kündigungsschutz nach „altem" Recht. Der bisherige Schwellenwert von fünf Arbeitnehmern bleibt insoweit neben dem neuen Schellenwert bestehen. Das heißt, für die am 31. 12. 2003 bereits in Betrieben zwischen sechs und zehn Mitarbeitern beschäftigten Arbeitnehmer ändert sich nichts. Sie behalten ihren Kündigungsschutz so lange, wie sie in dem betreffenden Betrieb tätig sind. Sinkt die Zahl der „alten" Arbeitnehmer, die ihren Kündigungsschutz behalten haben, auf fünf oder weniger, gilt dies nicht mehr. Denn dann hätte ja auch nach bisher geltendem Recht kein Kündigungsschutz mehr bestanden.

Beispiel: Ein Betrieb hat am 31. 12. 2003 sechs Vollzeitarbeitnehmer beschäftigt. Zum 1. 1. 2004 wurden drei weitere Vollzeitkräfte eingestellt. Für die sechs Vollzeitbeschäftigten, die bereits am 31. 12. 2003 in dem Betrieb beschäftigt waren, gilt auch weiterhin das Kündigungsschutzgesetz.

Für sie ändert sich also nichts. Anders verhält es sich jedoch für die drei neuen Mitarbeiter. Hier ist nun auf den neuen Schwellenwert von zehn Vollzeitarbeitnehmern abzustellen. In dem Betrieb sind insgesamt aber nur neun Vollzeitkräfte beschäftigt, sodass für sie das Kündigungsschutzgesetz nicht anwendbar ist.

Übrigens: Für die „alten" Arbeitnehmer ist das Gesetz nicht mehr anzuwenden, sobald ein „alter" Arbeitnehmer den Betrieb verlässt, denn dann ist der alte Schwellenwert unterschritten. Arbeitnehmer, deren Arbeitsverhältnis in einem Betrieb mit bis zu zehn Beschäftigten am 31. 12. 2003 bestand und für die das Kündigungsschutzgesetz deshalb noch nicht galt, weil ihre Betriebszugehörigkeit weniger als sechs Monate betrug (so genannte Wartezeit), genießen auch dann, wenn die Wartezeit erst im Jahr 2004 abläuft, Kündigungsschutz unter Zugrundelegung des bisherigen Schwellenwertes von fünf Arbeitnehmern.

Gibt es eine erleichterte Befristung für Existenzgründer?

In den ersten vier Jahren des Bestehens eines neu gegründeten Unternehmens, ist künftig der Abschluss von befristeten Arbeitsverträgen ohne Sachgrund bis zu einer Dauer von vier Jahren zulässig. Die Anzahl der Vertragsverlängerung ist nicht begrenzt. Sie müssen aber lückenlos aneinander anschließen. Ein befristeter Vertrag bis zur Dauer von vier Jahren kann auch in bereits bestehenden Unternehmen abgeschlossen werden, wenn die Unternehmensgründung bei Vertragsbeginn nicht länger als vier Jahre zurückliegt.

Welche Kündigungsbeschränkungen bestehen gemäß Kündigungsschutzgesetz?

Kündigungen sind gemäß dem KSchG rechtsunwirksam, wenn sie sozial ungerechtfertigt sind. Sozial ungerechtfertigt ist eine Kündigung dann, wenn sie nicht durch verhaltens-, personenbedingte Gründe oder dringend betriebliche Erfordernisse bestimmt ist (§ 1 Abs. 2 KSchG).

Sind die Kündigungsfristen im Kündigungsschutzgesetz geregelt?

Nein, sondern im § 622 BGB, sofern tarifvertragliche Regelungen keine Abweichungen beinhalten.

Bundesurlaubsgesetz (BUrlG)

Urlaubsentgelt

Das Urlaubsentgelt bemisst sich nach dem durchschnittlichen Arbeitsverdienst, den der Arbeitnehmer in den letzen 13 Wochen vor dem Beginn des Urlaubs erhalten hat, mit Ausnahme des zusätzlich für Überstunden gezahlten Arbeitsverdienstes. Der gesetzliche Mindesturlaub beträgt 24 Werktage im Kalenderjahr. Übersteigende tarifvertragliche Regelungen sind jeweils zu beachten.

Gesetz über arbeitsrechtliche Vorschriften zur Beschäftigungsförderung

Die Befristung eines Arbeitsvertrags ist bis zu einem Zeitraum von 2 Jahren zulässig. Bis zur Gesamtdauer ist auch die höchstens dreimalige Verlängerung eines befristeten Arbeitsvertrags erlaubt.
Die Befristung des Arbeitsvertrags ist ohne die o.g. Einschränkungen gestattet, wenn der Arbeitnehmer bei Beginn des befristeten Arbeitsverhältnisses das 58. Lebensjahr (bis 31. 12. 2006 wurde das Alter auf 52 Jahre herabgesetzt) vollendet hat. Die Befristung ist nicht zulässig, wenn zu einem vorhergehenden unbefristeten Arbeitsvertrag oder zu einem vorhergehenden befristeten Arbeitsvertrag gemäß Beschäfti-

gungsförderungsgesetz ein enger sachlicher Zusammenhang besteht. Ein solcher enger sachlicher Zusammenhang ist insbesondere anzunehmen, wenn zwischen den Arbeitsverträgen ein Zeitraum von weniger als 6 Monaten liegt.
Die Zulässigkeit der Befristung des Arbeitsvertrags aus anderen Gründen bleibt unberührt. Will der Arbeitnehmer geltend machen, dass die Befristung seines Arbeitsvertrags rechtsunwirksam ist, so muss er innerhalb von 3 Wochen nach dem vereinbarten Ende des befristeten Arbeitsvertrags Klage beim zuständigen Arbeitsgericht auf Feststellung erheben, dass das Arbeitsverhältnis aufgrund der Befristung nicht beendet ist. §§ 5 bis 7 des Kündigungsschutzgesetzes gelten entsprechend.

Bedarf eine Kündigung nach § 623 des BGB eine Schriftform?

Ja, die Beendigung von Arbeitsverhältnissen durch Kündigung oder Auflösungsvertrag befürfen zu ihrer Wirksamkeit der Schriftform, die elektronische Form ist ausgeschlossen.

Berufsbildungsgesetz

Berufsbildungsgesetz vom 14. August 1969, zuletzt geändert durch Gesetz vom 23. März 2005 (BGBl. I S. 931)

Was besagt das Berufsbildungsgesetz?

Berufsbildung im Sinne dieses Gesetzes sind die Berufsausbildungsvorbereitung, die berufliche Fortbildung und die berufliche Umschulung. Die Berufsausbildung hat eine breit angelegte berufliche Grundbildung, und die für die Ausübung einer qualifizierten beruflichen Tätigkeit notwendigen fachlichen Fertigkeiten und Kenntnisse werden in einem geordneten Ausbildungsgang vermittelt. Sie hat ferner den Erwerb der erforderlichen Berufserfahrungen zu ermöglichen. Die berufliche Fortbildung soll dem Zweck dienen, die beruflichen Kenntnisse und Fertigkeiten zu erhalten, zu erweitern, der technischen Entwicklung anzupassen oder beruflich aufzusteigen.
Die berufliche Umschulung soll zu einer anderen beruflichen Tätigkeit befähigen.

Welche Bezeichnungen hat der Gesetzgeber anstelle früher gebräuchlicher Begriffe geschaffen?

Statt Lehrvertrag:	„Berufsausbildungsvertrag"
Statt Lehrzeit:	„Ausbildungszeit"
Statt Lehrherr:	„Ausbilder"
Statt Lehrling:	„Auszubildender" (Im Bereich des Handwerks ist die alte Bezeichnung „Lehrling" wieder gebräuchlich.)
Statt Erziehungsbeihilfe:	„Vergütung"

Welche Angaben sind zwingend im Berufsausbildungsvertrag aufzuführen?

1. Art, sachliche und zeitliche Gliederung sowie Ziel der Berufsausbildung, insbesondere die Berufstätigkeit, für die ausgebildet werden soll.
2. Beginn und Dauer der Berufsausbildung.
3. Ausbildungsmaßnahmen außerhalb der Ausbildungsstätte.
4. Dauer der regelmäßigen täglichen Ausbildungszeit.
5. Dauer der Probezeit.
6. Zahlung und Höhe der Vergütung.
7. Dauer des Urlaubs.
8. Ein in allgemeiner Form gehaltener Hinweis auf die Tarifverträge, Betriebs- oder Dienstvereinbarungen, die auf das Berufsausbildungsverhältnis anzuwenden sind.
9. Voraussetzungen, unter denen der Berufsausbildungsvertrag gekündigt werden kann.
10. Die Niederschrift ist von dem Ausbildenden, dem Auszubildenden und dessen gesetzlichen Vertreter zu unterzeichnen.
11. Der Ausbildende hat dem Auszubildenden und dessen gesetzlichen Vertreter eine Ausfertigung der unterzeichneten Niederschrift unverzüglich auszuhändigen.
12. Bei Änderungen des Berufsausbildungsvertrages gelten die Absätze 1 bis 3 entsprechend.

Wichtig: Dem Berufsausbildungsvertrag muss bei Jugendlichen unbedingt die Bescheinigung über die ärztliche Erstuntersuchung beigefügt sein und § 20 Probezeit. Das Berufsausbildungsverhältnis beginnt mit der Probezeit. Sie muß mindestens einen Monat und darf höchstens 4 Monate betragen.

Welche Pflichten werden dem Ausbildenden auferlegt?

Der Ausbildende hat

1. dafür zu sorgen, dass dem Auszubildenden die Fertigkeiten und Kenntnisse vermittelt werden, die zum Erreichen des Ausbildungsziels erforderlich sind, und die Berufsausbildung in einer durch ihren Zweck gebotenen Form planmäßig, zeitlich und sachlich gegliedert so durchzuführen, dass das Ausbildungsziel in der vorgesehenen Ausbildungszeit erreicht werden kann,
2. selbst auszubilden oder einen Ausbilder oder eine Ausbilderin ausdrücklich damit zu beauftragen,
3. dem Auszubildenden kostenlos die Ausbildungsmittel, insbesondere Werkzeuge und Werkstoffe zur Verfügung zu stellen, die zur Berufs-

GESETZESKUNDE

ausbildung und zum Ablegen von Zwischen- und Abschlussprüfungen, auch so weit solche nach Beendigung des Berufsausbildungsverhältnisses stattfinden, erforderlich sind,

4. den Auszubildenden zum Besuch der Berufsschule sowie zum Führen von schriftlichen Ausbildungsnachweisen anzuhalten, so weit solche im Rahmen der Berufsausbildung verlangt werden, und diese durchzusehen,
5. dafür zu sorgen, dass der Auszubildende charakterlich gefördert sowie sittlich und körperlich nicht gefährdet wird,
6. dem Auszubildenden nur Verrichtungen zu übertragen, die dem Ausbildungszweck dienen und seinen körperlichen Kräften angemessen sind,
7. bei Beendigung des Berufsausbildungsverhältnisses dem Auszubildenden ein schriftliches Zeugnis auszustellen. Hat der Ausbildende die Berufsausbildung nicht selbst durchgeführt, so soll auch der Ausbilder oder die Ausbilderin das Zeugnis unterschreiben. Das Zeugnis muß Angaben enhalten über Art, Dauer und Ziel der
8. den Auszubildenden für die Teilnahme am Berufsschulunterricht sowie an den Zwischen- und Abschlussprüfungen freizustellen. Auch beim Besuch von überbetrieblichen Unterweisungslehrgängen (außerhalb des Betriebs) ist der Auszubildende freizustellen.

Welche Pflichten hat der Auszubildende?

Der Auszubildende hat sich zu bemühen, die Fertigkeiten und Kenntnisse zu erwerben, die erforderlich sind, um das Ausbildungsziel zu erreichen. Dabei ist er insbesondere verpflichtet,

1. die ihm im Rahmen seiner Berufsausbildung aufgetragenen Verrichtungen sorgfältig auszuführen,
2. an Ausbildungsmaßnahmen teilzunehmen, für die er nach § 15 freigestellt wird,
3. den Weisungen zu folgen, die ihm im Rahmen der Berufsausbildung von Ausbildern oder Ausbilderinnen oder von anderen weisungsberechtigten Personen erteilt werden,
4. die für die Ausbildungsstätte geltende Ordnung zu beachten,
5. Werkzeuge, Maschinen und sonstige Einrichtungen pfleglich zu behandeln,
6. über Betriebs- und Geschäftsgeheimnisse Stillschweigen zu bewahren.

Wie setzt sich der Gesellenprüfungsausschuss zusammen?

Der Gesellenprüfungsausschuss setzt sich aus mindestens 3 Mitgliedern zusammen, die für die Prüfungsgebiete sachkundig und für die Mitwirkung im Prüfungswesen geeignet sind. Eine Erweiterung des Prüfungsausschusses ist möglich. Dem Prüfungsausschuss müssen aber als Mitglieder selbstständige Handwerker und Arbeitnehmer in gleicher Zahl sowie mindestens ein Lehrer einer berufsbildenden Schule angehören, welche von der zuständigen Stelle für längstens 5 Jahre berufen werden. Die Mitglieder haben Stellvertreter, die bei Verhinderung an deren Stelle treten. Die Mindestzusammensetzung stellt sich also wie folgt dar:

1. Ein selbstständiger Handwerker
2. Ein Arbeitnehmer (Geselle)
3. Ein Lehrer einer berufsbildenden Schule

Von dieser Mindestzusammensetzung darf nur abgewichen werden, wenn die erforderliche Zahl von Mitgliedern des Prüfungsausschusses nicht berufen werden kann.

Die selbstständigen Handwerker müssen in dem Handwerk, für das der Prüfungsausschuss errichtet ist, die Meisterprüfung abgelegt haben oder zum Ausbilden berechtigt sein. Die Arbeitnehmer müssen die Gesellenprüfung im Handwerk, für das der Prüfungsausschuss errichtet ist, abgelegt oder eine entsprechende Abschlussprüfung in einem anerkannten Ausbildungsberuf nach § 28 BBiG bzw. § 30 BBiG bestanden haben und handwerklich tätig sein.

Für jedes Mitglied können mehrere Stellvertreter vorhanden sein. Dies erscheint sehr zweckmäßig, um im Verhinderungsfalle einzelner Mitglieder bei jeder Prüfung die ordnungsgemäße Zusammensetzung des Prüfungsausschusses zu gewährleisten.

Bis zu welcher Höhe dürfen die Sachbezüge auf die Ausbildungsvergütung angerechnet werden?

Nach § 17 Abs. 2 des Berufsbildungsgesetzes können bei Auszubildenden mit Kost und Wohnung die Sachbezugswerte angerechnet werden, jedoch nicht über 75 % der Bruttoausbildungsvergütung hinaus.

Das bedeutet aber nicht, dass dem Auszubildenden in jedem Fall 25 % der Bruttovergütung ausgezahlt werden müssen. Liegt die Ausbildungsvergütung z. B. über monatlich 325 Euro (Geringverdienergrenze, Stand 1.1.2006), so sind die verbleibenden 25 % um den Arbeitnehmeranteil zur Sozialversicherung zu kürzen und der Restbetrag auszuzahlen. Bis zur Geringverdienergrenze hat der Arbeitgeber ausschließlich die Sozialversicherungsbeiträge zu tragen.

Wann und wie viel Berufsausbildungsverträge sind der Handwerkskammer einzureichen?

Der Berufsausbildungsvertrag ist unverzüglich nach Abschluss bei der Handwerkskammer zur Eintragung vorzulegen. Für die Eintragung in die Lehrlingsrolle werden bei der Handwerkskammer 4 Ausfertigungen des Berufsausbildungsvertrags benötigt. Von den zuständigen Handwerkskammern werden dazu Durchschreibe-Formularsätze angeboten.

Wer wird zur Gesellenprüfung zugelassen?

Jeder Auszubildende, der seine Ausbildungszeit zurückgelegt hat oder dessen Ausbildungszeit nicht später als 2 Monate nach dem Prüfungstermin endet. Des Weiteren, wer an der vorgeschriebenen Zwischenprüfung teilgenommen sowie vorgeschriebene Berichtshefte als Ausbildungsnachweis geführt hat und dessen Berufsausbildungsverhältnis in das Verzeichnis der Berufsausbildungsverhältnisse eingetragen ist.

Hinweise für Arbeitgeber und Auszubildende!

a) Ärztliche Bescheinigung

Zunächst muss dem Arbeitgeber bei noch nicht 18-Jährigen eine ärztliche Bescheinigung vorgelegt werden.
Die ärztliche Untersuchung darf bei Beginn der Ausbildung allerdings nicht länger als 14 Monate zurückliegen. 12 Monate nach Aufnahme der ersten Beschäftigung hat sich der Ausbildende die Bescheinigung eines Arztes darüber vorlegen zu lassen, dass der Jugendliche nachuntersucht worden ist (§ 33 JArbSchG). Die Nachuntersuchung darf nicht länger als 3 Monate zurückliegen. Der Ausbildende soll den Auszubildenden 9 Monate nach Aufnahme der ersten Beschäftigung nachdrücklich auf den Zeitpunkt, bis zu dem der Auszubildende die Bescheinigung über die erste Nachuntersuchung vorzulegen hat, hinweisen und ihn auffordern, die Nachuntersuchung bis dahin durchführen zu lassen. Durch die Untersuchungen wird der Gesundheits- und Entwicklungsstand des Jugendlichen festgestellt, insbesondere auch, ob die Gesundheit des Jugendlichen durch die Ausübung bestimmter Arbeiten gefährdet werden könnte. Wird jedoch die ärztliche Bescheinigung über die erste Nachuntersuchung nicht vorgelegt, muss der Auszubildende damit rechnen, dass sein Ausbildungsverhältnis im Verzeichnis bei der zuständigen Handwerkskammer gelöscht wird (vgl. § 32 Abs. 2 Satz 2 BBiG). Wenn der Ausbildende den Vorschriften vorsätzlich oder fahrlässig zuwiderhandelt, kann er mit einer Geldbuße bis zu 2500 Euro belegt werden (§ 59, Nr. 10, Abs. 3, JArbSchG).

b) Lohnsteuerkarte

Jeder, der beschäftigt ist, benötigt eine Lohnsteuerkarte. Er bekommt sie kostenlos bei der Stadt- oder Gemeindeverwaltung. Die Steuerkarte ist beim Arbeitgeber abzugeben.

c) Krankenversicherung

Wer einen Beruf ergreift, muss Mitglied einer Krankenkasse werden. Im Bereich des Handwerks ist dies normalerweise die Innungskrankenkasse. Die Innungskrankenkassen sind die speziellen Krankenkassen für das Handwerk mit einer langen Tradition, die bis ins Mittelalter, in die Zeit der Zünfte und Gesellenbrüderschaften, zurückreicht. Die Anmeldung bei der Krankenkasse besorgt der Betrieb. Der Mitgliedsbeitrag, den der Arbeitgeber in der Regel zur Hälfte trägt, wird gleich vom Entgelt einbehalten und an die Krankenkasse überwiesen. Bei einer Ausbildungsvergütung von nicht mehr als 630 Euro (Stand 1.1.2000) trägt der Arbeitgeber die Kosten allein.

d) Rentenversicherung/Arbeitslosenversicherung

Damit die Beiträge zur Rentenversicherung auf dem Rentenkonto gespeichert werden können – dies ist für die spätere Rente außerordentlich wichtig – wird eine Versicherungsnummer benötigt. Diese wird dem Arbeitnehmer mit dem Sozialversicherungsausweis (SV-Ausweis) mitgeteilt. Der SV-Ausweis ist zweiseitig bedruckt und hat in geklapptem Zustand die ungefähre Größe eines Personalausweises. Auf dem Ausweis gibt es an geeigneter Stelle die Möglichkeit, ein Passfoto einzukleben. Dies ist notwendig bei Arbeitnehmern, die zur Mitführung des SV-Ausweises verpflichtet sind. Ausgestellt wird der SV-Ausweis von Amtswegen vom zuständigen Rentenversicherungsträger. Arbeitnehmer können den SV-Ausweis auch beantragen. Der Antrag ist an keine Form gebunden und ist bei der für den Arbeitnehmer zuständigen Krankenkasse zu stellen
Berufsanfänger, die über das 17. Lebensjahr hinaus die Schule besucht haben, lassen sich von der Schule vorsorglich eine Schulzeitbescheinigung ausstellen, sofern die Zeugnisse keine genaue Auskunft über die Schulzeit geben. Bei Vorlage dieser Schulzeitbescheinigung meldet die Krankenkasse diese Zeiten als „Anrechnungszeiten" an die Rentenversicherung; sie werden später bei der Rentenberechnung berücksichtigt. Bei der Renten- und Arbeitslosenversicherung gilt ebenfalls: Die Hälfte der Beiträge zahlt im Allgemeinen der Arbeitgeber; für Auszubildende, die nicht mehr als 325 Euro (Stand 1.1.2006) brutto verdienen, zahlt der Arbeitgeber den vollen Betrag.

e) Unfallversicherung

Grundsätzlich sind alle Arbeitnehmer, also auch Auszubildende, gegen die Folgen eines Arbeitsunfalls versichert. Der gesetzliche Unfallversicherungsschutz besteht für Unfälle, die bei der Arbeit oder auf den direkten Wegen zu oder von der Arbeitsstelle geschehen. Die Beiträge zur gesetzlichen Unfallversicherung trägt der Arbeitgeber allein.

GESETZESKUNDE

Bundeserziehungsgeldgesetz (BerzGG) und Mutterschutzgesetz (MuSchG)

Mit welchen beiden Gesetzen wird der Arbeitgeber bei Schwangerschaft einer Mitarbeiterin tangiert?

Mutterschutzgesetz, Bundeserziehungsgeldgesetz.

Wozu sind Arbeitnehmerin und Arbeitgeber hinsichtlich des Arbeitsverhältnisses bei Schwangerschaft verpflichtet?

Werdende Mütter sind verpflichtet, dem Arbeitgeber ihre Schwangerschaft und den mutmaßlichen Tag der Entbindung mitzuteilen, sobald ihnen ihr Zustand bekannt ist. Dieser wiederum muss dem zuständigen Gewerbeaufsichtsamt Mitteilung machen. Der Arbeitgeber darf die Mitteilung der werdenden Mutter Dritten nicht unbefugt offenbaren.

Welche wesentlichen Vorschriften des MuSchG hat der Arbeitgeber zu beachten?

Kündigungsverbot der werdenden Mutter, Beschäftigungsverbote, Vorschriften über Mehr-, Nacht-, Sonn- und Feiertagsarbeit, Mutterschaftsgeld sowie Zuschuss zum Mutterschaftsgeld.

Was besagt das Mutterschutzgesetz im Hinblick auf das Beschäftigungsverbot
a) vor und
b) nach der Entbindung?

a) Die Beschäftigungsverbote für werdende Mütter sind im MuSchG (§§ 3 und 4) aufgeführt. Werdende Mütter dürfen danach nicht beschäftigt werden, soweit nach ärztlichem Zeugnis Leben oder Gesundheit von Mutter und/oder Kind bei Fortdauer der Beschäftigung gefährdet ist. In den letzten 6 Wochen vor der Entbindung darf eine werdende Mutter nicht beschäftigt werden, es sei denn, sie erklärt sich zur Arbeitsleistung ausdrücklich bereit.

b) Nach dem MuSchG dürfen Frauen bis zum Ablauf von 8 Wochen nach der Entbindung nicht beschäftigt werden. Für Mütter von Früh- oder Mehrlingsgeburten verlängert sich diese Frist auf

12 Wochen. Bei Frühgeburten verlängert sich die 12-Wochen-Schutzfrist zusätzlich um den Zeitraum, um den sich die Mutterschutzfrist im Einzelfall vor der Entbindung aufgrund der Frühgeburt verkürzt hat.

Beispiel: Kommt das Frühgeborene 5 Wochen vor dem eigentlichen Termin zur Welt, so werden diese 5 Wochen, die der Mutter an Mutterschutzfrist entgangen sind, zusätzlich zu den 12 Wochen Mutterschutzfrist für Frühgeburten (bei „pünktlichen" Geburten 8 Wochen) gewährt.

Was ist eine Frühgeburt i. S. des MuSchG?

Unter Frühgeburt ist eine Entbindung zu verstehen, bei der das Kind, bei Mehrlingsgeburten das schwerste der Kinder, ein Geburtsgewicht unter 2500 Gramm hat. Ebenso Kinder, die trotz höheren Geburtsgewichts noch nicht voll ausgebildete Reifezeichen (an Rumpf, Haut, Fettpolstern, Nägeln, Haaren und äußeren Geschlechtsorganen) aufweisen oder/und wegen verfrühter Beendigung der Schwangerschaft einer wesentlich höheren Pflege bedürfen. (Quelle: Schreiben des Bundesministeriums für Arbeit vom 5.5.1962 – III b 2/1490/62, das noch heute Gültigkeit hat).

Gibt es weitere Beschäftigungsverbote laut Mutterschutzgesetz?

Werdende Mütter dürfen nicht mit schweren körperlichen Arbeiten und nicht mit Arbeiten beschäftigt werden, bei denen sie schädlichen Einwirkungen von gesundheitsgefährdenden Stoffen oder Strahlen, von Staub und von Hitze ausgesetzt sind.

Werdende Mütter dürfen insbesondere nicht beschäftigt werden mit Arbeiten, bei denen regelmäßig Lasten von mehr als 5 kg Gewicht oder gelegentlich Lasten von mehr als 10 kg Gewicht ohne mechanische Hilfsmittel bewegt oder befördert werden müssen.

GESETZESKUNDE

Werdende Mütter dürfen nach Ablauf des 5. Monats der Schwangerschaft nicht mit Arbeiten beschäftigt werden, bei denen sie ständig stehen müssen, wenn diese Beschäftigung täglich 4 Stunden überschreitet.

Wie gestaltet sich die wirtschaftliche Absicherung der Arbeitnehmerin in Bezug auf die Mutterschutzkosten während der vorab genannten Beschäftigungsverbote?

Frauen, die in der gesetzlichen Krankenversicherung versichert sind, erhalten Mutterschaftsgeld von der Krankenkasse in Höhe des in den letzten 3 Monaten vor Beginn der Schutzfrist erzielten durchschnittlichen Nettoarbeitsentgelts bis zu höchstens 13 Euro pro Kalendertag. Der Differenzbetrag zu einem höheren Nettoarbeitsentgelt ist vom Arbeitgeber auszuzahlen, wobei in Kleinbetrieben bis zu 20 Beschäftigten die zuständigen gesetzlichen Krankenkassen die wesentlichen Mutterschutzkosten den Arbeitgebern voll zu erstatten haben, ohne dass die Möglichkeit besteht, in der Satzung der Krankenkasse dieses zu beschränken.

Was muss der Arbeitgeber bei Entgelterhöhungen beachten?

Bei der Berechnung des Arbeitgeberzuschusses nach § 14 Abs. 1 MuSchG sind auch die in den Mutterschutzfristen wirksam werdenden allgemeinen Entgelterhöhungen ab dem Zeitpunkt ihrer jeweiligen Wirksamkeit einzubeziehen.

Wie ist die Anzahl der beschäftigten Arbeitnehmer im Hinblick auf die Mutterschutzkosten zu ermitteln?

Die Anzahl der beschäftigten Arbeitnehmer errechnet sich aus dem Vorjahr; hier dürfen mindestens an 8 Kalendermonaten nicht mehr als 20 Arbeitnehmer gemeldet gewesen sein.
Arbeitnehmer, deren Stundenzahl wöchentlich 10 Stunden oder monatlich 45 Stunden nicht übersteigt, sowie Schwerbehinderte werden bei der Berechnung nicht berücksichtigt.
Teilzeitbeschäftigte mit einer wöchentlichen Arbeitszeit von bis zu 20 Stunden werden mit 0,5 Teilen und mit einer wöchentlichen Arbeitszeit von bis zu 30 Stunden mit 0,75 Teilen angesetzt.

GESETZESKUNDE

Gibt es Vorschriften über die Einschränkung von Mehrarbeit, Nacht- und Sonntagsarbeit von werdenden und stillenden Müttern?

Ja, werdende und stillende Mütter dürfen nicht mit Mehrarbeit, nicht in der Nacht zwischen 20.00 Uhr und 6.00 Uhr und nicht an Sonn- und Feiertagen beschäftigt werden.

Was ist unter Mehrarbeit in diesem Sinne zu verstehen?

Mehrarbeit in diesem Sinne ist jede Arbeit, die von Frauen unter 18 Jahren über 8 Stunden täglich oder 80 Stunden in der Doppelwoche oder von Frauen über 18 Jahren mehr als 81/2 Stunden täglich oder 90 Stunden in der Doppelwoche hinaus geleistet wird.

Kann der Arbeitgeber während der Schwangerschaft bzw. des Erziehungsurlaubs kündigen?

Nein, eine Kündigung während der Schwangerschaft, ab dem Zeitpunkt, von dem an Erziehungsurlaub verlangt worden ist, höchstens jedoch 6 Wochen vor Beginn des Erziehungsurlaubs, während des Erziehungsurlaubs und bis zum Ablauf von 2 Monaten nach Beendigung des Erziehungsurlaubs ist grundsätzlich nicht möglich. Laut Mutterschutzgesetz kann die Arbeitnehmerin noch innerhalb von 2 Wochen nach Erhalt der Kündigung mitteilen, dass sie schwanger ist, so dass die Kündigung somit rechtsunwirksam wird.

Gilt das Kündigungsverbot lt. Mutterschutzgesetz auch für im Haushalt beschäftigte Mitarbeiterinnen?

Ja, das Kündigungsverbot gem. § 9 MuSchG gilt auch für Frauen mit hauswirtschaftlichen, erzieherischen oder pflegerischen Arbeiten, die den in Heimarbeit Beschäftigten gleichgestellt sind.

Was hat sich im Hinblick auf die Zustimmung der zuständigen obersten Landesbehörde bei der Kündigung einer schwangeren Arbeitnehmerin geändert?

Entsprechend der bisherigen Verwaltungshandhabung ist nunmehr im Gesetz selbst festgelegt, dass die für die Zustimmung zur Kündigung einer Schwangeren zuständige oberste Landesbehörde die Einwilligung zur Kündigung in besonderen Fällen nur erteilen darf, wenn „kein Zusammenhang mit dem Zustand der Frau während der Schwangerschaft oder ihrer Lage bis zum Ablauf von 4 Monaten nach der Entbindung besteht".

GESETZESKUNDE

Was besagt das Bundeserziehungsgeldgesetz in Bezug auf die Gewährung
a) von Elternzeit und
b) des Erziehungsgeldes

a) Der Anspruch auf Elternzeit besteht bis zur Vollendung des dritten Lebensjahres eines Kindes. Der Anteil von bis zu zwölf Monaten ist mit Zustimmung des Arbeitgebers auf die Zeit bis zur Vollendung des achten Lebensjahres übertragbar, z.b. für die Betreuung des Kindes im ersten Schuljahr. Da der Zeitpunkt der Einschulung für das einzelne Kind häufig auch von einer Stichtagsregelung und seinem Geburtsdatum abhängt, wurde diese Möglichkeit bis zur Vollendung des 8. Lebensjahres (und nicht nur des 7. Lebensjahres) erweitert. Allerdings ist die Übertragung nur mit Zustimmung des Arbeitgebers möglich.

Entscheidend für den Anspruch auf Elternzeit ist, dass der Berechtigte das Sorgerecht für das Kind hat und in seinem Haushalt lebt. Voraussetzung ist ferner, dass der Berechtigte das Kind selbst erzieht sowie betreut und seinen Wohnsitz in Deutschland hat.

Während der Elternzeit ist eine Erwerbstätigkeit zulässig, wenn die vereinbarte wöchentliche Arbeitszeit für jeden Elternteil in der Elternzeit nicht 30 Stunden wöchentlich übersteigt. Für Eltern in gemeinsamer Elternzeit beträgt die neue zulässige Tätigkeit zusammen 60 Wochenstunden (d.h. 30 + 30 Std., nicht aber 35 + 25 Std.). Die Teilzeitarbeit bei einem anderen Arbeitgeber bedarf der Zustimmung des eigentlichen Arbeitgebers. Der Arbeitgeber kann diese Teilzeitarbeit nur innerhalb von vier Wochen aus dringenden betrieblichen Gründen schriftlich ablehnen.

Die Eltern können selbst entscheiden, wie sie die Elternzeit unter sich verteilen. Zu berücksichtigen ist in diesem Zusammenhang, dass die Elternzeit insgesamt auf nur bis zu vier Abschnitte verteilt werden kann. Das gilt für beide Elternteile zusammen, es gibt also keine viermalige Aufteilung für jeden.

Arbeitnehmerinnen und Arbeitnehmer müssen die Elternzeit, wenn sie unmittelbar nach Geburt des Kindes oder nach der Mutterschutzfrist (8 bzw. 12 Wochen nach Geburt) beginnen soll, spätestens sechs Wochen, sonst spätestens acht Wochen vor Beginn schriftlich verlangen und gleichzeitig erklären, für welche Zeit innerhalb von zwei Jahren sie Elternzeit nehmen werden. Bei dringenden Gründen ist ausnahmsweise auch eine angemessene kürzere Frist möglich. Der Arbeitgeber soll die Elternzeit bescheinigen. Die von den Elternteilen allein oder gemeinsam genommene Elternzeit darf insgesamt auf bis zu vier Zeitabschnitte verteilt werden. Da sich die flexibilisierte Elternzeit im zulässigen Rahmen und mit Zustimmung des Arbeitgebers bis zum 8. Geburtstag des Kindes verteilen kann, lässt sich von den Eltern nicht erwarten, dass sie bereits beim Beginn der Elternzeit alle zulässigen Zeitabschnitte bis zum 8. Lebensjahr verbindlich festlegen. Für einen Zeitraum von 2 Jahren ist eine solche Verpflichtung aber angemessen. Für die Anmeldung und die zeitliche Einteilung der Elternzeit ist die Schriftform notwendig.

b) Alle Mütter oder Väter erhalten bis zur Vollendung des 24. Lebensmonats ihres Kindes ein steuerfreies Erziehungsgeld. Werden in einem Haushalt mehrere Kinder betreut, besteht für jedes von ihnen Anspruch auf Erziehungsgeld. Für angenommene Kinder wird Erziehungsgeld vom Zeitpunkt der Inobhutnahme für die Dauer von zwei Jahren, längstens bis zur Vollendung des achten Lebensjahres gewährt.
Das Erziehungsgeld beträgt in der Regel monatlich **300 Euro** für maximal 24 Monate. Alternativ ist ein Betrag von monatlich **450 Euro** für eine verkürzte Bezugsdauer von zwölf Monaten zu wählen. Für den Anspruch auf Erziehungsgeld gibt es Einkommensgrenzen.

Das Erziehungsgeld wird von folgenden Stellen gezahlt:

Baden-Württemberg:	Landeskreditbank
Bayern:	Amt für Versorgung und Familienförderung
Berlin:	Bezirksamt
Brandenburg:	Jugendamt
Bremen:	Amt für soziale Dienste / Amt für Familie und Jugend
Hamburg:	Bezirksamt
Hessen:	Amt für Versorgung und Soziales
Mecklenburg-Vorpommern:	Versorgungsamt
Niedersachsen:	Jugendamt
Nordrhein-Westfalen:	Versorgungsamt
Rheinland-Pfalz:	Jugendamt
Saarland:	Landesamt für Jugend, Soziales und Versorgung
Sachsen:	Amt für Familie und Soziales
Sachsen-Anhalt:	Amt für Versorgung und Soziales
Schleswig-Holstein:	Landesamt für Soziale Dienste
Thüringen:	Jugendamt

Bei diesen Stellen ist das Erziehungsgeld auf einem bestimmten Vordruck möglichst bald nach der Geburt zu beantragen. Es kann höchstens für sechs Monate rückwirkend gewährt werden. Das Erziehungsgeld ist für jedes Lebensjahr des Kindes neu zu beantragen; der Antrag für das zweite Lebensjahr kann frühestens ab dem neunten Lebensmonat gestellt werden.

GESETZESKUNDE

Was wissen Sie über die Kündigung während der Elternzeit?

Während der Elternzeit besteht ein besonderer Kündigungsschutz (Mutterschutz). Die Arbeitnehmerin bzw. der Arbeitnehmer kann jedoch das Arbeitsverhältnis mit einer Frist von drei Monaten zum Ende der Elternzeit kündigen. Wird die Frist versäumt, kann das Beschäftigungsverhältnis nur in gegenseitigem Einvernehmen zum Ende der Elternzeit aufgelöst werden.

Hinweis: BAG, 24.03.1993 - 10 AZR 160/92
BAG, 08.12.1993 - 10 AZR 66/93

Arbeitnehmerinnen und Arbeitnehmer haben Anspruch auf Elternzeit, wenn sie

1. mit einem Kind

   - für das ihnen die Personensorge zusteht,
   - des Ehegatten bzw. des Lebenspartners, oder das sie in Vollzeitpflege oder in Adoptionspflege aufgenommen haben, oder
   - das sie auch ohne Personensorgerecht selbst betreuen und erziehen und für das sie Erziehungsgeld beziehen können, oder
   - des nicht sorgeberechtigten Antragstellers, für das sie Erziehungsgeld beziehen können, oder
   - in Fällen besonderer Härte, insbesondere bei schwerer Krankheit, Behinderung oder Tod eines Elternteils Erziehungsgeld beziehen können, in einem Haushalt leben und dieses Kind selbst betreuen und erziehen.

2. Bei einem leiblichen Kind eines nicht sorgeberechtigten Elternteils ist die Zustimmung des sorgeberechtigten Elternteils erforderlich.

Der Anspruch auf Elternzeit besteht bis zur Vollendung des dritten Lebensjahres eines Kindes. Der Anteil von bis zu zwölf Monaten ist mit Zustimmung des Arbeitgebers auf die Zeit bis zur Vollendung des achten Lebensjahres übertragbar, z.B. für die Betreuung des Kindes im ersten Schuljahr. Da der Zeitpunkt der Einschulung für das einzelne Kind häufig auch von einer Stichtagsregelung und seinem Geburtsdatum abhängt, wurde diese Möglichkeit bis zur Vollendung des 8. Lebensjahres (und nicht nur des 7. Lebensjahres) erweitert. Allerdings ist die Übertragung nur mit Zustimmung des Arbeitgebers möglich.

Die Eltern können selbst entscheiden, wie sie die Elternzeit unter sich verteilen. Zu berücksichtigen ist in diesem Zusammenhang, dass die Elternzeit insgesamt auf nur bis zu vier Abschnitte verteilt werden kann. Das gilt für beide Elternteile zusammen, es gibt also keine viermalige Aufteilung für jeden. Arbeitnehmerinnen und Arbeitnehmer müssen die Elternzeit, wenn sie unmittelbar nach Geburt des Kindes oder nach der Mutterschutzfrist (8 bzw. 12 Wochen nach Geburt) beginnen soll, spätestens sechs Wochen, sonst spätestens acht Wochen vor Beginn schriftlich verlangen und gleichzeitig erklären, für welche Zeit innerhalb von zwei Jahren sie Elternzeit nehmen werden. Bei dringenden Gründen ist ausnahmsweise auch eine angemessene kürzere Frist möglich. Der Arbeitgeber soll die Elternzeit bescheinigen. Die von den Elternteilen allein oder gemeinsam genommene Elternzeit darf insgesamt auf bis zu vier Zeitabschnitte verteilt werden.

Da sich die flexibilisierte Elternzeit im zulässigen Rahmen und mit Zustimmung des Arbeitgebers bis zum 8. Geburtstag des Kindes verteilen kann, lässt sich von den Eltern nicht erwarten, dass sie bereits beim Beginn der Elternzeit alle zulässigen Zeitabschnitte bis zum 8. Lebensjahr verbindlich festlegen. Für einen Zeitraum von 2 Jahren ist eine solche Verpflichtung aber angemessen. Für die Anmeldung und die zeitliche Einteilung der Elternzeit ist die Schriftform notwendig.

Jugendarbeitsschutzgesetz (JArbSchG)

(vom 12. April 1976 zuletzt geändert durch Gesetz vom 25. Juni 2005, BGBl. I S. 1666)

Geben Sie die Altersgruppen nach dem JArbSchG für a) Kinder und b) Jugendliche an!	a) 1 bis 15 Jahre (früher 14) b) 15 bis 18 Jahre (früher 14)
Dürfen Kinder ab 13 Jahren in einer Bäckerei beschäftigt werden, und wenn ja, für wie lange?	Grundsätzlich gilt ein Beschäftigungsverbot für Kinderarbeit bis zur Vollendung des 15. Lebensjahres. Nunmehr dürfen aber Kinder ab 13 Jahren mit Einwilligung des Personensorgeberechtigten mit „leichten und für Kinder geeigneten Beschäftigungen" betraut werden. Dazu zählen Botengänge, Austragen von Wer-

GESETZESKUNDE

behandzetteln, Nachhilfeunterricht, Babysitting oder Betreuungsleistung älterer Mitbürger. Das zeitliche Limit für diese Tätigkeiten beläuft sich auf 2 Stunden bzw. in landwirtschaftlichen Familienbetrieben auf 3 Stunden täglich bei einer maximalen 5-Tage-Woche, so dass insgesamt nicht mehr als 10 bzw. 15 Stunden wöchentlich gearbeitet werden darf. Kinder dürfen nicht zwischen 18.00 Uhr und 8.00 Uhr, nicht vor dem Schulunterricht und nicht während des Schulunterrichts beschäftigt werden.

Zu welchen Tageszeiten und wie lange dürfen
a) **Jugendliche und**
b) **volljährige Auszubildende in Bäckereien beschäftigt werden und**
c) **auf welche Zeiten des Beschäftigungsbeginns ist bei Jugendlichen zu achten?**

a) Jugendliche dürfen nicht mehr als 40 Stunden wöchentlich und 8 Stunden täglich beschäftigt werden. Berufsschultage mit mehr als 5 Unterrichtsstunden von mindestens 45 Minuten werden auf die wöchentliche Beschäftigungsdauer mit 8 Stunden angerechnet. Eine Beschäftigung vor einem vor 9.00 Uhr beginnenden Berufsschulunterricht ist nicht gestattet.

b) Volljährige Lehrlinge können im Rahmen der Regelungen des Arbeitszeitgesetzes wie Arbeitnehmer beschäftigt werden.
Eine Beschäftigung vor einem vor 9.00 Uhr beginnenden Berufsschulunterricht ist nicht gestattet. Bei volljährigen Auszubildenden ist jedoch lediglich die tatsächliche Berufsschulzeit inkl. Pausen zu berücksichtigen. Demgemäß ist die tatsächliche Berufsschulunterrichtszeit von der Arbeitszeitgrenze in Höhe von 48 Wochenstunden in Abzug zu bringen.

c) Jugendliche (männliche und weibliche) über 16 Jahre dürfen in Bäckereien und Konditoreien zu Ausbildungszwecken ab 5.00 Uhr, über 17 Jahre ab 4.00 Uhr beschäftigt werden. Für jugendliche Hilfsarbeiter u.ä. gilt grundsätzlich der 6-Uhr-Beginn.

Im Übrigen dürfen Jugendliche nur in der Zeit von 6.00 Uhr bis 20.00 Uhr beschäftigt werden. In Betrieben, in denen die Beschäftigten in außergewöhnlichem Grade der Einwirkung von Hitze ausgesetzt sind, kann die zuständige Aufsichtsbehörde, in der Regel das Gewerbeaufsichtsamt, in der warmen Jahreszeit eine Beschäftigung Jugendlicher (d. h. in diesem Falle auch solche, bei denen Jugendliche noch nicht 16 Jahre alt oder Hilfsarbeiter sind) ab 5.00 Uhr zulassen (§ 14).

Können Auszubildende über 18 Jahre nach dem Berufsschulunterricht noch in den Betrieb bestellt werden, auch wenn diese 5 Schulstunden hatten?

Ja, da die Gleichstellung der Lehrlinge über 18 Jahre mit Jugendlichen gem. § 9 Abs. 4 JArbSchG gestrichen wurde und die Regelung mit einem Beschäftigungsverbot nach 5 Unterrichtsstunden nur jugendliche Auszubildende betrifft.

An wie viel Tagen in der Woche dürfen Jugendliche beschäftigt werden, und was ist bei der Einteilung zu beachten?

Lediglich an 5 Tagen, wobei berücksichtigt werden sollte, dass die beiden Ruhetage möglichst aufeinander folgen.

Was ist bei der Samstagsarbeit im Zusammenhang mit dem JArbSchG zu beachten?

Werden Jugendliche am Samstag beschäftigt, ist ihnen die 5-Tage-Woche durch Freistellung an einem anderen berufsschulfreien Arbeitstag derselben Woche sicherzustellen. In Betrieben mit einem Betriebsruhetag in der Woche kann die Freistellung auch an diesem Tag erfolgen, wenn die Jugendlichen an diesem Tag keinen Berufsschulunterricht haben. Können Jugendliche in offenen Verkaufsstellen des Bäcker- und Konditorenhandwerks am Samstag nicht 8 Stunden beschäftigt werden, kann der Unterschied zwischen der tatsächlichen und der höchstzulässigen Arbeitszeit von 8 Stunden an dem Tag bis 13.00 Uhr ausgeglichen werden, an dem die Jugendlichen freizustellen sind.

GESETZESKUNDE

Definieren Sie den Begriff „tägliche Arbeitszeit"!

Die tägliche Arbeitszeit ist die Zeit vom Beginn bis zum Ende der täglichen Beschäftigung ohne die Ruhepausen (§ 4).

Wie verhält es sich mit Entgelt und Freistellung des jugendlichen Auszubildenden im Hinblick auf die schriftliche Prüfung?

Jugendliche dürfen an dem Arbeitstag, welcher der schriftlichen Abschlussprüfung unmittelbar vorangeht, nicht beschäftigt werden. Dieser Tag wird mit 8 Stunden, der Prüfungstag selbst mit der Zeit der Prüfung einschließlich der Pausen auf die Arbeitszeit angerechnet. Ein Entgeltausfall darf nicht eintreten (§ 10).

Was ist beim Einrichten von Ruhepausen für Jugendliche zu beachten?

Jugendlichen müssen im voraus feststehende Ruhepausen von angemessener Dauer gewährt werden. Die Ruhepausen müssen mindestens betragen

bei einer Arbeitszeit von mehr als 4 1/2 bis 6 Stunden = 30 Minuten und
bei einer Arbeitszeit von mehr als 6 Stunden = 1 Stunde.

Als Ruhepause gilt nur eine Arbeitsunterbrechung von mindestens 15 Minuten. Die Ruhepausen müssen in angemessener zeitlicher Lage gewährt werden:

frühestens 1 Stunde nach Beginn und spätestens 1 Stunde vor Ende der Arbeitszeit.

Länger als 4 1/2 Stunden dürfen Jugendliche nicht ohne Ruhepausen beschäftigt werden. Der Aufenthalt während der Ruhepausen ist in den Arbeitsräumen nur gestattet, wenn die Arbeit in diesen Räumen während dieser Zeit eingestellt ist (§ 11).

Was ist im Hinblick auf die Sonntagsbeschäftigung und Feiertagsruhe bei Jugendlichen zu berücksichtigen?

An Sonntagen dürfen Jugendliche grundsätzlich nicht beschäftigt werden. Am 24. und 31. Dezember nach 14.00 Uhr sowie an gesetzlichen Feiertagen dürfen Jugendliche ebenfalls nicht beschäftigt werden (§ 18).
Zulässig ist die Beschäftigung Jugendlicher allerdings an Sonntagen bei Betrieben mit Gaststättenkonzession. In diesem

GESETZESKUNDE

Falle dürfen Jugendliche auch an gesetzlichen Feiertagen beschäftigt werden, mit Ausnahme am 25. Dezember, 1. Januar, Ostermontag und am 1. Mai.

Welche Urlaubsansprüche gelten nach dem JArbSchG?

Der Urlaub beträgt jährlich mindestens 30 Werktage, wenn der Jugendliche zu Beginn des Kalenderjahres noch nicht 16 Jahre alt ist, mindestens 27 Werktage, wenn der Jugendliche zu Beginn des Kalenderjahres noch nicht 17 Jahre alt ist, mindestens 25 Werktage, wenn der Jugendliche zu Beginn des Kalenderjahres noch nicht 18 Jahre alt ist (§ 19).

Was ist bei der gesundheitlichen Betreuung von Jugendlichen zu berücksichtigen?

a) Ein Jugendlicher darf nur beschäftigt werden, wenn er innerhalb der letzten 14 Monate von einem Arzt untersucht worden ist und dem Arbeitgeber eine von diesem Arzt ausgestellte Bescheinigung vorliegt (§ 32).
Ein Berufsausbildungsvertrag mit einem Jugendlichen wird nur in die Lehrlingsrolle eingetragen, wenn auch die ärztliche Bescheinigung über die Erstuntersuchung zur Einsicht vorgelegt wird (§ 29 Abs. 1 Nr. 3 der Handwerksordnung).

b) 1 Jahr nach der Arbeitsaufnahme muss der Arbeitgeber sich die Bescheinigung über die erste Nachuntersuchung vorlegen lassen. Die Nachuntersuchung darf nicht länger als 3 Monate zurückliegen.
Der Arbeitgeber soll den Jugendlichen 9 Monate nach Aufnahme der ersten Beschäftigung ausdrücklich auf den Zeitpunkt der Vorlage der Bescheinigung hinweisen.
Legt der Jugendliche die Bescheinigung nicht nach Ablauf 1 Jahres vor, muss der Arbeitgeber innerhalb 1 Monats schriftlich dazu auffordern und darauf hinweisen, dass er nach Ablauf von 14 Monaten nach Aufnahme der ersten Beschäftigung ihn nicht weiterbeschäftigen darf, solange er die Bescheinigung nicht vorgelegt hat.
Je eine Durchschrift des Aufforderungsschreibens hat der Arbeitgeber dem Personensorgeberechtigten, der Aufsichtsbehörde und, so weit er besteht, dem Betriebsrat zuzusenden (§ 33).
Ein Berufsausbildungsvertrag wird in der Lehrlingsrolle gelöscht, wenn die Bescheinigung über die erste Nachuntersuchung nicht spätestens am Tage der Anmeldung des Auszubildenden zur Zwischen-

prüfung zur Einsicht vorgelegt und dieser Mangel nicht nach einer Fristsetzung durch die Handwerkskammer gem. § 23 a Abs. 2 der Handwerksordnung behoben wird.
c) Nach Ablauf jedes weiteren Jahres kann der Jugendliche sich erneut untersuchen lassen. Der Arbeitgeber soll den Jugendlichen auf diese Möglichkeit rechtzeitig hinweisen und darauf hinwirken, dass der Jugendliche ihm auch diese Bescheinigung vorlegt (§ 34).
d) Der Arzt soll unter bestimmten Voraussetzungen, wie gesundheitliche Schwächen usw., eine außerordentliche Nachuntersuchung anordnen (§ 35).
e) Scheidet der Jugendliche aus dem Beschäftigungsverhältnis aus, so hat der Arbeitgeber ihm die ärztlichen Bescheinigungen auszuhändigen (§ 41 Abs. 2). Der neue Arbeitgeber darf ihn erst beschäftigen, wenn ihm die Bescheinigungen vorliegen (§ 36).
f) Enthält die ärztliche Bescheinigung einen Vermerk über Arbeiten, durch die er die Gesundheit oder die Entwicklung des Jugendlichen für gefährdet hält, so darf der Jugendliche mit solchen Arbeiten nicht beschäftigt werden. Die zuständige Aufsichtsbehörde, in der Regel das Gewerbeaufsichtsamt, kann im Einvernehmen mit dem Arzt Ausnahmen zulassen (§ 40).
g) Der Arbeitgeber hat die ärztlichen Bescheinigungen bis zur Beendigung der Beschäftigung, längstens jedoch bis zur Vollendung des 18. Lebensjahres des Jugendlichen, aufzubewahren (§ 41).

Ladenschlussgesetz (LadSchlG)

Am 2. Juni 2003 wurde das Ladenschlussgesetz novelliert.
Nennen Sie die Regelungsinhalte des LadSchlG im Hinblick auf die

a) allgemeinen Öffnungszeiten
b) für das Bäcker- und Konditorenhandwerk
c) für Bäckereien und Konditoreien mit Gaststättenkonzession

a) Allgemeine Öffnungszeiten

Montag bis Samstag	6.00 Uhr bis 20.00 Uhr
24. Dezember (sofern Werktag)	6.00 Uhr bis 14.00 Uhr

Siehe auch Anhang, Seite 341 ff.

b) Bäcker- und Konditorenhandwerk

Montag bis Samstag	5.30 Uhr bis 20.00 Uhr
Sonn- und Feiertage	Herstellung und Verkauf von Bäckerei- und Konditoreiwaren für 3 Stunden (die jeweilige Landes-VO ist zu berücksichtigen)
2. Weihnachtsfeiertag, Oster- und Pfingstmontag	keine Öffnungserlaubnis!
24. Dezember (sofern Werktag)	5.30 Uhr bis 14.00 Uhr
24. Dezember als Sonntag	Öffnungszeiten sind von den einzelnen Landesregierungen durch Rechts-VO festgesetzt

c) Bäckereien und Konditoreien mit Gaststättenkonzession

Es ist zu beachten, dass für die Betriebe mit vorliegender Gaststättenerlaubnis – bezogen auf die konzessionierten Räumlichkeiten – weitere Öffnungsmöglichkeiten bestehen, die über die allgemeinen Öffnungszeiten und den Sonderstatus des Bäcker- und Konditorenhandwerks hinaus Möglichkeiten der Öffnung und Beschäftigung von Arbeitnehmern sowie Auszubildenden bieten.

Die Landesregierungen werden ermächtigt, durch Rechtsverordnungen zu bestimmen, dass in Städten mit über 200 000 Einwohnern zur Versorgung der Berufspendler und der anderen Reisenden mit Waren des täglichen Ge- und Verbrauchs sowie mit Geschenkartikeln

1. Verkaufsstellen auf Personenbahnhöfen des Schienenverkehrs und

2. Verkaufsstellen innerhalb einer baulichen Anlage, die einen Personenbahnhof des Schienenverkehrs mit einem Verkehrsknotenpunkt des Nah- und Stadtverkehrs verbindet,

an Werktagen von 6.00 Uhr bis 22.00 Uhr geöffnet sein dürfen; sie haben dabei die Größe der Verkaufsfläche auf das für diesen Zweck erforderliche Maß zu begrenzen.

Verkaufspersonal

Für das Verkaufspersonal, welches an Sonntagen arbeitet, gilt § 17 des Ladenschlussgesetzes. Danach dürfen die Verkäuferinnen in Bäckereien grundsätzlich 3 Stunden lang am Sonntag beschäftigt werden, zusätzlich für Vorbereitungs- und Abschlussarbeiten insgesamt 30 Minuten. Werden Arbeitnehmer bis zu 3 Stunden beschäftigt, muss jeder zweite Sonntag beschäftigungsfrei bleiben oder in jeder zweiten Woche ein Nachmittag ab 13.00 Uhr.

Bei einer Beschäftigung länger als 3 Stunden (also mit Vor- und Nacharbeiten) muss jeder dritte Sonntag beschäftigungsfrei bleiben, und an einem Werktag derselben Woche darf dann ab 13.00 Uhr keine Tätigkeit mehr erfolgen.
Alternativ besteht die Möglichkeit, die Freizeit am Samstag oder Montagvormittag bis 14.00 Uhr zu gewähren.

Lebensmittel-, Bedarfsgegenstände- und Futtermittelgesetz (LMBG)

Was bezweckt das Lebensmittel-, Bedarfsgegenstände- und Futtermittelgesetzbuch (LMBG)?

Zweck des Gesetzes ist es,
1. bei Lebensmitteln, Futtermitteln, kosmetischen Mitteln und Bedarfsgegenständen, den Schutz der Verbraucherinnen und Verbraucher durch Vorbeugung gegen eine oder Abwehr einer Gefahr für die menschliche Gesundheit sicher zu stellen,
2. vor Täuschung beim Verkehr mit Lebensmitteln, Futtermitteln, kosmetischen Mitteln und Bedarfsgegenständen zu schützen,
3. die Unterrichtung der Wirtschaftsbeteiligten und
   a) der Verbraucherinnen und Verbraucher beim Verkehr mit Lebensmitteln, kosmetischen Mitteln und Bedarfsgegenständen,
   b) der Verwenderinnen und Verwender beim Verkehr mit Futtermitteln sicherzustellen.

Was sind Lebensmittel im Sinne dieses Gesetzes?

Eine Definition von „Lebensmittel" findet sich in der EU-Basis-Verordnung Nr. 178/2002, auf die das LFGB verweist.
Danach sind Lebensmittel im Sinne dieser Verordnung alle Stoffe oder Erzeugnisse, die dazu bestimmt sind oder von denen nach vernünftigem Ermessen erwartet werden kann, dass sie im verarbeitetem, teilweise verarbeitetem oder unverarbeitetem Zustand von Menschen aufgenommen werden.

GESETZESKUNDE

Was ist im Sinne des LMBG verboten?

1. Lebensmittel für andere derart herzustellen oder zu behandeln, dass ihr Verzehr gesundheitsschädlich ist.
2. Stoffe, die keine Lebensmittel sind und deren Verzehr gesundheitsschädlich ist, als Lebensmittel in den Verkehr zu bringen.
3. Mit Lebensmitteln verwechselbare Produkte für andere herzustellen, zu behandeln oder in den Verkehr zu bringen.
4. Beim erwerbsmäßigen Herstellen oder Behandeln von Lebensmitteln nicht zugelassene Lebensmittel-Zusatzstoffe zu verwenden.
5. Bei Lebensmitteln gewerbsmäßig eine nicht zugelassene Bestrahlung mit ultravioletten oder ionisierenden Strahlen anzuwenden.
6. Bei einem Lebensmittel zur Täuschung geeignete Bezeichnungen, Angaben, Aufmachungen, Darstellungen oder sonstige Aussagen über Eigenschaften, insbesondere über Art, Beschaffenheit, Zusammensetzung, Menge, Haltbarkeit, Ursprung, Herkunft oder Art der Herstellung oder Gewinnung zu verwenden.
7. Einem Lebensmittel Wirkungen beizulegen, die ihm nach den Erkenntnissen der Wissenschaft nicht zukommen oder die wissenschaftlich nicht hinreichend gesichert sind.
8. Zu verstehen zu geben, dass ein Lebensmittel besondere Eigenschaften hat, obwohl alle vergleichbaren Lebensmittel dieselben Eigenschaften haben.
9. Nachgemachte Lebensmittel sowie Lebensmittel, die hinsichtlich ihrer Beschaffenheit von der Verkehrsauffassung abweichen und dadurch in ihrem Wert, insbesondere in ihrem Nähr- oder Genusswert oder in ihrer Brauchbarkeit nicht unerheblich gemindert sind oder Lebensmittel die geeignet

GESETZESKUNDE

sind, den Anschein einer besseren als der tatsächlichen Beschaffenheit zu erwecken ohne ausreichende Kenntlichmachung gewerbsmäßig in den Verkehr zu bringen.
10. Beim Verkehr mit Lebensmitteln oder in der Werbung für Lebensmittel allgemein oder im Einzelfall Aussagen, die sich auf die Beseitigung, Linderung oder Verhütung von Krankheiten beziehen, zu verwenden.

Welches Recht haben die kontrollierenden Behörden nach dem LMBG?

Während der üblichen Betriebs- oder Geschäftszeit dürfen sie Grundstücke, Betriebsräume und Transportmittel, in oder auf denen Erzeugnisse gewerbsmäßig hergestellt, behandelt oder in den Verkehr gebracht werden, betreten, zur Verhütung dingender Gefahren für die öffentliche Sicherheit und Ordnung auch außerhalb der genannten Zeiten.

Sie dürfen ferner alle geschäftlichen Schrift- und Datenträger, insbesondere Aufzeichnungen, Frachtbriefe, Herstellungsbeschreibungen und Unterlagen über die bei der Herstellung verwendeten Stoffe, einsehen und hieraus Abschriften, Auszüge, Ausdrucke oder Kopien, auch von Datenträgern anfertigen oder Ausdrucke von elektronisch gespeicherten Daten verlangen.

Sie dürfen außerdem von natürlichen und juristischen Personen und nicht rechtsfähigen Personenvereinigungen alle erforderlichen Auskünfte, insbesondere solche über die Herstellung, das Behandeln, die zur Verarbeitung gelangenden Stoffe, deren Herkunft und das Inverkehr- bringen verlangen. Sie haben ferner das Recht, gegen Empfangsbescheinigung Proben nach ihrer Auswahl zum Zweck der Untersuchung zu fordern oder zu entnehmen. Ein Teil der Probe oder sofern die Probe nicht oder ohne Gefährdung des Untersuchungszwecks nicht in Teilen von gleicher Beschaffenheit teilbar ist, ein zweites

Stück der gleichen Art ist zurück zu lassen.
Der Hersteller kann auf die Zurücklassung einer Probe verzichten.

Zusatzstoff-Zulassungsverordnung

Was wissen Sie über den Begriff der Lebensmittel-Zusatzstoffen?

Lebensmittel-Zusatzstoffe sind Stoffe mit oder ohne Nährwert, die in der Regel weder selbst als Lebensmittel verzehrt noch als charakteristische Zutat eines Lebensmittels verwendet werden und die einem Lebensmittel aus technologischen Gründen beim Herstellen oder Behandeln zugesetzt werden, wodurch sie selbst oder ihre Abbau- oder Reaktionsprodukte mittelbar oder unmittelbar zu einem Bestandteil des Lebensmittels werden oder werden können.

Es gilt das Verbotsprinzip mit Erlaubnisvorbehalt, d. h., Zusatzstoffe sind grundsätzlich verboten, es sei den ihre Zulassung wird ausdrücklich erlaubt.

Lebensmittel-Zusatzstoffe und ihre Verwendungsbedingungen sind in EU-Richtlinien harmonisiert und werden in Deutschland vom Bundesministerium für Verbraucherschutz, Ernährung und Landwirtschaft durch die Zusatzstoff-Zulassungsverordnung zugelassen.

Bei welchen Backwaren werden Backtriebmittel verwendet?

Sie werden bei Backpulvergebäck verwendet, und zwar nur in einer Anwendungsmenge, die technologisch erforderlich ist und der "guten Herstellungspraxis" entspricht (quantum Satis).

Für welche Backwaren sind Emulgatoren zugelassen?

Für Feine Backwaren, Weizenkleingebäcke und Knabbererzeugnisse mit einer maximalen Anwendungsmenge entsprechend quantum satis.

Siehe auch Anhang, Seite 394 ff.

GESETZESKUNDE

Ist die Verwendung von Zuckerkulör zulässig?	Ja, nicht jedoch bei Brot und Kleingebäck sowie bei Lebensmitteln, bei denen auf Malz, Karamell, Kakao, Schokolade, Kaffee oder Tee hingewiesen wird.
Welche Zusatzstoffe dürfen zur Konservierung von Backwaren verwendet werden?	Sorbinsäure, z.b. bei Schnittbrot. Sowie Propionsäure (zulässig bei bestimmten Backwaren), z.b. abgepacktes und geschnittenes Brot, Roggenbrot, Brot mit reduziertem Energiegehalt, vorgebackenes und abgepacktes Brot, abgepackte Feine Backwaren.
Wer überwacht die Durchführung aller lebensmittelrechtlichen Vorschriften?	Die Ordnungsbehörden der Bundesländer.

Diätverordnung/Diabetikerbackwaren

Was ist die rechtliche Grundlage für die Herstellung von Diabetikerbackwaren?	Rechtliche Grundlage ist die Verordnung über die diätetischen Lebensmittel (Diätverordnung) in der Neufassung vom 28. April 2005.
Was versteht man unter Diätetischen Lebensmitteln?	Diätetische Lebensmittel sind Lebensmittel, die für eine besondere Ernährung bestimmt sind. Sie sind für eine besondere Ernährung bestimmt, wenn sie 1. den besonderen Ernährungserfordernissen folgender Verbrauchergruppen entsprechen: a) bestimmter Gruppen von Personen, deren Verdauungs- oder Resorptionsprozess oder Stoffwechsel gestört ist oder b) bestimmter Gruppen von Personen die sich in besonderen physiologischen Umständen befinden und deshalb einen besonderen Nutzen aus der kontrollierten Aufnahmen bestimmter in der Nahrung enthaltener Stoffe ziehen können, oder c) gesunde Säuglinge oder Kleinkinder,

2. sich für den angegebenen Ernährungszweck eignen und mit dem Hinweis darauf in den Verkehr gebracht werden, dass sie für diesen Zweck geeignet sind und
3. sich aufgrund ihrer besonderen Zusammensetzung oder des besonderen Verfahrens ihrer Herstellung deutlich von den Lebensmitteln des allgemeinen Verkehrs unterscheiden.

Was ist bei der Abgabe von Diätetischen Lebensmitteln zu beachten?

Diätetische Lebensmittel, die zur Abgabe an den Verbraucher bestimmt sind, dürfen gewerbsmäßig nur in Fertigpackungen in den Verkehr gebracht werden; dies gilt, mit Ausnahme von Süßstoffen, nicht, sofern Diätetische Lebensmittel zum Verzehr an Ort und Stelle abgegeben werden. Außerdem ist die Abgabe von frischer Backware für Diabetiker an den Verbraucher zulässig.

Was ist bei der Herstellung von Brot für Diabetiker zu beachten?

Brot für Diabetiker darf nur mit einem Brennwert von höchstens 840 Joule oder 200 kcal pro 100 g gewerbsmäßig hergestellt und in den Verkehr gebracht werden.

Was ist bei Herstellung von Lebensmitteln für Natriumempfindliche zu beachten?

Bei Lebensmitteln, ausgenommen Getränke, darf der Natriumgehalt die Menge von 120 mg pro 100 g des verzehrfertigen Lebensmittels nicht überschreiten.
Mit der Angabe "streng natriumarm", auch ergänzt durch die Angabe "streng kochsalzarm", dürfen natriumarme Diätetische Lebensmittel, ausgenommen Getränke, nur gekennzeichnet werden, wenn der Gehalt an Natrium 40 mg pro 100 g des verzehrsfertigen Lebensmittels nicht übersteigt.

Siehe auch Anhang, Seite 323 ff.
Siehe Lebensmittelkennzeichnung Seite 263 ff sowie im Anhang Seite 401 ff.

Preisangabenverordnung

Die novellierte Verordnung zur Regelung der Preisangaben ist zum 14. März 1985 in Kraft getreten, mit folgenden Änderung vom 22. Juli 1997 sowie vom 1. September 2000 und vom 3. Juli 2004.
Fertigverpackungen müssen lt. der Novellierung seit 1.9.2000 mit einem Endpreis und einem Grundpreis ausgezeichnet werden. Grundpreis ist dabei der Preis je Mengeneinheit einschließlich der Umsatzsteuer und sonstiger Preisbestandteile, unabhängig von einer Rabattgewährung. Auf die Angabe des Grundpreises kann verzichtet werden, wenn diese mit dem Endpreis identisch ist.
Die bisher grundpreisbefreiten Nennfüllmengen (bisher Anlage 3 der Fertigverpackungs-VO) 10-20-25-30-40-50-125-150-175-200-300-400-500-600-750-1000-1250-1500-1750-2000-3000-4000-5000-6000-7000-8000-9000-10000 g entfallen.
Die richtige Preisauszeichnung für stückweise als lose Ware verkaufte Bäckereierzeugnisse ist der Endpreis pro Stück, d. h. Brötchen, die nach der Stückzahl lose verkauft werden, bedürfen keiner Grundpreisangabe.
Gemäß § 2 der neuen Verordnung müssen ebenfalls Waren, die unverpackt, also lose, nach Gewicht verkauft werden, sowohl mit dem Endpreis als auch mit dem Grundpreis deklariert werden.
Die Preisangaben müssen dem Angebot oder der Werbung eindeutig zugeordnet, leicht erkennbar und deutlich lesbar oder sonst gut wahrnehmbar sein.
Alle Waren, die in Schaufenstern, Schaukästen, innerhalb oder außerhalb des Verkaufsraums, auf Verkaufsständen oder in sonstiger Weise sichtbar ausgestellt werden, und Waren, die vom Verbraucher unmittelbar entnommen werden können, sind durch Preisschilder oder Beschriftung der Ware auszuzeichnen. Eine Beschriftung unverpackter Backwaren ist kaum vorstellbar, so dass die Preisauszeichnung in erster Linie durch Preisschilder an oder auf der Ware erfolgen muss. Zulässig ist auch, dass eine Auszeichnung an den Brot- und Brötchenregalen durch Preisschilder erfolgt. Wer vorsätzlich gegen diese Preisangabenverordnung verstößt, handelt ordnungswidrig und muss mit Konsequenzen der Lebensmittelaufsichtsbehörde rechnen.

Was ist über die Grundpreisangabe bekannt?	Die mit der Grundpreisangabe verbundenen neuen Vorschriften traten zum 1. September 2000 in Kraft. Somit müssen sowohl Waren in Fertigpackungen als auch unverpackte Waren, die nach Gewicht verkauft werden, mit dem Endpreis und zusätzlich mit dem Grundpreis deklariert werden. Dies gilt auch im Falle der Werbung für die Waren. Der Preis ist

auf jeweils 1 kg zu beziehen, wobei bei Waren, deren Gewicht üblicherweise 250 g nicht übersteigt, der Grundpreis auf 100 g bezogen werden darf.
Auch im Falle des Bedienungsverkaufs sind die Geschäfte zur Angabe des Grundpreises verpflichtet, wenn das Warensortiment im Rahmen eines Vertriebssystems bezogen wird.
Kleinbetriebe mit bis zu 6 Verkaufsstellen sind in der Regel ausgenommen. Auch unverpackt verkauftes Kleingebäck, wie Brötchen, bedarf keiner Grundpreisangabe.

Was besagt die Verordnung über Preisangaben für Bäckereien und Konditoreien mit angeschlossenem Café?

Diese Verordnung bestimmt, dass Inhaber von Gaststättenbetrieben (dazu gehören im Sinne der Verordnung auch Bäckereien mit angeschlossenem Café) Preisverzeichnisse für Speisen und Getränke in ausreichender Zahl auf den Tischen aufzulegen oder jedem Gast vor Entgegennahme von Bestellungen und auf Verlangen bei Abrechnungen vorzulegen haben. Ferner ist neben dem Eingang zur Gaststätte ein Preisverzeichnis anzubringen, aus dem die Preise für die wesentlichen Getränke und, bei regelmäßigem Angebot warmer Speisen, die Preise für die Gedecke und Tagesgerichte ersichtlich sind.

Was versteht man unter Deklarationspflicht?

Für eine Reihe von Erzeugnissen besteht die Pflicht zur Deklaration, nämlich dann, wenn sie in ihrer Beschaffenheit von der Verbrauchererwartung bzw. dem redlichen Handwerks- und Handelsbrauch abweichen.
Das gilt für solche Erzeugnisse, die zwar aus verschieden wertvollen Rohstoffen hergestellt und im Aussehen gleich oder ähnlich sind, aber wesentliche Preisunterschiede aufweisen. Beispiel: Am Äußeren

---

Besondere Deklarationspflichten enthalten die Zusatzstoff-Zulassungsverordnung sowie die QUID-Kennzeichnung (mengenmäßige Zutatenkennzeichnung auf Fertigpackungen).

kann man nicht erkennen, ob eine Ware aus Marzipan oder Persipan hergestellt wurde. Deshalb muss an dem Erzeugnis ein Schildchen „Aus Persipan hergestellt" sein.

Man versteht also unter Deklaration die Pflicht, bekannt zu geben, dass für dieses Produkt der billigere Rohstoff verwendet wurde. Dies gilt auch für Kuvertüre und Schokoladenfettglasur usw.

Beispiele zur Grundpreisangabe in Bäckereien und Konditoreien mit Bedienungsverkauf

1. Wer hat den Grundpreis anzugeben?

Nach der Preisangaben-Verordnung, die seit dem 1. September 2000 rechtsgültig ist, **muss jeder,** der Waren an Letztverbraucher in Fertigpackungen, offenen Packungen oder als Verkaufseinheiten ohne Umhüllungen nach Gewicht, Volumen, Länge oder Fläche anbietet, neben dem Endpreis **auch den Grundpreis angeben** (Ausnahmeregelung siehe Punkt 6).

2. Welche Waren müssen mit dem Grundpreise angeboten werden?

Alle Waren, die gemessen in Gewicht, Volumen, Länge oder Fläche angeboten werden, müssen grundsätzlich mit dem Grundpreis ausgewiesen werden. Die bisherige Privilegierung die bei bestimmten Gewichten (Gewichtsreihe 250 g) zu einer Befreiung von der Grundpreisangabe führte, ist mit dieser Neuregelung entfallen.

Was gilt bei der Werbung?

Wenn für lose Waren, die in Anwesenheit des Letztverbrauchers abgemessen (Gewicht, Volumen) werden, unter Angaben von Preisen geworben wird, ist lediglich der Grundpreis anzugeben.

Beispiel:

> **Weihnachtsgebäckmischung**
> (100 g, 1,50 Euro).

3. Wo und wie muss die Grundpreisangabe erfolgen?

Waren, die in Schaufenstern innerhalb oder außerhalb des Verkaufsraumes auf Verkaufsständen oder in sonstiger Weise sichtbar ausgestellt werden und Waren, die vom Verbraucher unmittelbar entnommen werden können (**Selbstbedienung**), sind durch Preisschilder oder Beschriftung der Ware auszuzeichnen.

Waren, die nicht zur Selbstbedienung – also im **Bedienungsverkauf** – angeboten werden, sind entweder an der Ware selbst oder in der Weise mit dem Grundpreis auszuzeichnen, dass die Behältnisse oder Regale, in denen sich die Waren befinden, beschriftet werden.

Die Grundpreise sind in unmittelbarer Nähe des Endpreises anzugeben. Auf die Angabe des Grundpreises kann verzichtet werden, wenn dieser mit dem Endpreis identisch ist.

Die Mengeneinheit für den Grundpreis ist jeweils das Kilogramm (kg) oder das Liter (l). Bei Waren, deren Nenngewicht oder Nennvolumen üblicherweise 250 Gramm nicht übersteigt, dürfen als Grundpreis 100 Gramm oder 100 Milliliter verwendet werden.

4. Welche Waren aus der Bäckerei und Konditorei sind von der Neuregelung betroffen?

Änderungen ergeben sich nur für bestimmte Waren, die im Bedienungsverkauf angeboten werden. Für Waren, die in Fertigpackungen angeboten werden, ist ohnehin die Grundpreisangabe vorgeschrieben.

5. Beim Verkauf unverpackter Waren in Bäckereien und Konditorei ist Folgendes zu beachten:

Alle Waren, die nach anderen Einheiten als dem Gewicht oder dem Volumen wie z.B. in Stück angeboten werden, sind von der Angabe des Grundpreises befreit.

Beispiele: Brötchen, Kuchenteilchen/-stückchen, Plunderteilchen, Sahne- oder Cremeteilchen, Tortenstücke, Tortenböden usw.

Butterkuchen Stück 1,50	Berliner-Ballen 3 Stück 1,50 Euro	Sahnetorte Stück 1,25 Euro

Wird die Ware nach Gewicht oder Volumen verkauft, muss sich die Preisangabe grundsätzlich auf ein 1 kg /l beziehen.

Beispiel: ganze Stollen, ganze Rührkuchen, Paniermehl usw.

GESETZESKUNDE

Marmorkuchen
aus unserer Konditorei
450 g – 2,54 Euro
1 kg – 5,64 Euro

Paniermehl
eigene Herstellung
400 g – 1,30 Euro
1 kg – 3,25 Euro

Butterstollen
350 g – 4,90 Euro
1 kg – 4,00 Euro

Bei Waren, deren Nennfüllung 250 g/ml nicht übersteigt, darf als Bezugsgröße für den Grundpreis auch die Einheit 100 g / 100 ml verwendet werden.

Beispiel: Pralinen, Weihnachtsgebäck, Buttergebäck, Brotaufschnitt, evtl. loser Verkauf von aufgeschlagener Sahne, in Bechern gefüllte Desserts, Snacks usw.

Buttergebäck
250 g – 3,50 Euro
100 g – 1,40 Euro

Brotaufschnitt
250 g – 1,75 Euro
100 g – 0,70 Euro

Die Grundpreisangabe muss in unmittelbarer Nähe des Endpreises erfolgen. Die Preisangabe muss leicht erkennbar und deutlich lesbar sein. Es darf aber eine kleinere Schriftgröße als beim Endpreis gewählt werden.

In diesem Zusammenhang wird darauf hingewiesen, **dass** nach dem Wegfall der Gewichtsreihen entsprechend der Fertigpackungsverordnung **Brot in jeder Gewichtseinheit verkauft werden darf.**

Beispiele:

Weizenmischbrot
750 g – 2,40 Euro
1 kg – 3,20 Euro

oder

Weizenmischbrot
723 g – 2,31 Euro
1 kg – 3,20 Euro

Die Grundpreisangabe kann entfallen, wenn diese mit dem Endpreis identisch ist.

Beispiel:

Weizenmischbrot
1000 g – 2,80 Euro

6. Ausnahmeregelung

Die Angabe des Grundpreises kann entfallen, auf Waren, die von kleinen Direktvermarktern sowie kleinen Einzelhandelsgeschäften angeboten werden, bei denen die Warenausgabe überwiegend im Wege der Bedienung erfolgt, es sei denn, dass das Warensortiment im Rahmen eines Vertriebsystems bezogen wird.

Im Bund-Länderausschuss „Preisangaben" bestand Einvernehmen darüber, dass für die Anwendung dieser Ausnahmevorschrift folgende 3 Voraussetzungen gleichzeitig vorliegen müssen:

- kleines Einzelhandelsgeschäft mit einer Gesamtverkaufsfläche von **höchstens 100 m²**, (in NRW und BW 200 m²)
- Warenausgabe überwiegend im Wege der Bedienung, d.h. mehr als **50 % des Warensortimentes nur mit Bedienung,**
- das Warensortiment wird **nicht im Rahmen eines Vertriebssystems bezogen.**

Im Bund-Länder-Ausschuss bestand ferner Einvernehmen darüber, das ein Vertriebssystem anzunehmen ist, wenn von einem Unternehmen mehr als **5 Filialen, bzw. Verkaufsstellen** betrieben werden oder entsprechend viele Franchise-Verträge existieren, einschließlich des Hauptbetriebes **somit mehr als 6 Betriebsstätten existieren.**

In diesem Zusammenhang wird darauf hingewiesen, dass es keine generelle branchen-/vertriebsbezogene Befreiung von der Grundpreisangabepflicht gibt. Vielmehr ist in jedem Fall zu prüfen, ob der jeweilige Betrieb als „kleiner Direktvermarkter"bzw. „kleines Einzelhandelsgeschäft" unter die Ausnahmeregelung fällt.

Bei der Prüfung im Einzelfall ist immer zuerst das Merkmal „überwiegende Bedienung" zu untersuchen, da bei Fehlen dieser Eigenschaft das Einzelhandelsgeschäft bereits nicht von der Ausnahmeregelung erfasst wird und es dann auf die weiteren Kriterien „Ladengröße" und „Vertriebssystem" nicht mehr ankommt.

Verkauf mit Ausnahmeregelung

Beim Verkauf unverpackter Waren in Bäckereien und anderen Verkaufsstellen ist folgendes zu beachten:

Alle Waren, die nach anderen Einheiten als dem Gewicht oder dem Volumen wie z.B. in **Stück angeboten werden, sind von der Angabe des Grundpreises befreit.**

GESETZESKUNDE

Beispiele: Brötchen, Kuchenteilchen/-stückchen, Plunderteilchen, Sahne- oder Cremeteilchen, Tortenstücke, Tortenböden usw.

Butterkuchen	Berliner-Ballen	Sahnetorte
Stück – 1,50 Euro	3 Stück – 1,50 Euro	Stück – 1,25 Euro

In diesem Zusammenhang wird darauf hingewiesen, dass nach dem Wegfall der Gewichtsreihen entsprechend der Fertigpackungsverordnung Brot in jeder Gewichtseinheit verkauft werden darf. Betriebe, die der Ausnahmeregelung zugeordnet werden können, müssen den Grundpreis nicht angeben. Anzugeben ist lediglich das Gewicht des Brotes und der Endpreis.

Beispiele:

Weizenmischbrot		Weizenmischbrot
750 g – 2,40 Euro	oder	723 g – 2,31 Euro

Ciabatta oder kleine Baguettes mit z.b. einem Gebäckgewicht von etwa 320 g sind entsprechend den Leitsätzen, dem Brot zuzuordnen (da das Gewicht über 250 g liegt). Beim Verkauf muss jedoch nur das Gewicht und der Endpreis angegeben werden, nicht dagegen der Grundpreis.

Beispiele:

Ciabatta	Petite-Baguette
320 g – 1,20 Euro	350 g – 1,25 Euro

Wird die Ware nach Gewicht oder Volumen verkauft, muss sich die Preisangabe grundsätzlich auf ein 1kg /l beziehen.

Beispiel: ganze Stollen, ganze Rührkuchen, Paniermehl usw.

Marmorkuchen	Paniermehl
aus unserer Konditorei	eigene Herstellung
450 g – 2,54 Euro	400 g – 1,30 Euro
1 kg – 5,64 Euro	1 kg – 3,25 Euro

Butterstollen
350 g – 4,90 Euro
1 kg – 14,00 Euro

Bei Waren deren Nennfüllung 250 g/ml nicht übersteigt, darf als Bezugsgröße für den Grundpreis auch die Einheit 100 g/100 ml verwendet werden.

Beispiel: Pralinen, Weihnachtsgebäck, Buttergebäck, Brotaufschnitt, evtl. loser Verkauf von aufgeschlagener Sahne, in Bechern gefüllte Desserts, Snacks usw.

Buttergebäck	Brotaufschnitt
250 g – 3,50 Euro	250 g – 1,75 Euro
100 g – 14,00 Euro	100 g – 7,00 Euro

Wettbewerbsrecht

Nach der Aufhebung des Rabattgesetzes und der Zugabeverordnung bereits im Juli 2001 bedeutet das Inkrafttreten des neuen Gesetzes gegen den unlauteren Wettbewerb (UWG) eine weitere Liberalisierung der Marktordnung. Insbesondere wurde nun das Verbot der Sonderveranstaltungen und Räumungsverkäufen im Einzelhandel ersatzlos aufgehoben und die engen Vorschriften über Jubiläumsverkäufe gestrichen. Während vorher nur alle 25 Jahre ein Jubiläumsverkauf stattfinden durfte, gilt diese Begrenzung nun nicht mehr. Allerdings sind die allgemeinen Vorschriften des Wettbewerbsrechts zu beachten.

Zentrale Regelung des Gesetzes sind hierbei die sogenannten beredeten Generalklauseln in den §§ 3 und 4. So enthält die Generalklausel des § 3 die Regelung, dass unlautere Wettbewerbshandlungen, die geeignet sind, den Wettbewerb zum Nachteil der Mitbewerber, der Verbraucher oder der sonstigen Marktteilnehmer nicht nur unerheblich zu beeinträchtigen, unzulässig sind. In dieser Generalklausel ist als Novum erstmals eine Erheblichkeitsschwelle verankert.

Kaufen und Verkaufen sind gesetzlich geregelt. Wo sind die Bestimmungen über das Kaufen und Verkaufen zu finden?	Im BGB (Bürgerliches Gesetzbuch) und im HGB (Handelsgesetzbuch)
Was müssen Sie über den unlauteren Wettbewerb wissen?	Unlautere Wettbewerbshandlungen, die geeignet sind, den Wettbewerb zum Nachteil der Mitbewerber, der Verbraucher oder der sonstigen Marktteilnehmer nicht nur

unerheblich zu beeinträchtigen, sind unzulässig.

Unlauter handelt insbesondere, wer

1. Wettbewerbshandlungen vornimmt, die geeignet sind, die Entscheidungsfreiheit der Verbraucher oder sonstiger Marktteilnehmer durch Ausübung von Druck, in menschenverachtender Weise oder durch sonstigen unangemessenen unsachlichen Einfluss zu beeinträchtigen;
2. Wettbewerbshandlungen vornimmt, die geeignet sind, die geschäftliche Unerfahrenheit, insbesondere von Kindern oder Jugendlichen, die Leichtgläubigkeit, die Angst oder die Zwangslage von Verbrauchern auszunutzen;
3. den Werbecharaker von Wettbewerbshandlungen verschleiert;
4. bei Verkaufsförderungsmaßnahmen wie Preisnachlässen, Zugaben oder Geschenken die Bedingungen für ihre Inanspruchnahme nicht klar und eindeutig angibt;
5. bei Preisausschreiben oder Gewinnspielen mit Werbecharakter die Teilnahmebedingungen nicht klar und eindeutig angibt;
6. die Teilnahme von Verbrauchern an einem Preisausschreiben oder Gewinnspiel von dem Erwerb einer Ware oder der Inanspruchnahme einer Dienstleistung abhängig macht, es sei denn das Preisausschreiben oder Gewinnspiel ist natugemäß mit der Ware oder der Dienstleistung verbunden;
7. die Kennzeichen, Waren, Dienstleistungen, Tätigkeiten, persönlichen oder geschäftlichen Verhältnisse eines Mitbewerbers herabsetzt oder verunglimpft;
8. über die Waren, Dienstleistungen oder das Unternehmen eines Mitbewerbers

oder über den Unternehmer oder ein Mitglied der Unternehmensleitung Tatsachen behauptet oder verbreitet, die geeignet sind, den Betrieb des Unternehmens oder den Kredit des Unternehmers zu schädigen, sofern die Tatsachen nicht erweislich wahr sind; handelt es sich um vertrauliche Mitteilungen und hat der Mitteilende oder der Empfänger der Mitteilung an ihr ein berechtigtes Interesse, so ist die Handlung nur dann unlauter, wenn die Tatsachen der Wahrheit zuwider behauptet oder verbreitet wurden;

9. Waren oder Dienstleistungen anbietet, die eine Nachahmung der Waren oder Dienstleistungen eines Mitbewerbers sind, wenn er
a) eine vermeidbare Täuschung der Abnehmer über die betriebliche Herkunft herbeiführt,
b) die Wertschätzung der nachgeahmten Ware oder Dienstleistung unangemessen ausnutzt oder beeinträchtigt oder
c) die für die Nachahmung erforderlichen Kenntnisse oder Unterlagen unredlich erlangt hat;

10. Mitbewerber gezielt behindert;

11. einer gesetzlichen Vorschrift zuwider handelt, die auch dazu bestimmt ist, im Interesse der Marktteilnehmer das Marktverhalten zu regeln.

Das Gesetz trifft besondere Regelungen zur irreführenden Werbung, zur vergleichenden Werbung und zu unzumutbaren Belästigungen.

Nennen Sie mindestens 3 von 6 Punkten, die der Gesetzgeber zur Vergleichenden Werbung zulässt.

- Die vergleichende Werbung darf nicht irreführend sein.

- Der Vergleich muss sich auf Waren oder Dienstleistungen für den gleichen Bedarf oder dieselbe Zweckbestimmung richten.

- Der Vergleich muss objektiv sein und sich auf eine oder mehrere wesentliche, relevante, nachprüfbare und typische Eigenschaften dieser Waren und Dienstleistungen beziehen, zu denen auch der Preis gehören kann.
- Durch den Werbevergleich dürfen weder die Marken, die Handelsnamen oder andere Unterscheidungszeichen noch die Waren, Dienstleistungen, die Tätigkeiten oder die Verhältnisse eines Mitbewerbers herabgesetzt oder verunglimpft werden.
- Bei Waren mit Ursprungsbezeichnungen darf sich der Vergleich in jedem Fall nur auf Waren mit der gleichen Bezeichnung beziehen.
- Der Werbevergleich darf den Ruf einer Marke, eines Handelsnamens oder anderer Unterscheidungszeichen eines Mitbewerbers oder den Ruf der Ursprungsbezeichnungen von Konkurrenzerzeugnissen nicht in unlauterer Weise ausnutzen.

Berufsgenossenschaft (BG)

Was sind die Berufsgenossenschaften (BGen)?

BGen sind fachlich nach Gewerbezweigen gegliederte Körperschaften des öffentlichen Rechts, in denen die Unternehmer der einzelnen Gewerbezweige für den Bereich der Unfallversicherung zusammengeschlossen sind. Die gesetzliche Unfallversicherung ist ein Zweig der deutschen Sozialversicherung (ebenso wie die Krankenversicherung und die Rentenversicherung). Ihre Rechtsgrundlage ist das Sozialgesetzbuch (SGB) VII. Die Organe der gewerblichen Berufsgenossenschaften sind der Vorstand und die Vertreterversammlung, die jeweils zu gleichen Teilen aus Vetretern der Unternehmer und der Arbeitnehmer zusammengesetzt sind, welche für die Dauer von 6 Jahren gewählt werden.

GESETZESKUNDE

Nennen Sie die Aufgaben der BGen!

Die BGen haben folgende Aufgaben:
- Arbeits- und Wegeunfälle, Berufskrankheiten und arbeitsbedingte Gesundheitsgefahren zu verhüten,
- die Gesundheit und Leistungsfähigkeit nach einem Arbeitsunfall (einer Berufskrankheit) wiederherzustellen und zu entschädigen,

und zwar mit allen geeigneten Mitteln (§ 1 SGB VII).

Da sowohl der Unternehmer als auch die Betriebsangehörigen bei Arbeitsunfällen und Berufskrankheiten der Beschäftigten bzgl. des Personenschadens grundsätzlich von der Schadenersatzpflicht freigestellt sind (§§ 104, 105, 106 SGB VII), sind die Berufsgenossenschaften für die Entschädigung ausschließlich zuständig.

Zu welcher BG gehören Bäckereien und Konditoreien und welche Berufe sind noch angeschlossen?

Bäckereien und Konditoreien sind Mitglieder der BG Nahrungsmittel und Gaststätten, Dynamostraße 7–11, 68165 Mannheim. Nach deren Satzung gehören u.a. Betriebe zur Herstellung von Nahrungs- und Genussmitteln (außer Fleischer und Zuckerherstellung), von Futtermitteln, von alkoholischen und alkoholfreien Getränken, Mineralbrunnen sowie Betriebe des Gaststätten- und Beherbergungsgewerbes dazu. Außerdem sind ihr die Schausteller zugeteilt worden. Die Zuständigkeit erstreckt sich auf die gesamte Bundesrepublik.

Wie setzt sich der versicherte Personenkreis zusammen?

Beitragspflichtiges Mitglied ist jeder Unternehmer eines Betriebs der angeschlossenen Gewerbezweige. Die Mitgliedschaft beginnt zwangsläufig mit der Eröffnung bzw. Übernahme des Unternehmens (binnen einer Woche ist das Unternehmen anzumelden). Gegen Arbeitsunfälle und Berufskrankheiten versichert ist jede Person, die in einem Arbeits-, Dienst- oder Ausbildungsverhältnis steht. Der versicherte Personenkreis ist im Einzelnen in den §§ 2 bis 6 SGB VII bestimmt. Unter-

GESETZESKUNDE

nehmer und ihre im Unternehmen tätigen Ehegatten sind bei der BG Nahrungsmittel und Gaststätten kraft Satzung mit der Pflichtversicherungssumme versichert; eine Zusatzversicherung für diesen Personenkreis ist auf Antrag möglich.

Was ist versichert?

Kurz gesagt, alle Unfälle, die ein Versicherter im Zusammenhang mit seiner beruflichen Tätigkeit erleidet (Arbeitsunfälle). Dazu gehören auch Unfälle auf dem Weg zum oder vom Arbeitsplatz. Der Versicherungsschutz umfasst darüber hinaus eine Reihe beruflich verursachter Erkrankungen, sofern diese als Berufskrankheiten in der Berufskrankheitenverordnung aufgenommen sind.

Was ist bei einem Arbeitsunfall zu tun?

Nach einem Unfall mit Arbeitsunfähigkeit von mehr als 3 Tagen oder Todesfolge hat der Unternehmer eine Unfallanzeige in zweifacher Ausfertigung an die Berufsgenossenschaft Nahrungsmittel und Gaststätten und eine weitere Ausfertigung an das zuständige Gewerbeaufsichtsamt zu übersenden. Tödliche Unfälle und solche Unfälle, bei denen mehr als 3 Personen verletzt werden, sind der Berufsgenossenschaft unverzüglich – auch telefonisch oder per Telefax – zu melden.

Wie wird der Beitrag zur Berufsgenossenschaft ermittelt?

Der Beitragsanteil des einzelnen Unternehmers richtet sich nach dem Gesamtentgelt der Versicherten (Arbeitsentgelt der Arbeitnehmer, Versicherungssummen für Unternehmer und deren Ehegatten), nach der Gefahrenklasse und nach dem Beitragsfuß, der nach Ablauf eines jeden

---

Über Versicherung der Unternehmer, Beiträge, Lohnnachweis, Gefahrtarif, Unfallverhütung, Umfang der Versicherung, Leistungen, Heilbehandlung, Berufshilfe, Übergangsgeld, Verletztenrente, Leistungen im Todesfall, Jahresarbeitsverdienst und Feststellungsverfahren gibt ein Merkblatt Auskunft, das direkt bei der Berufsgenossenschaft Nahrungsmittel und Gaststätten, Dynamostraße 7–11, 68165 Mannheim, angefordert werden kann.

Kalenderjahres aufgrund der Umlagerechnung der BG festgestellt wird. Darüber hinaus werden Nachlässe auf den Beitrag gewährt, sofern die Eigenbelastung des Unternehmens geringer ist als die Durchschnittsbelastung aller Unternehmen.

Muss der Unternehmer bei der Ermittlung des Beitrages mitwirken?

Da das Gesamtentgelt, d. h. die Summe der gezahlten Löhne und Gehälter, eine der Grundlagen für die Beitragsberechnung ist, ist der Unternehmer gesetzlich verpflichtet, bis zum 11.Februar eines jeden Jahres einen Lohnnachweis für das abgelaufene Kalenderjahr bei der Berufsgenossenschaft einzureichen. Vordrucke werden ihm übersandt.

Infektionsschutzgesetz

(ehemals Bundesseuchengesetz)

Welche so genannten „Belehrungsvorschriften" müssen nach dem Infektionsschutzgesetz (IfSG) ab 1. Januar 2001 beachtet werden?

Mit dem Infektionsschutzgesetz wird die bisher bestehende Untersuchungspflicht, wonach bei Erstaufnahme einer Tätigkeit in einem Lebensmittelunternehmen die betreffende Person ein amtliches Untersuchungszeugnis vorzulegen hat, abgeschafft. Diese Untersuchungspflicht besteht im neuen IfSG nicht mehr. Der neue Ansatz im Gesetz präferiert die „Belehrungen" anstelle der Untersuchungen. Personen, die erstmals gewerbsmäßig eine bestimmte Tätigkeit in einem Lebensmittelunternehmen aufnehmen, müssen durch eine „Bescheinigung des Gesundheitsamts" nachweisen, dass sie über die Tätigkeitsverbote sowie die ihnen obliegenden Pflichten durch das Gesundheitsamt oder einen vom Gesundheitsamt beauftragten Arzt belehrt wurden und dass keine gesundheitlichen Hinderungsgründe bestehen.

Ein weiterer neuer Punkt im Infektionsschutzgesetz ist, dass Arbeitgeber diejenigen Personen, die die im IfSG bezeichneten Tätigkeiten mit bestimmten Lebensmitteln ausüben, einmal jährlich eigenverantwortlich und betriebsseitig über die Tätigkeitsverbote und Verpflichtungen zu belehren haben. Die „Teilnahme an der Belehrung" ist zu dokumentieren.

Weitere allgemeine Rechts- und Fachgebiete

u. a. Aromen, Buttergebäck, Quellstoffe, Restbrot, Kaufverträge

Was bezeichnet man als Aromen?

Aromen sind konzentrierte Zubereitungen von Geruchsstoffen oder Geschmacksstoffen, die dazu bestimmt sind, Lebensmitteln einen besonderen Geruch oder Geschmack zu verleihen (ausgenommen einen nur süßen, salzigen oder sauren Geschmack). Sie können flüssig, pasten- oder pulverförmig sein. Aromen sind wegen ihres starken Geruchs und Geschmacks weder zum unmittelbaren Genuss bestimmt noch dazu geeignet. Entsprechend der in den Aromen enthaltenen Aromastoff-Arten werden Aromen definiert und gekennzeichnet als Aromen mit natürlichen und/oder naturidentischen und/oder künstlichen Aromastoffen. Es sind ausdrücklich alle im Aroma enthaltenen Aromastoff-Arten aufzuführen.

Aromastoffe sind:

a) „natürlich", wenn sie aus natürlichen Ausgangsstoffen ausschließlich durch physikalische oder fermentative Verfahren gewonnen werden,

b) „naturidentisch", wenn sie den natürlichen Aromastoffen chemisch gleich sind, aber durch chemische Synthese oder durch Isolierung mit chemischen Verfahren hergestellt werden,

c) „künstlich", wenn sie weder den natürlichen noch den naturidentischen Aromastoffen zuzuordnen sind.

Die Kennzeichnung des aromatisierten verpackten Lebensmittels erfolgt nach § 6 Abs. 5 Lebensmittel-Kennzeichnungsverordnung. Grundsätzlich bedarf es einer Deklaration als „Aroma", sowie eine genauere Bezeichnung oder eine Beschreibung des Aromas. Bei besonderen Hinweisen beispielsweise „natürliches Aroma" dürfen nur die jeweiligen Aromastoffe zum Einsatz kommen, entsprechend a) bis c).

Wann darf man die Bezeichnung a) Buttergebäck und b) Butterbrot verwenden?

a) Bei Buttergebäck muss ausschließlich Butter, Butterreinfett oder Butterfett verarbeitet werden, und zwar in folgenden Mengen: mindestens 10 kg Butter, 8,2 kg Butterreinfett oder 8,6 kg Butterfett, jeweils auf 100 kg Getreide/Getreidemahlerzeugnisse. Andere Fette – außer als Trennmittel – werden nicht verwendet.
b) Bei Butterbrot müssen folgende Mengenangaben beachtet werden: mind. 5 kg Butter, 4,1 kg Butterreinfett oder 4,3 kg Butterfett auf 100 kg Getreide/Getreidemahlerzeugnisse.

Wann darf Zwieback als Nährzwieback verkauft werden?

Wenn auf 100 kg Getreidemahlerzeugnisse und/oder Stärke mind. 10 kg Butter und 10 kg Eier oder 3,5 kg Eigelb verarbeitet werden und als Zuguss nur Milch verwendet wird.

Was versteht man unter Honigkuchen?

Unter Honigkuchen versteht man lebkuchenartige Gebäcke mit reinem Bienenhonig in einer Menge von mindestens 50 % der verwendeten Zuckerarten.

In welche Gruppen teilt man Quellstoffe nach ihrer Wirkung ein?

a) Gelierstoffe
b) Dickungsmittel

Ihrer Herkunft nach kann man sie einteilen in

1. pflanzliche
2. tierische Quellstoffe

GESETZESKUNDE

Nennen Sie pflanzliche Quellstoffe!

Agar-Agar wird durch Auskochen von Rotalgen gewonnen (Herkunft: Ostasien, Spanien und Westafrika).
Alginate werden hergestellt aus Meerespflanzen (Braunalgen) aus Norwegen und den USA (Ost- und Westküste).

Nennen Sie einen Quellstoff tierischer Herkunft!

Gelatine ist ein farbloser und – bei guter Qualität – geschmacksneutraler Leim, der aus den Häuten und Knochen von Schlachttieren hergestellt wird.

Aus welchen Rohstoffen werden folgende Spirituosen gewonnen?
a) Rum
b) Whisky
c) Calvados
d) Wodka
e) Arrak
f) Maraschino

a) Zuckerrohr
b) Gerste oder Mais
c) Äpfeln
d) Kartoffeln
e) Reis
f) Kirschen

Was sind „Light"- bzw. „Leicht"-Produkte?

Diese Produkte bietet der Markt als Variante zu altbekannten Lebensmitteln an, wobei die Begriffe „light" oder „leicht" lebensmittelrechtlich nicht geschützt bzw. definiert sind. Mit einer solchen Kennzeichnung müssen nicht unbedingt bestimmte Eigenschaften des Produkts verknüpft sein.
„Light" kann beispielsweise „leichter bekömmlich", „leicht verdaulich", „kalorienarm" oder „alkoholfrei" heißen, wobei diese Eigenschaften bei dem so bezeichneten Lebensmittel natürlich auch in wesentlichem Maße vorhanden sein müssen.
Diese Produkte entstehen z. B. durch Aufschäumen mit Luft oder wenn in fetthaltigen Lebensmitteln Wasser das Fett ersetzt.
Der Begriff „light" wird von Herstellern nahezu beliebig verwendet, sogar für herkömmliche Milchprodukte der Magerstufe. So darf Käse mit einem Fettgehalt bis 32,5 % in der Trockenmasse (das entspricht der Dreiviertelstufe) als „Leicht"- oder „Light-Käse" verkauft werden. Ver-

GESETZESKUNDE

glichen mit Magerquark (2 % Fett in der Trockenmasse) ist also mancher so genannte „Leicht-Käse" eine wahre Kalorienbombe.

Darf Restbrot wieder verwendet werden?

Die Verwendung von verkehrsfähigem, hygienisch einwandfreiem Brot bei der Brotherstellung ist üblich, bei Brot mit überwiegendem Weizenanteil bis zu 6 Prozent, bei überwiegendem Roggenanteil bis zu 20 Prozent, jeweils berechnet als Frischbrot. Das mitverwendete Brot darf im Enderzeugnis mit bloßem Auge nicht erkennbar sein

Was ist eine Broteinheit (BE)?

Die Broteinheit gilt als eine Menge von insgesamt 12 Gramm Monosacchariden, verdaulichen Oligo- und Polysacchariden sowie Sorbit und Xylit.

Was versteht man unter Brennwert?

Der Brennwert ist der berechnete Energiegehalt eines Lebensmittels, wobei der Berechnung für
1 g Fett   37 kJ (oder 9 kcal)
1 g Eiweiß   17 kJ (oder 4 kcal)
1 g Kohlenhydrate 17 kJ (oder 4 kcal)
1 g Ethylalkohol   29 kJ (oder 7 kcal)
1 g organ. Säuren 13 kJ (oder 3 kcal)
zugrunde gelegt werden.

Was bezeichnet man als pH-Wert?

Der pH-Wert ist das Maß für die Wasserstoffionenaktivität in einer Lösung. Der pH-Wert gibt die saure, neutrale oder alkalische Reaktion einer Lösung an.

Welches Gesetz muss im Café ausgehängt sein?

Das Jugendschutzgesetz.

Dürfen Rabatte und Zugaben gewährt werden?

Früher waren Rabatte und Zugaben nur eingeschränkt zulässig. Neben dem erfolgten Wegfall von Rabattgesetz und Zugabe-Verordnung sind diese Einschränkungen entfallen.

Siehe auch Wettbewerbsrecht (Einleitung), Seite 284.

GESETZESKUNDE

Was versteht man unter QUID-Kennzeichnung?

Lebensmittel und Backwaren in Fertigpackungen unterliegen unter bestimmten Voraussetzungen der so genannten QUID-Kennzeichnung (QUID = Quantitative Ingredients Declaration). Verstanden wird hierunter die mengenmäßige Angabe bestimmter, oft wertbestimmender Zutaten, hiemit sollen Irreführungen vermieden werden.

Nennen Sie die Bio-Rechtsgrundlagen?

Das Lebensmittelrecht schreibt seit 1991 in der EU-Öko-Verordnung 2092/91 die Rahmenbedingungen für die Herstellung von Biolebensmitteln fest. Diese regelt sowohl die Anforderungen an die landwirtschaftlcihe Erzeugung, als auch an die Verarbeitung von Biolebensmitteln. Weiterhin gelten alle anderen Lebensmittelgesetze und die Leitsätze für Brot und Backwaren.
Bäckereien und Konditoreien, die ökologische Backwaren herstellen, müssen bei einer Kontrollbehörde gemeldet sein. Sie unterliegen einer jährlichen Kontrolle durch die Kontrollstelle hinsichtlich der Einhaltung der Vorschriften zur Verarbeitung von Bio-Produkten. Nach erfolgter Konrolle erhält der Betrieb eine Zertifizierung für cin Jahr. Mit dicscr Zcrtifizicrung kann er auch das Bio-Siegel nach Anmeldung verwenden. Bei der Kennzeichnung der Bio-Produkten werden die Biozutaten üblicherweise mit einem Sternchen markiert.

Dürfen Auszubildende zu Hausarbeiten im Meisterhaus herangezogen werden?

Nein. Auszubildenden dürfen nur solche Tätigkeiten übertragen werden, die dem Ausbildungszweck dienen und ihren körperlichen Kräften angemessen sind.

Darf eine ausgelernte Verkäuferin im Haushalt mitarbeiten?

Ja, wenn eine diesbezügliche vertragliche Regelung besteht oder sich die ausgelernte Verkäuferin zur Hilfe im Haushalt verpflichtet hat.

Was versteht man unter einem so genannten Privatkauf?	Wenn z.B. ein Bäckermeister sein privat genutztes Auto an einen Privatnutzer verkauft.
Was bezeichnet man als Handelskauf?	Ein Handelskauf liegt vor, wenn Verkäufer und Käufer Kaufleute sind.
Was ist unter einem Kaufvertrag zu verstehen?	Eine verpflichtende Abmachung zwischen Käufer und Verkäufer. Beide Vertragspartner einigen sich mündlich oder schriftlich über Art, Menge, Qualität, Preis der Ware, Lieferungsort, Liefertermin, Zahlungsbedingungen und Erfüllungsort.
Warum führt das Kaufen und Verkaufen über den Ladentisch auch zum Abschluss eines Kaufvertrages?	Hier handelt es sich um einen mündlich geschlossenen Vertrag, der dem schriftlich geschlossenen Vertrag rechtlich gleichsteht. Die Schriftform ist nur bei ganz bestimmten Vertragsabschlüssen vorgeschrieben.
Wer kann einen Vertrag rechtswirksam abschließen?	Einen Vertrag kann rechtswirksam abschließen, wer geschäftsfähig ist. Kinder bis zum 7. Lebensjahr und Geisteskranke sind geschäftsunfähig. Eine Ausnahme besteht hier für Verträge von Minderjährigen im Rahmen des sog. „Taschengeldparagraphen" (§ 110 BGB). Jugendliche zwischen 7 und 18 Jahren sind beschränkt geschäftsfähig. Unbeschränkt geschäftsfähig wird man mit der Vollendung des 18. Lebensjahres.
Wie ist die Rechtslage für jugendliche Verkäuferinnen?	Für jugendliche Verkäuferinnen hat der Gesetzgeber bestimmt, dass sie im Rahmen ihrer Berufsausbildung und Berufsausübung geschäftsfähig sind.
Ist eine Verkäuferin für das vereinnahmte Geld verantwortlich?	Bei der Abrechnung der Endbeträge der Registrierkasse ist die Verkäuferin dann verantwortlich, wenn im Betrieb eine Einzelkontrolle der Verkaufskräfte durch Kennzeichnung auf dem Bon (Kontrollstreifen) durchgeführt wird.

LEBENSMITTEL-KENNZEICHNUNG
(LMKV) vom 15. Dezember 1999

Die wesentlichen Kennzeichnungsbestimmungen für Brot und Backwaren
Stand: Oktober 2005

Nach der **Verordnung über Preisangaben**
der **Lebensmittel-Kennzeichnungsverordnung**
dem **Eichgesetz** und
der **Fertigpackungsverordnung**

Inhaltsverzeichnis

1. Verordnung über Preisangaben
2. Kennzeichnung von Brot und Backwaren in Fertigpackungen
3. Kennzeichnungsvorschriften für verpacktes Ganzbrot
4. Kennzeichnungsvorschriften für Scheibenbrot in Fertigpackungen
5. Gewichtsvorschriften für Brot
6. Kennzeichnungsvorschriften für Feine Backwaren
7. Ergänzende wichtige Bestimmungen zu den bisherigen Ausführungen
8. Eigene Kontrollen des Betriebsinhabers, Kontrollgeräte und Aufzeichnungen

1. Verordnung über Preisangaben
(vom 13. 3. 1985 mit Änderungen vom 22. 7. 1997 sowie 1. 9. 2000 und vom 3. 7. 2004)

Bei allen im Schaufenster und im Laden angebotenen Waren müssen die geforderten Endpreise (einschl. Umsatzsteuer) und unter bestimmten Voraussetzungen auch die Grundpreise angegeben werden (vgl. hierzu Kapitel „Gesetzeskunde", Rubrik „Preisangabenverordnung", Seite 401. So weit es der allgemeinen Verkehrsauffassung entspricht, sind die Verkaufseinheit und die Gütebezeichnung anzugeben, und zwar durch Preisschilder oder Beschriftung der Ware.

Die Preisauszeichnung ist sorgfältig vorzunehmen und immer wieder zu kontrollieren; Abmahnvereine können gebührenpflichtige und strafbewehrte Unterlassungserklärungen fordern, da die Nichtauszeichnung einen Verstoß gegen das Gesetz gegen den unlauteren Wettbewerb bedeutet.

Aus hygienischen Gründen dürfen die Preisschilder nicht in Backwaren gesteckt werden.

2. Kennzeichnung von Brot und Backwaren einschl. Feinen Backwaren in Fertigpackungen

2.1 Grundsätzliches

Die Vorschriften der Lebensmittel-Kennzeichnungsverordnung (LMKV) gelten für die Kennzeichnung aller Lebensmittel in Fertigpackungen im Sinne des § 6 Abs. 1 des Eichgesetzes, die dazu bestimmt sind, an den Verbraucher abgegeben zu werden (§ 1 Abs. 1 LMKV).

Fertigpackungen sind Erzeugnisse in Verpackungen beliebiger Art, die in Abwesenheit des Käufers abgepackt und verschlossen werden, wobei die Menge des darin enthaltenen Erzeugnisses ohne Öffnen oder merkliche Änderung der Verpackung nicht verändert werden kann (§ 6 Abs. 1 EichG).

Verbraucher ist derjenige, an den das Lebensmittel zur persönlichen Verwendung oder zur Verwendung im eigenen Haushalt abgegeben wird. Dem Verbraucher stehen gleich Gaststätten, Einrichtungen zur Gemeinschaftsverpflegung sowie Gewerbetreibende, so weit sie das Lebensmittel zum Verbrauch innerhalb ihrer Betriebsstätte beziehen.

Alle unsere Betriebe, die Brot und Backwaren in Fertigpackungen an
– den Lebensmitteleinzelhandel, Kantinen, Gaststätten usw. liefern oder
– im eigenen Geschäft in Selbstbedienungsform (liegt vor, wenn ein Einkaufskorb o. ä. zur Verfügung gestellt wird) anbieten,
unterliegen den Vorschriften der Lebensmittel-Kennzeichnungsverordnung.

Siehe auch Anhang Seite 401 ff.

LEBENSMITTEL-KENNZEICHNUNG

Aber:

Nicht der Verordnung unterliegen Betriebe, wenn die Fertigpackungen mit Brot und Backwaren in der Verkaufsstätte zur alsbaldigen Abgabe an den Verbraucher hergestellt und dort im Bedienungsverkauf abgegeben werden (§ 1 Abs. 2 LMKV).

Für Filialbetriebe empfiehlt es sich daher, die im Hauptbetrieb vorverpackten Fertigpackungen unverschlossen an die Filiale zu liefern und erst dort mit einem Clip zu verschließen, d. h., den „Herstellungsprozess der Fertigpackung" erst in der Filiale zu beenden.

Wenn Sie verpflichtet sind, Ihre verpackten Backwaren zu kennzeichnen, müssen Sie die nachfolgenden Ausführungen sorgfältig studieren!

3. Kennzeichnungsvorschriften für verpacktes Ganzbrot und für verpackte Stücke eines geteilten Brots

3.1 Die Fertigpackung muss ausweisen (volle Kennzeichnung):

- Gewichtsangabe
- Verkehrsbezeichnung
- Mindesthaltbarkeitsdatum
- Zutatenverzeichnis
- Name und Anschrift des Herstellers
- Preisangabe

3.2 Ausnahmen zur vollen Kennzeichnung

3.2.1 Bei Fertigpackungen von Kleinbroten und Kleinstbroten bis 250 g **entfällt allein die Gewichtsangabe.** Die übrigen Kennzeichnungen sind auch für diese Fertigpackungen bindend.

3.2.2 Erfolgt die Herstellung der Fertigpackungen **in den Verkaufsstätten** – also auch in den Filialen – ist **Gewichts- und Preiskennzeichnung allein ausreichend.** Allerdings wird „alsbaldige **dortige** Abgabe" an den Verbraucher und „kein Verkauf in **Selbstbedienung**" vorausgesetzt. (Zur „Selbstbedienung" beachte Text (siehe oben). „Alsbaldige Abgabe" bedeutet: Abgabe am Tag der Herstellung oder am darauf folgenden Tag.) Unter der weiteren Voraussetzung, dass diese Fertigpackungen **von Hand hergestellt** sind, braucht die Gewichtsangabe **nur** auf einem Schild auf oder neben der Packung zu erfolgen.

3.3 Erläuterungen zu den einzelnen Kennzeichnungen

3.3.1 Verkehrsbezeichnung

Unter Verkehrsbezeichnung ist eine allgemein verständliche Bezeichnung zu verstehen. Für Brotsorten beispielsweise:

Weizenbrot	Roggenmischbrot	Weizenschrotbrot
Weizentoastbrot	Roggenbrot	Roggenvollkornbrot
Weizenmischbrot	Roggenschrotbrot	Weizenvollkornbrot usw.

Zusätzlich können bisher geführte Handelsbezeichnungen, Phantasienamen usw. verwendet und auf die Fertigpackung aufgedruckt werden.

3.3.2 Mindesthaltbarkeitsdatum

Grundsätzlich muss jeder Betrieb die Zeitspanne der Mindesthaltbarkeit seiner Backwaren aus Erfahrung nach seinem Ermessen festlegen. Die spezifischen Eigenschaften der Backwaren – insbesondere Geschmack, Geruch, Krumenbeschaffenheit – müssen bis zum aufgedruckten Mindesthaltbarkeitsdatum ausreichend erhalten bleiben.
Um beim Verbraucher keine falschen Vorstellungen zu erreichen, empfiehlt sich der nachstehende Textvorschlag für Plakate, Handzettel u. ä.:
In zunehmendem Maße steht auf Lebensmittelpackungen die Angabe „Mindestens haltbar bis ..." Das Datum gibt dem Verbraucher Information und Hilfe beim Einkauf und bei der häuslichen Vorratshaltung.
Ein verpacktes Lebensmittel, das richtig gelagert wird, behält **mindestens** bis zu dem angegebenen Datum seine typischen Eigenschaften wie Geschmack, Nähr- und Gebrauchswert sowie Aussehen und Konsistenz. Sind **besondere Lagerbedingungen** erforderlich, wird darauf hingewiesen.
Ist das Mindesthaltbarkeitsdatum überschritten, muss das Lebensmittel deshalb nicht weggeworfen werden.
Denn das Mindesthaltbarkeitsdatum ist **kein Verfallsdatum, kein letztes Verkaufs- oder letztes Verzehrdatum.**
Das Überschreiten des Datums bedeutet nicht, dass das Lebensmittel in seiner Beschaffenheit wesentlich beeinträchtigt oder gar gesundheitlich bedenklich geworden ist.
Wir überzeugen uns durch Kontrollen davon, dass das Lebensmittel noch einwandfrei ist. Dies sollte bei der häuslichen Vorratshaltung auch geschehen.
Die Bundesforschungsanstalt in Detmold hat für verpacktes Brot so genannte „durchschnittliche Mindesthaltbarkeitsspannen" in einer Grafik dargestellt, die Ihnen als Anhaltspunkt dienen kann (siehe Seite XXX und XXX).

Also für

Weizenbrot	100 % Weizenmehl	ca.	2,5 Tage
Weizentoastbrot	100 % Weizenmehl	ca.	8,0 Tage
Weizenmischbrot	60 % / 40 %	ca.	5,0 Tage
Roggenmischbrot	60 % / 40 %	ca.	7,0 Tage
Roggenbrot	100 % Roggenmehl	ca.	10,0 Tage
Roggenschrotbrot	100 % Roggenbackschrot	ca.	12,0 Tage
Weizenschrotbrot	100 % Weizenschrot	ca.	4,5 Tage

LEBENSMITTEL-KENNZEICHNUNG

Im vorangegangenen Abschnitt wurden als Verkehrsbezeichnungen noch Roggenvollkornbrot und Weizenvollkornbrot aufgeführt. Als Schrotbrote sind ihnen die Spannen 12,0 bzw. 4,5 Tage zuzuordnen. Sofern die dargestellten Mindesthaltbarkeitsspannen für eigene Fertigpackungen von Broten verwendet werden, wird empfohlen, diese nicht zu überschreiten.

Ausnahme

Die Kennzeichnung mit dem Mindesthaltbarkeitsdatum ist nicht erforderlich bei Fertigpackungen mit Backwaren, die üblicherweise innerhalb 24 Stunden nach ihrer Herstellung verzehrt werden. Das trifft im Wesentlichen für verpackte Klein- und Kleinstbrote (= Brötchen) mit einem Gewicht bis 250 g zu.

3.3.3 Zutatenverzeichnis

Dieses Verzeichnis muss **alle Rohstoffe** im Zeitpunkt der Teigherstellung aufzeigen, die zur Herstellung des Brots verwendet wurden, beginnend mit dem Rohstoff der größten Menge und anschließender Aufzählung der übrigen Rohstoffe in absteigender Mengenfolge. Gewichtsangaben für die einzelnen Rohstoffe sind nicht erforderlich.
Das zugefügte Wasser erscheint in der Aufstellung entsprechend seinem Anteil **nach dem Ausbacken.**
Das folgende Beispiel für „verpacktes Roggenmischbrot" soll die Darstellung des Zutatenverzeichnisses deutlich machen:

Zutaten: Mehl (Roggen, Weizen)   „Backmittel"
               Wasser   Hefe, Salz

Die Bezeichnung „Zutaten" oder „Zutatenverzeichnis" darf nicht fehlen. Die allgemeine Bezeichnung der „zusammengesetzten Zutat" „Backmittel" ist nicht immer ausreichend. Welcher spezielle Text dem Begriff Backmittel hinzugefügt werden muss, ist bei der Lieferfirma zu erfragen. Eine „zusammengesetzte Zutat" kann auch im Betrieb selbst hergestellt werden; zum Beispiel Sauerteig, Brühstück, Quellstück.
Beträgt der Anteil der zusammengesetzten Zutat mindestens 25 % des fertigen Produkts, ist nach der Bezeichnung „Sauerteig" einzufügen: Roggenvollkornschrot, Wasser, Salz.
Wird bei der Verkehrsbezeichnung auf Sauerteig hingewiesen (z. B. Roggenvollkornbrot mit Sauerteig), muss außerdem der prozentuale Anteil angegeben werden.

LEBENSMITTEL-KENNZEICHNUNG

Brot Mindesthaltbarkeitsdatum

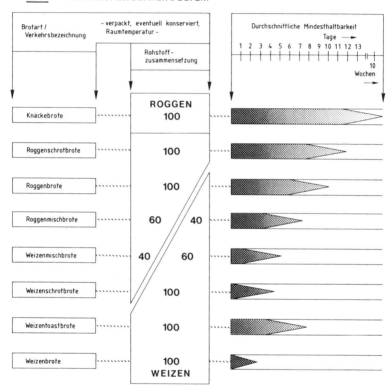

LEBENSMITTEL-KENNZEICHNUNG 303

Kleingebäck Mindesthaltbarkeitsdatum

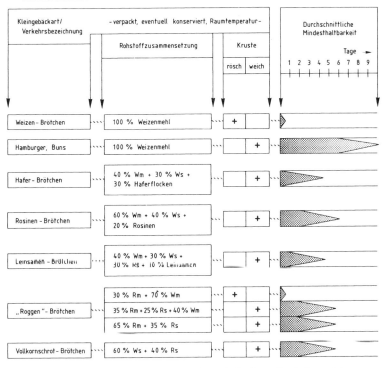

Wm = Weizenmehl   Ws = Weizenschrot   Rm = Roggenmehl   Rs = Roggenschrot

Beispiele für die Kennzeichnung

Toastbrot

Rezept:
1000 g Mehl (550)
  80 g Toastbackmittel
  70 g Hefe
  50 g Backmargarine
  20 g Salz
  20 g Wasser

1740 g

ergibt 3 Brote à 580 g Teig

Gebäckgewicht	1530 g
abzüglich Zutaten (ohne Wasser)	1220 g
verbleibender Wasseranteil	310 g

Kennzeichnung:
Toastbrot
Gewicht: 500 g, Preis
mindestens haltbar bis
Bäckerei

Zutaten:
Weizenmehl	Hefe
Wasser	Backmargarine
Backmittel (Emulgator, Stabilisator)	Salz

Rheinische Vollkornschnitten

Rezept:
Salzsauer: 3500 g R-Vollkornschrot, grob
(700 g Anstellgut)
  70 g Salz
3500 g Wasser

7070 g Salzsauer

Quellstück:
3000 g R-Vollkornschrot, grob
3000 g Wasser

6000 g Quellstück

LEBENSMITTEL-KENNZEICHNUNG

Teig:
7070 g Salzsauer
6000 g Quellstück
3500 g R-Vollkornschrot, fein
 130 g Hefe
 130 g Salz
 500 g Rübenkrautsirup
1500 g Wasser

18830 g Teig

Kennzeichnung:
Rheinische Vollkornschnitten
Roggenvollkornbrot mit Sauerteig
Gewicht: 500 g, Preis
mindestens haltbar bis
Bäckerei

Zutaten:
Sauerteig, 37 % vom Teig
(Roggenvollkornschrot, Wasser, Salz)
Quellstück
(Roggenvollkornschrot, Wasser)
Roggenvollkornschrot

Wasser
Rübenkrautsirup
Salz
Hefe

4. Kennzeichnungsvorschriften für Scheibenbrot in Fertigpackungen

4.1 **Die Fertigpackung muss ausweisen (volle Kennzeichnung):**
   - **Füllgewicht**
   - **Verkehrsbezeichnung des Inhalts**
   - **Mindesthaltbarkeitsdatum**
   - **Zutatenverzeichnis**
   - **Name und Anschrift des Herstellers bzw. Verpackers oder Verkäufers**
   - **Preisangabe**

4.2 **Ausnahme zur vollen Kennzeichnung**

4.2.1 Schnittbrotpackungen mit einer Füllmenge bis 100 g sind von der Angabe des Füllgewichts befreit, jedoch nicht von übrigen Kennzeichnungen.

4.2.2 Erfolgt die Herstellung der Scheibenbrotpackungen in den Verkaufsstätten – also auch in den Filialen –, ist Gewichts- und Preiskennzeichnung „allein ausreichend".

Allerdings wird alsbaldige dortige Abgabe an den Verbraucher und kein Verkauf in Selbstbedienung vorausgesetzt.

Für Scheibenbrot-Fertigpackungen bis 100 g Füllgewicht ist somit **allein** die Preisauszeichnung erforderlich.
Unter der weiteren Voraussetzung, dass diese Fertigpackungen „von Hand" hergestellt sind, braucht die Gewichtsangabe **nur** auf einem Schild auf oder neben der Packung zu erfolgen.

4.3 Erläuterungen zu den einzelnen Kennzeichnungen

4.3.1 Verkehrsbezeichnungen
Siehe hierzu: Erläuterungen unter „Verkehrsbezeichnungen" für verpacktes Ganzbrot, Seite 299 f.

4.3.2 Mindesthaltbarkeitsdatum
Siehe hierzu: Erläuterungen unter „Mindesthaltbarkeitsdatum" für verpacktes Ganzbrot, Seite 300 f. und Seite 403.
Zu ergänzen ist, dass die für Ganzbrot dargestellten Spannen der Mindesthaltbarkeit – auf verpacktes Schnittbrot angewandt – etwas knapper zu bemessen sind.

4.3.3 Zutatenverzeichnis
Siehe hierzu: Erläuterungen unter „Zutatenverzeichnis" für verpacktes Ganzbrot, Seite 301.

5. Gewichtsvorschriften für Brot

5.1 Ganzbrot

5.1.1 Unverpackt und **verpackt** sind für 1 Brot und für **Stücke eines geteilten Brots** folgende Gewichte zu empfehlen:
500 g, 750 g, 1000 g, 1250 g, 1500 g, 1750 g, 2000 g, 2500 g, 3000 g, darüber hinaus nur ein Vielfaches von 1000 g, also 4000 g usw., bis 10 000 g **(für Stangenbrot auch 400 g)**.
Sollten Sie andere Gewichte wählen, besteht die Pflicht zur Grundpreisangabe (€/kg).
Das Gewicht des Brots ist auf dem Brot oder durch ein Schild auf oder neben dem Brot anzugeben.

5.1.2 Für Kleinbrote und Kleinstbrote (Brötchen) sind bis 250 g alle Gewichte zulässig, ohne Pflicht zur Gewichtsangabe.

5.2 Scheibenbrot (in Fertigpackungen)

5.2.1 Für Scheibenbrote in Packungen sind folgende Füllgewichte zu empfehlen: 125 g, 250 g, 500 g, 750 g, 1000 g, 1250 g, 1500 g, 1750 g, 2000 g, 2500 g, 3000 g und darüber hinaus nur ein Vielfaches von 1000 g bis 10 000 g.
Sollten Sie andere Füllmengen wählen, besteht die Pflicht zur Grundpreisangabe (€/kg).

5.2.2 **Bei Packungen** mit einem Füllgewicht bis zu **„100 g"** ist die Angabe des Füllgewichts nicht erforderlich.

LEBENSMITTEL-KENNZEICHNUNG

5.3 Schriftgröße der Gewichtsangabe auf Fertigpackungen

	Nennfüllmenge	Schriftgröße
	5 g – 50 g	2 mm
mehr als	50 g – 200 g	3 mm
mehr als	200 g – 1000 g	4 mm
mehr als	1000 g	6 mm

6. Kennzeichnungsvorschriften für Feine Backwaren

6.1 Definition

Feine Backwaren sind Erzeugnisse, die auf **90 Teile Mehl mindestens 10 Teile Fett und/oder Zucker** und/oder andere Feine Backwaren charakterisierende Rohstoffe – wie Rosinen usw. – enthalten.

6.2 Unverpackt

unterliegen **Feine Backwaren** wie Butterkuchen, Bienenstich, Kopenhagener, Berliner, Dessertstücke aller Art nur einer Stückpreisauszeichnung.

Dagegen sind Feine Backwaren, wie z. B. Bienenstich, Marmorkuchen sowie Teegebäck aller Art, die „lose" nach Gewicht verkauft werden, mit dem Preis von 100 g oder 1 kg auszuzeichnen.

6.3 Fertigpackungen mit Feinen Backwaren

6.3.1 Die Fertigpackungen müssen aufweisen (volle Kennzeichnung):
– Gewichtsangabe
– Verkehrsbezeichnung des Inhalts
– Mindesthaltbarkeitsdatum oder Verbrauchsdatum
– Zutatenverzeichnis
– Name und Anschrift des Herstellers
– Preisangabe

6.3.2 Ausnahmen zur vollen Kennzeichnung

Siehe hierzu: Ausnahmen unter „Kennzeichnungsvorschriften für Scheibenbrot" auf Seite 305 f. Dort dargestellte Ausnahmen für Scheibenbrot in Fertigpackungen gelten gleichlautend auch für Feine Backwaren in Fertigpackungen.

Einschränkend sind Fertigpackungen mit Dauerbackwaren **nur** mit Füllgewichten **unter 50 g** (nicht 100 g) **von** der **Gewichtskennzeichnung befreit**.

6.3.3 Erläuterungen zu den einzelnen Kennzeichnungen

6.3.3.1 Gewichtsangabe – Preisangabe – Grundpreisangabe

Fertigverpackungen müssen lt. der Novellierung vom 1. September 2000 mit einem Endpreis und einem Grundpreis ausgezeichnet werden. Grundpreis ist dabei der Preis je Mengeneinheit einschließlich der Umsatzsteuer und sonstiger Preisbestandteile, unabhängig von einer

Rabattgewährung. Auf die Angabe des Grundpreises kann verzichtet werden, wenn dieser mit dem Endpreis identisch ist. Die bisher grundpreisbefreiten Nennfüllmengen (bisher Anlage 3 der Fertigverpackungs-VO) 10-20-25-30-40-50-125-150-175-200-300-400-500-600-750-1000-1250-1500-1750-2000-3000-4000-5000-6000-7000-8000-9000-10000 g entfallen. Bei Fertigverpackungen bis 250 g darf als Grundpreis der Preis für 100 g angegeben werden. Ansonsten ist der Grundpreis auf 1 kg zu beziehen. Die richtige Preisauszeichnung für stückweise als lose Ware verkaufte Bäckereierzeugnisse ist der Endpreis pro Stück, d. h. Brötchen, die nach der Stückzahl lose verkauft werden, bedürfen keiner Grundpreisangabe. Gemäß § 2 müssen ebenfalls Waren, die unverpackt, also lose nach Gewicht verkauft werden, sowohl mit dem Endpreis als auch mit dem Grundpreis deklariert werden. Das gilt auch im Falle der Werbung für die Ware. Der Preis ist jeweils auf 1 kg zu beziehen. Bei Waren, deren Gewicht üblicherweise 250 g nicht übersteigt, darf der Grundpreis auf 100 g bezogen werden. Im Ergebnis bedeutet dies, dass Brot grundpreispflichtig wird, weil es nach Gewicht verkauft wird. Zu beachten sind jedoch die Regelungen bei den sog. kleinen Einzelhandelsgeschäften mit Filialen. Hier geht es insbesondere um die Auslegung in Sachen „Vertriebssystem", wobei von Seiten der einzelnen Bundesländer besonderer Abstimmungsbedarf besteht, um einen praktikablen und einheitlichen Vollzug zu gewährleisten. Kleinbetriebe ohne Filialen sind – zumindest für eine Übergangsfrist – von der Regelung bzgl. der Grundpreisangabe ausgenommen.

6.3.3.2 Verkehrsbezeichnung
Unter Verkehrsbezeichnung sind allgemein verständliche Bezeichnungen zu verstehen, für Feine Backwaren beispielsweise: Rosinenbrot, Stuten, Biskuittortenboden, Sandkuchen, Klöben, Stollen usw. Eine Hilfe bei der Ermittlung der richtigen Verkehrsbezeichnung geben die Leitsätze für Feine Backwaren (siehe Anhang, Seite 356 ff.).

6.3.3.3 Mindesthaltbarkeitsdatum
Die Mindesthaltbarkeit ist – voll ausgeführt – beispielsweise wie folgt anzugeben: „Mindestens haltbar bis 5. September 2006."
Für das Datum der Mindesthaltbarkeit sind folgende Kurzangaben zugelassen, und zwar genügt für Haltbarkeitsspannen:
– bis zu 3 Monaten Tag und Monat (z. B.: 5. September)
– über 3 Monate Monat und Jahr (z. B. Ende Januar 2007)

Ausnahme:
Fertigpackungen mit Feinen Backwaren, die normalerweise innerhalb 24 Stunden nach Herstellung verzehrt werden, benötigen kein Mindesthaltbarkeitsdatum.
Die Zeitspanne der Mindesthaltbarkeit muss jeder Betrieb aus seiner Erfahrung nach seinem Ermessen festlegen. Feine Backwaren, die in Erwartung eines besonderen Genusses verzehrt werden, müssen ihre

LEBENSMITTEL-KENNZEICHNUNG

speziellen charakteristischen Eigenschaften – feiner spezieller Geschmack, Aroma, Frische der Krume – bis zum aufgedruckten Mindesthaltbarkeitsdatum „ausreichend gut" behalten.
Ist die Mindesthaltbarkeit von besonderen Faktoren abhängig, muss darauf hingewiesen werden.

Beispiel: Florentiner, mindestens haltbar bis 30. 9. 2006
Kühl und trocken lagern!
Vor Sonnenlicht schützen!

Die Grafik der Bundesforschungsanstalt in Detmold gibt für eine Reihe von Feinen Backwaren folgende Mindesthaltbarkeitsspannen an:

Plunder	etwa	1,5 Tage
schweres Hefegebäck (Stollen		2 Monate
Sandtorte (ungefüllt) und		
Rührkuchen, je nach Schwere		1–2 Monate
Mürbegebäck und auch Makronen	etwa	3 Monate
Baumkuchen		2 Monate

Die Übersicht auf der folgenden Seite dürfte die eigens festzulegenden Mindesthaltbarkeitsspannen erleichtern, so z. B. für Butterkuchen, Streuselkuchen und Schnecken, die etwa dem Plunder entsprechen.
Bei in mikrobiologischer Hinsicht sehr leicht verderblichen Lebensmitteln, die nach kurzer Zeit eine unmittelbare Gefahr für die menschliche Gesundheit darstellen könnten, ist anstelle des Mindesthaltbarkeitsdatums das Verbrauchsdatum anzugeben.
Diesem Datum ist die Angabe „Verbrauchen bis" voranzustellen, verbunden mit dem Datum selbst oder einem Hinweis darauf, wo das Datum in der Etikettierung zu finden ist.
Diesen Angaben ist eine Beschreibung der einzuhaltenden Aufbewahrungsbedingungen hinzuzufügen.
Das Datum besteht aus der unverschlüsselten Angabe von Tag, Monat und gegebenenfalls Jahr, und zwar in dieser Reihenfolge.
Die genannten Lebensmittel dürfen nach Ablauf des Verbrauchsdatums nicht mehr in den Verkehr gebracht werden.

LEBENSMITTEL-KENNZEICHNUNG

Feine Backwaren — Mindesthaltbarkeitsdatum

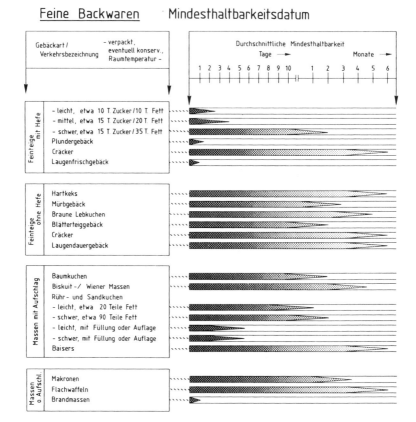

Gebäckart / Verkehrsbezeichnung	- verpackt, eventuell konserv., Raumtemperatur -

Feinteige mit Hefe
- leicht, etwa 10 T. Zucker / 10 T. Fett
- mittel, etwa 15 T. Zucker / 20 T. Fett
- schwer, etwa 15 T. Zucker / 35 T. Fett
- Plundergebäck
- Cracker
- Laugenfrischgebäck

Feinteige ohne Hefe
- Hartkeks
- Mürbgebäck
- Braune Lebkuchen
- Blätterteiggebäck
- Cräcker
- Laugendauergebäck

Massen mit Aufschlag
- Baumkuchen
- Biskuit-/ Wiener Massen
- Rühr- und Sandkuchen
  - leicht, etwa 20 Teile Fett
  - schwer, etwa 90 Teile Fett
  - leicht, mit Füllung oder Auflage
  - schwer, mit Füllung oder Auflage
- Baisers

Massen o. Aufschl.
- Makronen
- Flachwaffeln
- Brandmassen

Durchschnittliche Mindesthaltbarkeit — Tage → / Monate →

Zutatenverzeichnis

Allgemeine Vorschriften und Beispiele von Zutatenverzeichnissen

Das Verzeichnis muss „alle" Zutaten aufzeigen, die zur Herstellung verwendet wurden, beginnend mit dem Rohstoff der größten Menge und anschließender Aufzählung der übrigen Rohstoffe in absteigender Mengenfolge. Gewichtsangaben für die einzelnen Rohstoffe sind nicht erforderlich. Die beiden folgenden Beispiele von Fertigpackungen „Englischer Kuchen" und „Sandtorte" mögen die Darstellung von Zutatenverzeichnissen deutlich machen.

Englischer Kuchen

Zutaten: Weizenmehl
Zucker
Margarine
Rosinen
Eier
Milch
Backpulver
Zitronenaroma
(natürlich)

Sandtorte

Zutaten: Weizenpuder und
Weizenmehl
Zucker
Margarine
Eier
Salz
Zitronenaroma
(natürlich)

Weitere Beispiele auf den folgenden Seiten.

Hefezopf

Rezept:
1000 g Mehl
150 g Backmargarine
140 g Zucker
100 g Ei
80 g Vollmilchpulver
60 g Hefe
400 g Wasser
200 g Sultaninen
10 g Salz
8 g Zitronenaroma, natürlich

aufgestreut werden:
30 g Hagelzucker
20 g Mandeln

1798 g ohne Wasser

1913 g Gebäck
./. 1798 g Zutaten ohne Wasser

---
115 g Wasseranteil im Gebäck

Kennzeichnung:
Hefezopf
Gewicht: 500 g, Preis
mindestens haltbar bis
Bäckerei/Konditorei

Zutaten:
Weizenmehl
Sultaninen
Zucker
Wasser
Margarine
Ei

Vollmilchpulver
Hefe
Mandeln
Salz
Aroma, natürlich

Bitte beachten:
Beträgt der Wasseranteil im gebackenen Kuchen oder Brot 5 % oder weniger, braucht Wasser nicht angegeben zu werden.

Sandkuchen (ohne Aufschlagmittel)
Rezept:
1000 g Backmargarine
1000 g Zucker
1000 g Vollei
 10 g Salz
 12 g Zitronenaroma, natürlich
  8 g Vanillearoma, naturidentisch
650 g Mehl
650 g Weizenpuder
 24 g Backpulver
120 g Kuvertüre zum Überziehen

Kennzeichnung:
Sandkuchen
Gewicht: 400 g, Preis
mindestens haltbar bis
Bäckerei/Konditorei

Zutaten:
Margarine
Zucker
Ei
Weizenmehl
Stärke

Kuvertüre
Backpulver
Aroma
Salz
Aroma

LEBENSMITTEL-KENNZEICHNUNG

Stollen (von 10 kg Mehl)

Rezept:

5000 g Mehl (550) ⎫
730 g Hefe ⎬ *Vorteig: TT 24° C / TR 40*
2600 g Milch ⎭

4000 g Backmargarine ⎫
1160 g Zucker ⎪
500 g Vollei ⎬ *emulgieren*
200 g Eigelb ⎪
100 g Salz ⎪
50 g Stollengewürz ⎭

30 g Vanille, naturidentisch
5000 g Mehl
6000 g Sultaninen
100 g Rum
1200 g Zitronat
1200 g Orangeat
1800 g Mandeln, gestiftet, geröstet
500 g Wasser
1000 g Erdnussfett zum Streichen
650 g Zucker zum Bestreuen

Kennzeichnung:
Stollen
Gewicht: 1000 g, Preis _____
mindestens haltbar bis _____
Bäckerei/Kondltorei _____

Zutaten:

Weizenmehl	Hefe
Sultaninen	Ei
Backmargarine	Wasser
Milch	Eigelb
Zucker	Salz
Mandeln	Rum
Zitronat	Gewürze
Orangeat	Aroma
Fett, pflanzlich	

Die Bezeichnung „Zutaten" oder „Zutatenverzeichnis" darf nicht fehlen. Mit welchem Text zusammengesetzte Rohstoffe in der Zutatenliste aufgeführt werden müssen, ist bei der Lieferfirma zu erfragen, wenn die gelieferte Packung der Zutat das nicht ausweist.

Erläuterungen zu einigen ausgewählten Zutaten

- Für **Triebmittel** aller Art – wie Backpulver, Hirschhornsalz usw. – ist in der Zutatenliste der Klassenname „Backtriebmittel" in Verbindung mit der Verkehrsbezeichnung, z. B. Backpulver, nur dann anzugeben, wenn die in dem Backtriebmittel enthaltenen Zusatzstoffe noch eine technologische Wirkung haben.
- Der **Konservierungsstoff** ist mit der Bezeichnung Konservierungsstoff Sorbinsäure oder Konservierungsstoff E 200 in der Zutatenliste aufzuführen. Die Angabe in der Zutatenliste reicht aus. Eine Doppelkennzeichnung wird nicht verlangt.
- Bei **Farbstoffen** als Zutat ist in der Zutatenliste die Bezeichnung „Farbstoff" in Verbindung mit der Verkehrsbezeichnung oder der E-Nummer anzugeben.
- **Aromastoffe** sind mit der „Verkehrsbezeichnung" in der Zutatenliste aufzuführen und mit dem zusätzlichen Vermerk „natürlich" oder „naturidentisch" oder „künstlich", z. B. „Zitronenaroma, natürlich", zu kennzeichnen.
Solche Verkehrsbezeichnungen müssen gelieferte Aromenpackungen ausweisen. Der Lieferant ist dazu verpflichtet.

7. Ergänzende wichtige Bestimmungen zu den bisherigen Ausführungen

7.1 Vorschriften für die Art der Kennzeichnungen von Fertigpackungen

7.1.1 Die Kennzeichnungen sind grundsätzlich auf der Fertigpackung selbst oder auf einem Etikett auf der Fertigpackung auszuweisen, und zwar

7.1.2 an gut sichtbarer Stelle und deutlich lesbar.

7.1.3 Die Schrift muss unverwischbar sein. Das gilt insbesondere für Stempelfarbe zum Aufdrucken des Mindesthaltbarkeitsdatums.

7.1.4 Von den Kennzeichnungen müssen mindestens
– Verkehrsbezeichnung,
– Füllgewicht und Mindesthaltbarkeitsdatum
in **einem Gesichtsfeld** liegen und mit einem Blick erfasst werden können.

7.1.5 **Die Füllgewichte sind in Gramm oder Kilogramm anzugeben, und zwar mit folgenden Schriftgrößen:**

	Füllgewichte	Schriftgröße
	5 g – 50 g	2 mm
mehr als	50 g – 200 g	3 mm
mehr als	200 g – 1000 g	4 mm
mehr als	1000 g	6 mm

Unbestimmte Gewichtsangaben
wie **etwa 200 g** oder **200 bis 220 g** sind nicht zulässig.

7.2 Wesentliches zur Genauigkeit der Gewichtsangabe

Für die Herstellung von Backwaren brauchen keine geeichten Waagen verwendet werden,
aber im Mittel darf das gekennzeichnete Gewicht nicht unterschritten werden.

Beispiel:
Es werden 20 kennzeichnungspflichtige Sandtorten à 400 g hergestellt. Diese 20 Sandtorten müssen zusammen mindestens 8000 g wiegen, damit das Nenngewicht von 400 g im Mittel nicht unterschritten wird.

Im Einzelnen sind zum Zeitpunkt des Verkaufs folgende Minusabweichungen nach § 22 Abs. 3 Fertigpackungs-VO zulässig:

Nenngewicht der Packung	% der Nennfüllmenge	g der Nennfüllmenge
5 – 50	18	–
50 – 100	–	9
100 – 200	9	–
200 – 300	–	18
300 – 500	6	–
500 – 1000	–	30
mehr als 1000	3	–

Keine der vorne genannten Sandtorten à 400 g darf somit weniger als 376 g (400 g./.6 %) wiegen. Im Mittel müssen trotz eventueller Gewichtsabweichung einzelner Sandtorten bis 376 g alle 20 Sandtorten mindestens 8000 g wiegen.

Sollte unter den Sandtorten eine mit einem Gewicht von 375 g sein, darf sie nicht als 400-g-Sandtorte angeboten werden, auch wenn das Mittelgewicht aller 20 Sandtorten 8000 g beträgt. Die 375-g-Sandtorte müsste gesondert als 375-g-Sandtorte gekennzeichnet angeboten werden, mit der Verpflichtung zur Angabe des Grundpreises.

7.3 Für Zuckerwaren, Süßwaren, Teigmassen aus Getreideerzeugnissen zum Backen, Paniermehl sowie alle anderen in den Betrieben hergestellten Waren gelten nach § 22 Fertigpackungsverordnung zum Zeitpunkt der Herstellung der Fertigpackungen folgende Minusabweichungen:

Minusabweichung

Nenngewicht der Packung	% der Nennfüllmenge	g der Nennfüllmenge
5 – 50	9	–
50 – 100	–	4,5
100 – 200	4,5	–
200 – 300	–	9
300 – 500	3	–
500 – 1000	–	15
1000 – 10 000	1,5	–

Diese Minusabweichungen dürfen von höchstens 2. v. H. der Fertigpa-ckungen überschritten werden. Auch hier gilt zusätzlich die Mittelwertforderung des § 22 (1) Nr. 1 FPVO. Eine Fertigpackung darf beim erstmaligen gewerbsmäßigen in den Verkehr bringen keine größere Minusabweichung haben, als in der Tabelle zu 7.2. angegeben.

Beispiel:
Es werden 50 Packungen zu 100 g Paniermehl hergestellt. 2 % davon, d. h. also 1 Packung, darf eine größere Minusabweichung als 4,5 g haben (lt. obiger Tabelle in 7.3). Beim Verkauf darf keine Packung ein größeres Untergewicht als 9 g (lt. Tabelle in 7.2) aufweisen. Zusätzlich müssen alle 50 Packungen mindestens 5000 g (Nettogewicht) wiegen, damit das Nenngewicht von 100 g im Mittel nicht unterschritten wird.

7.4 Zur Genauigkeit des Gewichts bei verpacktem und unverpacktem Ganzbrot

Folgende Minusabweichungen eines einzelnen Brots sind, bezogen auf den Zeitpunkt der Herstellung, 1 Stunde nach Backofenentnahme zulässig:

Gewicht des Brots	Minusabweichung
500 g bis 1000 g	15 g
über 1000 g	1,5 %

Bei Herstellung von z. B. 20 Broten à 1000 g muss trotz der im einzelnen zulässigen Minusabweichung bis 15 g das Gesamtgewicht aller 20 Brote im Mittel mindestens 20 000 g betragen.
Anzumerken ist, dass sich die Minusabweichungen entweder prozentual von der Nennfüllmenge oder mit einem festen Gewichts- bzw. Volumenwert berechnen, um an der Schnittstelle Mengenstufen zu vermeiden.
Wird ein Brot zu einem späteren Zeitpunkt, also nach dem Zeitpunkt der Herstellung, von den Beamten der Eichämter geprüft, werden folgende **Austrocknungsverluste** berücksichtigt (nach den Verwaltungsrichtlinien des Bundeswirtschaftsministers aus dem Jahre 1975), die heute noch gültig sind:

LEBENSMITTEL-KENNZEICHNUNG

Prüfung von

	nach					
unverpacktem Ganzbrot	1 Std.	2 Std.	4 Std.	6 Std.	10 Std.	24 Std.
Weizenbrot	1,7 %	2,2 %	2,8 %	3,2 %	3,9 %	
Roggen- und Mischbrot	0,8 %	1,1 %	1,4 %	1,6 %	2,0 %	
verpacktem Ganzbrot						
Weizenbrot	1,0 %	1,8 %	2,5 %	2,75 %	3,0 %	4,0 %
Roggen- und Mischbrot	0,5 %	0,9 %	1,2 %	1,4 %	1,5 %	2,0 %
Pumpernickel	0,3 %	0,5 %	0,6 %	0,7 %	0,8 %	1,0 %
Vollkornbrot	0,2 %	0,3 %	0,4 %	0,5 %	0,7 %	1,0 %
Schrotbrot	0,25 %	0,35 %	0,45 %	0,5 %	0,5 %	1,0 %
Schnittbrot	0,5 %	1,0 %	1,2 %	1,4 %	1,5 %	2,0 %

Beispiel:
Geprüft werden 10 Weizenbrote à 1000 g, unverpackt, 5 Stunden nach Entnahme aus dem Ofen, also 4 Stunden nach dem Zeitpunkt der Herstellung.

Nenngewicht	1000 g
./. Austrocknungsverlust 2,8 %	28 g
	972 g

Das mittlere Gewicht aller 10 Brote muss mindestens 9720 g betragen. Bei einem einzelnen Brot wäre außerdem eine Minusabweichung von 15 g zulässig.

7.5 Schnittbrot

Die Herstellung der Schnittbrotpackungen ist ohne geeichte Waagen zulässig, aber das Gewicht darf im Mittel nicht kleiner sein als das Nenngewicht.
Folgende Minusabweichungen sind, bezogen auf den Zeitpunkt der Herstellung, zulässig:

Packung	Minusabweichung bis
125 g	4,5 %
250 g	9 g
500 g	15 g
750 g	15 g
ab 1000 g	1,5 %

Auch wenn einige Packungen zulässige Minusgewichte aufweisen, muss das Gewicht aller Packungen im Mittel stimmen.

Beispiel:
10 Packungen Toastbrot in Scheiben à 500 g müssen mindestens 5000 g wiegen, auch wenn einzelne Packungen bis zu 15 g Untergewicht haben dürfen.
Werden die Packungen später als 1 Stunde nach Herstellung geprüft, werden von den Eichbeamten folgende Austrocknungsverluste berücksichtigt:

Prüfung nach	1 Std.	2 Std.	4 Std.	6 Std.	10 Std.	24 Std.
Austrocknungsverlust	0,5 %	1,0 %	1,2 %	1,4 %	1,5 %	2,0 %

Beispiel:
10 Packungen Schnittbrot à 500 g werden 10 Stunden nach Herstellung geprüft. Der Austrocknungsverlust beträgt 1,5 %.

Nenngewicht	500,0 g
./. Austrocknungsverlust	7,5 g
	492,5 g

Das mittlere Gewicht aller 10 Packungen muss also mindestens 4925 g betragen.

8. Eigene Kontrollen des Betriebsinhabers, Kontrollgeräte und Aufzeichnungen

8.1 Grundsätzliches

Alle Artikel, die nach Gewicht in Verkehr gebracht werden, müssen vom Hersteller mit geeigneten und geeichten Kontrollmessgeräten stichprobenweise so regelmäßig überprüft werden, dass die Einhaltung der Gewichtsvorschriften gewährleistet ist.
Die Kontrollwaagen müssen als „Kontrollmessgeräte für Packungen von . . . g bis zur Höchstlast" dauerhaft gekennzeichnet sein.
Die Ergebnisse der Überprüfungen sind so aufzuzeichnen, dass sie die Zeitpunkte der Überprüfung, die Mittelwerte und die Streuungen der Stichprobenprüfungen leicht erkennen lassen. Die Aufzeichnungen sind bis zu jeweils folgenden Prüfungen durch das Eichamt aufzubewahren und zur Einsicht vorzulegen. Wer jedoch unverpackte Backwaren in handwerklichen Betrieben herstellt, kann nach Rücksprache mit dem Eichamt von der Kontroll- und Aufzeichnungspflicht befreit werden. Voraussetzung dafür ist, dass die Einhaltung der Gewichtsvorschriften auf andere Weise gewährleistet ist.

8.2 Kontrollwaagen

8.2.1 Kontrollwaagen für unverpacktes Ganzbrot
Als Kontrollwaagen für unverpacktes Ganzbrot ist eine geeichte Handelswaage ausreichend.

LEBENSMITTEL-KENNZEICHNUNG

8.2.2 Als Kontrollwaagen für Fertigpackungen sind nachfolgende geeichte Waagen erforderlich:

Gewicht der Fertigpackung	größter zulässiger Eichwert
von 10 g bis weniger als 50 g	0,2 g
von 50 g bis weniger als 150 g	0,5 g
von 150 g bis weniger als 500 g	1,0 g
von 500 g bis weniger als 2500 g	2,0 g
von 2500 g und mehr	5,0 g

Bei Neigungswaagen (Zeigerwaagen) entspricht der Eichwert dem Gewichtswert eines Teilabschnitts.

8.3. Sonderregelungen

Im Falle handwerklicher Herstellung von Fertigpackungen (bis etwa 100 Fertigpackungen gleicher Art) gelten Sonderregelungen:
– Vollprüfung („billiger") statt Stichprobenprüfung
– Kontrollwaagen mit geringen Anforderungen an den größten zulässigen Eichwert (**vor** Anschaffung einer Kontrollwaage bitte das zuständige Eichamt fragen!)
– Aufzeichnungspflichten in vereinfachter Form

ANHANG

Stand: Oktober 2005

Aktuellste Gesetze, Verordnungen, Leitsätze, Richtlinien und Empfehlungen

(Jeweils im Original zitiert)

	Seite
• Diätetische Backwaren (Herstellung)	323
• Gesetz zum Schutz der Beschäftigten vor sexueller Belästigung am Arbeitsplatz	332
• Hygieneempfehlungen für Bäckereien, die Patisseriewaren und Eisherstellen	334
• Hygieneregeln für die Behandlung und Verarbeitung frischer Eier und von Eiprodukten in Konditoreien und Bäckereien	338
• Gesetz über den Ladenschluss (LadSchlG)	341
• Leitsätze für Brot und Kleingebäck	350
• Leitsätze für Feine Backwaren	356
• Einteilung von Brot und Kleingebäck in Gruppen und Untergruppen	370
• Mehltypen-Regelung	372
• Nährwert-Kennzeichnungsverordnung (NKV)	373
• Preisangabenverordnung	379
• Reichsversicherungsordnung (RVO) (Auszug bzgl. Schwangerschaft und Mutterschaft)	386
• Sachkundenachweis für Hackfleisch	387
• Grundsätzliches zu Salmonellen	389
• Leitsätze für Speiseeis und Speiseeis-Halberzeugnisse	391
• Zusatzstoff-Zulassungsverordnung	394

- Längsschnitt durch ein Weizenkorn 398
- Weltgetreide-Erzeugung 399
- Brotgetreide und andere Getreidearten (Übersicht) sowie Beschreibungen 399
- Kennzeichnung von Lebensmitteln 401
- Berufsbildungsgesetz (BBiG) 406
- Was verbirgt sicht hinter dem Begriff HACCP 414
- Das neue europäische Hygienerecht 415

Diätetische Backwaren (Herstellung)

Bei der Herstellung von diätetischen Backwaren müssen sowohl die generell geltenden lebensmittelrechtlichen Vorschriften als auch die Vorgaben der Diätverordnung unbedingt beachtet werden (siehe Verordnung über diätetische Lebensmittel, Seite 275).

Die wichtigsten Punkte, welche die für diätetische Lebensmittel zusätzlich geltenden Besonderheiten betreffen, sind nachfolgend zusammengefasst:
- Die eingesetzten Zutaten (Rohstoffe, Halbfertigerzeugnisse und Zusatzstoffe) müssen den jeweiligen Ernährungsanforderungen entsprechen. Solche Stoffe, deren Zufuhr bei bestimmten Erkrankungen verboten ist, dürfen keinesfalls eingesetzt werden. Nicht verarbeitet werden dürfen auch solche Halbfertigerzeugnisse, deren Inhaltsstoffe trotz bestehender Kennzeichnungspflicht nicht eindeutig deklariert sind. Sie sollten reklamiert und dem Hersteller zurückgegeben werden.
- Es müssen bestehende Begrenzungen für den Einsatz bestimmter Nährstoffe ebenfalls beachtet werden. Dies gilt vor allem für die vorgeschriebene Begrenzung bzw. Reduzierung des Energie-Inhaltes im Vergleich zu vergleichbaren Erzeugnissen des allgemeinen Verbrauchs.
- Die erstellten Rezepturen müssen jederzeit gewissenhaft eingehalten werden. Alle Zutaten sind abzuwiegen bzw. abzumessen (nur bei Flüssigkeiten statthaft). „In-etwa"-Maße, wie beispielsweise gestrichener Esslöffel oder Tasse, sind nicht zulässig.
- Mit einem veränderten Backverhalten von Rohstoffen, die den diätetischen Anforderungen Rechnung tragen und üblicherweise nicht verarbeitet werden, muss gerechnet werden. Der Backvorgang muss gegebenenfalls diesen Besonderheiten angepasst werden.
- Bei der Berechnung der Zusammensetzung des verkaufs- und verzehrfertigen Produktes, die auf der Zutatenliste anzugeben ist, müssen die im Verlauf des Backvorgangs aufgetretenen Gewichtsverluste berücksichtigt werden (Verdampfen von Wasser). Die einzelnen Inhaltsstoffe, die kennzeichnungspflichtigen Nährstoffe und der physiologische Brennwert müssen exakt, auf 100 g des verzehrfertigen Erzeugnisses bezogen, deklariert werden.
- Bei der Kennzeichnung müssen alle relevanten Vorgaben beachtet werden (Diätverordnung, Lebensmittel-Kennzeichnungsverordnung, Zusatzstoff-Zulassungsverordnung, gegebenenfalls weitere Verordnungen, wie z.B. „Novel-Food-Verordnung"). Hinzuweisen ist insbesondere auf die erforderliche Deklaration von allen eingesetzten Zusatzstoffen.

Von einer Herstellung von diätetischen Lebensmitteln für Säuglinge und Kleinkinder in einem Handwerksbetrieb wird dringend abgeraten, da für diese Erzeugnisse zusätzliche Auflagen gelten, auf die im Rahmen dieses Buchs nicht eingegangen werden kann. Diese betreffen u.a. mögliche, in den Rohstoffen enthaltene Umweltschadstoffe, für die bei der Säuglings- und Kleinkinderkost wesentlich niedrigere Grenzwerte gefordert werden als für die Lebensmittel des allgemeinen Verbrauchs. Vom Hersteller von Diäterzeugnissen für Säuglinge bzw. Kleinkinder muss jederzeit garantiert und auch ausgewiesen werden, dass die für diese Erzeugnisse geltenden niedrigeren Höchstwerte im hergestellten Erzeugnis nicht überschritten werden.

BACK- UND SÜSSWAREN FÜR DIABETIKER

Bei der Herstellung von Diabetiker-Backwaren und Süßwaren für Diabetiker müssen die nachfolgend aufgeführten Vorgaben konsequent beachtet werden:

Verbote

Es dürfen keine rasch resorbierbaren Kohlenhydrate und solche Zubereitungen verwendet werden, die rasch resorbierbare Kohlenhydrate enthalten. Zu den rasch resorbierbaren Kohlenhydraten werden gerechnet:
- Glucose und Glucosesirup (Stärkesirup)
- alle Disaccharide (Saccharose, Maltose, Lactose)
- Invertzucker und Invertzuckercreme (Kunsthonig)
- Honig
- Maltodextrine

Disaccharide dürfen in sehr geringe Mengen nur als ein Bestandteil von solchen Zubereitungen zugesetzt werden, die nach der Diätverordnung für die Herstellung von Diabetiker-Backwaren ausdrücklich zugelassen sind.

Diese Vorgaben sind stets einzuhalten, auch wenn gelegentlich diskutiert wird, dass dieses absolute Verbot etwas gelockert werden könnte. Von den Befürwortern der Lockerung des Verbotes wird als vertretbar angesehen, dass Diabetiker, deren Erkrankung einen nur leichten Verlauf zeigt, geringe Mengen rasch resorbierbarer Zucker konsumieren können. Diese geringen Zuckermengen sollten jedoch ausschließlich in zubereiteten (herzhaften) Mahlzeiten enthalten sein, nicht aber in Süßwaren oder Süßspeisen. Unbeschadet dieser Diskussion entscheidet nur der behandelnde Arzt, ob und in welchem Umfang sein Patient solche Gerichte verzehren darf. Die Diätverordnung verbietet zwingend die Verwendung von solchen Zuckerarten.

Einsatz von Milch und Quark

Quark und Milch, die zwar geringe Mengen an Milchzucker enthalten, haben im Kostplan des Diabetikers einen festen Platz. Die Verarbeitung von Milch und Quark ist deshalb erlaubt. Diese Zutaten müssen in der Zutatenliste deklariert werden, ebenso muss der in der Milch enthaltene Milchzucker als insulinpflichtiges (verwertbares) Kohlenhydrat bei der Berechnung von Broteinheiten berücksichtigt werden. Quark bleibt im Gegensatz zur Milch bei der Berechnung von Kohlenhydraten unberücksichtigt (keine Anrechnung von Broteinheiten).

Einsatz von Süßungsmitteln

Als Süßungsmittel dürfen nur Fructose, Zuckeraustauschstoffe und Süßstoffe verwendet werden.

Industriell gefertigte Mischungen von Sorbit mit Süßstoff, vorzugsweise Saccharin (Zugabe von 0,11 Prozent Saccharin zu Sorbit), gleichen die geringere Süßkraft von Sorbit gegenüber Rohrzucker aus. Sie werden von verschiedenen Herstellern angeboten.

Der Süßstoff Aspartam ist für die Herstellung von Backwaren generell nicht geeignet, da er nicht hitzebeständig ist. Bei der Verwendung für kalt zubereitete Erzeugnisse muss gesondert auf seinen Einsatz hingewiesen werden („enthält eine Phenylalaninquelle").

Backverhalten von Fructose

Bei Backwaren, die unter Verwendung von Fructose zubereitet werden, erleidet das Backgut während des Backvorgangs eine übermäßige Bräunung sowie eine rötliche Verfärbung seiner Krume. Ursache hierfür ist der Fakt, dass Fructose schneller als andere Zucker mit Aminosäuren bzw. Eiweiße in der während des Backprozesses ablaufenden nichtenzymatischen Bräunungsreaktion reagiert. Dieses unerwünschte Verhalten kann durch eine veränderte Führung des Backprozesses nur schwer verhindert werden. Niedrigere Backtemperaturen, die durch eine längere Backdauer kompensiert werden müssten, dürften nur in den seltensten Fällen zu einem befriedigenden Backergebnis führen, eher das Abschirmen des Backgutes vor einer starken Wärmestrahlung (Abdecken des Backgutes mit Alu-Folie). Vorzuziehen ist in jedem Fall der Austausch der Fruc-

ANHANG

tose gegen einen Zuckeraustauschstoff (vorzugsweise Sorbit) in Kombination mit Saccharin. Fructose selbst eignet sich dagegen ausgezeichnet für die Herstellung von allen Erzeugnissen, die nicht erhitzt werden müssen.

Energie-Inhalt der Erzeugnisse

Der Energie-Inhalt von diätetischen Erzeugnissen für Diabetiker darf nicht höher sein als der entsprechender Erzeugnisse des allgemeinen Verkehrs. Das gilt in ganz besonderem Maße für den Gehalt der Produkte an Fett und Alkohol. Es sollte vielmehr angestrebt werden, den Energie-Inhalt von diesen Erzeugnissen gegenüber solchen des allgemeinen Konsums zu senken.

Eine Senkung der Energiezufuhr kann den Verlauf einer Diabetes günstig beeinflussen, vor allem bei Patienten, die übergewichtig sind. Ein Übergewicht trägt – bei längerem Bestehen – in sehr hohem Maße zum Auftreten bzw. Fortschreiten von diabetischen Spätschäden bei. Andererseits kann eine Gewichtsreduktion die ungünstige diabetische Stoffwechsellage bessern und damit zu einer Besserung des Gesundheitszustands des Diabetikers führen.

Sonderregelung für Brot

Der physiologische Brennwert von Brot für Diabetiker, das entsprechend deklariert wird (für Diabetiker geeignet), darf maximal 840 kJ (200 kcal) pro 100 g betragen.

Kennzeichnung der Erzeugnisse

Die nachfolgend aufgeführten Deklarationen müssen nach den Vorgaben der Lebensmittel-Kennzeichnungsverordnung und der Diätverordnung vorgenommen werden (Einzelheiten siehe Verordnung über diätetische Lebensmittel, Seite 323):
• Zutatenliste (Inhaltsstoffe)
• Die enthaltenen Inhaltsstoffe sind in g pro 100 g des verzehrfertigen Erzeugnisses anzugeben.
• Zuckeraustauschstoffe
Die eingesetzten Zuckeraustauschstoffe sind genau zu deklarieren („auf der Grundlage von ...", wobei der eingesetzte Austauschstoff zu benennen ist).
Bei Zusatz von Austauschstoffen in Mengen größer als 100 g pro kg muss der Warnhinweis „Kann bei übermäßigem Verzehr abführend wirken" zusätzlich angebracht werden.
Der Einsatz von Fructose muss nicht besonders deklariert werden, die eingesetzte Menge muss jedoch in der Zutatenliste aufgeführt werden.
• Süßstoffe
Der Zusatz von Süßstoff muss deklariert werden („mit Süßungsmittel" bzw. „mit Süßungsmitteln"), die Angabe des Namens wird dringend empfohlen (Saccharin, Saccharin-Cyclamat).
Bei Zusatz von Aspartam muss die Deklaration durch den Hinweis „enthält eine Phenylalaninquelle" ergänzt werden.
• Brennwert- und Nährwertangaben
Angegeben werden muss der auf 100 g des verzehrfertigen Erzeugnisses bezogene physiologische Brennwert in Kilojoule (kJ). Die zusätzliche Angabe des Brennwertes in Kilokalorie (kcal) ist erlaubt und zu empfehlen, da dieser Wert dem Großteil der Bevölkerung bekannter ist. Zu deklarieren ist außerdem der Gehalt an verwertbaren Kohlenhydraten sowie an Fetten und Eiweißstoffen.
Für die Berechnung dieser Werte ist eine so genannte Kohlenhydrat-Austauschtabelle nicht geeignet bzw. bietet keine Vorteile. In diesen Tabellen sind nur die Äquivalente für die verwertbaren Kohlenhydrate der verschiedenen Lebensmittel ausgewiesen. Die für die Kennzeichnung ebenfalls benötigten Angaben über den Gehalt an Eiweißen und Fetten sind dabei verständlicherweise nicht erfasst. Das Gleiche gilt für die Berechnung der physiologischen Brennwerte.

- **Broteinheiten**
Broteinheiten müssen nach Vorgabe der Nährwert-Kennzeichnungsverordnung berechnet werden (physiologische Brennwerte der einzelnen Nährstoffe einschließlich der Austauschstoffe) und entsprechend der Diätverordnung deklariert werden (pro 100 g verzehrfertiges Erzeugnis).

Süßwaren für Diabetiker

Für die Herstellung von Diabetiker-Süßwaren, die nicht erhitzt werden, sollte in der Regel Fructose als Süßungsmittel eingesetzt werden. Fructose wirkt, auch in größeren Mengen verzehrt, nicht abführend und hat eine gering höhere Süßkraft als Saccharose (etwa 1,1 im Vergleich mit Saccharose). Die Standardrezepturen der Süßwaren für den allgemeinen Verkehr können daher in vielen Fällen relativ einfach an die Anforderungen der Diätverordnung angepasst werden und bedürfen nur kleiner Korrekturen. Dabei ist es auch möglich, die Menge der eingesetzten Fructose im Vergleich zur Rohrzuckermenge der Standardrezeptur geringfügig zu verringern auf Grund der etwas größeren Süßkraft des Fruchtzuckers. Bei Erzeugnissen, bei denen im Interesse des Diabetikers eine Senkung des Energie-Inhaltes erforderlich ist, sollte, so weit wie möglich, ein möglichst großer Teil der Fructose gegen Süßstoff ausgetauscht werden. In diesem Fall ist zum Nachsüßen ein handelsübliches Standardprodukt zu empfehlen (Cyclamat-Saccharin-Mischung), das dem reinen Saccharin in geschmacklicher Hinsicht überlegen ist.

Halbfertigerzeugnisse

Von einigen Herstellern werden spezielle Halbfertigerzeugnisse angeboten, in denen die Saccharose durch Fructose ersetzt ist, die sich damit als Ausgangsprodukt für die Produktion von Diabetiker-Süßwaren eignen. Diese können dann die entsprechenden, in den Standardrezepturen enthaltenen Produkte des allgemeinen Verkehrs voll ersetzen. Allerdings müssen die für die Kennzeichnung erforderlichen Angaben (Nährstoffgehalt, Brennwert) gesondert berechnet werden. Es muss dabei beachtet werden, dass die Zusammensetzung dieser Halbfertigerzeugnisse bei unterschiedlichen Chargen innerhalb gewisser Grenzen schwanken kann (auch beim gleichen Hersteller) und die Berechnungen deshalb gegebenenfalls korrigiert werden müssen. Die Zutatenliste für das Halbfertigerzeugnis muss gegebenenfalls beim Hersteller erfragt werden.
Die wichtigsten Halbfertigerzeugnisse für Diabetiker-Süßwaren sind Kuvertüre mit Fruchtzucker und diätetische Marzipanrohmasse mit Fruchtzucker. Diese Erzeugnisse enthalten als Süßungsmittel ausschließlich Fructose, Zuckeraustauschstoffe, insbesondere Sorbit, sind nicht enthalten. Sorbit kann natürlich bei der Weiterverarbeitung dieser Produkte zu Marzipan, Pralinen oder anderen Süßwaren eingesetzt werden, hauptsächlich auch im Interesse der Haltbarkeit der Erzeugnisse (Sorbit verhindert bis zu einem gewissen Grad das Austrocknen der Erzeugnisse).

Zuckerfreie Erzeugnisse

Die so genannten zuckerfreien Erzeugnisse (Backwaren, Pralinen, Bonbons), die gelegentlich angeboten werden, sind keine diätetische Erzeugnisse für Diabetiker entsprechend den Vorgaben der Diätverordnung. Bei diesen Produkten wird in der üblichen Rezeptur lediglich der Rohrzucker durch die gleiche Menge Fructose oder einer Mischung aus einem Zuckeraustauschstoff und Süßstoff ersetzt (meist Sorbit und Saccharin). Diese Produkte dürfen nicht als diätetisches Erzeugnis deklariert oder beworben werden. Es darf lediglich auf die ausschließliche Verwendung von Fructose, Zuckeraustauschstoffen bzw. Süßstoffen hingewiesen werden, die entsprechend zu deklarieren sind (Kennzeichnungsverordnung, Zusatzstoff- Zulassungsverordnung).
Bei stark gesüßten Backwaren sollte versucht werden, den Anteil an Süßstoff auf Kosten des Zuckeraustauschstoffs zu erhöhen, um dadurch dessen abführende Wirkung abzuschwächen und gleichzeitig den Energie-Inhalt des Erzeugnisses zu senken.

ANHANG

Kalkulation von diätetischen Back- und Süßwaren für Diabetiker

In den nachfolgenden Beispielen wird aufgezeigt, wie Rezepturen für Back- und Süßwaren den Vorgaben der Diätverordnung angepasst werden können, so dass sie diätetischen Erzeugnissen entsprechen. Es wird außerdem erläutert, wie die geforderten Angaben über den Nährstoffgehalt und den physiologischen Brennwert einfach zugrunde gelegt werden können. Bei den Berechnungen wurden die Energie-Inhalte in kcal berechnet, da es sich mit den kleineren Werten besser rechnen lässt als mit den Werten in kJ. Für die Angabe der Brennwerte in kJ, die nunmehr zwingend gefordert wird, ist es zweckmäßig, die erhaltenen Werte in kcal erst am Ende der Kalkulation in kJ umzurechnen.[1] Diese Verfahrensweise wird außerdem durch den Fakt favorisiert, dass in vielen Firmenangaben der Energie-Inhalt von Halbfertigerzeugnissen noch in kcal erfolgt.

Kuvertüre (dunkel)

Beim Fehlen einer Fruchtzucker enthaltenden Kuvertüre als Halbfertigerzeugnis ist es leicht möglich, diese aus Kakaomasse und Fructose selbst herzustellen. Notfalls kann die Kakaomasse durch entsprechende Mengen an Kakaopulver und Kakaobutter ersetzt werden oder, für die Herstellung von festen Glasuren, durch ein Hartfett (Kokosfett). Die Kalkulation des Gehaltes an Nährstoffen und des physiologischen Brennwertes ist dann nach dem nachstehenden Beispiel unter Verwendung der entsprechenden Daten vorzunehmen.

Bei der Berechnung empfiehlt es sich, zunächst die Zutaten mit genauer Mengenangabe in einer Tabelle aufzulisten (alle Einzelposten der gleichen Zutat in einem Posten zusammengefasst). Ihr Nährstoffgehalt ist aus einer Nährwerttabelle oder aus der Zutatenliste des Halbfertigerzeugnisses zu entnehmen (g/100 g) und in die Tabelle einzutragen. Diese zunächst umständlich erscheinende Vorgehensweise vermeidet Verwechslungen und schließt bis zu einem gewissen Grad Fehlkalkulationen aus. Anschließend ist der Nährstoffgehalt zu berechnen, der in der gesamten Menge der zur Herstellung eingesetzten Zutat enthalten ist. Dieser Wert ist zweckmäßigerweise auch in diese Tabelle einzutragen.

Rezeptur-Nährstoffgehalt in kcal/100g[1] und in der gesamten Menge der eingesetzten Zutat in Klammern

		Eiweiß	Fett	Kohlenhydrate[2]
Fructose	360 g	0,00 (0)	0 (0)	100,00 (360)
Kakaomasse[3]	640 g	11,67 (74,7)	55 (352)	6,15 (39,5)
Summen	1000 g	(74,7)	(352)	(399,4)
Nährstoffgehalt in g/100 g		7,47	35,2	40

---

[1] Umrechnungsfaktoren: 1 kcal = 4,184 kJ, 1 kJ = 0,239 kcal. Die Brennwerte der einzelnen Nährstoffe sind wie folgt festgelegt (pro g): Fette 37 kJ (9 kcal), Kohlenhydrate und Eiweiß 17 kJ (4 kcal), Zuckeralkohole (Zuckeraustauschstoffe) 10 kJ (2,4 kcal), Alkohol 29 kJ (7 kcal).[2]Nährstoffgehalt in g/100 g Lebensmittel (einer Nährwerttabelle entnommen).
[2] Zur Berechnung der Brennwerte sind nur die verwertbaren Kohlenhydrate einzubeziehen, die nicht verwertbaren Kohlenhydrate sind im Gewicht der eingesetzten Zutat (einschließlich Wasser) enthalten, die zur Ermittlung des Gesamtgewichtes des verzehrfertigen Erzeugnisses benötigt werden.
[3] 60 g Kakaomasse enthalten durchschnittlich 33 g Fett, 7 g Eiweiß, 3,7 g verwertbare KH (Stärke), Angaben aus G. Eisenbrand und P. Schreier (Hrsg.), Römpp Lexikon Lebensmittelchemie, Georg Thieme Verlag, Stuttgart, New York.

Im nächsten Schritt werden die Energie-Inhalte der einzelnen Nährstoffe im gesamten Ansatz berechnet (Multiplikation mit dem physiologischen Brennwert des betreffenden Nährstoffs). Es empfiehlt sich, zusätzlich die Energie-Inhalte der Nährstoffe pro eingesetzter Zutat zu kalkulieren (Multiplikation mit der Menge der Zutat). Dieses Vorgehen kann als eine Art Probe gewertet werden, wodurch mögliche Rechenfehler leichter erkannt werden.

Mengenangabe in g		Energie-Inhalt der Zutaten in kcal		
		Eiweiß (4 kcal/g)	Fett (9 kcal/g)	Kohlenhydrate (verwertbare) (4 kcal/g)
Fructose	360	0,0	0	1440
Kakaomasse	640	298,8	3168	158
Summen	1000	298,8	3168	1598

Daraus ergibt sich für die Gesamtmenge der hergestellten Kuvertüre ein Energie-Inhalt von 5065 kcal (Summe der Nährstoffkalorien) pro 1000 g (Summe der Gewichte der eingesetzten Zutaten), woraus sich ein physiologischer Brennwert von 5,1 kcal bzw. 21,3 kJ pro g verzehrfertige Kuvertüre ergibt (gerundet auf eine Stelle hinter dem Komma). Das Auf- bzw. Abrunden darf erst beim Endergebnis vorgenommen werden, nicht aber während der Kalkulation, da sich in diesem Fall die Ungenauigkeiten multiplizieren würden.

Kennzeichnung: 100 g des verzehrfertigen Lebensmittels enthalten 7,5 g Eiweiß, 35,2 g Fett und 40 g verwertbare Kohlenhydrate, davon 36 g Fructose, 1 BE = 30 g.

Löffelbiskuits

120 g Eigelb, 50 g Diabetiker-Süße, Salz und der Inhalt einer halben Vanilleschote werden schaumig gerührt. 180g Eiweiß und 60g Diabetiker-Süße werden zu Schnee geschlagen. Die Masse wird mit 50g Weizenstärke und 70g Weizenmehl, Type 405, meliert. Die Backtemperatur beträgt etwa 180 °C.
Der Backverlust beträgt 30 Prozent.

Zutatenliste (zusammengefasst)		Brennwert[2]	Nährstoffgehalt[3]		
			Eiweiß	Fett	Kohlenhydrate (verwertbare)
Eigelb	120 g	3,53	16,1	31,9	0,3
Eiweiß	180 g	0,48	10,9	0,0	0,7
Diabetiker-Süße[1]	110 g	2,40	0,0	0,0	100,0
Weizenstärke	50 g	3,47	0,4	0,0	86,1
Weizenmehl, Type 405	70 g	3,35	10,6	1,0	71,0

---
[1] *Handelsprodukt (Sorbit mit 0,11 % Saccharin) oder identisches Produkt eines anderen Herstellers.*
[2] *Physiologischer Brennwert in kcal/100 g (aus einer Nährwerttabelle entnommen).*
[3] *Nährstoffgehalt in g/100 g Lebensmittel (aus einer Nährwerttabelle entnommen).*

ANHANG

Berechnung des Energie-Inhaltes des Erzeugnisses aus der Summe der Brennwerte der einzelnen Zutaten und den einzelnen Brennwerten der Energie liefernden Nährstoffe (Gegenrechnung zur Überprüfung der Richtigkeit der Berechnung)

		Brennwert	Nährstoffmengen in den Zutaten		
			Eiweiß	Fett	Kohlenhydrate (verwertbare)
Eigelb	120 g	423,60	19,32	38,28	0,36
Eiweiß	180 g	86,40	19,62	0,00	1,26
Diabetiker-Süße[1]	110 g	264,00	0,00	0,00	110,00
Weizenstärke	50 g	173,50	0,20	0,00	43,05
Weizenmehl, Type 405	70 g	234,50	7,42	0,70	49,70
Summen (Nährstoffmengen)			46,56	38,98	204,71
Summen (Brennwerte)		1182,00	186,56	350,82	642,84 (264 + 378,84)

Brennwert aus der Quersumme 1180,22. (Die Differenz zur direkten Berechnung aus Brennwerten der einzelnen Zutaten beträgt 0,15 %, die Probe stimmt.)

Werte pro 100 g[2]	307,00	12,10	10,12	53,20 davon 28,60 g Sorbit

Bei der Kennzeichnung sind nachstehende Angaben erforderlich:
100 g des verzehrfertigen Lebensmittels enthalten 12,10 g Eiweiß und 10,12 g Fett, 53,20 g verwertbare Kohlenhydrate, davon 28,60 g Sorbit, Süßstoff Saccharin, Vanillearoma.
22 g entsprechen 1 BE (Angabe freigestellt).
Außerdem ist folgende Kennzeichnung erforderlich: „Kann bei übermäßigem Verzehr abführend wirken." (Mit 28,60 g Sorbit pro 100 g sind mehr als 100 g Zuckeraustauschstoffe pro 1 kg enthalten.)

Mokka-Marzipan

400 g Marzipanrohmasse, 40 g Sorbit, 20 ml Rum (40 Vol.-%) und 6 g Pulverkaffee werden zusammengewirkt, 1 cm stark ausgerollt, ellipsenförmig ausgestochen und mit Kuvertüre gleichmäßig überzogen (Einsatz an Kuvertüre 250 g).

Die Berechnung der für die Kennzeichnung benötigten Werte erfolgt nach dem gleichen Prinzip wie vorhergehend (dunkle Kuvertüre siehe oben). Hierbei muss zusätzlich der Nährstoffgehalt (Eiweiß, Fett, verwertbare Kohlenhydrate und Sorbit) pro 100 g verzehrfertiges Erzeugnis kalkuliert werden, der für die Kennzeichnung ebenfalls erforderlich ist. Dabei ist zu beachten, dass für Sorbit und die anderen Zuckeraustauschstoffe ein

---

[1] *Der Berechnung des Brennwertes von Zuckeraustauschstoffen einschließlich Sorbit ist ein Wert von 2,4 kcal/g zugrunde zu legen (Nährwert-Kennzeichnungsverordnung).*
[2] *Berechnung des Brennwertes und der Nährstoffe pro 100 g des verzehrfertigen Lebensmittels: Das Rohgewicht der eingesetzten Zutaten beträgt 550 g, der Gewichtsverlust 30 %. Daraus ergibt sich ein Gewicht der verzehrfertigen Backwaren von 385 g.*

Brennwert von 2,4 kcal/g einzusetzen ist, für die Berechnung der verwertbaren Kohlenhydrate aber das tatsächliche Gewicht, das auch bei der Berechnung von Broteinheiten in voller Höhe berücksichtigt werden muss.

Rezeptur		Nährstoffgehalt/100 g und in der gesamten Menge der eingesetzten Zutat in g (in Klammern)		
		Eiweiß	Fett	Kohlenhydrate
Marzipan-rohmasse[1]	400 g	12,4 (49,6)	28,8 (115,2)	41,9 (167,6)
Sorbit	40 g	0,0	0,0	(40,0)
Kuvertüre[2]	250 g	7,5 (18,75)	35,2 (88)	40,0 (100)
Rum (40 Vol.-%)[3]	20 ml	0,0	0,0	6,4 Alkohol
			(20 ml)	
Instantkaffee	6 g	(Nährstoffgehalt ist zu vernachlässigen)		
Summen	716 g	(68,35)	(203,2)	(307,6)
Nährstoff-gehalt in g	100 g	9,55	28,38	42,96

Mengenangabe in g		Energie-Inhalt der Zutaten in kcal		
		Eiweiß	Fett	Kohlenhydrate (verwertbare)
		(4 kcal/g)	(9 kcal/g)	(4 kcal/g, Sorbit 2,4 kcal/g)
Marzipan-rohmasse	400	198,4	1036,8	670,4
Sorbit	40	0,0	0,0	96,0
Kuvertüre	250	75,0	792,0	400,0
Rum (ml)	20			44,8
Instantkaffee	6			
Summen	716	273,4	1828,8	1211,2

Daraus ergibt sich für die Gesamtmenge des hergestellten Mokka-Marzipans ein Energie-Inhalt von 3313,4 kcal (Summe der Nährstoffkalorien) pro 716 g (Summe der Gewichte der eingesetzten Zutaten), woraus sich ein physiologischer Brennwert von 4,6 kcal bzw. 19,2 kJ pro g verzehrfertiges Mokka-Marzipan ergibt (gerundet auf eine Stelle hinter dem Komma). Das Auf- bzw. Abrunden darf erst beim Endergebnis vorgenommen werden, nicht aber während der Kalkulation, da sich in diesem Fall die Ungenauigkeiten multiplizieren würden.

Kennzeichnung: 100g des verzehrfertigen Lebensmittels enthalten 9,55 g Eiweiß, 28,38 g Fett und 42,96 g verwertbare Kohlenhydrate, davon 5,59 g Sorbit, 1 BE = 27,9 g.

---

[1] Die Werte der diätetischen Marzipanrohmasse, hergestellt unter Verwendung von 35 % Fructose, entsprechen der von der Firma Georg Lemke GmbH & Co. KG, Berlin, hergestellten und vertriebenen Marzipanrohmasse. Diese enthält 28,8 % Fett, 12,4 % Eiweiß und 41,9 % Kohlenhydrate.
[2] Die Werte für die Kuvertüre sind der vorhergehend durchgerechneten Rezeptur entnommen.
[3] Die eingesetzten 20 ml Rum (40 Vol.-%) enthalten bei der Dichte des Alkohols von 0,795 (gerundet 0,8) insgesamt 6,4 g reinen Alkohol, das entspricht bei einem Brennwert des Alkohols von 7 kcal/g insgesamt 44,8 kcal.

ANHANG

Glutenfreie Backwaren

Patienten, die an einer gluteninduzierten Enteropathie wie Sprue bzw. Zöliakie leiden, dürfen keine Lebensmittel verzehren, die Klebereiweiße vom Gliadintyp enthalten. Für die Herstellung solcher glutenfreien Backwaren dürfen keine Mehle, Stärken oder andere Getreideprodukte aus Weizen, Roggen, Gerste oder Hafer verwendet werden. Es dürfen lediglich solche Erzeugnisse eingesetzt werden, die aus Reis, Mais oder Hirse hergestellt wurden, zusätzlich Stärkemehle bzw. Stärkepuder aus Reis, Mais, Kartoffeln oder Tapioka, nicht aber Weizenstärke.

Zur Gewährleistung einer befriedigenden Backfähigkeit der kleberfreien Teige müssen geeignete Dickungsmittel zugesetzt werden, die als Zusatzstoffe zu deklarieren sind (Zusatzstoff-Zulassungsverordnung). Es empfiehlt sich dringend, die von den Herstellern von Diäterzeugnissen angebotenen glutenfreien Backfertigmischungen einzusetzen, die diesen Vorgaben Rechnung tragen und auf Grund ihrer relativ ausgewogenen Zusammensetzung eine noch befriedigende Qualität der Backerzeugnisse garantieren.

Bei der Produktion von glutenfreien Backwaren für an Zöliakie erkrankte Säuglinge und Kleinkinder müssen die Vorgaben der Diätverordnung beachtet werden, die für diese Personengruppe zusätzlich gelten und in denen besonders hohe Anforderungen an die Qualität der Rohstoffe gestellt werden (niedrigere Grenzwerte für Schadstoffe).

Natriumarme (kochsalzarme) Backwaren

Die mit der üblichen Kost aufgenommene Menge an Natrium, zu großen Teilen in Form von Kochsalz, liegt bei den meisten Menschen beträchtlich über dem tatsächlichen Bedarf. Eine überhöhte Aufnahme kann ohne weiteres durch den sparsamen Verbrauch von Kochsalz auf die empfohlene Menge von 6 g Kochsalz pro Tag reduziert werden. (Der Gehalt an Kochsalz = Natriumchlorid wird üblicherweise als Natrium angegeben, 1 mg Natrium = 2,5 mg Kochsalz.) Eine überhöhte Kochsalzaufnahme sollte grundsätzlich vermieden werden, sie muss beim Vorliegen bestimmter Risikofaktoren, wie beispielsweise Bluthochdruck, unbedingt auf den für Gesunde empfohlenen Wert gesenkt werden. In vielen Fällen ist eine weitere Reduktion der Natriumzufuhr erforderlich, die dann vom Arzt vorgegeben wird.

Natriumarme Erzeugnisse

Die Nährwert-Kennzeichnungsverordnung regelt die Herstellung von Lebensmitteln, die als „kochsalzreduziert" oder „natriumarm" (d.h. kochsalzarm) deklariert werden dürfen. Der Einsatz solcher industriell gefertigten bzw. in Handwerksbetrieben produzierten Lebensmittel (vorzugsweise Fleisch- und Wurstwaren, Käse und Gebäck) ist für solche Personen von großer Hilfe, die aus Gründen einer gesundheitsbewussten Ernährung oder einer ärztlichen Empfehlung ihre Kochsalzzufuhr einschränken wollen. Diese so deklarierten Erzeugnisse enthalten weniger als 120 mg Natrium pro 100 g verzehrfertiges Lebensmittel bzw. weniger als 2 mg Natrium pro 100 ml eines Getränks.

Für einige Lebensmittel ist aus rein geschmacklichen Gründen ein höherer Natriumgehalt zugelassen. Zu diesen Lebensmitteln gehören Brot, Kleingebäck und sonstige Backwaren, die maximal 250 mg Natrium (625 mg Kochsalz) pro 100 g verzehrfertige Backware enthalten dürfen.

Natriumarme diätetische Lebensmittel

Für Erkrankungen, bei denen eine kochsalzreduzierte Kost einzuhalten ist, werden in der Diätverordnung Vorgaben für diätetische Lebensmittel gegeben, die als „natriumarm" bzw. „kochsalzarm" deklariert werden. Diese diätetischen Lebensmittel müssen im Hinblick auf ihren Natriumgehalt den gleichen Anforderungen genügen, die für natriumarme Produkte des allgemeinen Verbrauchs vorgegeben werden (weniger als 120 mg Natrium pro 100 g verzehrfertiges Lebensmittel bzw. weniger als 2 mg Natrium pro 100 ml eines Getränks). Sie sind in der Regel für eine mäßig kochsalzreduzierte Kost vorgesehen.

Streng natriumarme diätetische Lebensmittel

Mit der Angabe „streng natriumarm" (d.h. streng kochsalzarm) dürfen Lebensmittel, nicht aber Getränke, nur dann deklariert werden, wenn der Gehalt an Natrium 40 mg (das entspricht 100 mg Kochsalz) pro 100 g des verzehrfertigen Lebensmittels nicht übersteigt. Es ist dringend davon abzuraten, streng natriumarme Backwaren im Handwerksbetrieb herzustellen, da auch das in den Rohstoffen bereits enthaltene Natrium berücksichtigt werden muss. Weiterhin ist zu bedenken, dass es bei der Zubereitung von streng natriumarmen Speisen oft nicht möglich ist, sowohl Salz zum Würzen als auch bestimmte natriumreiche Produkte einzusetzen.

Kochsalz-Ersatzstoffe

Die Verwendung von zugelassenen Kochsalz-Ersatzstoffen, die in der Diätverordnung als solche ausgewiesen werden, führt zu keinem geschmacklich zusagenden Ergebnis, außerdem ist der Zusatz mengenmäßig begrenzt. Es handelt sich bei diesen Ersatzstoffen um verschiedene Salze organischer Säuren, der Salzsäure bzw. der Phosphorsäure, denen meist die Geschmacksverstärker Kaliumguanylat oder Kaliuminosinat zugesetzt werden. Ihr Einsatz muss deklariert werden.

Gesetz zum Schutz der Beschäftigten vor sexueller Belästigung am Arbeitsplatz

(BESCHÄFTIGTENSCHUTZGESETZ)

vom 24. Juni 1994 (BGBl. I S. 1406)

§ 1 Ziel, Anwendungsbereich

(1) Ziel des Gesetzes ist die Wahrung der Würde von Frauen und Männern durch den Schutz vor sexueller Belästigung am Arbeitsplatz.

(2) Beschäftigte im Sinne dieses Gesetzes sind

1. die Arbeitnehmerinnen und Arbeitnehmer in Betrieben und Verwaltungen des privaten oder öffentlichen Rechts (Arbeiterinnen und Arbeiter, Angestellte, zu ihrer Berufsbildung Beschäftigte), ferner Personen, die wegen ihrer wirtschaftlichen Unselbstständigkeit als arbeitnehmerähnliche Personen anzusehen sind. Zu diesen gehören auch die in Heimarbeit Beschäftigten und die ihnen Gleichgestellten; für sie tritt an die Stelle des Arbeitgebers der Auftraggeber oder Zwischenmeister;
2. die Beamtinnen und Beamten des Bundes, der Länder, der Gemeinden, der Gemeindeverbände sowie der sonstigen der Aufsicht des Bundes oder eines Landes unterstehenden Körperschaften, Anstalten und Stiftungen des öffentlichen Rechts;
3. die Richterinnen und Richter des Bundes und der Länder;
4. weibliche und männliche Soldaten (§ 6).

ANHANG

§ 2 Schutz vor sexueller Belästigung

(1) Arbeitgeber und Dienstvorgesetzte haben die Beschäftigten vor sexueller Belästigung am Arbeitsplatz zu schützen. Dieser Schutz umfasst auch vorbeugende Maßnahmen.

(2) Sexuelle Belästigung am Arbeitsplatz ist jedes vorsätzliche, sexuell bestimmte Verhalten, das die Würde von Beschäftigten am Arbeitsplatz verletzt. Dazu gehören

1. sexuelle Handlungen und Verhaltensweisen, die nach den strafgesetzlichen Vorschriften unter Strafe gestellt sind, sowie
2. sonstige sexuelle Handlungen und Aufforderungen zu diesen, sexuell bestimmte körperliche Berührungen, Bemerkungen sexuellen Inhalts sowie Zeigen und sichtbares Anbringen von pornographischen Darstellungen, die von den Betroffenen erkennbar abgelehnt werden.

(3) Sexuelle Belästigung am Arbeitsplatz ist eine Verletzung der arbeitsvertraglichen Pflichten oder ein Dienstvergehen.

§ 3 Beschwerderecht der Beschäftigten

(1) Die betroffenen Beschäftigten haben das Recht, sich bei den zuständigen Stellen des Betriebes oder der Dienststelle zu beschweren, wenn sie sich vom Arbeitgeber, von Vorgesetzten, von anderen Beschäftigten oder von Dritten am Arbeitsplatz sexuell belästigt im Sinne des § 2 Abs. 2 fühlen. Die Vorschriften der §§ 84, 85 des Betriebsverfassungsgesetzes bleiben unberührt.

(2) Der Arbeitgeber oder Dienstvorgesetzte hat die Beschwerde zu prüfen und geeignete Maßnahmen zu treffen, um die Fortsetzung einer festgestellten Belästigung zu unterbinden.

§ 4 Maßnahmen des Arbeitgebers oder Dienstvorgesetzten, Leistungsverweigerungsrecht

(1) Bei sexueller Belästigung hat

1. der Arbeitgeber die im Einzelfall angemessenen arbeitsrechtlichen Maßnahmen wie Abmahnung, Umsetzung, Versetzung oder Kündigung zu ergreifen. Die Rechte des Betriebsrates nach § 87 Abs. 1 Nr. 1, §§ 99 und 102 des Betriebsverfassungsgesetzes und des Personalrates nach § 75 Abs. 1 Nr. 2 bis 4a und Abs. 3 Nr. 15, § 77 Abs. 2 und § 79 des Bundespersonalvertretungsgesetzes sowie nach den entsprechenden Vorschriften der Personalvertretungsgesetze der Länder bleiben unberührt;
2. der Dienstvorgesetzte die erforderlichen dienstrechtlichen und personalwirtschaftlichen Maßnahmen zu treffen. Die Rechte des Personalrates in Personalangelegenheiten der Beamten nach den §§ 76, 77 und 78 des Bundespersonalvertretungsgesetzes sowie nach den entsprechenden Vorschriften der Personalvertretungsgesetze der Länder bleiben unberührt.

(2) Ergreift der Arbeitgeber oder Dienstvorgesetzte keine oder offensichtlich ungeeignete Maßnahmen zur Unterbindung der sexuellen Belästigung, sind die belästigten Beschäftigten berechtigt, ihre Tätigkeit am betreffenden Arbeitsplatz ohne Verlust des Arbeitsentgelts und der Bezüge einzustellen, so weit dies zu ihrem Schutz erforderlich ist.

(3) Der Arbeitgeber oder Dienstvorgesetzte darf die belästigten Beschäftigten nicht benachteiligen, weil diese sich gegen eine sexuelle Belästigung gewehrt und in zulässiger Weise ihre Rechte ausgeübt haben.

§ 5 Fortbildung für Beschäftigte im öffentlichen Dienst

Im Rahmen der beruflichen Aus- und Fortbildung von Beschäftigten im öffentlichen Dienst sollten die Problematik der sexuellen Belästigung am Arbeitsplatz, der Rechtsschutz für die Betroffenen und die Handlungsverpflichtungen des Dienstvorgesetzten berücksichtigt werden. Dies gilt insbesondere bei der Fortbildung von Beschäftigten der Personalverwaltung, Personen mit Vorgesetzten- und Leitungsaufgaben, Ausbildern sowie Mitgliedern des Personalrates und Frauenbeauftragten.

§ 6 Sonderregelungen für Soldaten

Für weibliche und männliche Soldaten bleiben die Vorschriften des Soldatengesetzes, der Wehrdisziplinarordnung und der Wehrbeschwerdeordnung unberührt.

§ 7 Bekanntgabe des Gesetzes

In Betrieben und Dienststellen ist dieses Gesetz an geeigneter Stelle zur Einsicht auszulegen oder auszuhängen.

Hygieneempfehlungen für Bäckereien, die Patisseriewaren und das Eis-Herstellen

erarbeitet in Zusammenarbeit zwischen der Deutschen Gesellschaft für Hygiene und Mikrobiologie, dem Zentralverband des Deutschen Bäckerhandwerks sowie dem Deutschen Konditorenbund (Stand: Oktober 2005).

1. Persönliche Hygiene im Produktionsbereich

Händedesinfektion

HD-Präparate benutzen oder nach dem Händewaschen ein Desinfektionsmittel ausreichend lange (mind. 30 Sekunden) einwirken lassen.
Hygiene-Seifenspender genau nach Anweisung des Herstellers benutzen! Auf ausreichende Einwirkung des Reinigungsmittels auf der Haut achten, mit warmem Wasser abspülen und Hände hygienisch einwandfrei (z. B. mit Einmalhandtüchern) trocknen.

WANN – Unmittelbar vor Arbeitsbeginn
– Vor der Zubereitung von Tortenfüllungen oder Cremes
– Vor dem Umgang mit Sahne
– Vor dem Umgang mit Speiseeis
– Nach dem Aufschlagen von Eiern: Salmonellengefahr
– Nach jedem Toilettenbesuch

Händewaschen mit Waschmitteln

WANN – Nach jedem Gang zum Entsorgungsbereich
– Nach dem Anfassen von schmutzigen Gegenständen, Verpackungsmaterial, Säcken usw.
– Nach Beendigung von Reinigungsarbeiten

Hand- und Armschmuck sowie Uhren während der Arbeit ablegen!
Fingernägel möglichst kurz schneiden und sauberhalten!
Keine Straßenkleidung während der Arbeit tragen und auf saubere Berufskleidung achten; eine Kopfbedeckung ist erwünscht!

ANHANG

Am Arbeitsplatz keine Mahlzeiten einnehmen, nicht rauchen!
Nicht in die Lebensmittel niesen oder husten!
Bei Verletzungen an Händen und Armen: Wunden durch wasserdichten Verband schützen!
Personen, die an **eitrigen Wunden** oder **Durchfallerkrankungen** leiden, müssen diese Erkrankungen sofort dem Betriebsinhaber oder seinem Vertreter anzeigen.

2. Hygienische Arbeitsweise im Produktionsbereich

Alle **Waren bei der Annahme sofort** auf Beschädigung der Verpackung, Einhaltung des Mindesthaltbarkeitsdatums und stichprobenartig auf Einhaltung der Temperatur **kontrollieren!**

Kühlpflichtige Lebensmittel muss der Lieferant bei Temperaturen von nicht über 7 °C anliefern. Sie sind sofort kühl zu lagern oder sofort weiterzuverarbeiten.

So weit möglich, ist **Obst** vor der Verarbeitung sorgfältig zu reinigen bzw. zu waschen.
Eiklar, Eigelb bzw. Vollei sofort nach dem Aufschlagen verarbeiten!

Keine Vorratshaltung aufgeschlagener unpasteurisierter Eier!

Keine Eierschalen in offene Behälter (Zuckersäcke usw.) werfen!

Wenn möglich, ist die Verarbeitung frischer Eier räumlich oder zeitlich von anderen Tätigkeiten zu trennen. Bei Verwendung industrieller Eiprodukte auf das Mindesthaltbarkeitsdatum achten, die Kühllagerung peinlich genau einhalten!

Wegen der möglichen Kontamination von Hühnereiern mit Salmonellen sollten auch frische Eier gekühlt gelagert werden.

Feine Backwaren mit **nicht durchgebackener Füllung oder Auflage** möglichst rasch herstellen und sofort anschließend kühl lagern! **Gelatinehaltige Produkte** umgehend verarbeiten oder kühl lagern. Gelatine ist ein ausgezeichneter Nährboden für Keime!

Bei Transporten leicht verderblicher Erzeugnisse in Filialen darauf achten, dass die Waren das Ziel in ausreichend kühlem Zustand erreichen. Auf hygienische Beschaffenheit der Transportmaterialien achten!

Bei Kühlung oder Frostlagerung auf Sauberkeit und Funktionsfähigkeit der Kühlungseinrichtung achten und **regelmäßig die notwendige Kühltemperatur kontrollieren! Tiefkühlräume und -schränke** werden bei längerfristiger Lagerung auf minus 20 °C eingestellt!

Arbeitsräume gut beleuchten und ausreichend belüften; Ungeziefer fernhalten und Ursachen von Fremdgerüchen umgehend beseitigen! Keine Fahrzeuge, Kleider oder sonstige betriebsfremde Gegenstände in den Arbeitsräumen aufbewahren! Ausgenommen ist die in geschlossenen Schränken abgelegte Straßenkleidung der Beschäftigten.
Toilette und Waschgelegenheiten peinlich sauberhalten!

3. Hygiene im Verkaufsbereich

Händedesinfektion

HD-Präparate benutzen oder nach dem Händewaschen ein Desinfektionsmittel ausreichend lange (mind. 30 Sekunden) einwirken lassen.

Hygiene-Seifenspender genau nach Anweisung des Herstellers benutzen! Auf ausreichende Einwirkung des Reinigungsmittels auf der Haut achten, mit warmem Wasser abspülen und Hände hygienisch einwandfrei (z. B. mit Einmalhandtüchern) trocknen.

WANN – Unmittelbar vor Arbeitsbeginn
– Nach jedem Toilettenbesuch

Händewaschen mit Waschmitteln

WANN – Nach Beendigung von Reinigungsarbeiten
– Nach jedem Gang zum Entsorgungsbereich

Auf Gerätehygiene achten. **Tortenheber, Messer usw.** entweder in fließendem Wasser aufbewahren oder das zum Aufbewahren und zur Reinigung benutzte Wasser häufig wechseln und Zitronen- oder Weinsäure zusetzen, bis eine mindestens 1,5-prozentige Lösung entstanden ist!
Hände nicht an der Kleidung abwischen!
Im Verkaufsbereich alle leicht verderblichen Waren gekühlt aufbewahren!
Längere Unterbrechungen der Kühlung (Stromausfall) vermeiden!

Speiseeis-Verkauf

Deckel der Vorratsbehälter nur während des Verkaufs öffnen!
Portionierer, wenn möglich, in fließendem Wasser aufbewahren.
Bei Portionierern, die nicht in fließendem Wasser stehen, regelmäßig Wasser in kurzen Abständen wechseln und Zitronen- oder Weinsäure dem Wasser zusetzen, bis eine mindestens 1,5-prozentige Lösung entstanden ist. Zur Ablage des Portionierers keine Schwammtücher oder Lappen verwenden!
Bei längeren Verkaufspausen Portionierer gründlich abspülen und in geeignete Reinigungs- und Desinfektionslösung einlegen. Bei Wiederverwendung gründlich mit Wasser nachspülen!
Regelmäßig die Aufbewahrungstemperatur aller Eisbehälter kontrollieren!

4. Speiseeis-Hygieneplan

Persönliche Hygiene

Nur in sauberer Kleidung, möglichst mit Kopfbedeckung, arbeiten.
Nach jedem Toilettenbesuch HD-Präparate benutzen oder Hände waschen und mit einem Desinfektionsmittel nach Angaben des Herstellers ausreichend lange (mind. 30 Sekunden) behandeln.
Alle Erkrankungen, besonders Durchfallerkrankungen sowie offene Wunden, eitrige Verletzungen usw., **sofort** dem Betriebsinhaber oder seinem Stellvertreter **anzeigen.**
Bei nichteitrigen Verletzungen an Händen und Armen Wunden durch wasserdichten Verband schützen!

Pasteurisieren

Eismix pasteurisieren (z. B. 40 Minuten bei 65 °C zur Abtötung coliformer Bakterien; auf länderrechtliche Regelungen achten!). Neu-Infektionen **nach** dem Pasteurisieren vermeiden!

Vermeidung der Neu-Infektionen nach dem Pasteurisieren

Abkühlphase höchstens 90 Minuten, bei schnellem Herunterkühlen unter 10 °C geringe Gefahr von Auskeimungen.
Zutaten besonders sorgfältig reinigen (z. B. Obst)!
Zutaten unmittelbar vor dem Gefrierprozess zugeben (z. B. Früchte, Kakao, Schokolade, Kokosraspel, Streusel)!
Nach dem Abkühlen Eismix unter plus 4 °C gekühlt oder gefroren in geschlossenen Behältern aufbewahren!

ANHANG

Gerätehygiene

Vorspülgang: Speiseeiskocher, Arbeitsgeräte und Behälter mit warmem Wasser ausspülen.

Hauptspülgang: Reinigungs- und Desinfektionsmittel nach Empfehlung des Geräteherstellers anwenden.

Nachspülgang: Gründlich mit klarem Wasser nachspülen.

Das Innere des Speiseeisgerätes und der Behälter dürfen weder berührt noch mit einem Lappen ausgewischt werden!

Aufbewahrung

Bei Vorratshaltung Lagertemperatur minus 13 °C.

Transport

Transporte von Speiseeis unter angemessener Kühlung durchführen. Möglichst Isolierbehälter benutzen, Speiseeis nicht auftauen lassen.

Hygieneplan für den Sahneposten

Diese Vorschrift gilt für **alle Mitarbeiter/innen**, die Schlagsahneautomaten **bedienen, reinigen** oder mit Vorbereitungsarbeiten beschäftigt sind.

Umgang mit Rohsahne

Bei voraussichtlich geringem Verbrauch kleine Packungen verwenden!
Vor dem Befüllen des Automaten Geruch und Geschmack der Rohsahne prüfen!
Nur den Tagesbedarf in den Sahneautomaten einfüllen!
Aufbewahrungstemperatur der Rohsahne von maximal plus 7 °C einhalten!

Reinigung und Desinfektion des Sahneautomaten

WANN – Täglich vor dem Feierabend
– Nach längeren Betriebspausen vor Inbetriebnahme

WIE – Restliche, im Gerät verbliebene Sahne entfernen!
– Mit klarem warmem Wasser vorspülen!
– Vorratsbehälter mit Reinigungs- und Desinfektionspräparat säubern, Garniertülle und Ausbauteile in die Lösung im Vorratsbehälter legen. Reinigungs- und Desinfektionsmittel nach Angaben des Geräteherstellers anwenden!
– Vor Inbetriebnahme gründlich mit klarem Wasser durchspülen!
– Keine Lappen zum Auswischen verwenden!

Garniertülle

Nach längerer Standzeit des Sahneautomaten Garniertülle abschrauben, nach Angabe des Herstellers in Reinigungs- und Desinfektionslösung legen und gründlich nachspülen!

Sahne-Spritzbeutel

Wenn möglich, Einweg-Spritzbeutel verwenden!
Wiederverwendbare Spritzbeutel bei jeder längeren Unterbrechung der Arbeit im Kühlschrank aufbewahren; nach Beendigung der Arbeit ausspülen und nach Angabe des Herstellers in Reinigungs- und Desinfektionsmittel-Lösung legen. Gründlich nachspülen!

Hygieneregeln für die Behandlung und Verarbeitung frischer Eier und von Eiprodukten in Konditoreien und Bäckereien

Herausgegeben vom Bundesinstitut für gesundheitlichen Verbraucherschutz und Veterinärmedizin, auf Grund des Beschlusses des Bundesrates vom 16. Dezember 1994 und heute noch gültig.

Eier und eihaltige Speisen können eine der Ursachen der Salmonellenerkrankung des Menschen sein. Bei der Herstellung von Füllungen oder Auflagen für Feine Backwaren spielt das Hühnerei von jeher eine erhebliche, wenn nicht sogar zentrale Rolle und ist aus dem Konditoren- und Bäckerhandwerk nicht wegzudenken. In einigen Fällen können pasteurisierte Eiprodukte alternativ eingesetzt werden, da bei deren Herstellung vorhandene pathogene Erreger abgetötet werden. Als primär hygienisch einwandfreie Produkte sind sie durch unsachgerechte Behandlung äußerst anfällig gegenüber einer Rekontamination mit krankmachenden Bakterien. Aus diesem Grunde sind die Pasteurisierung und herstellereigene Kontrollen zur Erfüllung mikrobiologischer und chemischer Anforderungen kein Ersatz für die Hygiene bei der Lagerung und Verarbeitung von Eiprodukten! Eiprodukte sind daher mit der gleichen Sorgfalt zu behandeln wie andere hygienisch risikoreiche Lebensmittel!

Das Risiko einer Salmonellenerkrankung durch Feine Backwaren besteht im wesentlichen durch den Verzehr von

- Erzeugnissen mit Füllungen oder Auflagen, die unter Verwendung von rohen Eiern oder Eibestandteilen (Eiklar, Eigelb) hergestellt und nachfolgend nicht mehr erhitzt wurden. Salmonellen, die möglicherweise über das Ei in das Lebensmittel eingebracht wurden, finden hier beste Nährstoffbedingungen vor. Sofern keine rasche Abkühlung auf Temperaturen von mindestens +5 °C bis +8 °C erfolgt, können sich bereits geringe Keimzahlen, die in die Backwaren eingebracht wurden, ungehindert vermehren.

- Erzeugnissen, für deren Herstellung pasteurisierte, aber durch unsachgerechten Umgang rekontaminierte Eiprodukte verwendet werden und nachfolgend nicht mehr erhitzt wurden.

- Kochcremes oder erhitzten Zwischenprodukten für Cremes, die ungenügend, d. h. nicht salmonellenabtötend, erhitzt wurden und nachfolgend langsam und unzureichend auskühlen. Diese Temperatur- und Nährstoffbedingungen sind optimal für die Vermehrung von Erregern, die nicht abgetötet oder durch Rekontamination (Gerätschaften, Ausgangsmaterialien, unbehandelte Eimassen usw.) in das Erzeugnis eingebracht wurden.

Die grundlegenden Anforderungen an die hygienische Behandlung von Lebensmitteln sind in Hygieneverordnungen festgelegt. Für das Konditoren- und Bäckerhandwerk sind von den jeweiligen Berufsverbänden in Zusammenarbeit mit der Deutschen Gesellschaft für Hygiene und Mikrobiologie (DGHM) Hinweistafeln für hygienisches Arbeiten im Produktions- und Verkaufsbereich, zur Schlagsahne- und Speiseeisherstellung sowie zur Personalhygiene herausgegeben worden.

Die Behandlung und Verarbeitung frischer Eier und von Eiprodukten bedarf besonderer Aufmerksamkeit, um das Risiko einer Salmonellenerkrankung durch Feine Backwaren zu mindern. Daher sind folgende Hygieneregeln zu beachten:

Hygieneregeln für die Behandlung und Verarbeitung frischer Eier

1. Einkauf von Hühnereiern

Es sind vorzugsweise Eier der Güteklasse A aus kontrollierten Legehennenbeständen zu verwenden.

Um einen Hinweis auf die Frische der Eier zu erhalten, ist beim Einkauf unbedingt auf das *Mindesthaltbarkeitsdatum* zu achten! Das Mindesthaltbarkeitsdatum beträgt höchstens 28 Tage nach dem Legen. Hühnereier müssen ab dem 18. Tag nach dem Legen bei Kühltemperaturen zwischen +5 °C und +8 °C aufbewahrt und befördert und innerhalb von 21 Tagen nach dem Legen an den Verbraucher abgegeben werden. Faustregel ist also:
- Beträgt die Differenz zwischen Mindesthaltbarkeitsdatum und Datum des Einkaufs weniger als zehn Tage, müssen die Eier kühl aufbewahrt und befördert werden.
- Beträgt die Differenz weniger als eine Woche, dürfen die Eier nicht mehr verkauft werden!

Das Mindesthaltbarkeitsdatum und die Verbraucherhinweise sind bei *verpackten Eiern* auf *der Verpackung* und bei *Eiern*, die *lose im Einzelhandel* oder vom *Erzeuger ab Hof*, auf einem *örtlichen Markt* oder im Verkauf an der Tür abgegeben werden, auf einem Schild auf oder neben der Ware oder auf einem *Begleitzettel* angegeben. Das Legedatum kann auf dem Ei und ggf. auch auf der Verpackung aufgestempelt worden sein.

Es sind die angegebenen *Verbraucherhinweise* zu berücksichtigen!

- Aufbewahrung bei Kühlschranktemperaturen,
- nach Ablauf des Mindesthaltbarkeitsdatums durcherhitzen!

Die eigenen Lagerzeiten der Eier vor deren Verarbeitung sind beim Einkauf unbedingt zu berücksichtigen!

2. Lagerung frischer Eier

Die Eier sollten nach dem Einkauf sofort in den Kühlschrank oder Kühlraum gebracht und bei Temperaturen zwischen +5 °C und +8 °C gelagert werden. Sie sollten getrennt (gesondertes Behältnis ist ausreichend!) von anderen Roh- und Zwischenprodukten sowie von fertigen Speisen aufbewahrt werden.

3. Aufschlagen der Eier

Die Eier sollten möglichst frisch, auf alle Fälle vor Ablauf des Mindesthaltbarkeitsdatums, verarbeitet werden. Um eine Vermehrung der Salmonellen während der Standzeiten des Eiaufschlagens auszuschließen, sollten die Eier erst unmittelbar vor dem Verarbeiten am Arbeitsplatz aufgeschlagen werden. Hierbei ist sicherzustellen, dass keine anderen Lebensmittel mit Eigelb, Eiweiß oder Schalenresten in Berührung kommen. Die *Eischalen nicht auskratzen!*

Sofern keine unmittelbare Verarbeitung der Eimassen erfolgt, sollte das Aufschlagen von Eiern auf Vorrat getrennt von den übrigen Arbeitsbereichen an einem separaten Arbeitsplatz, wenn möglich in einem separaten Raum erfolgen. Die Gefäße für die Gewinnung und Aufbewahrung der Eimassen sollten ausschließlich für diesen Zweck verwendet, entsprechend gekennzeichnet und nach der Verwendung gereinigt und desinfiziert werden. Die Eischalen sind unverzüglich von den Arbeitsflächen zu entfernen und in verschließbaren, nur für Abfall bestimmten Behältern zu sammeln.

4. Umgang mit aufgeschlagenem Ei

Die Eimassen sind unbedingt gekühlt aufzubewahren und sollten innerhalb von zwei Stunden nach dem Aufschlagen, in jedem Fall noch am Herstellungstag, verarbeitet werden. In diesem Zeitraum nicht verbrauchte Eimassen sollten zur Sicherheit nur noch zu Produkten verarbeitet werden, die anschließend durcherhitzt werden.

5. Behandlung der Produkte

Für Speisen, die mit rohen Bestandteilen von Hühnereiern hergestellt werden, sollten die verwendeten Hühnereier nicht älter als 21 Tage sein. Diese Speisen sind – auch bei Kühllagerung! – nur sehr begrenzt haltbar! Produkte oder Erzeugnisse, die unter Verwendung roher Bestandteile von Hühnereiern hergestellt und nicht ausreichend, d. h. nicht salmonellenabtötend, erhitzt wurden, sind innerhalb von zwei Stunden nach der Herstellung auf mindestens +7 °C abzukühlen. Bei dieser oder einer niedrigeren Temperatur gehalten, sind diese Lebensmittel innerhalb von 24 Stunden nach ihrer Herstellung an den Verbraucher abzugeben.

6. Reinigung und Desinfektion, Händehygiene

Nach dem Aufschlagen bzw. Anfassen von Eiern sollten die Hände sorgfältig gewaschen und desinfiziert werden, um einer Verschleppung von Salmonellen innerhalb des Betriebes vorzubeugen. Präparate zur Händedekontamination (sog. HD-Präparate) können alternativ benutzt werden. Einen Überblick über geprüfte und als wirksam befundene HD-Mittel gibt eine Liste der Deutschen Gesellschaft für Hygiene und Mikrobiologie (DGHM).

Gefäße für die Gewinnung und Aufbewahrung von Eimassen, Gerätschaften, wiederverwendbare Behältnisse und Tischflächen, die mit roheihaltigen Produkten in Berührung kommen, sollten sofort nach Gebrauch gründlich gereinigt und möglichst auch desinfiziert werden. Für die Reinigung und Desinfektion in Lebensmittelbetrieben sollten nur Mittel verwendet werden, die geprüft und nachweislich für wirksam befunden wurden. Die Empfehlungen für Oberflächendesinfektionsmittel im Lebensmittelbereich sind der aktuellen Liste der Deutschen Veterinärmedizinischen Gesellschaft (DVG) zu entnehmen.

Hygieneregeln für die Verarbeitung von pasteurisierten Eiprodukten

1. Ankauf/Anlieferung; Lagerung

Beim Ankauf von Eiprodukten ist darauf zu achten, dass sie aus einem nach der Eiprodukte-Verordnung zugelassenen Betrieb stammen (Veterinärkontrolle). Es ist eine Gebindegröße zu wählen, die dem durchschnittlichen Tagesbedarf entspricht. Bei der Anlieferung ist auf das Mindesthaltbarkeitsdatum sowie auf Angaben des Lieferanten/Herstellers zur vorgeschriebenen Transporttemperatur, Lagerung, Behandlung und Verarbeitung zu achten (Produktinformationen anfordern!). Transport- und Lagertemperatur entsprechend der Eiprodukte-Verordnung sind folgende:

- tiefgefrorene Eiprodukte: −18 °C
- gefrorene Eiprodukte: −12 °C
- flüssige Eiprodukte: +4 °C

Die Lagertemperaturen sollten kontrolliert werden!

ANHANG

2. Verarbeitung

Flüssige Eiprodukte

Nach der Entnahme von Flüssigei sind die Behältnisse so zu verschließen, dass eine Verschmutzung ausgeschlossen werden kann. Angebrochene Packungen sind kühl zu lagern (max. +4 °C) und möglichst rasch – innerhalb von 24 Stunden – aufzubrauchen. In dieser Zeit nicht aufgebrauchtes Flüssigei sollte anschließend nur für Feine Backwaren, die insgesamt durchgebacken werden, verarbeitet werden.

Tiefgefrorene Eiprodukte

Tiefgefrorene Eiprodukte sind entsprechend dem Bedarf rasch aufzutauen und nach dem Auftauen sofort zu verbrauchen.

Trockene Eiprodukte

Das Herstellen von Eisuspensionen sollte bedarfsgerecht vorgenommen werden. Die Suspensionen sind umgehend, anderenfalls bei kühler Lagerung (max. +4 °C) im Laufe des Herstellungstages, zu verbrauchen.

3. Reinigung und Desinfektion, Händehygiene

An Gerätschaften, Gefäßen und insbesondere an den Händen verbleibende Reste von Flüssigei, aufgetautem Eiprodukt oder hergestellten Eisuspensionen sind ein idealer Nährboden für Bakterien!

Vor und nach jeglicher Behandlung und Verarbeitung von Eiprodukten sollten die Hände sorgfältig gewaschen und desinfiziert werden. Hierfür können auch Präparate zur Händedekontamination (sog. HD-Präparate) benutzt werden. Einen Überblick über geprüfte und als wirksam befundene HD-Präparate gibt eine Liste der Deutschen Gesellschaft für Hygiene und Mikrobiologie (DGHM).

Um eine Rekontamination der pasteurisierten Eiprodukte zu vermeiden, sind für das Abfüllen von Flüssigei, die Herstellung von Eisuspensionen aus Trockenei sowie für das Auftauen gefrorener Eiprodukte nur gereinigte und desinfizierte Gefäße und Gerätschaften zu benutzen. Diese sollten sofort nach Gebrauch wieder gründlich gereinigt und möglichst auch desinfiziert werden. Die Empfehlungen für Oberflächendesinfektionsmittel im Lebensmittelbereich sind der aktuellen Liste der Deutschen Veterinärmedizinischen Gesellschaft (DVG) zu entnehmen.

Gesetz über den Ladenschluss (LadSchlG)
In der Fassung der Bekanntmachung vom 2. Juni 2003 (BGBl. I S 744)[1]

Erster Abschnitt. Begriffsbestimmungen

§ 1 Verkaufsstellen.

(1) Verkaufsstellen im Sinne dieses Gesetzes sind
1. Ladengeschäfte aller Art, Apotheken, Tankstellen und Bahnhofsverkaufsstellen.

---

[1] *Neubekanntmachung des LadSchlG v. 28 November 1956 (BGBl. I S. 875) auf Grund von Art. 2 des Gesetzes vom 15. Mai 2003 (BGBl. I S. 658). Diese Fassung gilt mWv 1. Juni 2003.*

2. Sonstige Verkaufsstände und -buden, Kioske, Basare und ähnliche Einrichtungen, falls in ihnen ebenfalls von einer festen Stelle aus ständig Waren zum Verkauf an jedermann feilgehalten werden. Dem Feilhalten steht das Zeigen von Mustern, Proben und ähnlichem gleich, wenn Warenbestellungen in der Einrichtung entgegengenommen werden,
3. Verkaufsstellen von Genossenschaften.

(2) Zur Herbeiführung einer einheitlichen Handhabung des Gesetzes kann das Bundesministerium für Wirtschaft und Arbeit durch Rechtsverordnung mit Zustimmung des Bundesrates bestimmen, welche Einrichtungen Verkaufsstellen gemäß Absatz 1 sind.

§ 2 Begriffsbestimmungen

(1) Feiertage im Sinne dieses Gesetzes sind die gesetzlichen Feiertage.

(2) Reisebedarf im Sinne dieses Gesetzes sind Zeitungen, Zeitschriften, Straßenkarten, Stadtpläne, Reiselektüre, Schreibmaterialien, Tabakwaren, Schnittblumen, Reisetoilettenartikel, Filme, Tonträger, Bedarf für Reiseapotheken, Reiseandenken und Spielzeug geringen Wertes, Lebens- und Genussmittel in kleineren Mengen sowie ausländische Geldsorten.

Zweiter Abschnitt. Ladenschlusszeiten

§ 3 Allgemeine Ladenschlusszeiten

(1) Verkaufsstellen müssen zu folgenden Zeiten für den geschäftlichen Verkehr mit Kunden geschlossen sein:
1. an Sonn- und Feiertagen
2. montags bis samstags bis 6 Uhr und ab 20 Uhr
3. am 24. Dezember, wenn dieser Tag auf einen Werktag fällt, bis 6 Uhr und ab 14 Uhr.

²Verkaufsstellen für Backwaren dürfen abweichend von Satz 1 den Beginn der Ladenöffnungszeit an Werktagen auf 5.30 Uhr vorverlegen. ³Die beim Ladenschluss anwesenden Kunden dürfen noch bedient werden.

(2) Empfehlungen über Ladenöffnungszeiten nach § 22 Abs. 2 des Gesetzes gegen Wettbewerbsbeschränkungen sind auch unter Einbeziehung der Großbetriebsformen des Einzelhandels zulässig.

§ 4 Apotheken

(1) Abweichend von den Vorschriften des § 3 dürfen Apotheken an allen Tagen während des ganzen Tages geöffnet sein. An Werktagen während der allgemeinen Ladenschlusszeiten (§ 3) und an Sonn –und Feiertagen ist nur die Abgabe von Arznei-, Krankenpflege-, Säuglingspflege- und Säuglingsnährmitteln, hygienische Artikel sowie Desinfektionsmitteln gestattet.

Vergleiche die Übersicht über die gesetzlichen Feiertage (Nr. 18 b)

(2) Die nach Landesrecht zuständige Verwaltungsbehörde hat für eine Gemeinde oder für benachbarte Gemeinden mit mehreren Apotheken anzuordnen, das während der allgemeinen Ladenschlusszeiten (§ 3) abwechselnd ein Teil der Apotheke geschlossen sein muss. An den geschlossenen Apotheken ist an sichtbarer Stelle ein Aushang anzubringen, der die zur Zeit offenen Apotheken bekannt gibt. Dienstbereitschaft der Apotheken steht der Offenhaltung gleich.

§ 5 Zeitungen und Zeitschriften

Abweichend von den Vorschriften des § 3 dürfen Kioske für den Verkauf von Zeitungen und Zeitschriften an Sonn- und Feiertagen von 11 Uhr bis 13 Uhr geöffnet sein.

§ 6 Tankstellen

(1) Abweichend von den Vorschriften des § 3 dürfen Tankstellen an allen Tagen während des ganzen Tages geöffnet sein.

(2) An Werktagen während der allgemeinen Ladenschlusszeiten (§ 3) und an Sonn- und Feiertagen ist nur die Abgabe von Ersatzteilen für Kraftfahrzeuge, soweit dies für die Erhaltung oder Wiederherstellung der Fahrbereitschaft notwendig ist, sowie die Abgabe von Betriebsstoffen und von Reisebedarf gestattet.

§ 7 (weggefallen)

§ 8 Verkaufsstellen auf Personenbahnhöfen

(1) ¹Abweichend von den Vorschriften des § 3 dürfen Verkaufsstellen auf Personenbahnhöfen von Eisenbahnen und Magnetschwebebahnen, soweit sie den Bedürfnissen des Reiseverkehrs zu dienen bestimmt sind, an allen Tagen während des ganzen Tages geöffnet sein, am 24. Dezember jedoch nur bis 17.00 Uhr. Während der allgemeinen Ladenschlusszeiten ist der Verkauf von Reisebedarf zulässig.

(2) Das Bundesministerium für Verkehr, Bau- und Wohnungswesen wird ermächtigt, im Einvernehmen mit dem Bundesministerium für Wirtschaft und Arbeit durch Rechtsverordnung mit Zustimmung des Bundesrates Ladenschlusszeiten für die Verkaufsstellen auf Personenbahnhöfen vorzuschreiben, die sicherstellen, dass die Dauer der Offenhaltung nicht über das von den Bedürfnissen des Reiseverkehrs geforderte Maß hinausgeht; es kann ferner die Abgabe von Waren in den genannten Verkaufsstellen während der allgemeinen Ladenschlusszeiten (§ 3) auf bestimmte Waren beschränken.

(2a) Die Landesregierungen werden ermächtigt, durch Rechtsverordnung zu bestimmen, dass in Städten mit über 200 000 Einwohnern zur Versorgung der Berufspendler und der anderen Reisenden mit Waren des täglichen Ge- und Verbrauchs sowie Geschenkartikeln

1. Verkaufsstellen auf Personenbahnhöfen des Schienenfernverkehrs und
2. Verkaufsstellen innerhalb einer baulichen Anlage, die einen Personenbahnhof des Schienenfernverkehrs mit einem Verkehrsknotenpunkt des Nah- und Stadtverkehrs verbindet an Werktagen von 6 bis 22 Uhr geöffnet sein dürfen; sie haben dabei die Größe der Verkaufsfläche auf das für diesen Zweck erforderliche Maß zu begrenzen.

(3) Für Apotheken bleibt es bei den Vorschriften des § 4.

§ 9 Verkaufsstellen auf Flughäfen und in Fährhäfen

(1) ¹Abweichend von den Vorschriften des § 3 dürfen Verkaufsstellen auf Flughäfen an allen Tagen während des ganzen Tages geöffnet sein, am 24. Dezember jedoch nur bis 17 Uhr. An Werktagen während der allgemeinen Ladenschlusszeiten (§ 3) und an Sonn –und Feiertagen ist nur die Abgabe von Reisebedarf an Reisende gestattet.

(2) Das Bundesministerium für Verkehr, Bau –und Wohnungswesen wird ermächtigt, im Einvernehmen mit dem Bundesministerium für Wirtschaft und Arbeit durch Rechtsverordnung mit Zustimmung des Bundesrates Ladenschlusszeiten für die in Absatz 1 genannten Verkaufsstellen vorzuschreiben und die Abgabe von Waren näher zu regeln.

(3) Die Landesregierungen werden ermächtigt, durch Rechtsverordnung abweichend von Absatz 1 Satz 2 zu bestimmen, dass auf internationalen Verkehrsflughäfen und in internationalen Fährhäfen Waren des täglichen Ge- und Verbrauchs sowie Geschenkartikel an Werktagen während der allgemeinen Ladenschlusszeiten (§ 3) und an Sonn –und Feiertagen auch an andere Personen als an Reisende abgegeben werden dürfen; sie haben dabei die Größe der Verkaufsflächen auf das für diesen Zweck erforderliche Maß zu begrenzen.

§ 10 Kur- und Erholungsorte

(1) Die Landesregierungen können durch Rechtsverordnung bestimmen, dass und unter welchen Voraussetzungen und Bedingungen in Kurorten und in einzeln aufzuführenden Ausflugs-, Erholungs- und Wallfahrtsorten mit besonders starkem Fremdenverkehr Badegegenstände, Devotionalien, frische Früchte, alkoholfreie Getränke, Milch und Milcherzeugnisse, im Sinne des § 4 Abs. 2 des Milch- und Fettgesetzes in der im Bundesgesetzblatt Teil III, Gliederungsnummer 7842-1, veröffentlichten bereinigten Fassung, Süßwaren, Tabakwaren, Blumen und Zeitungen sowie Waren, die für diese Orte kennzeichnend sind, abweichend von den Vorschriften des § 3 Abs. 1 Nr. 1 an jährlich höchstens 40 Sonn- und Feiertagen bis zur Dauer von acht Stunden verkauft werden dürfen. Sie können durch Rechtsverordnung die Festsetzung der zugelassenen Öffnungszeiten auf andere Stellen übertragen. Bei der Festsetzung der Öffnungszeiten ist auf die Zeit des Hauptgottesdienstes Rücksicht zu nehmen.

(2) In den nach Absatz 1 erlassenen Rechtsverordnung kann die Offenhaltung auf bestimmte Ortsteile be-schränkt werden.

§ 11 Verkauf in ländlichen Gebieten an Sonntagen

Die Landesregierungen oder die von ihnen bestimmten Stellen können durch Rechtsverordnung bestimmen, dass und unter welchen Voraussetzungen und Bedingungen in ländlichen Gebieten während der Zeit der Feldbestellung und der Ernte abweichend von den Vorschriften § 3 alle oder bestimmte Arten von Verkaufsstellen an Sonn- und Feiertagen bis zur Dauer von zwei Stunden geöffnet sein dürfen, falls dies zur Befriedigung dringender Kaufbedürfnisse der Landbevölkerung erforderlich ist.

§ 12 Verkauf bestimmter Waren an Sonntagen

(1) Das Bundesministerium für Wirtschaft und Arbeit bestimmt im Einvernehmen mit den Bundesministerien für Verbraucherschutz, Ernährung und Landwirtschaft durch Rechtsverordnung mit Zustimmung des Bundesrates, dass und wie lange an Sonn- und Feiertagen abweichend von der Vorschrift § 3 Abs. 1 Nr. 1 Verkaufsstellen für die Abgabe von Milch und Milcherzeugnissen im Sinne des § 4 Abs. 2 des Milch- und Fettgeset-

zes in der im Bundesgesetzblatt Teil III, Gliederungsnummer 7842-1, veröffentlichten bereinigten Fassung, Bäcker- und Konditorwaren, frischen Früchten, Blumen und Zeitungen geöffnet sein dürfen.

(2) In den nach Absatz 1 erlassenen Rechtsverordnungen kann die Offenhaltung auf bestimmte Sonn- und Feiertage oder Jahreszeiten sowie auf bestimmte Arten von Verkaufsstellen beschränkt werden. ²Eine Offenhaltung am 2. Weihnachts-, Oster- und Pfingstfeiertag soll nicht zugelassen werden. ³Die Lage der zugelassenen Öffnungszeiten wird unter Berücksichtigung der Zeit des Hauptgottesdienstes von den Landesregierungen oder den von ihnen bestimmten Stellen durch Rechtsverordnung festgesetzt.

§ 13 (weggefallen)

§ 14 Weitere Verkaufssonntage

(1) Abweichend von der Vorschrift des § 3 Abs. 1 Nr. 1 dürfen Verkaufsstellen aus Anlass von Märkten, Messen oder ähnlichen Veranstaltungen an jährlich höchstens vier Sonn- und Feiertagen geöffnet sein. Diese Tage werden von den Landesregierungen oder den von ihnen bestimmten Stellen durch Rechtsverordnung freigegeben.

(2) ¹Bei der Freigabe kann die Offenhaltung auf bestimmte Bezirke und Handelszweige beschränkt werden. Der Zeitraum, während dessen die Verkaufsstellen geöffnet sein dürfen, ist anzugeben. Er darf fünf zusammenhängende Stunden nicht überschreiten, muss spätestens um 18 Uhr enden und soll außerhalb der Zeit des Hauptgottesdienstes liegen.

(3) ¹Sonn- und Feiertage im Dezember dürfen nicht freigegeben werden. In Orten für die eine Regelung nach § 10 Abs. 1 Satz 1 getroffen ist, dürfen Sonn- und Feiertage nach Absatz 1 nur freigegeben worden, soweit die Zahl dieser Tage zusammen mit den nach § 10 Abs. 1 Nr. 1 freigegebenen Sonn- und Feiertagen 40 nicht übersteigt.

§ 15 Sonntagsverkauf am 24. Dezember

Abweichend von der Vorschrift des § 3 Abs. 1 Nr. 1 dürfen, wenn der 24. Dezember auf einen Sonntag fällt.

1. Verkaufsstellen, die gemäß § 12 oder den hierauf gestützten Vorschriften an Sonn und Feiertagen geöffnet sein dürfen,
2. Verkaufsstellen, die überwiegend Lebens- und Genussmittel feilhalten,
3. alle Verkaufsstellen für die Abgabe von Weihnachtsbäumen während höchstens drei Stunden bis längstens 14 Uhr geöffnet sein.

§ 16 (weggefallen)

Dritter Abschnitt. Besonderer Schutz der Arbeitnehmer

§ 17 Arbeitszeit an Sonn- und Feiertagen

(1) In Verkaufsstellen dürfen Arbeitnehmer an Sonn- und Feiertagen nur während der ausnahmsweise zugelassenen Öffnungszeiten (§§ 4 bis 15 und die hierauf gestützten Vorschriften) und, falls dies zur Erledigung von Vorbereitungs- und Abschlussarbeiten unerlässlich ist, während insgesamt weiterer 30 Minuten beschäftigt werden.

(2) Die Dauer der Beschäftigungszeit de einzelnen Arbeitnehmers an Sonn- und Feiertagen darf acht Stunden nicht überschreiten.

(2a) In Verkaufsstellen, die gemäß § 10 oder der hierauf gestützten Vorschriften an Sonn- und Feiertagen geöffnet sein dürfen, dürfen Arbeitnehmer an jährlich höchstens 22 Sonn- und Feiertagen beschäftigt werden. Ihre Arbeitszeit an Sonn- und Feiertagen darf vier Stunden nicht überschreiten.

(3) ¹Arbeitnehmer, die an Sonn- und Feiertagen in Verkaufsstellen gemäß §§ 4 bis 6, 8 bis 12, 14 und 15 und den hierauf gestützten Vorschriften beschäftigt werden, sind, wenn die Beschäftigung länger als drei Stunden dauert, an einem Werktag derselben Woche ab 13 Uhr, wenn sie länger als sechs Stunden dauert, an einem ganzen Werktag derselben Woche von der Arbeit freizustellen; mindestens jeder dritte Sonntag muss beschäftigungsfrei bleiben. Werden sie bis zu drei Stunden beschäftigt, so muss jeder zweite Sonntag oder in jeder zweiten Woche ein Nachmittag ab 13 Uhr beschäftigungsfrei bleiben. Statt an einem Nachmittag darf die Freizeit am Sonnabend oder Montagvormittag bis 14 Uhr gewährt werden. Während der Zeiten, zu denen die Verkaufsstelle geschlossen sein muss, darf die Freizeit nicht gegeben werden.

(4) Arbeitnehmerinnen und Arbeitnehmer in Verkaufsstellen können verlangen, in jedem Kalendermonat an einem Samstag von der Beschäftigung freigestellt zu werden.

(5) Mit dem Beschicken von Warenautomaten dürfen Arbeitnehmer außerhalb der Öffnungszeiten, die für die mit dem Warenautomaten in räumlichen Zusammenhang stehende Verkaufsstelle gelten, nicht beschäftigt werden.

(6) weggefallen

(7) Das Bundesministerium für Wirtschaft und Arbeit wird ermächtigt, zum Schutze der Arbeitnehmer in Verkaufsstellen vor übermäßiger Inanspruchnahme ihrer Arbeitskraft oder sonstiger Gefährdung ihrer Gesundheit durch Rechtsverordnung mit Zustimmung des Bundesrates zu bestimmen,

1. dass während der ausnahmsweise zugelassenen Öffnungszeiten (§§ 4 bis 16 und die hierauf gestützten Vorschriften) bestimmte Arbeitnehmer nicht oder die Arbeitnehmer nicht mit bestimmten Arbeiten beschäftigt werden dürfen,

2. Dass den Arbeitnehmern für Sonn- und Feiertagsarbeit über die Vorschriften des Absatzes 3 hinaus ein Ausgleich zu gewähren ist,

3. dass die Arbeitnehmer während der Ladenschlusszeiten an Werktagen (§ 3 Abs. 1 Nr. 2, §§ 5, 6, 8 bis 10 und die hierauf gestützten Vorschriften) nicht oder nicht mit bestimmten Arbeiten beschäftigt werden dürfen.

(8) ¹Das Gewerbeaufsichtsamt kann in begründeten Einzelfällen Ausnahmen von den Vorschriften der Absätze 1 bis 5 bewilligen. Die Bewilligung kann jederzeit widerrufen werden.

(9) Die Vorschriften der Absätze 1 bis 8 finden auf pharmazeutisch vorgebildete Arbeitnehmer in Apotheken keine Anwendung.

Vierter Abschnitt. Bestimmung für einzelne Gewerbezweige und für den Marktverkehr

§§ 18 und 18a. (weggefallen)

ANHANG

§ 19 Marktverkehr

(1) Während der allgemeinen Ladenschlusszeiten (§ 3) dürfen auf behördlich genehmigten Groß- und Wochenmärkten Waren zum Verkauf an den letzten Verbraucher nicht feilgehalten werden; jedoch kann die nach Landesrecht zuständige Verwaltungsbehörde in den Grenzen einer gemäß §§ 10 bis 15 oder den hierauf gestützten Vorschriften zulässigen Offenhaltung der Verkaufsstellen einen geschäftlichen Verkehr auf Groß- und Wochenmärkten zulassen.

(2) Am 24. Dezember dürfen nach 14 Uhr Waren auch im sonstigen Marktverkehr nicht feilgehalten werden.

(3) Im Übrigen bleibt es bei den Vorschriften der §§ 64 bis 71 a der Gewerbeordnung, insbesondere bei den auf Grund des § 69 Abs. 1 Satz 1 der Gewerbeordnung festgesetzten Öffnungszeiten für Messen, Ausstellungen und Märkte.

§ 20 Sonstiges gewerbliches Feilhalten

(1) Während der allgemeinen Ladenschlusszeiten (§ 3) ist auch das gewerbliche Feilhalten von Waren zum Verkauf an jedermann außerhalb von Verkaufsstellen verboten; dies gilt nicht für Volksbelustigungen, die den Vorschriften des Titels III der Gewerbeordnung unterliegen und der nach Landesrecht zuständigen Behörde genehmigt worden sind, sowie für das Feilhalten von Tageszeitungen an Werktagen. [2]Dem Feilhalten steht das Zeigen von Mustern, Proben und Ähnlichem gleich, wenn dazu Räume benutzt werden, die für diesen Zweck besonders bereitgestellt sind, und dabei Warenbestellungen entgegengenommen werden.

(2) Soweit für Verkaufsstellen gemäß §§ 10 bis 15 oder den hierauf gestützten Vorschriften Abweichungen von den Ladenschlusszeiten des § 3 zugelassen sind, gelten diese Abweichungen unter denselben Voraussetzungen und Bedingungen auch für das Feilhalten gemäß Absatz 1.

(2a) Die nach Landesrecht zuständige Verwaltungsbehörde kann abweichend von den Vorschriften der Absätze 1 und 2 Ausnahmen für das Feilhalten von verderblichen Waren und Waren zum sofortigen Verzehr, Gebrauch oder Verbrauch zulassen, sofern dies zur Befriedigung örtlich auftretender Bedürfnisse notwendig ist und diese Ausnahmen in Hinblick auf den Arbeitsschutz unbedenklich sind.

(3) Die Vorschriften des § 17 Abs. 1 bis 3 gelten entsprechend.

(4) Das Bundesministerium für Wirtschaft und Arbeit kann durch Rechtsverordnung mit Zustimmung des Bundesrates zum Schutz der Arbeitnehmer vor übermäßiger Inanspruchnahme ihrer Arbeitskraft oder sonstiger Gefährdung ihrer Gesundheit Vorschriften, wie in § 17 Abs. 7 genannt, erlassen.

Fünfter Abschnitt. Durchführung des Gesetzes

§ 21 Auslage des Gesetzes, Verzeichnisse

(1) Der Inhaber einer Verkaufsstelle, in der regelmäßig mindestens ein Arbeitnehmer beschäftigt wird, ist verpflichtet,

1. Einen Abdruck dieses Gesetzes und der auf Grund dieses Gesetzes erlassenen Rechtsverordnung mit Ausnahme der Vorschriften, die Verkaufsstellen anderer Art betreffen, an geeigneter Stelle in der Verkaufsstelle auszulegen oder auszuhängen,

ANHANG

2. Ein Verzeichnis über Namen, Tag, Beschäftigungsart, und –dauer der an Sonn- und Feiertagen beschäftigten Arbeitnehmer und über die diesen gemäß § 17 Abs. 3 als Ersatz für die Beschäftigung an diesen Tagen gewährte Freizeit zu führen; dies gilt nicht für die pharmazeutisch vorgebildeten Arbeitnehmer in Apotheken. Die Landesregierungen können durch Rechtsverordnung einen einheitliche Form für das Verzeichnis vorschreiben.

(2) Die Verpflichtung nach Absatz 1 Nr. 2 obliegt auch den in § 20 genannten Gewerbetreibenden.

§ 22 Aufsicht und Auskunft

(1) Die Aufsicht über die Ausführung der Vorschriften dieses Gesetzes und der auf Grund dieses Gesetzes erlassenen Vorschriften üben, soweit es sich nicht um Wochenmärkte (§ 19) handelt, die nach Landesrecht für den Arbeitsschutz zuständigen Verwaltungsbehörden aus; ob und inwieweit andere Dienststellen an der Aufsicht beteiligt werden, bestimmen die obersten Landesbehörden.

(2) Auf die Befugnisse und Obliegenheit der in Absatz 1 genannten Behörden finden die Vorschriften des § 139 b der Gewerbeordnung entsprechend Anwendung.

(3) Die Inhaber von Verkaufsstellen und die in § 20 genannten Gewerbetreibenden sind verpflichtet, den Behörden, denen auf Grund des Absatzes 1 die Aufsicht obliegt, auf Verlangen

1. die zur Erfüllung der Aufgaben dieser Behörden erforderlichen Angaben wahrheitsgemäß und vollständig zu machen,

2. das Verzeichnis gemäß § 21 Abs. 1 Nr. 2, die Unterlagen, aus denen Namen, Beschäftigungsart und –und zeiten der Arbeitnehmer sowie Lohn- und Gehaltszahlungen ersichtlich sind, und alle sonstigen Unterlagen, die sich auf die nach Nummer 1 zu machenden Angaben beziehen, vorzulegen oder zur Einsicht einzusenden. Die Verzeichnisse und Unterlagen sind mindestens bis zum Ablauf eines Jahres nach der letzten Eintragung aufzubewahren. (4) Die Auskunftspflicht nach Absatz 3 Nr. 1 obliegt auch den in Verkaufsstellen oder beim Feilhalten gemäß § 20 beschäftigten Arbeitnehmern.

§ 23 Ausnahmen im öffentlichen Interesse

(1) Die obersten Landesbehörden können in Einzelfällen befristete Ausnahmen von den Vorschriften der §§ 3 bis 15 und 19 bis 21 dieses Gesetzes bewilligen, wenn die Ausnahmen im öffentlichen Interesse dringend nötig werden. Die Bewilligung kann jederzeit widerrufen werden. Die Landesregierungen werden ermächtigt, durch Rechtsverordnung die zuständigen Behörden abweichend von Satz 1 zu bestimmen. ⁴Sie können diese Ermächtigung auf oberste Landesbehörden übertragen.

(2) Das Bundesministerium für Wirtschaft und Arbeit kann durch Rechtsverordnung mit Zustimmung des Bundesrates Vorschriften über die Voraussetzungen und Bedingungen für die Bewilligung von Ausnahmen im Sinne des Absatzes 1 erlassen.

Sechster Abschnitt. Straftaten und Ordnungswidrigkeiten

§ 24 Ordnungswidrigkeiten

(1) Ordnungswidrig handelt, wer vorsätzlich oder fahrlässig

1. als Inhaber einer Verkaufsstelle oder als Gewerbetreibender im Sinne des § 20

a) einer Vorschrift des § 17 Abs. 1 bis 3 über die Beschäftigung an Sonn- und Feiertagen, die Freizeit oder den Ausgleich,

b) einer Vorschrift einer Rechtsverordnung nach § 17 Abs.7 oder § 20 Abs. 4, soweit sie für einen bestimmten Tatbestand auf diese Bußgeldvorschrift verweist.

c) einer Vorschrift des § 21 Abs. 1 Nr. 2 über Verzeichnisse oder des § 22 Abs. 3 Nr. 2 über die Einsicht, Vorlage oder Aufbewahrung der Verzeichnisse,

2. als Inhaber einer Verkaufsstelle

a) einer Vorschrift der §§ 3, 4 Abs. 1 Satz 2, des § 6 Abs. 2, des § 9 Abs. 1 Satz 2, des §17 Abs. 5 oder einer nach § 4 Abs. 2 Satz 1, § 8 Abs. 2, § 9 Abs. 2 oder nach § 10 oder § 11 erlassenen Rechtsvorschrift über die Ladenschlusszeiten,

b) einer sonstigen Vorschrift einer Rechtsverordnung nach § 10 oder § 11, soweit sie für einen bestimmten Tatbestand auf diese Bußgeldvorschrift verweist,

c) der Vorschrift des § 21 Abs. 1 Nr. 1 über Auslagen und Aushänge,

3. als Gewerbetreibender im Sinne des § 19 oder des § 20 einer Vorschrift des § 19 Abs. 1, 2 oder des § 20 Abs. 1, 2 über das Feilhalten von Waren im Marktverkehr oder außerhalb einer Verkaufsstelle oder

4. einer Vorschrift des § 22 Abs. 3 Nr. 1 oder Abs. 4 über die Auskunft zuwiderhandelt.

(2) Die Ordnungswidrigkeit nach Absatz 1 Nr. 1 Buchstabe a und b kann mit einer Geldbuße bis zu zweitausendfünfhundert Euro, die Ordnungswidrigkeit nach Absatz 1 Nr. 1 Buchstabe c und Nr. 2 bis 4 mit einer Geldbuße bis hin zu fünfhundert Euro geahndet werden.

§ 25 Straftaten

Wer vorsätzlich als Inhaber einer Verkaufsstelle oder als Gewerbetreibender im Sinne des § 20 einer der in § 24 Abs. 1 Nr. 1 Buchstabe a und b bezeichneten Handlungen begeht und dadurch vorsätzlich oder fahrlässig Arbeitnehmer in ihrer Arbeitskraft oder Gesundheit gefährdet, wird mit Freiheitsstrafe bis zu sechs Monaten oder mit Geldstrafe bis zu 180 Tagessätzen bestraft.

§ 26 (weggefallen)

Siebter Abschnitt. Schlussbestimmungen

§ 27 Vorbehalt für die Landesgesetzgebung

Unberührt bleiben die landesrechtlichen Vorschriften, durch die der Gewerbebetrieb und die Beschäftigung von Arbeitnehmern in Verkaufsstellen an anderen Festtagen als an Sonn- und Feiertagen beschränkt werden.

§ 28 Bestimmung der zuständigen Behörden

Soweit in diesem Gesetz auf die nach Landesrecht zuständige Verwaltungsbehörde verwiesen wird, bestimmt die Landesregierung durch Verordnung, welche Behörden zuständig sind.

§ 29 und 30 (weggefallen)

§ 31 (Inkrafttreten, Außerkrafttreten)

Leitsätze für Brot und Kleingebäck vom 19.10.1993

(Beilage zum BAnz. Nr. 58 vom 24.3.1994, GMBl. Nr. 10 S. 346 vom 24.3.1994), geändert am 27.5.1998 (BAnz. Nr. 183a vom 30.9.1998, GMBl. Nr. 30 S. 582 vom 30.9.1998) und am 2.12.1998 (BAnz. Nr. 66a vom 9.4.1999, GMBl. Nr. 11 S. 232 vom 26.4.1999)

Die Leitsätze gelten für Brot und Kleingebäck, für die zu ihrer Herstellung bestimmten vorgebackenen Erzeugnisse oder Teige sowie für die zur Abgabe an den Endverbraucher bestimmten Backmischungen.

I. ALLGEMEINE BEURTEILUNGSMERKMALE

1. **Begriffsbestimmungen**

1.1 Brot
Brot wird ganz oder teilweise aus Getreide und/oder Getreideerzeugnissen, meist nach Zugabe von Flüssigkeit, sowie von anderen Lebensmitteln (z. B. Leguminosen-, Kartoffelerzeugnisse) in der Regel durch Kneten, Formen, Lockern, Backen oder Heißextrudieren des Brotteiges hergestellt.
Brot enthält weniger als 10 Gewichtsteile Fett und/oder Zuckerarten auf 90 Gewichtsteile Getreide und/oder Getreideerzeugnisse.

1.2 Kleingebäck
Kleingebäck entspricht den Anforderungen an Brot, sofern nicht in Abschnitt III (Besondere Beurteilungsmerkmale für Kleingebäck) etwas anderes beschrieben ist. Das Gewicht des Einzelstücks liegt nicht über 250 g.

1.3 Vorgebackene Erzeugnisse
Vorgebackene Erzeugnisse entsprechen in ihrer Zusammensetzung Brot oder Kleingebäck, für deren Herstellung sie bestimmt sind.

1.4 Teige
Teige entsprechen in ihrer Zusammensetzung Brot oder Kleingebäck, für deren Herstellung sie bestimmt sind.

1.5 Backmischungen
Backmischungen zur Abgabe an den Endverbraucher enthalten außer Wasser und Hefe alle Zutaten in den Anteilen, wie sie zur Herstellung des beschriebenen Brotes oder Kleingebäcks erforderlich sind.

1.6 Backmittel
Backmittel sind Mischungen von Lebensmitteln einschließlich Zusatzstoffen, die dazu bestimmt sind, die Herstellung von Backwaren zu erleichtern oder zu vereinfachen, die wechselnden Verarbeitungseigenschaften der Rohstoffe auszugleichen und die Qualität der Backwaren zu beeinflussen. Sie werden meist in einer Menge von weniger als 10 Prozent (auf Mehl berechnet) bei der Teigherstellung zugegeben.

1.7 Getreide
Getreide sind die Brotgetreidearten Weizen und Roggen (auch Dinke) sowie die anderen Getreidearten Buchweizen, Gerste, Hafer, Hirse, Mais, Reis und Triticale.

1.8 Getreideerzeugnisse
Getreideerzeugnisse sind sämtliche Erzeugnisse aus gereinigtem Getreide, welches weiter bearbeitet wurde (z. B. durch Zerkleinern, Quetschen, Fraktionieren, Erhitzen), z. B. Mehl, Backschrot, Vollkornmehl, Vollkornschrot, Grieß und Dunst, Keime, Flocken und Speisekleie.

ANHANG

Getreide-Vollkornerzeugnisse wie Volkornmehl und Vollkornschrot enthalten die gesamten Bestandteile der gereinigten Körner einschließlich des Keimlings. Die Körner können jedoch von der äußeren Fruchtschale befreit sein.
Werden Keime, Speisekleie, Kleber und Stärke zugesetzt, bleiben diese bei der Berechnung der Getreideerzeugnisse unberücksichtigt.

1.9 Fette
Fette im Sinne dieser Leitsätze sind Butter, Milchfetterzeugnisse[1], Margarine- und Mischfetterzeugnisse[2], Speisefette und Speiseöle sowie deren Zubereitungen. So weit Fette gegenseitig ersetzt werden können, gelten für die in diesen Leitsätzen angegebenen Mindestzusätze an Fetten unter Berücksichtigung der unterschiedlichen Wassergehalte der verschiedenen Fettarten rechnerisch folgende Verhältnisse:
10 kg Butter entsprechen 8,2 kg Butterreinfett oder 8,2 kg Butterfett, fraktioniert, oder 8,6 kg Butterfett.
10 kg Butter entsprechen 10,25 kg Margarine.
10 kg Margarine entsprechen 8 kg praktisch wasserfreier Fette.

1.10 Zuckerarten
Zuckerarten im Sinne dieser Leitsätze sind alle verkehrsüblichen Zuckerarten.

1.11 Sauerteig
Sauerteig ist ein Teig, dessen Mikroorganismen (z. B. Milchsäurebakterien, Hefen) aus Sauerteig oder Sauerteigstartern sich in aktivem Zustand befinden oder reaktivierbar sind. Sie sind nach Zugabe von Getreideerzeugnissen und Wasser zur fortlaufenden Säurebildung befähigt.
Teile eines Sauerteiges werden als Anstellgut für neue Sauerteige verwendet. Die Lebenstätigkeit der Mikroorganismen wird erst durch Backen oder Heißextrudieren beendet. Die Säurezunahme des Sauerteiges beruht ausschließlich auf dessen Gärungen. Den Säuregehalt (Säuregrad) beeinflussende Zutaten, ausgenommen Sauerteigbrot, werden nicht verwendet.

1.12 Mengenangaben
Die in den Leitsätzen angegebenen Mengen sind Gewichtsangaben in Teilen oder Prozenten, so weit keine davon abweichenden Angaben gemacht werden. Sie beziehen sich, sofern es nicht ausdrücklich anders vermerkt ist, auf die Gesamtmenge des verwendeten Getreides und/oder der Getreideerzeugnisse.

2. Mitverwendung von Brot

Die Verwendung von verkehrsfähigem hygienisch einwandfreiem Brot bei der Brotherstellung ist üblich, bei Brot mit überwiegendem Weizenanteil bis zu 6 Prozent, bei überwiegendem Roggenanteil bis zu 20 Prozent, jeweils berechnet als Frischbrot. Das mitverwendete Brot ist im Enderzeugnis mit bloßem Auge nicht erkennbar.

3. Mindestanteile wertbestimmender Zutaten

Bei Zutaten, die in der Bezeichnung oder Aufmachung von Brot und Kleingebäck zum Ausdruck kommen, werden – vorbehaltlich der Besonderen Beurteilungsmerkmale nach Abschnitt II – folgende Mindestmengen verwendet oder eingehalten:

---

[1] Anlage 1 Gruppe XVII der Verordnung über Milcherzeugnisse vom 15. Juli 1970 (BGBl. I S. 1150) in der jeweils geltenden Fassung.
[2] § 2 des Milch- und Margarinegesetzes vom 25. Juli 1990 (BGBl. I S. 1471) in Verbindung mit § 1 und § 3 der Margarine und Mischfettverordnung vom 31. August 1990 (BGBl. I S. 1989) in den jeweils geltenden Fassungen.

3.1 Sauerteig
Sauerteigbrot wird so hergestellt, dass die gesamte zugesetzte Säuremenge aus Sauerteig stammt. Auf Nummer 1.11 wird verwiesen.
Hinweise auf die Mitverwendung von Sauerteig sind nur üblich, wenn die zugesetzte Säuremenge zu mehr als zwei Dritteln aus Sauerteig stammt.
Bei Bauern-/Landbrot mit einem Roggenanteil von über 20 Prozent stammt die zugesetzte Säuremenge zu mindestens zwei Dritteln aus Sauerteig.

3.2 Butter
Auf 100 kg Getreideerzeugnisse werden mindestens 5 kg Butter oder entsprechende Mengen Michfetterzeugnisse zugegeben. Andere Fette – außer als Trennfette – werden nicht verwendet; die Verwendung von Emulgatoren wird davon nicht berührt.

3.3 Milch
Auf 100 kg Getreideerzeugnisse werden mindestens 50 l standardisierte Vollmilch[3] oder entsprechende Mengen Kondensmilch – und/oder entsprechende Mengen Trockenmilcherzeugnisse – auch ergänzt durch Butterfett – zugegeben.

3.4 Milcheiweiß
Auf 100 kg Getreideerzeugnisse werden mindestens 2 kg Milcheiweiß zugegeben.

3.5 Buttermilch, Joghurt, Kefir, Molke
Auf 100 kg Getreideerzeugnisse werden mindestens 15 l Buttermilch, Joghurt, Kefir, Molke oder eine entsprechende Menge Trockenerzeugnisse zugegeben.

3.6 Quark
Auf 100 kg Getreideerzeugnisse werden mindestens 10 kg Speisequark (Frischkäse) oder eine entsprechende Menge Trockenerzeugnisse zugegeben.

3.7 Weizenkeime
Auf 100 kg Getreideerzeugnisse werden mindestens 10 kg Weizenkeime mit einem Mindestfettgehalt von 8 Prozent in der Trockenmasse zugegeben.

3.8 Leinsamen, Sesam, Sonnenblumenkerne, Nüsse, Mohn und andere Ölsamen
Auf 100 kg Getreideerzeugnisse werden mindestens 8 kg nicht entfetteter Ölsamen zugegeben. Bei Mohnbrot, Mohnkleingebäck, Sesamkleingebäck sowie Sonnenblumenkernkleingebäck genügt eine deutlich sichtbare Krustenauflage.

3.9 Rosinen/Sultaninen, Korinthen
Auf 100 kg Getreideerzeugnisse werden mindestens 15 kg luftgetrockneter Rosinen/Sultaninen und/oder Korinthen zugegeben.

3.10 Speisekleien und Ballaststoffkonzentrate
Auf 100 kg Getreideerzeugnisse werden mindestens 10 kg Weizenspeisekleie mit mindestens 50 Prozent Gesamtballaststoffen in der Trockenmasse zugegeben. Die Dosierung anderer Speisekleien und/oder Ballaststoffkonzentrate richtet sich nach ihrem jeweiligen Gesamtballaststoffgehalt im Verhältnis zur Weizenspeisekleie. Der Stärkegehalt der Weizenspeisekleie überschreitet nicht 15 Prozent in der Trockenmasse.

3.11 Wird in Verbindung mit der Verkehrsbezeichnung auf Schrotanteile durch Zusätze wie „mit Schrotanteil" hingewiesen, so werden bei der Herstellung mindestens 10 Prozent Getreideschrot, bezogen auf Gesamtgetreideerzeugnisse, verwendet.

---

[3] Artikel 3 Abs. 1 Buchstabe b der Verordnung (EWG) Nr. 1411/71 des Rates zur Festlegung ergänzender Vorschriften für die gemeinsame Marktorganisation für Milch und Milcherzeugnisse hinsichtlich Konsummilch vom 29. Juni 1971 (ABl. EG Nr. L 148 S. 4) in Verbindung mit § 2 Nr. 4 der Milchverordnung vom 24. April 1995 (BGBl. I S. 544) in den jeweils geltenden Fassungen.

ANHANG

3.12 Wird in der Bezeichnung oder Aufmachung auf andere Zutaten hingewiesen, werden diese in solchen Mengen verwendet, dass die durch sie bezweckten besonderen Eigenschaften bei den typischen Erzeugnismerkmalen sensorischer Art deutlich oder bei solchen ernährungsphysiologischer Art wertbestimmend in Erscheinung treten.

II. BESONDERE BEURTEILUNGSMERKMALE FÜR BROT

Wird Brot mit den folgenden Verkehrsbezeichnungen in den Verkehr gebracht, entspricht es den jeweiligen Beurteilungsmerkmalen. Verkehrsbezeichnungen sind kursiv gedruckt.

1. *Weizenbrot oder Weißbrot*
   Weizenbrot oder Weißbrot wird aus mindestens 90 Prozent Weizenmehl hergestellt.

2. *Weizenmischbrot*
   Weizenmischbrot wird aus mehr als 50, jedoch weniger als 90 Prozent Weizenmehl hergestellt.

3. *Roggenbrot*
   Roggenbrot wird aus mindestens 90 Prozent Roggenmehl hergestellt.

4. *Roggenmischbrot*
   Roggenmischbrot wird aus mehr als 50, jedoch weniger als 90 Prozent Roggenmehl hergestellt.

5. *Weizenvollkornbrot*
   Weizenvollkornbrot wird aus mindestens 90 Prozent Weizenvollkornerzeugnissen hergestellt.

6. *Roggenvollkornbrot*
   Roggenvollkornbrot wird aus mindestens 90 Prozent Roggenvollkornerzeugnissen hergestellt. Die zugesetzte Säuremenge stammt zu mindestens zwei Dritteln aus Sauerteig.

7. *Vollkornbrot*
   Vollkornbrot wird aus mindestens 90 Prozent Roggen- und Weizenvollkornerzeugnissen in beliebigem Verhältnis zueinander hergestellt. Die zugesetzte Säuremenge stammt zu mindestens zwei Dritteln aus Sauerteig.
   Ein *Weizenroggenvollkornbrot* wird aus mehr als 50 Prozent Weizenvollkornerzeugnissen hergestellt.
   Ein *Roggenweizenvollkornbrot* wird aus mehr als 50 Prozent Roggenvollkornerzeugnissen hergestellt.

8. *Hafervollkornbrot* oder Vollkornbrote mit anderen Getreidearten
   Hafervollkornbrot wird aus mindestens 20 Prozent Hafervollkornerzeugnissen, insgesamt aus mindestens 90 Prozent Vollkornerzeugnissen, hergestellt. Entsprechendes gilt für Vollkornbrote mit Bezeichnungen von anderen Getreidearten (z. B. *Gerstenvollkornbrot*).
   Die zugesetzte Säuremenge stammt zu mindestens zwei Dritteln aus Sauerteig.

9. *Weizenschrotbrot*
   Weizenschrotbrot wird aus mindestens 90 Prozent Weizenbackschrot hergestellt.

10. *Roggenschrotbrot*
    Roggenschrotbrot wird aus mindestens 90 Prozent Roggenbackschrot hergestellt.

11. *Schrotbrot*
    Schrotbrot wird aus mindestens 90 Prozent Roggen- und Weizenbackschrot in beliebigem Verhältnis zueinander hergestellt.

Weizenroggenschrotbrot wird aus mehr als 50 Prozent Weizenbackschrot hergestellt.
Roggenweizenschrotbrot wird aus mehr als 50 Prozent Roggenbackschrot hergestellt.

12. *Pumpernickel*
    Pumpernickel wird aus mindestens 90 Prozent Roggenbackschrot und/oder Roggenvollkornschrot mit Backzeiten von mindestens 16 Stunden hergestellt. Wird Pumpernickel aus Vollkornschrot hergestellt, so stammt die zugesetzte Säuremenge zu mindestens zwei Dritteln aus Sauerteig.

13. *Toastbrote*
    Insbesondere werden hergestellt:
    – *Toastbrot* aus mindestens 90 Prozent Weizenmehl.
    – *Weizenvollkorntoastbrot* aus mindestens 90 Prozent Weizenvollkornerzeugnissen. Wird Säure zugesetzt, so stammt sie zu mindestens zwei Dritteln aus Sauerteig
    – *Weizenmischtoastbrot* aus mehr als 50 Prozent, jedoch weniger als 90 Prozent Weizenmehl.
    – *Roggenmischtoastbrot* aus mehr als 50 Prozent, jedoch weniger als 90 Prozent Roggenmehl.
    – *Vollkorntoastbrot* aus mindestens 90 Prozent Weizen-/Roggenvollkornerzeugnissen in beliebigem Verhältnis zueinander. Wird Säure zugesetzt, so stammt sie zu mindestens zwei Dritteln aus Sauerteig.

14. *Knäckebrot*
    Knäckebrot wird als Trockenflachbrot – unter Verwendung von Vollkornschrot, Vollkornmehl oder Mehl aus Roggen, Weizen, anderen Getreidearten oder Mischungen derselben, sowie anderer Lebensmittel, mit Hefelockerung oder Sauerteiggärung oder Lufteinschlag auf physikalische Weise oder mit sonstigen Lockerungsverfahren hergestellt.
    Knäckebrot wird nicht durch Heißextrusion hergestellt.
    Der Feuchtigkeitsgehalt des Fertigerzeugnisses beträgt höchstens 10 Prozent.
    Andere Trockenflachbrote können durch Heißextrusion hergestellt werden. Sie entsprechen im Übrigen den Anforderungen an Knäckebrot.

15. *Mehrkornbrot, Dreikornbrot, Vierkornbrot* usw.
    Mehrkornbrote werden aus mindestens einer Brotgetreideart sowie aus mindestens einer anderen Getreideart, insgesamt aus drei oder entsprechend mehr verschiedenen Getreidearten, hergestellt. Jede Getreideart ist mindestens mit 5 Prozent enthalten.
    Entsprechendes gilt für Mehrkorntoast- und Knäckebrot.

16. *Haferbrot, Reisbrot, Maisbrot, Hirsebrot, Buchweizenbrot, Gerstenbrot*
    Der Anteil der namengebenden anderen Getreidearten in diesen Brotsorten beträgt mindestens 20 Prozent.

17. *Dinkelbrot, Triticalebrot*
    Dinkelbrot, Triticalebrot werden aus mindestens 90 Prozent Dinkel- bzw. Triticaleerzeugnissen hergestellt.

Weitere Angaben für Brot
Brote mit weiteren Angaben entsprechen den Anforderungen der vorhergehenden Abschnitte. Die weitere Angabe ersetzt nicht die Verkehrsbezeichnung.

18. *Steinofenbrot*
    Steinofenbrot wird freigeschoben oder angeschoben und nur auf Backgutträgern gebacken, die aus Natur- und/oder Kunststein, Schamott oder sonstigen geeigneten nichtmetallischen Materialien bestehen.

ANHANG

19. *Holzofenbrot*
    Holzofenbrot wird freigeschoben und in direkt befeuerten Öfen hergestellt, deren Backräume aus steinernem oder steinartigem Material bestehen. Das Heizmaterial befindet sich dabei im Backraum. Es wird nur naturbelassenes Holz als Heizmaterial verwendet.
20. *Gersterbrot, Gerstelbrot*
    Bei diesem Brot werden die Teigstücke im offenen Feuer geflammt (gegerstert); es weist hierdurch eine charakteristische Sprenkelung auf.
21. *Schinkenbrot*
    Schinkenbrot ist Roggenvollkornbrot oder Roggenschrotbrot, in halbrunder Form freigeschoben, angeschoben oder im Kasten gebacken. Es weist einen herzhaft-aromatischen Geschmack auf. Ein Zusatz von Schinken ist nicht üblich. Schinken wird nur in wenigen Gegenden und nur bei Mehlbroten zugesetzt.

III. BESONDERE BEURTEILUNGSMERKMALE FÜR KLEINGEBÄCK

Wird Kleingebäck mit den folgenden Verkehrsbezeichnungen in den Verkehr gebracht, entspricht es den jeweiligen Beurteilungsmerkmalen. Verkehrsbezeichnungen sind kursiv gedruckt.

1. *Weizenbrötchen*
   Weizenbrötchen werden aus mindestens 90 Prozent Weizenmehl hergestellt.
2. *Weizenmischbrötchen*
   Weizenmischbrötchen werden aus mehr als 50, jedoch weniger als 90 Prozent Weizenmehl hergestellt.
3. *Roggenbrötchen*
   Roggenbrötchen werden aus mindestens 50 Prozent Roggenmehl hergestellt.
4. *Weizenvollkornbrötchen*
   Weizenvollkornbrötchen werden aus mindestens 90 Prozent Weizenvollkornerzeugnissen hergestellt.
5. *Vollkornbrötchen*
   Vollkornbrötchen werden aus mindestens 90 Prozent Roggen- und Weizenvollkornerzeugnissen in beliebigem Verhältnis zueinander hergestellt.
   Weizenroggenvollkornbrötchen werden aus mehr als 50 Prozent Weizenvollkornerzeugnissen hergestellt.
6. *Weizenschrotbrötchen*
   Weizenschrotbrötchen werden aus mindestens 90 Prozent Weizenbackschrot hergestellt.
7. *Schrotbrötchen*
   Schrotbrötchen werden aus mindestens 90 Prozent Roggen- und Weizenbackschrot in beliebigem Verhältnis zueinander hergestellt.
   Weizenroggenschrotbrötchen werden aus mehr als 50 Prozent Weizenbackschrot hergestellt.
8. *Toastbrötchen*
   Toastbrötchen werden aus mindestens 90 Prozent Weizenmehl hergestellt.
   Weizenvollkorntoastbrötchen werden aus mindestens 90 Prozent Weizenvollkornerzeugnissen hergestellt.
   Weizenmischtoastbrötchen werden aus mehr als 50 Prozent, jedoch weniger als 90 Prozent Weizenmehl hergestellt.
   Vollkorntoastbrötchen werden aus mindestens 90 Prozent Weizen-/Roggenvollkornerzeugnissen in beliebigem Verhältnis zueinander hergestellt.

9. Mehrkornbrötchen, Dreikornbrötchen, Vierkornbrötchen usw.
Mehrkornbrötchen, Dreikornbrötchen, Vierkornbrötchen usw. werden aus mindestens einer Brotgetreideart sowie aus mindestens einer anderen Getreideart, insgesamt aus drei oder entsprechend mehr verschiedenen Getreidearten, hergestellt. Jede Getreideart ist mindestens mit 5 Prozent enthalten.
Mehrkorntoastbrötchen werden entsprechend hergestellt.

10. *Haferbrötchen, Reisbrötchen, Maisbrötchen, Hirsebrötchen, Buchweizenbrötchen, Gerstenbrötchen*
Bei Haferbrötchen, Reisbrötchen, Maisbrötchen, Hirsebrötchen, Buchweizenbrötchen, Gerstenbrötchen beträgt der Anteil der namengebenden anderen Getreideart mindestens 20 Prozent.

11. *Dinkelbrötchen, Triticalebrötchen*
Dinkelbrötchen, Triticalebrötchen werden aus mindestens 90 Prozent Dinkel- bzw. Triticaleerzeugnissen hergestellt.

12. Laugengebäck, wie *Laugenbrezeln, Laugenbrötchen, Laugenstangen*
Laugengebäck, wie Laugenbrezeln, Laugenbrötchen, Laugenstangen, wird aus mehr als 50 Prozent Weizenerzeugnissen hergestellt; die Außenseite des geformten Teiges wird vor dem Backen mit wässriger Natronlauge[4] behandelt. Ein Zusatz von Zucker ist nicht üblich.

Kleingebäck mit Verkehrsbezeichnungen, die auf wertbestimmende Zutaten hinweisen, enthält diese in den unter Abschnitt I Nr. 3 aufgeführten Mindestanteile. Übliche Verkehrsbezeichnungen sind
Milchbrötchen
Buttermilchbrötchen, Joghurtbrötchen, Kefirbrötchen, Molkebrötchen
Quarkbrötchen
Weizenkeimbrötchen
Leinsamenbrötchen, Sesambrötchen, Sonnenblumenkernbrötchen
Nussbrötchen, Mohnbrötchen
Rosinen-/Sultaninenbrötchen, Korinthenbrötchen
Kleiebrötchen

Leitsätze für Feine Backwaren

vom 17./18. September 1991 (Beilage Nr. 86 b zum BAnz. vom 8. Mai 1992, GMBl. Nr. 17 S. 325 vom 8. Mai 1992), zuletzt geändert am 27. November 2002 (Beilage Nr. 46 b zum BAnz. vom 7. März 2003, GMBl. Nr. 8–10 S. 220 vom 20. Februar 2003)

Der Begriff „Feine Backwaren" schließt die Gebäckkategorie Dauerbackwaren ein.

I. ALLGEMEINE BEURTEILUNGSMERKMALE

1. Begriffsbestimmungen
Feine Backwaren werden aus Teigen oder Massen durch Backen, Rösten, Trocknen, Kochextrusion oder andere Verfahren hergestellt. Die Teige oder Massen werden

---
[4] *Anlage 4, Teil A der Verordnung zur Neuregelung lebensmittelrechtlicher Vorschriften über Zusatzstoffe vom 29. Januar 1998 (BGBl. I S. 230) in der jeweils geltenden Fassung.*

ANHANG

unter Verwendung von Getreide und/oder Getreideerzeugnissen, Stärken, Fetten, Zuckerarten bereitet. Feine Backwaren unterscheiden sich von Brot und Kleingebäck dadurch, dass ihr Gehalt an Fett und/oder Zuckerarten mehr als 10 Teile auf 90 Teile Getreide und/oderGetreideerzeugnisse und/oder Stärken beträgt. So weit in den Besonderen Beurteilungsmerkmalen aufgeführt, können bestimmten Erzeugnissen auch geringere Anteile an Fetten und/oder Zuckerarten zugesetzt werden.
Dauerbackwaren sind Feine Backwaren, deren Genießbarkeit durch eine längere, sachgemäße Lagerung nicht beeinträchtigt wird.
Die in den Leitsätzen angegebenen Mengen sind Gewichtsangaben, in Teilen oder Prozenten, so weit keine davon abweichenden Angaben gemacht werden. Diese Werte sind Mindestmengen.

2. Getreide im Sinne dieser Leitsätze sind die Brotgetreidearten Weizen, Roggen, Dinkel und Triticale und die Nicht-Brotgetreidearten Buchweizen, Gerste, Hafer, Hirse, Mais und Reis.

3. Getreideerzeugnisse im Sinne dieser Leitsätze sind sämtliche Erzeugnisse aus gereinigtem Getreide, welches weiter bearbeitet wurde (z. B. durch Zerkleinern, Quetschen, Fraktionieren, Erhitzen), z. B. Mehl, Backschrot, Vollkornmehl, Vollkornschrot, Grieß und Dunst, Keime, Flocken und Speisekleie.

4. Fette
   Fette im Sinne dieser Leitsätze sind Butter, Milchfetterzeugnisse[1], Margarine- und Mischfetterzeugnisse[2], Speisefette und Speiseöle sowie deren Zubereitungen.
   So weit Fette gegenseitig ersetzt werden können, gelten für die in diesen Leitsätzen angegebenen Mindestzusätze an Fetten unter Berücksichtigung der unterschiedlichen Wassergehalte der verschiedenen Fettarten rechnerisch folgende Verhältnisse:
   10 kg Butter entsprechen 8,2 kg Butterreinfett, 8,2 kg Butterfett, fraktioniert, 8,6 kg Butterfett, 10,25 kg Margarine oder 8,2 kg anderer wasserfreier Fette.

5. Zuckerarten
   Zuckerarten im Sinne dieser Leitsätze sind alle verkehrsüblichen Zuckerarten.

6. Vollei
   Vollei im Sinne dieser Leitsätze ist die aus dem Inhalt frisch aufgeschlagener Hühnereier mittleren Gewichts gewonnene Eimasse oder handelsüblich pasteurisiertes Vollei mit einem Trockenmassegehalt von mindestens 23 Prozent.
   Bei Verwendung von Eiern anderer Gewichtsklassen wird ein etwaiger Mangel an Eigelb ausgeglichen.

7. Füllungen
   a) Fruchtfüllungen enthalten einen wesentlichen Anteil an Früchten und/oder Frucht- erzeugnissen einschließlich Fruchtmark (auch in eingedickter oder getrockneter Form). Sie werden auch unter Mitverwendung von Aromen mit natürlichen und/oder naturidentischen Aromastoffe[3] hergestellt. Aromen mit künstlichen Aromastoffen werden nicht verwendet.
   b) Fruchtkremfüllungen enthalten die unter Nummer 7 Buchstabe a aufgeführten Zutaten und/oder Aromen. Bei Verwendung von Aromen mit künstlichen Aromastoffe[3] wird durch bildliche Darstellungen nicht auf Früchte hingewiesen.

---

[1] Anlage 1, Gruppe XVII der Verordnung über Milcherzeugnisse vom 15. Juli 1970 (BGBl. I S. 1150) in der jeweils geltenden Fassung.
[2] § 2 des Milch- und Margarinegesetzes vom 25. Juli 1990 (BGBl. I S. 1471) in Verbindung mit § 1 der Margarine-und Mischfettverordnung vom 31. August 1990 (BGBl. I S. 1989) in denjeweils geltenden Fassungen.
[3] § 1 der Aromenverordnung vom 22. Dezember 1981 (BGBl. I S. 1625, 1677) in der jeweils geltenden Fassung.

Einer Abbildung von Früchten steht die Verwendung von Vanillin oder Ethylvanillin nicht entgegen, wenn dem Erzeugnis dadurch nicht der diesen Aromastoffen eigene Geruch oder Geschmack verliehen wird.

c) Fetthaltige Füllungen enthalten als Grundstoffe die unter Nummer 4 genannten Fette. Milchkrems, die als Füllungen für Waffeln, Kekse und vergleichbare Erzeugnisse bestimmt sind, enthalten mindestens 2,5 Prozent und Sahnekrems mindestens 4,0 Prozent Milchfett mit den entsprechenden Mengen fettfreier Milchtrockenmasse.

d) Canache: Sahnekrem aus zwei Teilen dunkler Schokoladeüberzugmasse und einem Teil Schlagsahne. Als geschmackgebende Stoffe werden z. B. Mokka, Rum, Weinbrand, Kirschwasser oder Vanille verwendet.

e) Eierkrem enthält mindestens 15 Prozent Vollei oder die entsprechenden Mengen an Eiprodukten.

f) Schokoladenkrem enthält mindestens 5 Prozent Schokolade im Sinne der Kakaoverordnung; weiße Schokolade wird nicht verwendet.

g) Kakaokrem enthält mindestens 2,5 Prozent stark entöltes Kakaopulver im Sinne der Kakaoverordnung.

h) Weinkrem enthält mindestens 50 Prozent der verwendeten Flüssigkeit als Wein. Weinkrems aus Weintrockenerzeugnissen weisen einen deutlich wahrnehmbaren Weingeschmack auf.

i) Nuss- und Mandelfüllungen enthalten insgesamt mindestens 15 Prozent Haselnuss-, Walnusskerne oder Mandeln, den namengebenden Ölsamen in überwiegenden Anteilen. Nuss- und/oder Marzipanrohmassen werden – entsprechend ihren Gewichtsanteilen an Ölsamen – auch verarbeitet, dagegen keine Persipanrohmasse oder Rohmassen aus anderen Ölsamen.

k) Marzipanfüllungen: Marzipanfüllmasse (wird mitgebacken) und Marzipanfüllkrem (wird nicht mitgebacken) enthalten, auch als Auflage, mindestens 20 Prozent Marzipanrohmasse oder entsprechende Mengen Marzipan, dagegen keine anderen Ölsamen oder Rohmassen aus anderen Ölsamen.

l) Persipanfüllungen: Persipanfüllmasse (wird mitgebacken) und Persipanfüllkrem (wird nicht mitgebacken) enthalten, auch als Auflage, mindestens 15 Prozent Persipanrohmasse oder entsprechende Mengen Persipan, dagegen keine anderen Ölsamen oder Rohmassen aus anderen Ölsamen (siehe auch Nr. 9).

m) Nugatfüllungen: Nugatfüllmasse (wird mitgebacken) und Nugatfüllkrem (wird nicht mitgebacken) enthalten, auch als Auflage, mindestens 10 Prozent Nugatmasse oder entsprechende Mengen Nugat (siehe auch Nr. 11 g).

n) Mohnfüllungen enthalten mindestens 20 Prozent Mohnsamen mit handelsüblichem Feuchtigkeitsgehalt.

o) Füllungen aus anderen Ölsamen enthalten mindestens 20 Prozent dieser Ölsamen, auch in Mischung. Rohmassen können entsprechend ihren Gewichtsanteilen an Ölsamen verarbeitet werden.

p) Schaummassen werden unter Verwendung eiweißhaltiger Schaumbildner, wie Eiklar, Milch- oder Sojaeiweiß, hergestellt.

8. Kakaohaltige Fettglasur
Die Verwendung von mit Kakaoerzeugnissen verwechselbaren Fettglasuren, auch in stückiger Form, wird ausreichend kenntlich gemacht[4] , z. B. „mit kakaohaltiger Fett-

---

[4] § 1 der Kakaoverordnung vom 30. Juni 1975 (BGBl. I S. 1760) in der jeweils geltenden Fassung.

ANHANG

glasur". Fettglasuren werden bei Feinen Backwaren von besonderer Qualität, z. B. Oblatenlebkuchen, Printen, Spitzkuchen, Schlotfeger, Zimtsterne, oder bei Hinweisen hierauf nicht verwendet; dies gilt auch, so weit die Verkehrsbezeichnung nicht Schokolade erwarten lässt (siehe auch Nr. 11 f).

9. Persipan
Eine Verwendung von Persipan wird kenntlich gemacht[5], wenn nach der Verkehrsauffassung die Verwendung von Persipan nicht üblich ist.

10. Citronat, Orangeat
Citronat und Orangeat sind kandierte Früchte im Sinne dieser Leitsätze.

11. Bezeichnungen, Angaben, Aufmachung
Bei Zutaten, die in der Bezeichnung oder Aufmachung von Feinen Backwaren zum Ausdruck kommen, werden – vorbehaltlich der Besonderen Beurteilungsmerkmale nach Abschnitt II und III – folgende Mindestmengen verwendet oder Mindestanforderungen eingehalten:

a) Butter
Auf 100 kg Getreide, Getreideerzeugnisse und/oder Stärken werden mindestens 10 kg Butter oder entsprechende Mengen Milchfetterzeugnisse zugesetzt. Andere Fette – außer als Trennfette – werden nicht verwendet; die Verwendung von Emulgatoren wird davon nicht berührt.

b) Milch
Zum Anteigen dienen auf 100 kg Getreide, Getreideerzeugnisse und/oder Stärken, bei Hefeteigen mindestens 40 l, bei Nichthefeteigen mindestens 20 l standardisierte Vollmilch[6] oder entsprechende Mengen Kondensmilch- oder Trockenmilcherzeugnisse.

c) Sahne, Rahm
Zum Anteigen dienon auf 100 kg Getreide, Getreideerzeugnisse und/oder Stärken mindestens 20 l Sahne (Rahm; mindestens 10 Prozent Milchfett) oder entsprechende Mengen eines konzentrierten Sahneerzeugnisses.

d) Eier
Auf 100 kg Getreide, Getreideerzeugnisse und/oder Stärken werden mindestens 18 kg Vollei und/oder eine entsprechende Menge an Vollei- und/ oder Eigelbprodukten verwendet.

e) Quark
Bei Teigen werden auf 100 kg Getreideerzeugnisse und/oder Stärken mindestens 10 kg Speisequark (Frischkäse) oder eine entsprechende Menge Trockenerzeugnisse verwendet.
Quarkkuchenmassen in der Art von Sand- oder Rührkuchen enthalten mindestens 15 kg Speisequark (Frischkäse) oder eine entsprechende Menge Trockenerzeugnisse in 100 kg Masse.

f) Schokolade
Die Verwendung des Wortes „Schokolade", auch in abgekürzter Form, in zusammengesetzten Bezeichnungen setzt eine Mitverarbeitung von Kakaoerzeugnissen und/oder Kakao in Teigen, Massen, im Überzug oder in der Füllung voraus;

---

[5] *Auf § 17 Abs. 1 Nr. 2 Buchstabe a des Lebensmittel- und Bedarfsgegenständegesetzes in der Fassung der Bekanntmachung vom 9. September 1997 (BGBl. I S. 2296) in der jeweils geltenden Fassung wird hingewiesen.*
[6] *Artikel 3 Abs. 1 Buchstabe b der Verordnung (EG) Nr. 2597/97 des Rates zur Festlegung ergänzender Vorschriften für die gemeinsame Marktorganisation für Milch und Milcherzeugnisse hinsichtlich Konsummilch vom 18. Dezember 1997 (ABl. EG Nr. L 351 S. 13 in Verbindung mit § 2 Nr. 5 der Milchverordnung in der Fassung der Bekanntmachung vom 20. Juli 2000 (BGBl. I S. 1178) in den jeweils geltenden Fassungen.*

sie sind im fertigen Erzeugnis geschmacklich deutlich wahrnehmbar. Besteht der Anteil nur im Überzug oder in der Füllung, so werden hierfür nur Schokoladearten[4] verwendet.

g) Mandeln, Nüsse, Marzipan, Persipan, Nugat (sowie Hinweise auf andere Ölsamen und daraus hergestellte Massen)
Die genannten Zutaten entsprechen den Leitsätzen für Ölsamen und daraus hergestellte Massen und Süßwaren; sie sind im fertigen Erzeugnis geschmacklich deutlich wahrnehmbar.
Die Verwendung von Ölsamen, deren Ölgehalt in der Trockenmasse 35 Prozent unterschreitet, und die Verwendung teilweise entölter Samen ist nicht üblich.
Unter „Nüssen" werden nur Haselnuss- und Walnusskerne verstanden.
Erzeugnisse, die nach Mandeln, Haselnuss- oder Walnusskernen benannt sind, enthalten als Ölsamenanteil nur diese Samenarten und überwiegend die namengebende Samenart, so weit in diesen Leitsätzen nichts anderes gesagt wird.
Bei Hinweisen auf „Marzipan" oder „Nugat" sind als Füllung ausschließlich die entsprechenden Rohmassen oder angewirkten Massen enthalten.

h) Honig
Mindestens 50 Prozent der enthaltenen Zuckerarten stammen aus dem zugesetzten Honig; der andere Teil kann auch aus Invertzuckerkrem[7] stammen.

i) Vanille
Als „Vanille ..." bezeichnete Feine Backwaren enthalten als Aromastoffe nur Vanille und/oder Vanillearoma mit natürlichen Aromastoffen[3]; sie weisen einen deutlich wahrnehmbaren Geschmack und Geruch nach Vanille auf.

k) Pfeffer
Bei Braunen Lebkuchen weist der Wortbestandteil „Pfeffer ..." nur auf eine kräftige Würzung hin.

l) Vollkorn
Der Getreide- und Stärkeanteil besteht zu mindestens 90 Prozent aus vollem Korn oder aus Vollkornerzeugnissen.

m) Mehrkorn
Diese Erzeugnisse werden mit mindestens drei Getreidearten hergestellt. Ihr Anteil beträgt jeweils mindestens 5 Prozent der Gesamtgetreideerzeugnisse.

n) Bestimmte Getreidearten
Wird auf bestimmte Getreidearten hingewiesen, so beträgt der Anteil daran, bezogen auf Gesamtgetreideerzeugnisse, für Weizen mindestens 90 Prozent, für Roggen mindestens 50 Prozent und, getreideart- und erzeugnisabhängig, für alle anderen je mindestens 20 Prozent.
Hafer-Dauerbackwaren enthalten üblicherweise ebenso viel Hafermahlerzeugnisse wie andere Getreidemahlerzeugnisse, keinesfalls aber weniger als 25 Prozent, bezogen auf den Getreideanteil. Unterschreitet der Zusatz an Hafermahlerzeugnissen 50 Prozent, bezogen auf den Getreideanteil, so wird sein Prozentanteil angegeben.
Wird in der Bezeichnung oder Aufmachung auf andere Zutaten hingewiesen, werden diese in solchen Mengen verwendet, dass die durch sie bezweckten besonderen Eigenschaften bei den typischen Erzeugnismerkmalen sensorischer Art deutlich oder bei solchen ernährungsphysiologischer Art wertbestimmend in Erscheinung treten.

---

[3] § 1 der Aromenverordnung vom 22. Dezember 1981 (BGBl. I S. 1625, 1677) in der jeweils geltenden Fassung.
[4] § 1 der Kakaoverordnung vom 30. Juni 1975 (BGBl. I S. 1760) in der jeweils geltenden Fassung.
[7] Früher „Kunsthonig".

ANHANG

Ausgenommen hiervon sind Bezeichnungen, die lediglich auf einen Gebrauchszweck hindeuten, wie „Teegebäck", „Eiswaffeln".

12. Die als Verkehrsbezeichnung anzusehenden Bezeichnungen sind im Folgenden kursiv gedruckt.
Geographische Bezeichnungen sind i. d. R. echte Herkunftsangaben. In manchen Fällen können sie, auch so weit sie in den Leitsätzen ausdrücklich genannt werden, aber auch nur Hinweise auf eine bestimmte Zusammensetzung und Herstellungsweise sein. In Verbindung mit den Worten „Original" oder „Echt" weisen geographische Bezeichnungen in jedem Fall auf die Herkunft hin.

II. BESONDERE BEURTEILUNGSMERKMALE

1. *Baumkuchen, Baumkuchenspitzen, Baumkuchentorte*
Die Massen enthalten auf 100 kg Getreideerzeugnisse und/oder Stärken mindestens 100 kg Butter oder die entsprechende Menge Butterreinfett und/oder Butterfett und mindestens 200 kg Vollei oder entsprechende Mengen Vollei-Erzeugnisse. Es werden auch Mandeln, Marzipanrohmasse, Nüsse und/oder Nugat zugesetzt.
Backpulver wird nicht verwendet.
Sie werden in dünnen Schichten gebacken. Der Überzug besteht aus Schokoladeüberzugsmasse oder Zuckerglasur. Mit Schokoladearten verwechselbare Überzüge werden nicht verwendet.

2. *Backwaren aus Wiener Masse*
Wiener Masse wird unter Verwendung von Getreideerzeugnissen und/oder Stärken sowie Zuckerarten, Fett und Vollei oder entsprechenden Volleierzeugnissen hergestellt. Auf 100 kg Getreideerzeugnisse und/oder Stärken werden mindestens 66,7 Prozent Vollei oder entsprechende Mengen Vollei Erzeugnisse und mindestens 6 kg Butter oder entsprechende Mengen Milchfetterzeugnisse oder Margarine oder praktisch wasserfreier Fette verwendet.

3. *Sandkuchen*
Sandkuchen werden aus Sandmassen unter Verwendung von Getreideerzeugnissen und/oder Stärken, Butter, Margarine und/oder anderen Fetten, Vollei und Zucker hergestellt. In 100 kg Sandmasse sind mindestens 20 kg Butter oder die entsprechende Menge Milchfetterzeugnisse oder Margarine oder praktisch wasserfreier Fette sowie 20 kg Vollei oder die entsprechende Menge eines Vollei-Erzeugnisses enthalten.

4. *Marmorkuchen*
Marmorkuchen werden aus heller und zu mindestens 33,3 Prozent aus dunkler Sand-oder Rührmasse hergestellt. Die dunkle Masse enthält mindestens 3 Prozent Kakao oder stark entölten Kakao.

5. *Königskuchen*
Königskuchen wird aus Sandmasse hergestellt, die in 100 kg Masse mindestens 20 kg Vollei oder entsprechende Mengen Vollei-Erzeugnisse sowie mindestens 20 kg Butter oder entsprechende Mengen Milchfetterzeugnisse oder Margarine oder praktisch wasserfreier Fette enthält.
Je 100 kg Masse werden mindestens 20 kg Rosinen, Sultaninen oder Korinthen und auch Citronat und Orangeat zugesetzt. Geleefrüchte werden nicht verwendet.

6. *Königskuchen rheinischer Art*
Königskuchen rheinischer Art wird in einer mit Blätterteig ausgelegten Form gebacken. Der Blätterteigboden in der Form wird mit Konfitüre bestrichen. Die nach dem Zusatz des im Mehl gehackten Fettes eingefüllte Königskuchenmasse (vgl. Nr. 5) wird vor dem Backen mit einem Blätterteiggitter überdeckt. Eine Mitverwendung von kandierten Kirschen ist üblich.

7. *Englischer Kuchen*
Englischer Kuchen wird aus einer Sandmasse (vgl. Nr. 3) hergestellt, der auf 100 kg Masse mindestens 30 kg Rosinen/Sultaninen, Korinthen und kandierte Früchte zugesetzt werden. Neben kandierten Kirschen wird mindestens noch eine weitere Art kandierter Früchte verwendet. Geleefrüchte werden nicht verwendet.

8. *Blätterteiggebäck*
Blätterteiggebäcke sind Gebäcke mit blättriger Struktur, ohne Verwendung von Triebmitteln hergestellt. Bei ihrer Herstellung werden mindestens 62 kg Butter oder die entsprechende Menge Milchfetterzeugnisse oder Margarine oder praktisch wasserfreier Fette, bezogen auf 100 kg Getreideerzeugnisse, verwendet.

9. *Stollen*[8]
Stollen enthalten mindestens 30 kg Butter oder die entsprechende Menge Milchfetterzeugnisse oder Margarine oder praktisch wasserfreier Fette sowie 60 kgTrockenfrüchte – ausschließlich Rosinen, Sultaninen oder Korinthen –, auch Citronat und Orangeat, bezogen auf 100 kg Getreideerzeugnisse und/oder Stärken, sofern sich aus den nachfolgenden Anforderungen nichts anderes ergibt. Eine Verwendung von Erdnüssen und anderen Leguminosen-Samen ist nicht üblich.

a) *Mandelstollen*
Mandelstollen enthalten mindestens 20 kg Mandeln auf 100 kg Getreideerzeugnisse und/oder Stärken. Trockenfrüchte, auch Citronat und Orangeat, können zugesetzt werden.
Eine Zugabe von Persipan ist nicht üblich.

b) *Marzipan-/Persipanstollen*
Wird auf die Verwendung von Marzipan oder Persipan hingewiesen, so beträgt der üblicherweise zu einer Füllung verarbeitete Marzipanrohmasse- bzw. Persipanrohmasseanteil mindestens 5 Prozent des Stollenteiggewichtes. Zur Kenntlichmachung von Persipan siehe Nr. I 9.

c) *Mohnstollen*
Mohnstollen enthalten mindestens 20 kg Mohn mit handelsüblichem Feuchtigkeitsgehalt auf 100 kg Getreideerzeugnisse und/oder Stärken. Üblicherweise wird der Mohn zu einer Füllung verarbeitet. Trockenfrüchte, auch Citronat und Orangeat können zugegeben werden.

d) *Nussstollen*
Nussstollen enthalten mindestens 20 kg Nusskerne, auch zerkleinert, auf 100 kg Getreideerzeugnisse und/oder Stärken, die üblicherweise zu einer Füllung verarbeitet werden.

e) *Butterstollen*
Butterstollen enthalten mindestens 40 kg Butter oder die entsprechende Menge Butterreinfett und/oder Butterfett sowie mindestens 70 kg Trockenfrüchte, auch Citronat und Orangeat, auf 100 kg Getreideerzeugnisse und/oder Stärken. Bis 10 kg Trockenfrüchte können durch Mandeln und/oder eine entsprechende Menge Marzipanrohmasse ersetzt werden.
Eine Zugabe von Persipan ist nicht üblich.

f) *Quarkstollen*
Quarkstollen enthalten mindestens 40 kg Speisequark (Frischkäse) oder die entsprechende Menge Quarktrockenprodukte und mindestens 20 kg Butter oder die

---

[8] In einigen Gebieten Süddeutschlands werden herkömmlich auch Erzeugnisse unter der Bezeichnung Stollen (z. B. Kaffeestollen) in den Verkehr gebracht, die nur 45 kg Trockenfrüchte, auch Citronat und Orangeat, auf 100 kg Getreideerzeugnisse und/oder Stärken enthalten.

ANHANG

entsprechende Menge Milchfetterzeugnisse oder Margarine oder entsprechende Mengen praktisch wasserfreier Fette auf 100 kg Getreideerzeugnisse und/oder Stärken. Trockenfrüchte, auch Citronat und Orangeat, können zugesetzt werden.

10. *Bienenstich*
Bienenstich ist ein gefüllter oder ungefüllter Hefekuchen. Er ist zu mindestens 20 Prozent des Teiggewichtes mit einem Belag versehen, der Ölsamen, gebunden in einer karamellartigen Masse aus Zuckerarten, Fett und ggf. Milch, enthält. Der Anteil der Ölsamen in der Masse des Belages beträgt mindestens 30 Prozent. Die Verarbeitung von anderen Ölsamen, außer Walnüssen, Haselnüssen und Mandeln, wird kenntlich gemacht.
Mandel-Bienenstich enthält als Ölsamen nur Mandeln.

11. *Butterkuchen*
Butterkuchen ist ein Hefekuchen, der im Teig und in der Auflage als Fett nur Butter enthält. Der Butteranteil (Teig einschließlich Auflage) beträgt mindestens 30 kg oder entsprechende Mengen Butterreinfett und/oder Butterfett, bezogen auf 100 kg Getreideerzeugnisse und/oder Stärken.

12. *Butterstreuselkuchen*
Butterstreuselkuchen ist ein Hefekuchen mit einem Streuselbelag. Der Teig und die Streusel enthalten als Fett nur Butter. Der Butteranteil (Teig einschließlich Streusel) beträgt mindestens 30 kg oder entsprechende Mengen Butterreinfett und/oder Butterfett, bezogen auf 100 kg Getreideerzeugnisse und/oder Stärken.

13. *Plunder*
Plundergebäck wird aus einem gezogenen Hefeteig hergestellt, bei dem mindestens 30 kg Butter oder die entsprechende Menge Milchfetterzeugnisse oder Margarine oder praktisch wasserfreier Fette, bezogen auf 100 kg Getreideerzeugnisse und/oder Stärken, verwendet werden.

14. *Dänischer Plunder (Kopenhagener)*
Dänisches Plundergebäck wird aus einem gezogenen Hefeteig hergestellt, bei dem mindestens 60 kg Butter oder die entsprechende Menge Milchfetterzeugnisse oder Margarine oder praktisch wasserfreier Fette, bezogen auf 100 kg Getreideerzeugnisse und/oder Stärken, verwendet werden.

15. *Früchtebrot*
Früchtebrot enthält auf 100 kg Getreideerzeugnisse und/oder Stärken mindestens 100 kg Trockenfrüchte (z. B. Birnen, Äpfel, Feigen, Sultaninen) einschließlich kandierte Früchte, auch Mandeln oder Nüsse. Bei Früchtebrot, das nach einer Fruchtart benannt ist, z. B. *Birnenbrot*, genügt die Verwendung dieser Art.

16. *Käsekuchen, Käsetorte*
Käsekuchen oder auch Käsetorten können in offener, gedeckter oder gefüllter Form hergestellt werden. Auf 100 kg Teig werden mindestens 150 kg Käsemasse verwendet. Zur Herstellung der Käsemasse werden mindestens 30 Prozent Speisequark (Frischkäse) oder die entsprechende Menge Quarktrockenprodukte verwendet.

17. *Sahnetorte, Sahnekremtorte*
Sahnefüllungen und -garnierungen für Sahnetorten
Die bei der Herstellung von Sahne- und Fruchtsahnetorten verwendeten Sahnefüllungen und/oder -garnierungen enthalten mindestens 60 Prozent Schlagsahne.
Füllungen oder Garnierungen mit einem geringeren Anteil an Schlagsahne werden als *Sahnekrem (Sahnekremtorte)* bezeichnet; ihr Gehalt an Schlagsahne beträgt mindestens 20 Prozent. Als eventuell zugesetztes Fett wird nur Milchfett verwendet.
Bei *Quark-Sahnetorte (Käse-Sahnetorte)*, *Frischkäse-Sahnetorte*, *Buttermilch-Sahnetorte*, *Kefir-Sahnetorte*, *Joghurt-* oder *Wein-Sahnetorte* beträgt der Schlagsahneanteil in der Füllung und/oder Garnierung mindestens 20 Prozent.

ANHANG

18. *Kremtorten*
Butterkrem, Fettkrem für Butterkrem- und Kremtorten
Butterkrem enthält mindestens 20 Prozent Butter oder entsprechende Mengen Butterreinfett und/oder Butterfett, anderes Fett wird nicht verwendet.
Fettkrem enthält mindestens 20,5 Prozent Margarine oder entsprechende Mengen praktisch wasserfreien Fettes.

19. *Frankfurter Kranz*
Frankfurter Kranz ist eine kranzförmige Torte aus Sand-, Wiener- oder Biskuitmasse. Sie ist in Lagen quergeschnitten, mit Butterkrem gefüllt und damit auf den Ober- und Seitenflächen bestrichen, außerdem mit Mandel- oder Nusskrokant bestreut.

20. *Schwarzwälder Kirschtorte*
Schwarzwälder Kirschtorten sind Kirschwasser-Sahnetorten oder Kirschwasser-Butterkremtorten, auch deren Kombination. Als Füllung dienen Butterkrem und/oder Sahne, teilweise Canache sowie Kirschen, auch als Stücke in gebundener Zubereitung.
Der zugesetzte Anteil an Kirschwasser ist geschmacklich deutlich wahrnehmbar.
Für die Krume werden dunkle und/oder helle Wiener- oder Biskuitböden verwendet.
Die Masse für die dunklen Böden enthält mindestens 3 Prozent Kakaopulver oder stark entölten Kakao. Für den Unterboden wird auch Mürbeteig verwendet.
Die Torte wird mit Butterkrem oder Sahne eingestrichen, mit Schokoladenspänen garniert.

21. *Sachertorte*
Sachertorte ist eine Schokoladentorte aus Sachermasse, gefüllt mit einer Fruchtfüllung mit einem mindestens 45 Prozent betragenden Aprikosenanteil, überzogen mit Kuvertüre oder Kakao-Zuckerglasur, zuweilen auch unterlegt mit dieser Fruchtfüllung.
Unter „Sachermasse" wird eine schwere Schokoladenmasse verstanden, die auf 100 kg Weizenmehl, dessen teilweiser Ersatz durch Stärke möglich ist, mindestens 100 kg Schokolade und/oder eine entsprechende Menge Kakao, mindestens 100 kg Butter oder entsprechende Mengen Butterreinfett und/oder Butterfett sowie mindestens 200 kg Vollei enthält.
Mit Schokoladearten verwechselbare Überzüge werden nicht verwendet.

III. BESONDERE BEURTEILUNGSMERKMALE FÜR DAUERBACKWAREN

1. *Kekse und Kräcker*
   a) Kekse
   Kekse *(Keks)* sind aus kleinen oder mäßig großen Stücken bestehende, nicht süße oder mehr oder minder süße Gebäcke aus meist fetthaltigem Teig, der ausgewalzt, ausgeformt, gespritzt („Dressiergebäck") oder geschnitten („Schnittgebäck") wird.
   Mürbekeks enthält mindestens 16,5 kg praktisch wasserfreie Fette oder eine entsprechende Menge anderer Fette auf 100 kg Getreideerzeugnisse und/oder Stärken.
   Albertkeks enthält mindestens 9,9 kg praktisch wasserfreie Fette oder eine entsprechende Menge anderer Fette auf 100 kg Getreideerzeugnisse und/oder Stärken.
   Butterkeks enthält mindestens 10 kg Butter oder entsprechende Mengen Butterreinfett oder Butterfett auf 100 kg Getreideerzeugnisse und/oder Stärken.
   Spekulatius ist eine gewürzte oder nicht gewürzte Gebildbackware.

   b) Kräcker
   Kräcker sind ein flaches, kleinstückiges oder mäßig großes, fetthaltiges, infolge von Walz- und Falzvorgängen meist blättriges Gebäck, das zuweilen gesalzen oder mit Salz bestreut wird.

ANHANG

2. Laugendauergebäcke

Laugendauergebäcke sind knusprige Backwaren mit einem Feuchtigkeitsgehalt bis zu 12 Prozent. Die Außenseite des geformten Teiges wird vor dem Backen mit wässriger Natronlauge[9] behandelt. Dies verleiht den Gebäcken ihre charakteristischen Eigenschaften wie Beschaffenheit der Außenschicht (Farbe, Konsistenz oder Kruste) und Geschmack. Die Gebäcke besitzen meist Brezel- oder Stangenform. Sie können mit Salz und/oder Gewürzen und/oder Ölsamen bestreut sein.

3. Lebkuchen

a) Begriffsbestimmungen

Lebkuchen sind süße gewürzte Erzeugnisse mit oder ohne Oblatenunterlage, die aus Massen oder Teigen gebacken werden.

aa) Massen im Sinne von a) werden aus Getreideerzeugnissen und/oder Stärken und anderen Zutaten (vgl. Buchst. b) in unterschiedlichen Mengen durch Schlagen, Rühren, Mischen und/oder „Rösten" hergestellt. Die anderen Zutaten überwiegen insgesamt gegenüber Getreideerzeugnissen oder Stärken. Die Massen, chemisch und/oder physikalisch gelockert, sind schaumartig oder weich bis dickflüssig.

bb) Teige im Sinne von a) werden aus Getreideerzeugnissen und/oder Stärken sowie anderen Zutaten durch Mischen und Kneten hergestellt. Die Teige, biologisch, chemisch und/oder physikalisch gelockert, sind elastisch bis plastisch formbar.

Lebkuchen kommen in vielen Formen vor. Sie können überzogen, belegt, bestreut, verziert, glasiert oder gefüllt sein.

b) Zutaten

Lebkuchen enthalten:

aa) – Getreideerzeugnisse und/oder Stärken,
– Zuckerarten und/oder Honig, Invertzuckerkrem[7],
– Gewürze und/oder Aromen, die ausschließlich natürliche Aromastoffe enthalten. Vanillin kann zur Geschmacksabrundung verwendet werden. Rübensirup – außer bei Gewürzprinten (vgl. Nummer 3 c bb) – und Melassen werden nicht verwendet.

bb) Als weitere Zutaten werden je nach Art der Lebkuchen verwendet:
Mandeln, Haselnüsse, Walnüsse und andere Ölsamen im Sinne der Leitsätze für Ölsamen und daraus hergestellte Massen und Süßwaren und deren Rohmassen, ausgenommen Erdnusskerne sowie Erzeugnisse aus Erdnüssen und Kokosnüssen. Außerdem Hühnerei-, Milcherzeugnisse, Zubereitungen aus Früchten oder Fruchterzeugnissen, Malzextrakt.

cc) Zum Überziehen und/oder Glasieren dienen Schokoladearten und Zuckerglasuren (als Eiweiß- oder Wasserglasuren). Zum Verzieren oder Belegen werden ganze oder zerkleinerte Ölsamen (Abschnitt bb) oder verarbeitete Obsterzeugnisse sowie Zuckerarten und Zuckerwaren verwendet. Bei Verwendung von naturidentischen Aromastoffen in Zuckerglasuren und Zuckerwaren wird auf natürliche Rohstoffe und traditionelle Herstellung nicht hingewiesen.

dd) Speisefette und Speiseöle werden nicht verwendet; bei Braunen Lebkuchen ist die Verarbeitung geringer Mengen möglich.

---

[7] Früher „Kunsthonig".
[9] Anlage 4 Teil A der Zusatzstoff-Zulassungsverordnung vom 29. Januar 1998 (BGBl. I S. 230, 231) in der jeweils geltenden Fassung.

c) Lebkuchenarten

aa) Auf Oblaten gebackene Lebkuchen
Auf Oblaten gebackene Lebkuchen sind Lebkuchen aus Massen, die auf Oblaten aufgetragen (gestrichen oder dressiert) und nach leichter Oberflächentrocknung gebacken werden.
Mit Schokoladearten verwechselbare Überzüge werden nicht verwendet.

– *Oblaten-Lebkuchen*
Sie enthalten in der Masse mindestens 7 Prozent Ölsamen, von denen mindestens die Hälfte aus Mandeln und/oder Haselnuss- und/oder Walnusskernen besteht. Ölsamen, die der Verzierung dienen, werden dem Ölsamenanteil der Masse nach Satz 1 nicht zugerechnet.

– *Feine Oblaten-Lebkuchen*
Feine Oblaten-Lebkuchen enthalten in der Masse mindestens 12,5 Prozent Mandeln und/oder Haselnuss- und/oder Walnusskerne. Es können auch Mischungen mit anderen Ölsamen verarbeitet werden. Der Ölsamenanteil beträgt dann mindestens 14 Prozent; ein Anteil von 7 Prozent Mandeln und/oder Haselnuss- und/oder Walnusskernen wird nicht unterschritten.

– *Haselnuss-Lebkuchen, Walnuss-Lebkuchen, Nuss-Lebkuchen*
Diese Bezeichnungen erfordern einen Gehalt von mindestens 20 Prozent Haselnuss- und/oder Walnusskernen und/oder Mandeln in der Masse. Dabei überwiegt der namengebende Nusskernanteil. Andere Ölsamen werden nicht verwendet.
Die Masse enthält höchstens 10 Prozent Getreideerzeugnisse oder 7,5 Prozent Stärken oder eine entsprechende Mischung.

– *Feinste Oblaten-Lebkuchen*
Feinste Oblaten-Lebkuchen werden unter der Verkehrsbezeichnung *Elisenlebkuchen* oder anderen auf höchste Qualität hinweisenden Bezeichnungen, wie *Oblaten-Lebkuchen extra fein, Oblaten-Lebkuchen Spitzenqualität, Oblaten-Lebkuchen edel*, in den Verkehr gebracht. Die Masse enthält mindestens 25 Prozent Mandeln und/oder Haselnuss- und/oderWalnusskerne. Andere Ölsamen werden nicht verwendet.
Die Masse enthält höchstens 10 Prozent Getreideerzeugnisse oder 7,5 Prozent Stärken oder eine entsprechende Mischung.

– *Mandel-Lebkuchen, Marzipan-Lebkuchen, Makronen-Lebkuchen*
Diese Bezeichnungen erfordern eine Zusammensetzung wie bei „Feinste Oblaten-Lebkuchen" (Buchstabe c aa, 4. Spiegelstrich), wobei der Mandelanteil gegenüber dem Nusskernanteil überwiegt.

– *Weiße Lebkuchen*
Weiße Lebkuchen enthalten in der Masse mindestens 15 Prozent Vollei und/oder eine entsprechende Menge Eiprodukte oder Milcheiweißerzeugnisse und nicht mehr als 40 Prozent Getreideerzeugnisse und/oder Stärken. Die Verwendung von Ölsamen ist möglich.
Weiße Lebkuchen werden nur in rechteckiger Form hergestellt und sind weder glasiert, überzogen noch gefüllt.
Zum Verzieren (Belegen) werden Mandeln und/oder Zitronat und/oderOrangeat verwendet.

bb) *Braune Lebkuchen*
Braune Lebkuchen werden aus Teig ausgeformt, ausgestochen oder geschnitten und nicht auf Oblatenunterlage gebacken. Sie enthalten auf 100 kg Getreideerzeugnisse und/oder Stärken mindestens 50 kg Zuckerarten. Sie werden ohne oder mit Ölsamen hergestellt.

Braune Lebkuchen ohne qualitätshervorhebende oder ohne auf Ölsamen hindeutende Hinweise können bis zu 3 kg zugesetztes Fett (Nummer 3b dd) enthalten, bezogen auf 100 kg Getreideerzeugnisse und/oder Stärken.

– *Feine Braune Lebkuchen*
Feine Braune Lebkuchen enthalten mindestens 10 Prozent Mandeln und/oder Haselnuss- und/oder Walnusskerne und/oder andere Ölsamen im Teig und/oder als Auflage.
Sie können bis zu 1,5 kg zugesetztes Fett enthalten, bezogen auf 100 kg Getreideerzeugnisse und/oder Stärken. Hiervon unberührt bleiben sonstige Anforderungen bei einzelnen Lebkuchenarten.

– *Feinste Braune Lebkuchen*
Feinste Braune Lebkuchen oder Braune Lebkuchen mit qualitätshervorhebenden Bezeichnungen, wie *Braune Lebkuchen extra fein, Braune Lebkuchen Spitzenqualität, Braune Lebkuchen edel*, enthalten im Teig und/oder als Auflage mindestens 20 Prozent Mandeln und/oder Haselnuss-und/oder Walnusskerne, jedoch keine anderen Ölsamen und kein zugesetztes Fett.
Hiervon unberührt bleiben sonstige Anforderungen bei einzelnen Lebkuchenarten.

– *Braune Mandel-Lebkuchen, Braune Nuss-Lebkuchen*
So bezeichnete Braune Lebkuchen erfüllen die Anforderungen für Feinste Braune Lebkuchen. Es überwiegt jeweils der namengebende Ölsamenanteil.

– *Honig-Lebkuchen, Honigkuchen*
Honig-Lebkuchen, auch Honigkuchen genannt, sind Braune Lebkuchen, bei denen mindestens die Hälfte des Gehaltes an Zuckerarten aus Honig stammt. Der andere Teil kann auch aus Invertzuckerkrem[7] stammen.

– *Dominosteine*
Dominosteine sind etwa bissengroße Würfel aus einer oder mehreren Schichten Braunen Lebkuchens und einer Lage oder mehreren Lagen von Zubereitungen, z. B. aus Fruchtmark, Marzipan oder Persipan, nicht aber aus Fondantmasse oder -krem; sie sind mit Schokoladearten überzogen.

Feine Dominosteine oder *Dessert-Dominosteine* enthalten außer einer oder mehreren Schichten Braunen Lebkuchens (Nummer 3 c bb) mindestens eine Lage aus Zubereitungen aus Früchten oder Fruchterzeugnissen und mindestens eine Lage aus Marzipan oder Persipan.

Bei *Feinste Dominosteine* bestehen die Lagen ausschließlich aus Zubereitungen aus Früchten oder Fruchterzeugnissen und Marzipan im Sinne der Leitsätze für Ölsamen und daraus hergestellte Massen und Süßwaren.

– *Printen*
Printen sind knusprig-harte oder auch saftig-weiche Braune Lebkuchen. Es sind meist rechteckige Stücke, jedoch sind auch platten- oder gebildartige Formen üblich. Kennzeichnend sind die sensorisch deutlich wahrnehmbare Mitverwendung ungelöst gebliebener brauner Kandiszuckerkrümel und eine typische Würzung.
Auf 100 kg Getreideerzeugnisse enthalten sie mindestens 80 kg Zuckerarten, berechnet als Trockenmasse. Rohzucker wird nicht verwendet. Bei *Gewürzprinten* wird zuweilen ein Teil des Zuckers durch Rübensirup ersetzt.
Bei Printen werden als Ölsamen im Teig und/oder als Auflage in Überzügen nur Mandeln und/oder Haselnuss-und/oder Walnusskerne verwendet.

---

[7] Früher „Kunsthonig".

Bei Verarbeitung von Ölsamen werden diese vorwiegend als Auflage in ganzer oder zerkleinerter Form, eingebettet in Überzügen, verwendet. Insbesondere Figurenprinten werden auch mit ganzen oder halben Ölsamen dekoriert. Mit Schokoladearten verwechselbare Überzüge werden nicht verwendet.

Feine Printen haben einen vollständigen und gut deckenden Überzug ausschließlich aus Schokoladearten. Der Anteil des Überzugs beträgt mindestens 25 Prozent, bezogen auf das Gesamtgewicht des fertigen Gebäckstückes.

Feinste Printen haben darüber hinaus einen Ölsamenanteil von mindestens 15 Prozent, bezogen auf den Gebäckkörper, eingearbeitet und/oder als Auflage. Mit einer Marzipan-oder Nugatschnitte belegte „feinste" Printen weisen üblicherweise keinen vollständig deckenden Überzug aus Schokoladearten auf.

- *Spitzkuchen*
Spitzkuchen sind etwa bissengroße, mit Schokoladearten überzogene, gefüllte oder ungefüllte Stücke aus Braunen Lebkuchen mit meist dreieckiger oder viereckiger Grundfläche.
Mit Schokoladearten verwechselbare Überzüge werden nicht verwendet.

Feine Spitzkuchen enthalten zerkleinerte Früchte oder Zubereitungen aus Früchten oder Fruchterzeugnissen im Teig oder als Füllung. Sie sind vollständig mit Schokoladearten überzogen.

Feinste Spitzkuchen haben darüber hinaus eine gut deckende Auflage aus zerkleinerten Mandeln und/oder Haselnuss- und/oder Walnusskernen. Die Auflage ist in Schokoladearten eingebettet und damit vollständig überzogen.

- *Lebkuchen-Herzen, Lebkuchen-Brezeln, Lebkuchen-Sterne*
Diese und andere figürliche Formen Brauner Lebkuchen – auch als Bunte Mischung – sind Braune Lebkuchen (Nummer 3 c bb, 1.–4. Spiegelstrich) und entsprechen den an die einzelnen Lebkuchenarten gestellten Anforderungen, wenn sie so bezeichnet werden.

- Traditionelle Lebkuchenarten, wie *Pfeffernüsse, Pflastersteine, Magenbrot* oder *Alpenbrot*
Dicke oder hohe Lebkuchen (Frühstückslebkuchen, z. B. holländischer und Braunschweiger Art), entsprechen den Anforderungen für Braune Lebkuchen.

4. Backoblaten
Backoblaten, auch Oblaten genannt, sind dünne, blattartige, meist weiß aussehende Erzeugnisse, die aus einer flüssigen Masse aus Weizenmehl und/oder Stärken und Wasser zwischen erhitzten Flächen gebacken werden.

5. Waffeldauergebäck
Waffelblätter werden aus einer meist flüssigen, dünnen Masse zwischen erhitzten Flächen gebacken. Abhängig von der Zusammensetzung des Teiges können die Waffelblätter in heißem Zustand biegsam sein. Für die Weiterverarbeitung werden sie meist geschnitten oder ausgestanzt. Hinsichtlich ihrer Gestalt unterscheidet man zwischen Flach- und Formwaffeln, auch in Gebildform. Sie gelangen ungefüllt oder gefüllt in den Verkehr.

a) *Ungefüllte Waffeln* sind teils zum unmittelbaren Genuss, teils zum späteren Füllen, z. B. mit Speiseeis, bestimmt.

b) Bei *gefüllten Waffeln* wird die Füllung, die in manchen Fällen nur eine dünne Schicht bildet, zwischen Waffelblätter eingebracht oder in Hohlwaffeln eingefüllt. Für besondere Arten gefüllter Waffeln ist auch die Verkehrsbezeichnung *Oblaten*, jedoch nur in Verbindung mit einer Ortsangabe, üblich.

ANHANG

6. *Zwieback*
   Zwieback ist ein durch zweimaliges Erhitzen meist unter Verwendung von Hefe hergestelltes knuspriges Gebäck.
   Nährzwieback enthält auf 100 kg Getreidemehl 10 kg Butter und 10 kg Vollei oder die entsprechende Menge Eigelb und als Anteigflüssigkeit nur Vollmilch[6]. Anstelle von Vollmilch können Milcherzeugnisse mit entsprechenden Mengen Milchtrockenmasse, die der Zusammensetzung der Vollmilchtrockenmasse entspricht, verwendet werden.

7. Dauerbackwaren besonderer Art
   a) *Russisch-Brot, Patience-Gebäck*
   Russisch-Brot, Patience-Gebäck ist ein zu Buchstaben, Zahlen oder ähnlichen Gebilden geformtes, knuspriges Gebäck. Es wird aus einer schaumigen, dickflüssigen Masse mit Eiweiß und Zuckerarten ohne Zusatz von Fett hergestellt. Ein Zusatz von Getreide, Getreideerzeugnissen und/oder Stärke ist üblich.

   b) *Baiser*
   Baiser wird aus Saccharose und/oder anderen Zuckerarten und mindestens 20 Prozent Hühnereiklar durch Trocknen hergestellt.

8. *Biskuit*
   Biskuit wird unter Verwendung von Getreideerzeugnissen und/oder Stärken, Zuckerarten und Vollei oder entsprechenden Volleiprodukten hergestellt. Der Volleianteil beträgt mindestens 66,7 Prozent des Gewichts an Getreideerzeugnissen und/oder Stärken. Eiaustauschstoffe werden nicht verwendet. Der Masse wird kein Fett zugesetzt.
   Eibiskuit und andere hervorhebende Qualitätsbezeichnungen erfordern den doppelten Eigehalt, bezogen auf den Anteil an Getreideerzeugnissen und/oder Stärken.
   Mit Schokoladearten verwechselbare Überzüge werden bei Feinen Backwaren, die mit der Bezeichnung „Biskuit" in den Verkehr gebracht werden, nicht verwendet.

9. *Makrongebäcke*
   Makrongebäcke werden aus zerkleinerten Mandeln oder anderen eiweißreichen Ölsamen (ausgenommen Erdnusskerne) oder den entsprechenden Rohmassen sowie aus Zucker und Eiklar (bisweilen außerdem Eigelb) hergestellt. Ein Zusatz von Getreideerzeugnissen und/oder Stärken ist außer bei Kokosmakronen nicht üblich. Nur Mandel- und Marzipanmakronen tragen auch die alleinige Bezeichnung *Makronen*, alle anderen Makrongebäcke werden entsprechend der Art der verwendeten Ölsamen oder Rohmassen bezeichnet.

   a) Zur Herstellung von *Mandelmakronen* und *Marzipanmakronen* werden zerkleinerte süße Mandeln, Marzipanrohmasse oder Makronenmasse verwendet.

   b) Zur Herstellung von *Nussmakronen, Haselnussmakronen* bzw. *Walnussmakronen* werden zerkleinerte Haselnuss- oder Walnusskerne oder Nussmakronenmasse verwendet.

   c) Zur Herstellung von *Persipanmakronen* werden geschälte Aprikosenkerne[10], geschälte Pfirsichkerne[10], geschälte entbitterte bittere Mandeln[10] – jeweils zerkleinert –, Persipanrohmasse, Persipan und/oder Persipanmakronenmasse verwendet.

   d) Zur Herstellung von *Kokosmakronen* werden Kokosraspel verwendet. Ein Zusatz von Mehlen und/oder Stärken beträgt höchstens 3 Prozent der Masse.

---

[6] *Artikel 3 Abs. 1 Buchstabe b der Verordnung (EG) Nr. 2597/97 des Rates zur Festlegung ergänzender Vorschriften für die gemeinsame Marktorganisation für Milch und Milcherzeugnisse hinsichtlich Konsummilch vom 18. Dezember 1997 (ABl. EG Nr. L 351 S. 13 in Verbindung mit § 2 Nr. 5 der Milchverordnung in der Fassung der Bekanntmachung vom 20. Juli 2000 (BGBl. I S. 1178) in den jeweils geltenden Fassungen.*
[10] *Auf die Leitsätze für Ölsamen und daraus hergestellte Massen und Süßwaren vom 27. Januar 1965 (Beilage zum BAnz. Nr. 101 vom 2. Juni 1965) in der jeweils geltenden Fassung wird hingewiesen.*

Mit Schokoladearten verwechselbare Überzüge werden für Erzeugnisse nach a) und b) nicht verwendet.

10. *Florentiner*
Florentiner sind ein knuspriges, flaches Mandel- oder Nussgebäck mit meist braunem Rand und hellerem Innern; es können auch Früchte oder Fruchtbestandteile oder Honig zugesetzt werden. Bei der Herstellung werden außer fein gehackten oder gehobelten Mandeln und/oder Nusskernen, Zuckerarten, Fette, auch Milch (auch als Milchpulver oder in Form von anderen Milcherzeugnissen) verwendet. Der Mehlanteil beträgt nicht mehr als 5 Prozent, bezogen auf Masse außer der Schokoladeüberzugsmasse. Zum Überziehen dienen nur Schokoladearten. Mit Schokoladearten verwechselbare Überzüge werden nicht verwendet.

11. *Nussknacker*
Nussknacker sind ein flaches Nussgebäck mit ganzen oder auch sehr grob gehackten Nusskernen mit meist braunem Rand und hellerem Innern, die auch auf Mürbeteigböden mit Rand gebacken werden. Bei der Herstellung werden außer Nusskernen Zuckerarten, Fette auch Milch (auch als Milchpulver oder in Form von anderen Milcherzeugnissen) verwendet. Der Mehlanteil beträgt nicht mehr als 5 Prozent, bezogen auf Masse außer der Schokoladeüberzugsmasse. Zum Überziehen dienen nur Schokoladearten. Mit Schokoladearten verwechselbare Überzüge werden nicht verwendet.

Einteilung von Brot und Kleingebäck in Gruppen und Untergruppen

Weizenbrot (mind. 90 % Weizen)	**Weizenmischbrot** von 51 % bis 89 % Weizen	**Roggenmischbrote** von 51 % bis 89 % Roggen
Weizen-(mehl-)brot	Weizenmischbrot	Roggenmischbrot
Weizen-(mehl-)brot mit Fett und Zucker	Weizenmischtoastbrot	Roggenmischtoastbrot
Weizentoastbrot	Weizenmischbrot mit Schrotanteilen	Roggenmischbrot mit Schrotanteilen
Weizenbrot mit Schrotanteilen	Weizenmischtoastbrot mit Schrotanteilen	Roggenmischtoastbrot mit Schrotanteilen
Weizenbrot mit Schrotanteilen sowie mit Fett und Zucker	Weizen-Roggenschrotbrot	Roggen-Weizenschrotbrot
Weizentoastbrot mit Schrotanteilen	Weizen-Roggenschrottoastbrot	Roggen-Weizenschrottoastbrot
Weizenschrotbrot (auch Grahambrot)	Weizen-Roggenvollkornbrot	Roggen-Weizenvollkornbrot
Weizenschrottoastbrot		
Weizenvollkornbrot		

ANHANG

Roggenbrote (mind. 90 % Roggen)

Roggen-(mehl-)brot
Roggentoastbrot
Roggenbrot
  mit Schrotanteilen
Roggentoastbrot
  mit Schrotanteilen
Roggenschrotbrot
Roggenschrottoastbrot
Roggenvollkornbrot

Spezialbrote

mit besonderen Getreidearten

Dreikornbrot
Vierkornbrot
Fünfkornbrot
Gerstebrot
Haferbrot
Maisbrot
Reisbrot
Hirsebrot
Buchweizenbrot

mit besonderen Zugaben pflanzlichen Ursprungs

Weizenkeimbrot
Malzbrot
Leinsamenbrot
Sojabrot
Rosinenbrot
Gewürzbrot
Kleiebrot

mit besonderen Zugaben tierischen Ursprungs

Milchbrot
Milcheiweißbrot
Sauermilchbrot
Joghurtbrot
Kefirbrot
Quarkbrot
Butterbrot
Molkebrot

mit besonderen Backverfahren

Holzofenbrot
Steinofenbrot
Dampfkammerbrot
Gersterbrot
Pumpernickel
Knäckebrot

mit verändertem Nährwert

Eiweißangereichertes Brot
Kohlenhydratvermindertes Brot
Ballaststoffangereichertes Brot

Diätetische Brote

Eiweißarmes Brot
Glutenfreies (Gliadinfreies) Brot
Diabetiker-Brot
Streng natriumarmes (kochsalzarmes) Brot

Vitaminisierte Brote

Brote als Getreide-Extrudate

Flachbrotextrudate

Mehltypen-Regelung, gültig ab 1. Februar 1992

Mahlerzeugnis Gruppe	Mahlerzeugnis Benennung		Type Kurzzeichen	Mineralstoffgehalt in g je 100 g Trockenmasse[4] Mindestwert	Höchstwert	Siebrückstand in %[1] auf Siebboden[2] Maschenweite, mm 0,8 0,5 0,315 0,224 0,16
Mehl	Weizenmehl		WM	405	–	0,50
				550	0,51	0,63
				812	0,64	0,90
				1050	0,91	1,20
				1600	1,21	1,80
	Durum-Weizenmehl		DWM	1600	1,55	1,85
	Dinkelmehl		DM	630	–	0,70
				812	0,71	0,90
				1050	0,91	1,20
	Roggenmehl		RM	815	–	0,90
				997	0,91	1,10
				1150	1,11	1,30
				1370	1,31	1,60
				1740	1,61	1,80
Backschrot	Weizenbackschrot		WBS	1700	–	2,10
	Roggenbackschrot		RBS	1800	–	2,20
Vollkornmehl[3]	Weizenvollkornmehl		WVM	–	–	–
	Dinkelvollkornmehl		DVM	–	–	–
	Roggenvollkornmehl		RVM	–	–	–
Vollkornschrot[3]	Weizenvollkornschrot		WVS	–	–	–
	Dinkelvollkornschrot		DVS	–	–	–
	Roggenvollkornschrot		RVS	–	–	–
Grieß	Weizengrieß		WG	–	–	– 0 – ≥ 25 ≥ 90 –
Dunst	Weizendunst		WD	–	–	– – – 0 < 25 – ≥ 90

[1] Massenanteil.
[2] Drahtsiebboden nach DIN 4188 Teil 1.
[3] Vollkornmehl und Vollkornschrot müssen die gesamten Bestandteile der gereinigten Körner einschließlich des Keimlings enthalten. Die Körner dürfen vor der Verarbeitung von der äußeren Fruchtschale befreit sein.
[4] Bei den Grenzwerten handelt es sich um gemessene Werte unter Einschluss der methodisch bedingten Fehlertoleranzen.

Nährwert-Kennzeichnungsverordnung (NKV)

Am 3. Dezember 1994 (BGBl. I S 3 526) trat die Verordnung zur Neuordnung der Nährwertkennzeichnungsvorschrift für Lebensmittel mit Änderung vom 15. 6. 2004 (BGBl. 1 S. 924) in Kraft, womit die EU-Richtlinie 90/496 in deutsches Recht umgesetzt worden ist.
Im Folgenden wird auf die für Bäckereien und Konditoreien wichtigen Teile der jetzt geltenden Bestimmungen hingewiesen.
In der Neuordnung sind verschiedene Teile der bisherigen deutschen Nährwert-Kennzeichnungsverordnung wiederzufinden. Darüber hinaus sind jedoch in der jetzt geltenden Nährwert-Kennzeichnungsverordnung (NKV) ergänzende Vorschriften über den Anwendungsbereich, wesentlich erweiterte Begriffsbestimmungen, Beschränkungen, Angaben zu Art und Weise der Kennzeichnung enthalten, wie es in der EU-Richtlinie für den gesamten europäischen Markt vorgeschrieben ist.
Da immer wieder oft folgenreiche Verwechslungen vorkommen, sind in der Lebensmittelwirtschaft zwei Begriffe strikt auseinanderzuhalten:

1. Die Lebensmittel-Kennzeichnungsverordnung

Die Lebensmittel-Kennzeichnungsverordnung gilt für die Kennzeichnung von Lebensmitteln in Fertigpackungen, die dazu bestimmt sind, an den Verbraucher abgegeben zu werden. Diese Vorschrift gilt bekanntlich nicht für Lebensmittel in Fertigpackungen, die in der Verkaufsstätte zur alsbaldigen Abgabe an den Verbraucher hergestellt und dort, jedoch nicht zur Selbstbedienung, abgegeben werden. Vorgeschriebene Kennzeichnungselemente sind die Verkehrsbezeichnung, Name oder Firma und Anschrift des Herstellers, Verzeichnis der Zutaten, Mindesthaltbarkeitsdatum oder, soweit erforderlich, Verbrauchsdatum der Ware. Die Lebensmittel-Kennzeichnungsverordnung schreibt also eine Kennzeichnung des Nährwertes von Lebensmitteln nicht vor.
Auch in der Verordnung über Fertigpackungen mit den wichtigen Vorschriften für Gewichte, Gewichts- und Grundpreisangaben ist keine Pflicht zur Nährwertkennzeichnung begründet.

2. Die Nährwert-Kennzeichnungsverordnung (NKV)

Die Nährwert-Kennzeichnungsverordnung regelt die nährwertbezogenen Angaben im Verkehr mit Lebensmitteln und in der Werbung für Lebensmittel sowie die Nährwertkennzeichnung von Lebensmitteln, so weit sie zur Abgabe an den Verbraucher bestimmt sind. Auch die Nährwert-Kennzeichnungsverordnung macht die Nährwertkennzeichnungen von Lebensmitteln allgemein nicht zu Pflicht. Die Vorschriften der Verordnung über diätetische Lebensmittel mit ihren verschiedenen zwingenden Nährwertkennzeichnungs- und anderen Kenntlichmachungsvorschriften für Diätlebensmittel bleiben allerdings unberührt.
Aus den verschiedensten Erwägungen machen jedoch immer mehr Lebensmittelhersteller freiwillig von der Möglichkeit der zusätzlichen Kennzeichnung des Nährwertes ihrer Erzeugnisse Gebrauch. Damit wird insbesondere der sehr anspruchsvolle, gesundheitsbewusste und deshalb auch Ernährungsinformationen erwartende Verbraucher angesprochen, wovon man sich geschäftliche Vorteile bei Werbung, Absatz und Verkauf verspricht. Diese Tendenz wird auch in der Bäckereibranche immer stärker.
Aus der umfangreichen Nährwert-Kennzeichnungsverordnung werden im Folgenden die Vorschriften herausgegriffen, die für Bäckereien und Konditoreien (auch Cafés) bzw. die Nährwertkennzeichnung von deren Erzeugnissen bei Angebot, Verkauf, Absatz, Verpackung und Werbung von wesentlicher Bedeutung sein dürften.

Begriffsbestimmungen der Nährwert-Kennzeichnungsverordnung (§ 2 NKV)

Folgende Begriffsbestimmungen der NKV umreißen deren Anwendungsbereich in der Lebensmittelwirtschaft:

Nährwertbezogene Angabe

Eine nährwertbezogene Angabe ist jede im Verkehr mit Lebensmitteln oder in der Werbung für Lebensmittel erscheinende Darstellung oder Aussage, mit der erklärt, suggeriert oder mittelbar zum Ausdruck gebracht wird, dass ein Lebensmittel auf Grund seines Energiegehaltes oder Nährstoffgehaltes besondere Nährwerteigenschaften besitzt. Die durch Rechtsvorschrift vorgeschriebene Angabe der Art oder der Menge eines Nährstoffes sowie Angaben oder Hinweise auf den Alkoholgehalt eines Lebensmittels sind keine nährwertbezogenen Angaben im Sinne dieser Verordnung.

Nährwertkennzeichnung

Eine Kennzeichnung des Nährwertes ist jede in der Etikettierung eines Lebensmittels erscheinende Angabe über den Brennwert, den Gehalt an Eiweiß, Kohlenhydraten, Fett, Ballaststoffen, die in signifikanten Mengen (Anlage 1 zu § 2 NKV) vorhandenen Vitamine und Mineralstoffe sowie Natrium, ebenso Angaben über den vorstehenden Nährstoffgruppen angehörende oder deren Bestandteil bildende Stoffe, einschließlich Cholesterin.

Brennwert-Energiegehalt eines Lebensmittels

Brennwert ist der berechnete Energiegehalt eines Lebensmittels, wobei der Berechnung für

– ein Gramm Fett	37 kJ (oder 9 kcal)
– ein Gramm Eiweiß	17 kJ (oder 4 kcal)
– ein Gramm Kohlenhydrate (ausgenommen mehrwertige Alkohole)	17 kJ (oder 4 kcal)
– ein Gramm Ethylalkohol	29 kJ (oder 7 kcal)
– ein Gramm organische Säure	13 kJ (oder 3 kcal)
– ein Gramm mehrwertige Alkohole	10 kJ (oder 2,4 kcal)

zugrunde gelegt werden.

Eiweiß – Eiweißgehalt

Eiweiß ist der nach der Formel „Eiweiß = Gesamtstickstoff (nach Kjeldahl) x 6,25" berechnete Eiweißgehalt. Im Einzelfall können auch andere anerkannte lebensmittelspezifische Faktoren verwendet werden (deren besondere Angabe ratsam ist).

Kohlenhydrat

Der Begriff Kohlenhydrat umfasst jegliches Kohlenhydrat, das im menschlichen Stoffwechsel umgesetzt wird, einschließlich mehrwertiger Alkohole (z. B. Zuckeraustauschstoffe).

Zucker

Der Begriff Zucker umfasst alle in Lebensmitteln vorhandenen Monosaccharide (sog. Einfachzucker) und Disaccharide (sog. Doppelzucker), ausgenommen mehrwertige Alkohole.

Fett – Fettsäuren

Unter Fett sind alle Lipide, einschließlich Phospholipide (d. h. Fett und bestimmte fettähnliche Stoffe) zu verstehen. Bei Fettsäuren ist zwischen gesättigten, einfach ungesättigten und mehrfach ungesättigten Fettsäuren zu unterscheiden.

Durchschnittlicher Wert – durchschnittlicher Gehalt

„Durchschnittlicher Wert" oder „durchschnittlicher Gehalt" ist der Wert oder Gehalt, der die in einem bestimmten Lebensmittel enthaltenen Nährstoffmengen am besten repräsentiert und jahreszeitlich bedingte Unterschiede, Verbrauchsmuster und sonstige Faktoren berücksichtigt, die eine Veränderung des tatsächlichen Wertes bewirken können.

ANHANG

Beschränkung nährwertbezogener Angaben (§ 3 NKV)

Im Verkehr mit Lebensmitteln oder in der Werbung dürfen nur nährwertbezogene Angaben verwendet werden, die sich auf den Brennwert oder auf die unter dem Begriff Nährwertkennzeichnung (§ 2 NKV) aufgeführten Nährstoffe, Nährstoffgruppen, deren Bestandteile oder auf Kochsalz beziehen.

Durchführung der Nährwertkennzeichnung (§ 4 NKV)

Wer nährwertbezogene Angaben nach § 3 NKV im Verkehr mit Lebensmitteln oder in der Werbung für Lebensmittel mit Ausnahme produktübergreifender Werbekampagnen verwendet, hat folgende Nährwertkennzeichnung anzugeben:
1. Den Brennwert und den Gehalt an Eiweiß, Kohlenhydraten und Fett oder
2. den Brennwert und den Gehalt an Eiweiß, Kohlenhydraten, Zucker, Fett, gesättigten Fettsäuren, Ballaststoffen und Natrium

des Lebensmittels, über das die nährwertbezogene Angabe erfolgt. Bezieht sich die nährwertbezogene Angabe auf Zucker, gesättigte Fettsäuren, Ballaststoffe, Natrium oder Kochsalz, so hat die Nährwertkennzeichnung mit den Angaben gemäß Nummer 2 zu erfolgen.

Die Nährwertkennzeichnung darf zusätzlich zu den vorgenannten Angaben den Gehalt an Stärke, mehrwertigen Alkoholen, einfach ungesättigten Fettsäuren, mehrfach gesättigten Fettsäuren, Cholesterin oder an den in signifikanten (d. h. bedeutsamen) Mengen (Anlage 1 der NKV) vorhandenen Vitaminen und Mineralstoffen enthalten.
Bezieht sich eine nährwertbezogene Angabe auf Stoffe, die einer der vorgenannten Nährstoffgruppen angehören oder deren Bestandteil bilden, so ist die Angabe des Gehaltes dieser Stoffe erforderlich. Bei der Angabe des Gehaltes an einfach oder mehrfach ungesättigten Fettsäuren oder an Cholesterin ist zusätzlich der Gehalt an gesättigten Fettsäuren anzugeben. Diese Angabe verpflichtet nicht zu der Nährwertkennzeichnung gemäß Nr. 2.

Art und Weise der Kennzeichnung (§ 5 NKV)

Die Angaben nach § 4 sind in der dort angegebenen Reihenfolge in einer Tabelle zusammenzufassen und untereinander aufzuführen. Sofern die Anordnung der Angaben aus Platzmangel untereinander nicht möglich ist, dürfen diese hintereinander aufgeführt werden.
Die Angabe des Brennwertes und des Gehaltes an Nährstoffen oder Nährstoffbestandteilen hat je 100 Gramm oder 100 Milliliter des Lebensmittels zu erfolgen. Bei Lebensmitteln in Fertigpackungen, die erst nach Zugabe von anderen Lebensmitteln verzehrfertig sind, können diese Angaben stattdessen auf der Grundlage der Zubereitung gemacht werden, sofern ausreichend genaue Angaben über die Zubereitungsweise gemacht werden und die Angaben sich auf das verbrauchsfertige Lebensmittel beziehen.
Die Angabe des Brennwertes und des Gehaltes an Nährstoffen oder Nährstoffbestandteilen hat jeweils mit dem durchschnittlichen Wert oder Gehalt sowie in folgenden Einheiten zu erfolgen:
1. der Brennwert in Kilojoule (kJ) und Kilokalorien (kcal),
2. der Gehalt an Eiweiß, Kohlenhydraten, Fett (ausgenommen Cholesterin), Ballaststoffen und Natrium in Gramm (g),
3. der Gehalt an Cholesterin in Milligramm (mg),
4. der Gehalt an Vitaminen und Mineralstoffen in den gebräuchlichen Einheiten.

In den Fällen, in denen Zucker, mehrwertige Alkohole oder Stärke angegeben werden, hat diese Angabe unmittelbar auf die Angabe des Kohlenhydratgehaltes in folgender Weise zu erfolgen:

Kohlenhydrate	g
davon	
– Zucker	g
– mehrwertige Alkohole	g
– Stärke	g

Wenn die Menge oder die Art der Fettsäuren oder die Menge des Cholesterins angegeben wird, hat diese Angabe unmittelbar auf die Angabe des Gesamtfetts, aufgeschlüsselt in Fett (g), davon gesättigte, einfach ungesättigte, mehrfach ungesättigte Fettsäuren, jeweils in g, sowie Cholesterin (mg) zu erfolgen.
Angaben über Vitamine und Mineralstoffe müssen zusätzlich als Prozentsatz der in Anlage 1 NKV empfohlenen Tagesdosen ausgedrückt werden.

Anbringung der Angaben

Die Angaben der Nährwertkennzeichnung sind an gut sichtbarer Stelle, in deutscher Sprache, leicht lesbar und bei Fertigpackungen unverwischbar anzubringen. Sie können auch in einer anderen leicht verständlichen Sprache angegeben werden, wenn dadurch die Information des Verbrauchers nicht beeinträchtigt wird. Die Angaben sind wie folgt anzubringen:
1. bei Abgabe in Fertigpackungen auf der Fertigpackung oder einem mit ihr verbundenen Etikett;
2. bei anderer Abgabe als in Fertigpackungen jeweils in Zusammenhang mit den nährwertbezogenen Angaben.

Von diesen allgemeinen Vorschriften gibt es einige Ausnahmen:
Bei Abgabe der Fertigpackungen an Gaststätten oder Einrichtungen zur Gemeinschaftsverpflegung können die Angaben auf einer Sammelpackung oder in einem den Erzeugnissen beigefügten Begleitpapier enthalten sein.
Bei Fertigpackungen, die in der Verkaufsstätte zur alsbaldigen Abgabe an den Verbraucher hergestellt und dort, jedoch nicht zur Selbstbedienung, abgegeben werden, können die Angaben jeweils in Zusammenhang mit den nährwertbezogenen Angaben erfolgen.
Bei Fertigpackungen, die in Gaststätten oder Einrichtungen zur Gemeinschaftsverpflegung zur alsbaldigen Abgabe an den Verbraucher hergestellt und dort, jedoch nicht zur Selbstbedienung, abgegeben werden, können die Angaben in einer dem Verbraucher zugänglichen Aufzeichnung enthalten sein, wenn der Verbraucher darauf aufmerksam gemacht wird.
Bei loser Abgabe an Gaststätten oder Einrichtungen zur Gemeinschaftsverpflegung können die Angaben in einem den Erzeugnissen beigefügten Begleitpapier enthalten sein.
Bei Abgabe in Gaststätten oder Einrichtungen zur Gemeinschaftsverpflegung zum Verzehr an Ort und Stelle können die Angaben in einer dem Verbraucher zugänglichen Aufzeichnung enthalten sein, wenn der Verbraucher darauf aufmerksam gemacht wird.

Verbot bestimmter Hinweise bei Lebensmitteln (§ 6 NKV)

Die NKV enthält einige sehr wichtige Hinweisverbote, gegen die oft meist aus Leichtsinn oder Unwissenheit (was jedoch nicht entschuldigt) verstoßen wird. Mit deren verschärfter Überwachung infolge der neuen Verordnung wird man rechnen müssen. Im einzelnen handelt es sich um folgende Verbote bzw. Hinweise bei Lebensmitteln, die nur gebraucht werden dürfen, wenn die damit verbundenen und geforderten besonderen Eigenschaften des so bezeichneten Lebensmittels gegeben sind.

Keine Schlankheitswerbung

Es ist verboten, im Verkehr mit Lebensmitteln oder in der Werbung für Lebensmittel Bezeichnungen, Angaben oder Aufmachungen zu verwenden, die darauf hindeuten, dass ein Lebensmittel schlankmachende, schlankheitsfördernde oder gewichtsverringernde Eigenschaften besitzt. Dies gilt nicht für Lebensmittel im Sinne des § 14 a der Diätverordnung, die zur Verwendung als Tagesration bestimmt sind.

Geringer Brennwert

Auf einen geringen Brennwert darf nur hingewiesen werden bei Lebensmitteln, deren Brennwert nicht mehr als 210 Kilojoule oder 50 Kilokalorien pro 100 Gramm des ver-

ANHANG

zehrsfertigen Lebensmittels beträgt. Bei Getränken, Suppen und Brühen gilt nur ein Höchstwert von 84 Kilojoule oder 20 Kilokalorien pro 100 Milliliter.

Verminderter Brennwert

Der Hinweis auf einen verminderten Brennwert bei Lebensmitteln setzt voraus, dass folgende Höchstwerte beim verzehrsfertigen Lebensmittel nicht überschritten werden:

Brot	840 kJ/100 g oder 200 kJ/100 g
Dauerbackwaren sowie Knabberartikel auf Getreide- und Kartoffelbasis	
Feinbackwaren, ausgenommen Obstkuchen	1260 kJ/100 g oder 300 kJ/100 g
Obstkuchen	840 kJ/100 g oder 200 kJ/100 g

Bei allen anderen Lebensmitteln darf auf einen verminderten Brennwert nur hingewiesen werden, wenn deren Brennwert den durchschnittlichen Brennwert vergleichbarer herkömmlicher Lebensmittel um mindestens 40 vom Hundert unterschreitet.

Verminderter Nährstoffgehalt

Auf einen verminderten Nährstoffgehalt bei Lebensmitteln darf nur hingewiesen werden, wenn deren Gehalt an Nährstoffen den durchschnittlichen Nährstoffgehalt vergleichbarer herkömmlicher Lebensmittel um mindestens 40 vom Hundert unterschreitet.

Kohlenhydratverminderung

Auf eine Kohlenhydratverminderung bei Brot, Backwaren und Teigwaren sowie Mischungen zur Herstellung dieser Erzeugnisse darf nur hingewiesen werden, wenn der durchschnittliche Kohlenhydratgehalt um mindestens 30 vom Hundert verringert ist.

Kochsalz- oder Natriumverminderung

Auf eine Kochsalz- oder Natriumverminderung darf bei Brot, Kleingebäck und sonstigen Backwaren nur hingewiesen werden, wenn ein Natriumgehalt von 250 Milligramm in 100 Gramm des verzehrsfertigen Lebensmittels nicht überschritten wird.

Geringer Kochsalz- oder Natriumgehalt

Auf einen geringen Kochsalz- oder Natriumgehalt darf man nur hinweisen bei Lebensmitteln, deren Natriumgehalt nicht mehr als 120 Milligramm pro 100 Gramm des verzehrsfertigen Lebensmittels beträgt. Bei Getränken ist dieser Natriumgehalt auf höchstens 2 Milligramm pro 100 Milliliter festgelegt.

Lebensmittel zur Verwendung als Mahlzeit

Im Verkehr mit Lebensmitteln, die zur Verwendung als Mahlzeit oder anstelle einer Mahlzeit bestimmt sind, oder in der Werbung für solche Lebensmittel dürfen Bezeichnungen oder Angaben, die auf einen geringen oder verminderten Brennwert hindeuten, nur verwendet werden, wenn die Lebensmittel den Anforderungen des § 14 a Abs. 1 der Diätverordnung entsprechen.

Zur gewichtskontrollierten Ernährung

In Gaststätten oder Einrichtungen zur Gemeinschaftsverpflegung darf für Hauptmahlzeiten zum Verzehr an Ort und Stelle der Hinweis „zur gewichtskontrollierten Ernährung" verwendet werden, sofern der Brennwert 2100 Kilojoule oder 500 Kilokalorien pro Hauptmahlzeit nicht überschreitet.

ANHANG

Straftaten und Ordnungswidrigkeiten (§ 7 NKV)

Wer gewerbsmäßig im Verkehr mit Lebensmitteln oder in der Werbung für Lebensmittel entgegen den Bestimmungen der NKV Bezeichnungen, Angaben oder Aufmachungen verwendet, wird nach § 52 Lebensmittel- und Bedarfsgegenständegesetz (LMBG) bestraft. Wird eine solche Handlung fahrlässig begangen, so wird dies nach § 53 LMBG als Ordnungswidrigkeit geahndet.

Probleme der Nährwert-Kennzeichnungsverordnung

Für den deutschen Markt ist wichtig, dass eine Nährwertkennzeichnung wie bisher mit Brennwert, Eiweiß, Fett und Kohlenhydraten erfolgen kann, dass jedoch jede weitere Information zur erweiterten Kennzeichnung führt: Zusätzlich sind dann die Gehalte an Zucker, gesättigten Fettsäuren, Ballaststoffen und Natrium anzugeben.

Zum Gehalt an Eiweiß und Kohlenhydraten

Im Gegensatz zur EU-Richtlinie wird der Eiweißgehalt nicht allgemein mit N x 6,25 berechnet, sondern es können im Einzelfall auch andere lebensmittelspezifische Faktoren verwendet werden, z. B. 5,80 bei Getreideeiweiß. Da auch andere lebensmittelspezifische Faktoren möglich sind, sollte man zur Vermeidung ungerechtfertigter Beanstandungen die Nennung des Eiweißfaktors vorsehen.
Der Kohlenhydratbegriff berücksichtigt neue Kohlenhydrate wie Polydextrose nicht, die zu etwa 1/4 verdaulich und zu 3/4 unverdaulich ist. Daher sollte man in der Weise vorgehen, dass man bei der Kennzeichnung 1/4 der Polydextrose zu den Kohlenhydraten und 3/4 zu den Ballaststoffen zählt.
Man sollte außerdem sinnvoll bei allen Zahlenangaben sein, z. B. sollte vernünftig auf- und abgerundet werden. Bei geringen Gehalten, die ernährungsphysiologisch unbedeutend sind, wird die Angabe „kleiner als" empfohlen, wie z. B. „Eiweiß >1 g".

Ermittlung der Werte – Schwankungsbreite

Leider fehlen in der Verordnung Angaben, wie die einzelnen Werte zu ermitteln sind. Die Durchschnittswerte können beruhen auf

- Lebensmittelanalyse der Hersteller,
- Berechnung auf der Grundlage der bekannten tatsächlichen oder durchschnittlichen Werte der verwendeten Rezepturbestandteile und auf
- Berechnung auf der Grundlage von generell nachgewiesenen akzeptierten Daten.

Vor einer allgemein verbindlichen Regelung sind drei Gruppen mit verschiedenen Schwankungsbreiten zur Diskussion gestellt:

- Schwankungsbreite zirka 15 Prozent – Fett, Eiweiß, Kohlenhydrate und Ballaststoffe, Zucker, Fettsäuren, Cholesterin,
- Schwankungsbreite zirka 30 Prozent – Natrium, Calcium, Phosphor, Eisen, Magnesium, B-Vitamine (außer B_{12} und Folsäure), Vitamin C und E,
- Schwankungsbreite zirka 40 Prozent – Vitamine A, B_{12}, D, Folsäure, Zink und Jod.

Früher hat bei uns die allgemeine Vorstellung gegolten, daß bei Herausstellung und Bewerbung bestimmter Inhaltsstoffe wenigstens 1/3 der Bedarfsdeckung mit der täglichen Verzehrsmenge vorhanden sein musste. Nach dem neuen Recht genügt eine signifikante Menge von 15 Prozent der täglichen Verzehrsempfehlung an diesem Nährstoff in 100 g oder einer Portion.

Vitamine und Mineralstoffe

Wird gemäß § 4 (2) NKV von der Möglichkeit Gebrauch gemacht, zusätzlich den Gehalt an Vitaminen und Mineralstoffen anzugeben, so betritt man ein recht schwieriges Feld. Nach Anlage 1 NKV können Angaben über den Gehalt an den Vitaminen A, B_1, B_2, B_6,

ANHANG

Pantothensäure, Folsäure, Niacin, B$_{12}$, C, D, E und Biocitin sowie an Calcium, Phosphor, Eisen, Magnesium, Zink und Jod gemacht werden. Bei der Festsetzung der signifikanten (d. h. bedeutsamen) Menge sollte in der Regel eine Menge von mindestens 15 Prozent der in dieser Anlage angegebenen Tagesdosis in 100 g oder 100 ml berücksichtigt werden. Dies gilt nicht, wenn auf einen verminderten oder geringen Gehalt an den Vitaminen oder Mineralstoffen hingewiesen wird. Zur Festlegung solcher Gehaltsangaben sollte sich der Bäckereifachmann unbedingt des Rates eines lebensmittelrechtlichen Sachverständigen (z. B. öffentlich bestellter vereidigter Lebensmittelchemiker) bedienen.
Da Backwaren des normalen Sortiments keine Vitamine zugesetzt werden und durch die Erhitzung beim Backprozess Vitaminverluste auftreten, dürfte es im allgemeinen nicht möglich sein, Backwaren des normalen Sortiments als „vitaminreich", „reich an Vitamin ..." o. ä. zu bezeichnen. Auch die Verwendung von mit Ascorbinsäure (Vitamin C) behandelten Mahlerzeugnissen kann solche Backwarenbezeichnungen nicht rechtfertigen.

Preisangabenverordnung (PAngV)

In der Fassung der Bekanntmachung vom 18. Oktober 2002 (BGBl. 1 S. 4195). Geändert durch Gesetz vom 3. Juli 2004 (BGBl. S.1414)

Auf Grund des Artikels 3 der Verordnung zur Änderung der Preisangaben- und der Fertigpackungverordnung vom 28. Juli 2000 (BGBl. S. 1238) wird nachstehend der Wortlaut der Preisangabenverordnung in der ab dem 1. September 2000 geltenden Fassung bekannt gemacht.

§ 1 Grundvorschriften

(1) Wer Letztverbrauchern gewerbs- oder geschäftsmäßig oder regelmäßig in sonstiger Weise Waren oder Leistungen anbietet oder als Anbieter von Waren oder Leistungen gegenüber Letztverbrauchern unter Angabe von Preisen wirbt, hat die Preise anzugeben, die einschließlich der Umsatzsteuer und sonstiger Preisbestandteile unabhängig von einer Rabattgewährung zu zahlen sind (Endpreise). So weit es der allgemeinen Verkehrsauffassung entspricht, sind auch die Verkaufs- oder Leistungseinheit und die Gütebezeichnung anzugeben, auf die sich die Preise beziehen. Auf die Bereitschaft, über den angegebenen Preis zu verhandeln, kann hingewiesen werden, so weit es der allgemeinen Verkehrsauffassung entspricht und Rechtsvorschriften nicht entgegenstehen.

(2) Wer Letztverbrauchern gewerbs- oder geschäftsmäßig oder regelmäßig in sonstiger Weise Waren oder Leistungen zum Abschluss eines Fernabsatzvertrag anbietet, hat zuzätzlich zu Absatz 1 und § 2 Abs. 2 anzugeben,

1. dass die für Waren oder Leistungen geforderten Preise die Umsatzsteuer und sonstige Preisbestandteile enthalten und

2. ob zusätzliche Liefer- und Versandkosten anfallen.

Fallen zusätzliche Liefer- und Versandkosten an, so ist deren Höhe anzugeben. Soweit die vorherige Angabe dieser Kosten in bestimmten Fällen nicht möglich ist, sind die näheren Einzelheiten der Berechnung anzugeben, aufgrund derder der Letzverbraucher die Höhe leicht errechnen kann.

(3) Bei Leistungen können, so weit es üblich ist, abweichend von Absatz 1 Satz 1 Stundensätze, Kilometersätze und andere Verrechnungssätze angegeben werden, die alle Leistungselemente einschließlich der anteiligen Umsatzsteuer enthalten. Die Materialkosten können in die Verrechnungssätze einbezogen werden.

(4) Wird außer dem Entgelt für eine Ware oder Leistung eine rückerstattbare Sicherheit gefordert, so ist deren Höhe neben dem Preis für die Ware oder Leistung anzugeben und kein Gesamtbetrag zu bilden.

(5) Bestehen für Waren oder Leistungen Liefer- oder Leistungsfristen von mehr als vier Monaten, so können abweichend von Absatz 1 Satz 1 für diese Fälle Preise mit einem Änderungsvorbehalt angegeben werden; dabei sind auch die voraussichtlichen Liefer- und Leistungsfristen anzugeben. Die Angabe von Preisen mit einem Änderungsvorbehalt ist auch zulässig bei Waren oder Leistungen, die im Rahmen von Dauerschuldverhältnissen erbracht werden.

(6) Die Angaben nach dieser Verordnung müssen der allgemeinen Verkehrsauffassung und den Grundsätzen von Preisklarheit und Preiswahrheit entsprechen. Wer zu Angaben nach dieser Verordnung verpflichtet ist, hat diese dem Angebot oder der Werbung eindeutig zuzuordnen, leicht erkennbar und deutlich lesbar oder sonst gut wahrnehmbar zu machen. Bei der Aufgliederung von Preisen sind die Endpreise hervorzuheben.

§ 2 Grundpreis

(1) Wer Letztverbrauchern gewerbs- oder geschäftsmäßig oder regelmäßig in sonstiger Weise Waren in Fertigpackungen, offenen Packungen oder als Verkaufseinheiten ohne Umhüllung nach Gewicht, Volumen, Länge oder Fläche anbietet, hat neben dem Endpreis auch den Preis je Mengeneinheit einschließlich der Umsatzsteuer und sonstiger Preisbestandteile unabhängig von einer Rabattgewährung (Grundpreis) in unmittelbarer Nähe des Endpreises gemäß Absatz 3 Satz 1, 2, 4, oder 5 anzugeben. Dies gilt auch für denjenigen, der als Anbieter dieser Waren gegenüber Letztverbrauchern unter Angabe von Preisen wirbt. Auf die Angabe des Grundpreises kann verzichtet werden, wenn dieser mit dem Endpreis identisch ist.

(2) Wer Letztverbrauchern gewerbs- oder geschäftsmäßig oder regelmäßig in sonstiger Weise unverpackte Waren, die in deren Anwesenheit abgemessen werden (lose Ware), nach Gewicht, Volumen, Länge oder Fläche anbietet oder als Anbieter dieser Waren gegenüber Letzverbrauchern unter Angabe von Preisen wirbt, hat lediglich den Grundpreis gemäß Absatz 3 anzugeben.

(3) Die Mengeneinheit für den Grundpreis ist jeweils 1 Kilogramm, 1 Liter, 1 Kubikmeter, 1 Meter oder 1 Quadratmeter der Ware. Bei Waren, deren Nenngewicht oder Nennvolumen üblicherweise 250 Gramm oder Milliliter nicht übersteigt, dürfen als Mengeneinheiten für den Grundpreis 100 Gramm oder Milliliter verwendet werden. Bei nach Gewicht oder nach Volumen angebotener loser Ware ist als Mengeneinheit für den Grundpreis entsprechend der allgemeinen Verkehrsauffassung entweder 1 Kilogramm oder 100 Gramm oder 1 Liter oder 100 Milliliter zu verwenden. Bei Waren, die üblicherweise in Mengen von 100 Liter oder mehr als 50 Kilogramm und mehr abgegeben werden, ist für den Grundpreis die Mengeneinheit zu verwenden, die der allgemeinen Verkehrsauffassung entspricht. Bei Waren, bei denen das Abtropfgewicht anzugeben ist, ist der Grundpreis auf das angegebene Abtropfgewicht zu beziehen.

(4) Bei Haushaltswaschmitteln kann als Mengeneinheit für den Grundpreis eine übliche Anwendung verwendet werden. Dies gilt auch für Wasch- und Reinigungsmittel, sofern sie einzeln portioniert sind und die Zahl der Portionen zusätzlich zur Gesamtfüllmenge angegeben ist.

§ 3 Elektrizität, Gas, Fernwärme und Wasser

Wer Letztverbrauchern gewerbs- oder geschäftsmäßig oder regelmäßig in sonstiger Weise Elektrizität, Gas, Fernwärme oder Wasser leitungsgebunden anbietet oder als Anbieter dieser Ware gegenüber Lertzverbrauchern unter Angabe von Preisen wirbt, hat den verbrauchsabhängigen Preis je Mengeneinheit einschließlich der Umsatzsteuer und aller spezifischen Verbrauchssteuern (Arbeits- oder Mengenpreis) gemäß Satz 2 im Angebot oder in der Werbung anzugeben. Als Mengeneinheit für den Arbeitspreis bei Elektrizität, Gas und Fernwärme ist 1 Kilowattstunde und für den Mengenpreis bei Wasser 1 Kubikmeter zu verwenden. Wer neben dem Arbeits- oder Mengenpreis leistungsabhängige Preise fordert, hat diese vollständig in unmittelbarer Nähe des Arbeits- oder

Mengenpreises anzugeben. Satz 3 gilt entsprechend für die Forderung nicht verbrauchsabhängiger Preise.

§ 4 Handel

(1) Waren, die in Schaufenstern, Schaukästen, innerhalb oder außerhalb des Verkaufsraumes auf Verkaufsständen oder in sonstiger Weise sichtbar ausgestellt werden, und Waren, die vom Verbraucher unmittelbar entnommen werden können, sind durch Preisschilder oder Beschriftung der Ware auszuzeichnen.

(2) Waren, die nicht unter den Voraussetzungen des Absatzes 1 im Verkaufsraum zum Verkauf bereitgehalten werden, sind entweder nach Absatz 1 auszuzeichnen oder dadurch, dass die Behältnisse oder Regale, in denen sich die Waren befinden, beschriftet werden oder dass Preisverzeichnisse angebracht oder zur Einsichtnahme aufgelegt werden.

(3) Waren, die nach Musterbüchern angeboten werden, sind dadurch auszuzeichnen, dass die Preise für die Verkaufseinheit auf den Mustern oder damit verbundenen Preisschildern oder Preisverzeichnissen angegeben werden.

(4) Waren, die nach Katalogen oder Warenlisten oder auf Bildschirmen angeboten werden, sind dadurch auszuzeichnen, dass die Preise unmittelbar bei den Abbildungen oder Beschreibungen der Waren oder in mit den Katalogen oder Warenlisten im Zusammenhang stehenden Preisverzeichnissen angegeben werden.

(5) Auf Angebote von Waren, deren Preise üblicherweise auf Grund von Tarifen oder Gebührenregelungen bemessen werden, ist § 5 Abs. 1 und 2 entsprechend anzuwenden.

§ 5 Leistungen

(1) Wer Leistungen anbietet, hat ein Preisverzeichnis mit den Preisen für seine wesentlichen Leistungen oder in den Fällen des § 1 Abs. 2 mit seinen Verrechnungssätzen aufzustellen. Dieses ist im Geschäftslokal oder am sonstigen Ort des Leistungsangebots und, sofern vorhanden, zusätzlich im Schaufenster oder Schaukasten anzubringen. Ort des Leistungsangebots ist auch die Bildschirmanzeige. Wird eine Leistung über Bildschirmanzeige erbracht und nach Einheiten berechnet, ist eine gesonderte Anzeige über den Preis der fortlaufenden Nutzung unentgeltlich anzubieten.

(2) Werden entsprechend der allgemeinen Verkehrsauffassung die Preise und Verrechnungssätze für sämtliche angebotenen Leistungen in Preisverzeichnisse aufgenommen, so sind diese zur Einsichtnahme am Ort des Leistungsangebots bereitzuhalten, wenn das Anbringen der Preisverzeichnisse wegen ihres Umfangs nicht zumutbar ist.

(3) Werden die Leistungen in Fachabteilungen von Handelsbetrieben angeboten, so genügt das Anbringen der Preisverzeichnisse in den Fachabteilungen.

§ 6 Kredite

(1) Bei Krediten sind als Preis die Gesamtkosten als jährlicher Vomhundertsatz des Kredits anzugeben und als „effektiver Jahreszins" oder, wenn eine Änderung des Zinssatzes oder anderer preisbestimmender Faktoren vorbehalten ist (§ 1 Abs. 4), als „anfänglicher effektiver Jahreszins" zu bezeichnen. Zusammen mit dem anfänglichen effektiven Jahreszins ist anzugeben, wann preisbestimmende Faktoren geändert werden können und auf welchen Zeitraum Belastungen, die sich aus einer nicht vollständigen Auszahlung des Kreditbetrages oder aus einem Zuschlag zum Kreditbetrag ergeben, zum Zwecke der Preisangabe verrechnet worden sind.

(2) Der anzugebende Vomhundertsatz gemäß Absatz 1 ist mit der im Anhang angegebenen mathematischen Formel und der im Anhang zugrunde gelegten Vorgehensweisen zu berechnen. Er beziffert den Zinssatz, mit dem sich der Kredit bei regelmäßigem Kreditverlauf, ausgehend von den tatsächlichen Zahlungen des Kreditgebers und des Kreditnehmers, auf der Grundlage taggenauer Verrechnung aller Leistungen abrechnen lässt.

Es gilt die exponentielle Verzinsung auch im unterjährigen Bereich. Bei der Berechnung des anfänglichen effektiven Jahreszinses sind die zum Zeitpunkt des Angebots oder der Werbung geltenden preisbestimmenden Faktoren zugrunde zu legen. Der anzugebende Vomhundertsatz ist mit der im Kreditgewerbe üblichen Genauigkeit zu berechnen.

(3) In die Berechnung des anzugebenden Vomhundertsatzes sind die Gesamtkosten des Kredits für den Kreditnehmer einschließlich etwaiger Vermittlungskosten mit Ausnahme folgender Kosten einzubeziehen:

1. Kosten, die vom Kreditnehmer bei Nichterfüllung seiner Verpflichtungen aus dem Kreditvertrag zu tragen sind,
2. Kosten mit Ausnahme des Kaufpreises, die vom Kreditnehmer beim Erwerb von Waren oder Dienstleistungen unabhängig davon zu tragen sind, ob es sich um ein Bar- oder Kreditgeschäft handelt,
3. Überweisungskosten sowie die Kosten für die Führung eines Kontos, das für die Tilgungszahlung im Rahmen der Rückzahlung des Kredits sowie für die Zahlung von Zinsen und sonstigen Kosten dienen soll, es sei denn, der Kreditnehmer hat hierbei keine angemessene Wahlfreiheit und diese Kosten sind ungewöhnlich hoch; diese Bestimmung gilt jedoch nicht für die Inkassokosten dieser Rückzahlungen oder Zahlungen, unabhängig davon, ob sie in bar oder auf eine andere Weise erhoben werden,
4. Mitgliedsbeiträge für Vereine oder Gruppen, die sich aus anderen Vereinbarungen als dem Kreditvertrag ergeben, obwohl sie sich auf die Kreditbedingungen auswirken,
5. Kosten für Versicherungen oder Sicherheiten; es werden jedoch die Kosten einer Versicherung einbezogen, die die Rückzahlung an den Darlehensgeber bei Tod, Invalidität, Krankheit oder Arbeitslosigkeit des Kreditnehmers zum Ziel haben, über einen Betrag, der höchstens dem Gesamtbetrag des Kredits, einschließlich Zinsen und sonstigen Kosten, entspricht, und die der Darlehensgeber zwingend als Bedingung für die Gewährung des Kredits vorschreibt.

(4) Ist eine Änderung des Zinssatzes oder sonstiger in die Berechnung des anzugebenden Vomhundertsatzes einzubeziehender Kosten vorbehalten und ist ihre zahlenmäßige Bestimmung im Zeitpunkt der Berechnung des anzugebenden Vomhundertsatzes nicht möglich, so wird bei der Berechnung von der Annahme ausgegangen, dass der Zinssatz und die sonstigen Kosten gemessen an ursprünglichen Höhe fest bleiben und bis zum Ende des Kreditvertrages gelten.

(5) Erforderlichenfalls ist bei der Berechnung des anzugebenden Vomhundertsatzes von folgenden Annahmen auszugehen:

1. Ist keine Darlehensobergrenze vorgesehen, entspricht der Betrag des gewährten Kredits 2000 Euro,
2. ist kein Zeitplan für die Tilgung festgelegt worden und ergibt sich ein solcher nicht aus den Vertragsbestimmungen oder aus den Zahlungsmodalitäten, so beträgt die Kreditlaufzeit ein Jahr,
3. vorbehaltlich einer gegenteiligen Bestimmung gilt, wenn mehrere Termine für die Aus- oder Rückzahlung vorgesehen sind, sowohl die Auszahlung als auch die Rückzahlung des Darlehens als zu dem Zeitpunkt erfolgt, der als frühestmöglicher Zeitpunkt vorgesehen ist.

(6) Bei einer vertraglich möglichen Neufestsetzung der Konditionen eines Kredits ist der effektive oder anfängliche effektive Jahreszins anzugeben.

(7) Wird die Gewährung eines Kredits allgemein von einer Mitgliedschaft oder vom Abschluss einer Versicherung abhängig gemacht, so ist dies anzugeben.

(8) Bei Bauspardarlehen ist bei der Berechnung des anzugebenden Vomhundertsatzes davon auszugehen, dass im Zeitpunkt der Kreditauszahlung das vertragliche Mindestspartguthaben angespart ist. Von der Abschlussgebühr ist im Zweifel lediglich der

ANHANG

Teil zu berücksichtigen, der auf den Darlehensanteil der Bausparsumme entfällt. Bei Krediten, die der Vor- oder Zwischenfinanzierung von Leistungen einer Bausparkasse aus Bausparverträgen dienen und deren preisbestimmende Faktoren bis zur Zuteilung unveränderbar sind, ist als Laufzeit von den Zuteilungsfristen auszugehen, die sich aus der Zielbewertungszahl für Bausparverträge gleicher Art ergeben.

(9) Bei Krediten, die auf einem laufenden Konto zur Verfügung gestellt werden, sind abweichend von Absatz 1 der Zinssatz pro Jahr und die Zinsbelastungsperiode anzugeben, wenn diese nicht kürzer als drei Monate ist und keine weiteren Kreditkosten anfallen.

§ 7 Gaststätten, Beherbergungsbetriebe

(1) In Gaststätten und ähnlichen Betrieben, in denen Speisen oder Getränke angeboten werden, sind die Preise in Preisverzeichnissen anzugeben. Die Preisverzeichnisse sind entweder auf Tischen aufzulegen oder jedem Gast vor Entgegennahme von Bestellungen und auf Verlangen bei Abrechnung vorzulegen oder gut lesbar anzubringen. Werden Speisen und Getränke gemäß § 4 Abs. 1 angeboten, so muss die Preisangabe dieser Vorschrift entsprechen.

(2) Neben dem Eingang der Gaststätte ist ein Preisverzeichnis anzubringen, aus dem die Preise für die wesentlichen angebotenen Spreisen und Getränke ersichtlich sind. Ist der Gaststättenbetrieb Teil eines Handelsbetriebs, so genügt das Anbringen des Preisverzeichnisses am Eingang des Gaststättenteils.

(3) In Beherbergungsbetrieben ist beim Eingang oder bei der Anmeldestelle des Betriebes an gut sichtbarer Stelle ein Verzeichnis anzubringen oder auszulegen, aus dem die Preise der im Wesentlichen angebotenen Zimmer und gegebenenfalls der Frühstückspreis ersichtlich sind.

(4) Kann in Gaststätten- und Beherbergungsbetrieben eine Telekommunikationsanlage benutzt werde, so ist bei der Benutzung geforderte Preis je Minute oder je Benutzung In der Nähe der Telekommunikationsanlage anzugeben.

(5) Die in den Preisverzeichnissen aufgeführten Preise müssen das Bedienungsgeld und sonstige Zuschläge einschließen.

§ 8 Tankstellen, Parkplätze

(1) An Tankstellen sind die Kraftstoffpreise so auszuzeichnen, dass sie

1. für den auf der Straße heranfahrenden Kraftfahrer,
2. auf Bundesautobahnen für den in den Tankstellenbereich einfahrenden Kraftfahrer deutlich lesbar sind. Dies gilt nicht für Kraftstoffmischungen, die erst in der Tankstelle hergestellt werden.

(2) Wer für weniger als einen Monat Garagen, Einstellplätze oder Parkplätze vermietet oder bewacht oder Kraftfahrzeuge verwahrt, hat am Anfang der Zufahrt ein Preisverzeichnis anzubringen, aus dem die von ihm geforderten Preise ersichtlich sind.

§ 9 Ausnahmen

(1) Die Vorschriften dieser Verordnung sind nicht anzuwenden

1. auf Angebote oder Werbung gegenüber Letztverbrauchern, die die Ware oder Leistung in ihrer selbstständigen beruflichen oder gewerblichen oder in ihrer behördlichen oder dienstlichen Tätigkeit verwenden; für Handelsbetriebe gilt dies nur, wenn sie sicherstellen, dass als Letztverbraucher ausschließlich die in Halbsatz 1 genannten Personen Zutritt haben, und wenn sie durch geeignete Maßnahmen dafür Sorge tragen, dass diese Personen nur die in ihrer jeweiligen Tätigkeit verwendbaren Waren kaufen;
2. auf Leistungen von Gebietskörperschaften des öffentlichen Rechts, so weit es sich nicht um Leistungen handelt, für die Benutzungsgebühren oder privatrechtliche Entgelte zu entrichten sind;

3. auf Waren und Leistungen, soweit für sie auf Grund von Rechtsvorschriften eine Werbung untersagt ist;

4. auf mündliche Angebote, die ohne Angabe von Preisen abgegeben werden;

5. auf Warenangebote bei Versteigerungen.

(2) § 1 Abs. 1 und § 2 Abs. 1 sind nicht anzuwenden auf individuelle Preisnachlässe sowie auf nach Kalendertagen zeitlich begrenzte und durch Werbung bekannt gemachte generelle Preisnachlässe.

(3) § 1 Abs. 2 ist nicht anzuwenden auf die in § 31 b Abs. 3 Nr. 1 bis 4 und 7 des Bürgerlichen Gesetzbuchs genannten Verträge.

(4) § 2 Abs. 1 ist nicht anzuwenden auf Waren, die

1. über ein Nenngewicht oder Nennvolumen von weniger als 10 Gramm oder Milliliter verfügen;

2. verschiedenartige Erzeugnisse enthalten, die nicht miteinander vermischt oder vermengt sind;

3. von kleinen Direktvermarktern sowie kleinen Einzelhandelsgeschäften angeboten werden, bei denen die Warenausgabe überwiegend im Wege der Bedienung erfolgt, es sei denn, dass das Warensortiment im Rahmen eines Vertriebssystems bezogen wird;

4. im Rahmen einer Dienstleistung angeboten werden;

5. in Getränke- und Verpflegungsautomaten angeboten werden.

(5) § 2 Abs. 1 ist ferner nicht anzuwenden bei

1. Kau- und Schnupftabak mit einem Nenngewicht bis 25 Gramm;

2. kosmetischen Mitteln, die ausschließlich der Färbung oder Verschönerung der Haut, des Haares oder der Nägel dienen;

3. Parfüms und parfümierten Duftwässern, die mindestens 3 Volumenprozent Duftöl und mindestens 70 Volumenprozent reinen Äthylalkohol enthalten.

(6) Die Angabe eines neuen Grundpreises nach § 2 Abs. 1 ist nicht erforderlich bei

1. Waren ungleichen Nenngewichts oder -volumens oder ungleicher Nennlänge oder -fläche mit gleichem Grundpreis, wenn der geforderte Endpreis um einen einheitlichen Betrag herabgesetzt wird;

2. leicht verderblichen Lebensmitteln, wenn der geforderte Endpreis wegen einer drohenden Gefahr des Verderbs herabgesetzt wird.

(7) § 4 ist nicht anzuwenden

1. auf Kunstgegenstände, Sammlungsstücke und Antiquitäten im Sinne des Kapitels 97 des Gemeinsamen Zolltarifs;

2. auf Waren, die in Werbevorführungen angeboten werden, sofern die Preise der jeweiligen Ware bei deren Vorführung und unmittelbar vor Abschluss des Kaufvertrags genannt wird;

3. auf Blumen und Pflanzen, die unmittelbar vom Freiland, Treibbeet oder Treibhaus verkauft werden.

(8) § 5 ist nicht anzuwenden

1. auf Leistungen, die üblicherweise aufgrund von schriftlichen Angeboten oder schriftlichen Voranschlägen erbracht werden, die auf den Einzelfall abgestellt sind;

2. auf künstlerische, wissenschaftliche und pädagogische Leistungen, dies gilt nicht, wenn die Leistungen in Konzertsälen, Theatern, Filmtheatern, Schulen, Instituten oder dergleichen erbracht werden;

3. auf Leistungen, bei denen in Gesetzen oder Rechtsverordnungen die Angabe von Preisen besonders geregelt ist.

§ 10 Ordnungswidrigkeiten

(1) Ordnungswidrig im Sinne des § 3 Abs. 1 Nr. 2 des Wirtschaftsstrafgesetzes 1954 handelt, wer vorsätzlich oder fahrlässig

1. entgegen § 1 Abs. 1 Satz 1 Preise nicht, nicht richtig oder nicht vollständig angibt,
2. entgegen § 1 Abs. 1 Satz 2 die Verkaufs- oder Leistungseinheit oder Gütebezeichnung nicht oder nicht richtig angibt, auf die sich die Preise beziehen,
3. entgegen § 1 Abs. 2 Satz 1 Nr. 1, auch in Verbindung mit Satz 3, eine Angabe nicht richtig oder nicht vollständig macht,
4. entgegen § 1 Abs. 3 Satz 1 Stundensätze, Kilometerstände oder andere Verrechnungssätze nicht richtig angibt,
5. entgegen § 1 Abs. 4 oder 6 Satz 2 Angaben nicht in der dort vorgeschriebenen Form macht,
6. entgegen § 1 Abs. 6 Satz 3 den Endpreis nicht hervorhebt oder
7. entgegen § 2 Abs. 1 Satz 1, auch in Verbindung mit Satz 2, oder § 2 Abs. 2 oder § 3 Satz 1 oder 3, auch in Verbindung mit Satz 4, eine Angabe nicht, nicht richtig oder nicht vollständig macht.

(2) Ordnungswidrig im Sinne des § 3 Abs. 1 Nr. 2 des Wirtschaftsstrafgesetzes 1954 handelt auch, wer vorsätzlich oder fahrlässig einer Vorschrift

1. des § 4 Abs. 1 bis 4 über das Auszeichnen von Waren,
2. des § 5 Abs. 1 Satz 1, 2 oder 4 oder Abs. 2 jeweils auch in Verbindung mit § 4 Abs. 5, über das Aufstellen, das Anbringen oder das Bereithalten von Preisverzeichnissen oder über das Anbieten einer Anzeige des Preises,
3. des § 6 Abs. 1 Satz 1 über die Angabe oder die Bezeichnung des Preises bei Krediten,
4. des § 6 Abs. 1 Satz 2 über die Angabe des Zeitpunktes, von dem an preisbestimmende Faktoren geändert werden können, oder des Verrechnungszeitraums,
5. des § 6 Abs. 2 bis 5 oder 8 über die Berechnung des Vomhundertsatzes,
6. des § 6 Abs. 6 über die Angabe des effektiven oder anfänglichen effektiven Jahreszinses,
7. des § 6 Abs. 7 oder 9 über die Angabe von Voraussetzungen für die Kreditgewährung oder des Zinssatzes oder der Zinsbelastungsperiode,
8. des § 7 über das Aufstellen, das Vorlegen oder das Anbringen von Preisverzeichnissen oder des § 7 Abs. 1 Satz 3 oder Abs. 4 über das Angeben von Preisen,
9. des § 8 Abs. 1 Satz 1 über das Auszeichnen von Kraftstoffpreisen oder
10. des § 8 Abs. 2 über das Anbringen eines Preisverzeichnisses

zuwiderhandelt.

(3) Ordnungswidrigkeiten im Sinne des § 3 Abs. 1 Satz 1 Nr. 3 des Wirtschaftsstrafgesetzes 1954 handelt, wer vorsätzlich oder fahrlässig entgegen § 1 Abs. 2 Satz 1 Nr. 2 oder Satz 2, jeweils auch in Verbindung mit Satz 3, eine Angabe nicht, nicht richtig oder nicht vollständig macht.

§ 11 (aufgehoben)

Reichsversicherungsordnung (RVO)
in der Fassung der Bekanntmachung vom 15. Dez. 1924 (RGBl. I S. 779)
zuletzt geändert durch Gesetz vom 14. Nov. 2003 (BGBl. I S. 2190)
– Auszug –

III. Leistungen bei Schwangerschaft und Mutterschaft

§ 195 Umfang

(1) Die Leistungen bei Schwangerschaft und Mutterschaft umfassen
1. Ärztliche Betreuung und Hebammenhilfe,
2. Versorgung mit Arznei-, Verband- und Heilmitteln,
3. Stationäre Entbindung,
4. Häusliche Pflege,
5. Haushaltshilfe,
6. Mutterschaftsgeld.

(2) Für die Leistungen nach Absatz 1 gelten die für die Leistungen nach dem Fünften Buch Sozialgesetzbuch geltenden Vorschriften entsprechend, soweit nichts Abweichendes bestimmt ist. § 16 Abs. 1 des Fünften Buches Sozialgesetzbuch gilt nicht für den Anspruch auf Mutterschaftsgeld und Entbindungsgeld. Bei Anwendung des § 65 Abs. 2 des Fünften Buches Sozialgesetzbuch bleiben die Leistungen nach Absatz 1 unberücksichtigt.

§ 196 Anspruch auf ärztliche Betreuung, Hebammenhilfe

(1) Die Versicherte hat während der Schwangerschaft, bei und nach der Entbindung Anspruch auf ärztliche Betreuung einschließlich der Untersuchungen zur Feststellung der Schwangerschaft und zur Schwangerenvorsorge sowie auf Hebammenhilfe. Die ärztliche Betreuung umfaßt auch die Beratung der Schwangeren zur Bedeutung der Mundgesundheit für Mutter und Kind einschließlich des Zusammenhangs zwischen Ernährung und Krankheitsrisiko sowie die Einschätzung oder Bestimmung des Übertragungsrisikos von Karies.

(2) Bei Schwangerschaftsbeschwerden und im Zusammenhang mit der Entbindung gelten die §§ 31 Abs. 3, 32 Abs. 2 und 33 Abs. 2 des Fünften Buches Sozialgesetzbuch nicht.

§ 197 Stationäre Entbindung

Wird die Versicherte zur Entbindung in ein Krankenhaus oder eine andere Einrichtung aufgenommen, hat sie für sich und das Neugeborene auch Anspruch auf Unterkunft, Pflege und Verpflegung, für die Zeit nach der Entbindung, jedoch für längstens sechs Tage. Für diese Zeit besteht kein Anspruch auf Krankenhausbehandlung. § 39 Abs. 2 des Fünften Buches Sozialgesetzbuch gilt entsprechend.

§ 198 Häusliche Pflege

Die Versicherte hat Anspruch auf häusliche Pflege, so weit diese wegen Schwangerschaft oder Entbindung erforderlich ist. § 37 Abs. 3 und 4 des Fünften Buches Sozialgesetzbuch gilt entsprechend.

§ 199 Haushaltshilfe

Die Versicherte erhält Haushaltshilfe, so weit ihr wegen Schwangerschaft oder Entbindung die Weiterführung des Haushalts nicht möglich ist und eine andere im Haushalt

ANHANG

lebende Person den Haushalt nicht weiterführen kann. § 38 Abs. 4 des Fünften Buches Sozialgesetzbuch gilt entsprechend.

§ 200 Mutterschaftsgeld

(1) Weibliche Mitglieder, die bei Arbeitsunfähigkeit Anspruch auf Krankengeld haben oder denen wegen der Schutzfristen nach § 3 Abs. 2 und § 6 Abs. 1 des Mutterschutzgesetzes kein Arbeitsentgelt gezahlt wird, erhalten Mutterschaftsgeld, wenn sie vom Beginn des zehnten bis zum Ende des vierten Monats vor der Entbindung mindestens zwölf Wochen Mitglieder waren oder in einem Arbeitsverhältnis standen.

(2) Für Mitglieder, die bei Beginn der Schutzfrist nach § 3 Abs. 2 des Mutterschutzgesetzes in einem Arbeitsverhältnis stehen oder in Heimarbeit beschäftigt sind oder deren Arbeitsverhältnis während ihrer Schwangerschaft vom Arbeitgeber zulässig aufgelöst worden ist, wird als Mutterschaftsgeld das um die gesetzlichen Abzüge verminderte durchschnittliche kalendertägliche Arbeitsentgelt der letzten drei abgerechneten Kalendermonate vor Beginn der Schutzfrist nach § 3 Abs. 2 des Mutterschutzgesetzes gezahlt. Es beträgt höchstens 13 Euro für den Kalendertag. Einmalig gezahltes Arbeitsentgelt (§ 23 a des Vierten Buches Sozialgesetzbuch) sowie Tage, an denen infolge von Kurzarbeit, Arbeitsausfällen oder unverschuldeter Arbeitsversäumnis kein oder ein vermindertes Arbeitsentgelt erzielt wurde, bleiben außer Betracht. Ist danach eine Berechnung nicht möglich, ist das durchschnittliche kalendertägliche Arbeitsentgelt einer gleichartigen Beschäftigung zugrunde zu legen. Übersteigt das Arbeitsentgelt 13 Euro kalendertäglich, wird der übersteigende Betrag vom Arbeitgeber oder vom Bund nach den Vorschriften des Mutterschutzgesetzes gezahlt. Für andere Mitglieder wird das Mutterschaftsgeld in Höhe des Krankengeldes gezahlt.

(3) Das Mutterschaftsgeld wird für die letzten sechs Wochen vor der Entbindung, den Entbindungstag und für die ersten acht Wochen, bei Mehrlings- und Frühgeburten für die ersten zwölf Wochen nach der Entbindung gezahlt. Bei Frühgeburten verlängert sich die Bezugsdauer um den Zeitraum, der nach § 3 Abs. 2 des Mutterschutzgesetzes nicht in Anspruch genommen werden konnte. Für die Zahlung des Mutterschaftsgeldes vor der Entbindung ist das Zeugnis eines Arztes oder einer Hebamme maßgebend, in dem der mutmaßliche Tag der Entbindung angegeben ist. Das Zeugnis darf nicht früher als eine Woche vor Beginn der Schutzfrist nach § 3 Abs. 2 des Mutterschutzgesetzes ausgestellt sein. Irrt sich der Arzt oder die Hebamme über den Zeitpunkt der Entbindung, verlängert sich die Bezugsdauer entsprechend.

(4) Der Anspruch auf Mutterschaftsgeld ruht, so weit und so lange das Mitglied beitragspflichtiges Arbeitsentgelt oder Arbeitseinkommen erhält. Dies gilt nicht für einmalig gezahltes Arbeitsentgelt.

§ 200 a (aufgehoben)

§ 200 b Entbindungsgeld (aufgehoben)

Sachkundenachweis für Hackfleisch

Es kommt immer häufiger vor, dass in Bäckereien, in denen im Rahmen des Fast-Food-Sortiments auch Brötchen mit frischem Hackfleisch angeboten werden, der „Sachkundenachweis" dafür verlangt wird.
Zur Klarstellung fassen wir nachstehend zusammen, unter welchen Voraussetzungen Hackfleisch behandelt und verkauft werden kann:
Das Behandeln und die Abgabe von Hackfleisch und Hackfleischerzeugnissen kann ohne Aufsicht einer sachkundigen Person erfolgen.

ANHANG

Sachkundig sind:
- Meister im Fleischerhandwerk
- Personen mit Ausnahmebewilligung nach § 8 HWO
- Fleischergesellen mit abgeschlossener Ausbildung und 3-jähriger praktischer Tätigkeit

Behandeln heißt:
- Wiegen
- Abfüllen
- Verpacken
- Kühlen
- Lagern
- Aufbewahren

Abgeben heißt:
- Inverkehrbringen
- Befördern

Das Behandeln und Abgeben ohne Aufsicht dürfen durchführen:
- Fleischergesellen mit abgeschlossener Ausbildung
- Fleischerei-Fachverkäuferinnen mit abgeschlossener Ausbildung
- Fachverkäuferinnen im Lebensmittelhandwerk bzw. Lebensmitteleinzelhandel mit abgeschlossener Ausbildung und 3-jähriger Berufserfahrung

Ungelernte Verkaufskräfte dürfen ohne Aufsicht Hackfleischerzeugnisse weder behandeln noch abgeben.

Das Herstellen von Hackfleischerzeugnissen muss grundsätzlich von sachkundigen Personen (siehe oben) vorgenommen werden bzw. unter Aufsicht dieser Personen.

Davon gibt es eine Ausnahme. Ohne Aufsicht dürfen folgende Hackfleischerzeugnisse auch von nicht sachkundigen Personen hergestellt werden:

- Hackfleisch
- Schabefleisch
- Geschnetzeltes
- Fleischzuschnitte
- Schaschlik

Diese Personen müssen folgende Qualifikation vorweisen:
- Fleischergesellen mit abgeschlossener Ausbildung
- Fleischerei-Fachverkäuferinnen mit abgeschlossener Ausbildung und Sachkundenachweis
- Fachverkäuferinnen im Lebensmittelhandwerk bzw. Lebensmitteleinzelhandel oder 3-jähriger Berufserfahrung und Sachkundenachweis

Ungelernte Verkaufskräfte dürfen die vorgenannten Hackfleischerzeugnisse ohne Aufsicht nicht herstellen.

Alle anderen Hackfleischerzeugnisse müssen unter Aufsicht hergestellt werden. Dazu zählen:

- Fleischklöße, Frikadellen, Fleischfüllungen
- Bratwürste
- zerkleinerte Innereien
- sämtliche Vor- oder Zwischenprodukte

Sind in einer Filiale ausschließlich Personen ohne abgeschlossene Ausbildung beschäftigt, so dürfen alle Erzeugnisse, die unter die Hackfleischverordnung fallen, nur unter der Aufsicht einer in dem Betrieb hauptberuflich tätigen sachkundigen Person sowohl hergestellt, behandelt und verkauft werden. Das bedeutet, dass selbst das Verkaufen durch ungelernte Verkaufskräfte nicht statthaft ist. Auch hier ist es erforderlich, dass der

Verkauf unter Aufsicht einer in dem Betrieb hauptberuflich tätigen sachkundigen Person vorgenommen wird.

Als sachkundig ist der oben angegebene Personenkreis zu verstehen.

Diese Person muss aber auch hauptberuflich in dem Betrieb, d. h. in der Filiale, tätig sein.

Hier stellt sich die Frage, ob eine sachkundige Person, die gleichzeitig für mehrere Filialen zuständig ist und demzufolge nicht ständig in einer Filiale sein kann, in der Filiale hauptberuflich tätig ist. Dazu liegt ein Beschluss des Oberlandesgerichts Zweibrücken vom 5. September 1996 – Az: 1 Ss 119/96 – vor.

Danach ist das Oberlandesgericht in Übereinstimmung mit der Rechtsprechung des Bundesverwaltungsgerichtes der Ansicht, dass eine hauptberufliche Tätigkeit voraussetzt, dass die sachkundige Person in der Betriebsstätte – also hier in der Filiale – im wesentlichen während der gesamten Betriebszeit tätig ist. Die Anstellung einer sachkundigen Person für einen halben Tag oder gar stundenweise genügt den Anforderungen des Begriffs „hauptberuflich" nicht.

So führt das Gericht ganz konkret aus, dass eine einzelne Person, die für eine Vielzahl von unselbstständigen Zweigstellen verantwortlich ist, d. h. Filialen, in keiner Filiale hauptberuflich tätig ist.

Grundsätzliches zu Salmonellen

Nach wie vor nehmen Salmonellen eine zentrale Bedeutung unter den Lebensmittelerregern ein. Die Häufigkeit der durch Salmonellen verursachten Erkrankungen hat jedoch in den letzten 10 Jahren abgenommen.
Salmonellen kommen im Boden, auf Pflanzen, in Futtermitteln, aber auch in tierischen und menschlichen Ausscheidungen vor.

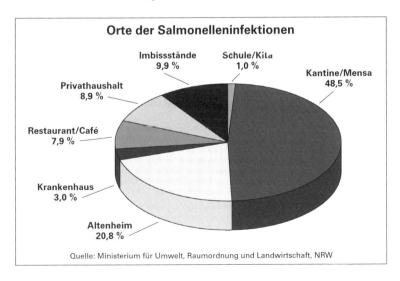

ANHANG

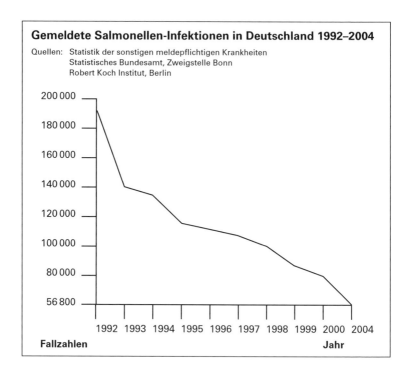

Ein großer Teil des Geflügelbestands, aber auch Schweine und Schafe weisen Salmonellen auf. Eier sind eine wesentliche Quelle der Erkrankungen.

Salmonellen sind weltweit wohl unter anderem auch deshalb noch so zahlreich vertreten, weil sie vielfache Antibiotikaresistenzen ausgebildet haben.

Salmonellen vermehren sich besonders gut zwischen 7 und 40°C. Sie reagieren empfindlich gegenüber Säuren, ein pH-Wert von 4,5 und darunter führt zum Absterben der Erreger.

Die Inkubationszeit dauert mindestens 6 Stunden, sie kann sich aber bis zu 72 Stunden hinziehen. Charakteristisch sind Durchfall und Erbrechen, gelegentlich Fieber und Bauchschmerzen. Die Erkrankung ist beim gesunden Menschen nach 3 bis 4 Tagen überwunden, im Regelfall auch ohne eine entsprechende Therapie. Bei empfindlichen Personen mit einem geschwächten oder noch nicht voll ausgebildeten Immunsystem verläuft die Krankheit schwerwiegend, wird der Flüssigkeits- und Elektrolytverlust nicht rechtzeitig ausgeglichen, so kann dies zum Tod führen.

Das Ministerium für Umwelt, Raumordnung und Landwirtschaft in NRW hat neben den Lebensmitteln, die im Jahre 1998 Salmonelleninfektionen auslösten, auch die Orte der Erkrankungen dokumentiert. Hiernach ereigneten sich die meisten Erkrankungen in Kantinen und Mensen, gefolgt von Altenheimen und Imbissständen. Der Privathaushalt nahm nur eine untergeordnete Stellung ein, die sicherlich auch auf der Dunkelziffer nicht gemeldeter Krankheitsausbrüche beruhen dürfte.

ANHANG

Auch der Gesetzgeber hat auf die Häufigkeit der Salmonelleninfektionen reagiert. So regelt die Verordnung über die hygienischen Anforderungen an Eier, Eiprodukte und roheihaltige Lebensmittel nicht nur die Kennzeichnung von Eiern neu, vielmehr finden sich hierin auch klare Anweisungen für die Gemeinschaftsverpflegung. Danach dürfen in Altenheimen, Krankenhäusern und Kindertagesstätten frische Hühnereier nur ausreichend erhitzt an die Verbraucher abgegeben werden. Für alle anderen Fälle werden bei Verwendung frischer Eier Rückstellproben der jeweiligen Speisen gefordert.

Leitsätze für Speiseeis und Speiseeis-Halberzeugnisse

Die Leitsätze für die Herstellung von Speiseeis und so genannten Speiseeishalberzeugnissen (Zubereitungen, die zur Herstellung von Speiseeis eingesetzt werden, aber selbst kein Speiseeis sind) regeln die spezifischen Verfahrensweisen, die bei der Herstellung und dem Verkauf von Speiseeis zu beachten sind. Darüber hinaus müssen dabei weitere gesetzliche Vorgaben beachtet werden, welche insbesondere lebensmittelhygienische Aspekte, Anforderungen in Hinblick auf die eingesetzten Rohstoffe und die Kennzeichnung betreffen:

- Verordnung über Speiseeis
  Nahezu alle Paragraphen der Verordnung sind außer Kraft gesetzt. Es wird nur auf die Pflicht zur Kennzeichnung entsprechend der Lebensmittel-Kennzeichnungsverordnung und auf Bestimmungen für die Einfuhr von Speiseeis verwiesen.
- Lebensmittelhygiene-Verordnung
  Die Vorschriften der Verordnung für die Herstellung und den Verkauf von leicht verderblichen Lebensmitteln gelten explizit auch für Speiseeis.
- Zusatzstoff-Zulassungsverordnung
  Die für den Einsatz von Zusatzstoffen bei der Herstellung bestehenden Verbote sind in der Verordnung ausgewiesen.
- Lebensmittel-Kennzeichnungsverordnung
  Speiseeis muss unter Beachtung der Vorgaben der Verordnung gekennzeichnet werden.
- Eier- und Eiprodukte-Verordnung
  Die in der Verordnung formulierten Anforderungen an die Erzeugnisse müssen insbesondere unter lebensmittelhygienischen Gesichtspunkten bei der Herstellung beachtet werden.
- Milchverordnung
  Die bei der Herstellung von Speiseeis eingesetzte Milch (bzw. Milcherzeugnis) muss den Anforderungen entsprechen, die an Konsummilch gestellt werden (Wärmebehandlung).

Generelle Hinweise

Aus den Leitsätzen und den angeführten Verordnungen ergeben sich folgende generelle Vorgaben, die bei der Herstellung und dem Verkauf von Speiseeis, unabhängig von der Sorte, beachtet werden müssen.

ANHANG

Zugelassene Zutaten

Es dürfen nur zugelassene Zutaten eingesetzt werden. Grundsätzlich wird davon ausgegangen, dass vorrangig die so genannten Basiszutaten verwendet werden. Für den Einsatz weiterer Rohstoffe bestehen zum Teil restriktive Vorschriften.

Zu den Basiszutaten werden gerechnet Milch, Sahne, Wasser, Zucker, Eier, frisches Obst und frische Erzeugnisse aus Obst, Fruchtsäuren, Essenzen und Gewürze.

Milch und Milcherzeugnisse

Es dürfen nur wärmebehandelte Milch oder Milcherzeugnisse (Sahne, Rahm) verwendet werden (pasteurisiert, ultrahocherhitzt oder sterilisiert), deren Verbrauchsdatum nicht abgelaufen ist. Unabhängig davon ist die Milch oder Sahne auf ihre einwandfreie Beschaffenheit zu überprüfen. Die Verwendung von Vorzugsmilch oder Rohmilch ist grundsätzlich verboten. Für Cremeeis ist H-Milch nicht besonders geeignet.

Eier und Eiprodukte

Es dürfen nur frische Hühnereier verarbeitet werden, die den Vorgaben der Eier- und Eiprodukte-Verordnung entsprechen. Eiprodukte wie Gefrierei, Trockenei und pasteurisierte Eigelbe müssen aus frischen Hühnereiern hergestellt worden sein (für den Hersteller besteht Kennzeichnungspflicht, bei der Warenannahme ist entsprechend zu kontrollieren). Die Verwendung von Enten- und Gänseeiern ist grundsätzlich verboten.

Wasser

Es darf nur Trinkwasser verwendet werden, falls die Rezeptur der entsprechenden Speiseeissorte einen Zusatz von Wasser erlaubt.

Das zum Gefrieren von Speiseeismassen benutzte Eis darf nicht mit dem Speiseeis direkt in Berührung kommen.

Halberzeugnisse (Convenience-Produkte)

Zugelassen ist die Verwendung von Convenience-Produkten (so genannte Halberzeugnisse) wie zähflüssige Speiseeiskonserven oder Speiseeispulver.

Weitere Zutaten/Frisches Obst

Weitere Zutaten dürfen nur pasteurisiert zugesetzt werden, auch frische Zusätze (z.B. frische Früchte) dürfen erst nach deren Pasteurisieren verwendet werden.

Geschwefelte und kandierte Früchte

Geschwefelte und kandierte Früchte, Belegfrüchte, Zitronat, Orangeat, flüssiges Pektin, Obstmark, Zitrussäfte und konzentrierte Zitrussäfte dürfen eingesetzt werden. Bei der Verwendung von geschwefelten Früchten muss deren Zusatz als Zusatzstoff deklariert werden („geschwefelt"). Diese Deklaration kann nur dann entfallen, wenn im Fertigerzeugnis der Gehalt an Schwefeldioxid unter 10 mg/kg liegt.

Zusatzstoffe

Der Zusatz von Konservierungsstoffen ist bei der Herstellung von Speiseeis verboten. Erlaubt sind ausgewählte Farbstoffe, die in der Zusatzstoff-Zulassungsverordnung explizit ausgewiesen sind (Anlage 1, Teil B).

Chemisch konserviertes Obst und Obsterzeugnisse

Die Verarbeitung von chemisch konserviertem Obst, Obstmark und Früchten, Fruchtsäften und konzentrierten Fruchtsäften, denen von ihrem Hersteller Konservierungsstoffe zugesetzt wurden, ist erlaubt. Solches Speiseeis muss entsprechend deklariert werden („mit Konservierungsstoff").

ANHANG

Hygienevorschriften und andere Hinweise

Beim Vorhalten und Verkauf von Speiseeis sind eine Reihe von lebensmittelhygienischen Verhaltensnormen zu beachten, die dem Verbraucher vor einer Lebensmittelinfektion schützen sollen. Das Einhalten dieser Vorschriften ist bei Speiseeis besonders wichtig, da es auf Grund seiner Zusammensetzung ein ausgezeichneter Nährboden für Mikroorganismen ist, mit denen es sehr leicht kontaminiert werden kann (mit Keimen belastete Rohprodukte, unsachgemäß gereinigte Gerätschaften für die Herstellung, das Vorhalten und das Portionieren von Eis, mangelhafte persönliche Hygiene). Es kann an dieser Stelle nur auf einige besonders wichtige Punkte hingewiesen werden:

- Speiseeis muss ständig ausreichend gekühlt aufbewahrt werden. Beim Vorhalten zum Ausportionieren darf die Temperatur auf höchstens −10 °C ansteigen. Ein erneutes Verarbeiten von aufgetauten Zubereitungen ist verboten.

- Alle bei der Herstellung und beim Verkauf von Speiseeis verwendeten Gerätschaften müssen den Prinzipien der sorgfältigen lebensmittel-hygienischen Sauberkeit entsprechen (Reinigung und gegebenenfalls Desinfektion). Das gilt vor allem auch für das ständige Sauberhalten von Portionierern (ständiges Wechseln des Spülwassers).

- Beim Verkauf von Speiseeis außer Haus bzw. in der Selbstbedienung muss die jeweilige Speiseeissorte deklariert werden. Dem Verkauf außer Haus wird die Abgabe von Speiseeis an mobilen Eisbereitungsanlagen, in Eisdielen sowie in den Verkaufsräumen von Eiscafés, sonstigen Cafés und Konditoreien zugerechnet.

- Bei der Verarbeitung von Speiseeis in Desserts bzw. bei der Abgabe von Eisbechern ergibt sich die Verkehrsbezeichnung aus dem eingebürgerten Namen von klassischen Desserts oder Eisbechern, wobei die eingesetzte Eissorte meist mit angegeben wird. Andernfalls sollte eine sachliche Beschreibung der Forderung der Angabe einer Verkehrsbezeichnung Rechnung tragen.

Speiseeis-Sorten

In den Leitsätzen für Speiseeis sind für den Verkauf im Einzelhandel und für die Abgabe in Eiscafés und gleichgestellten Einrichtungen die nachfolgend aufgeführten Speiseeissorten vorgegeben. Diese sollten bei der Auszeichnung mit der jeweiligen Bezeichnung die in den Leitsätzen gestellten Anforderungen erfüllen. Die in den Rezepturen angegebenen Mengen an wertbestimmenden Zutaten sind Mindestmengen, die gegebenenfalls überschritten werden dürfen.

Cremeeis (Eiercremeeis)

Cremeeis muss mindestens 50 Prozent Milch enthalten. Für 1 Liter Milch sind mindestens 270g Vollei oder 90g Eigelb vorgeschrieben. Der Zusatz von anderen geschmacksgebenden Komponenten ist erlaubt, so weit sie den gesetzlichen Vorgaben nicht widersprechen (siehe oben). Die Anteile von diesen einzelnen Komponenten dürfen variieren, der Zusatz von Wasser ist prinzipiell verboten.

Rahmeis, Sahneeis, Fürst-Pückler-Eis

Rahmeis ist die fettreichste Sorte von Speiseeis. Es enthält mindestens 18 Prozent Milchfett (nicht Milch), das ausschließlich aus der zur Eisbereitung eingesetzten Sahne stammen muss.

Milcheis

Der geforderte Mindestgehalt an Vollmilch (Fettgehalt 3,5 Prozent) im Eis beträgt 70 Prozent. Die jeweilige Geschmacksrichtung muss angegeben werden.
Bei überwiegender Verwendung von fermentierten Milchsorten (z.B. Sauermilch, Joghurt, Kefir) anstelle von Milch kann in der Verkehrsbezeichnung darauf hingewiesen werden, beispielsweise Joghurteis.

Eiscreme

Eiscreme enthält mindestens 10 Prozent Milchfett, das ausschließlich aus der zur Eisbereitung verwendeten Milch stammt.

Fruchteis

Der Gehalt an frischem Obstfruchtfleisch, Obstmark, Obstsaft oder entsprechenden Konzentraten muss mindestens 20 Prozent, bei Fruchteis aus frischen Zitrusfrüchten mindestens 10 Prozent betragen, sofern der Säuregehalt der Zitrusfrüchte mindestens 2,5 Prozent der Fruchtmasse ausmacht.

Fruchteiscreme

Der Mindestgehalt an Milchfett (aus eingesetzter Milch) beträgt mindestens 8 Prozent, die Fruchteiscreme muss einen deutlich wahrnehmbaren Fruchtgeschmack aufweisen.

„(Frucht)-Sorbet"

Der Fruchtanteil muss mindestens 25 Prozent, bei Sorbets aus Zitrusfrüchten und anderen säurebetonten Früchten mindestens 15 Prozent betragen (Säuregehalt bezogen auf Zitronensäure mindestens 2,5 Prozent). Milch oder Milchbestandteile werden bei der Herstellung nicht eingesetzt.

Wassereis

Dieses Eis mit einem Fettgehalt von weniger als 3 Prozent muss mindestens 12 Prozent Trockenmasse enthalten. Es dürfen neben künstlichen oder naturidentischen Aromastoffen auch zugelassene Farbstoffe (Aromenverordnung bzw. Zusatzstoff-Zulassungsverordnung) eingesetzt werden.

Weitere Speiseeissorten

Weitere, bisher als eigenständig ausgewiesene Speiseeissorten werden in den Leitsätzen für Speiseeis nicht mehr aufgeführt. Die für diese Sorten geltenden alten Regelungen sollten jedoch im Interesse der Qualitätssicherung beibehalten werden. Die bisherigen Sortennamen können dann als Verkehrsbezeichnung benutzt werden.

Die alte Bezeichnung „Einfacheiscreme" wurde durch den Namen „Wassereis" ersetzt, sie sollte einen Mindestgehalt an Milchfett von 3 Prozent haben. Eis mit Pflanzenfett sollte einen Mindestgehalt an Pflanzenfett von 3 Prozent aufweisen, gegebenenfalls sollte ein Fruchtgeschmack deutlich wahrnehmbar sein.

Eiscreme mit einem Mindestgehalt an Milchfett von 10 Prozent wird in der Regel nur industriell hergestellt.

Softeis und Stracciatella können dem Milcheis zugeordnet werden, sie waren auch bisher nicht als eigenständige Speiseeissorten ausgewiesen.

Zusatzstoff-Zulassungsverordnung (ZZulV)

Die Verordnung zur Neuordnung lebensrechtlicher Vorschriften über Zusatzstoffe ist am 29. Januar 1998 in Kraft getretenund ist zuletzt durch Art. 1 ZStoffR-AndVO 2002 vom 20. Dezember 2002 (BGBl. S. 4695) geändert werden.

ANHANG

§ 9 lautet:

Kenntlichmachung:

(1) Der Gehalt an Zusatzstoffen in Lebensmitteln muss bei der Abgabe an Verbraucher wie folgt nach Absatz 6 kenntlich gemacht werden:

1. bei Lebensmitteln mit einem Gehalt an Farbstoffen durch die Angabe „mit Farbstoff",

2. bei Lebensmitteln mit einem Gehalt an Zusatzstoffen, die zur Konservierung verwendet werden, durch Angabe „mit Konservierungsstoff" oder „konserviert"; diese Angaben können durch folgende Angaben ersetzt werden:

   a) „mit Nitritpökelsalz" bei Lebensmitteln mit einem Gehalt an Natrium- oder Kaliumnitrit, auch gemischt und in Mischungen mit Kochsalz, jodiertem Kochsalz oder Kochsalzersatz,

   b) „mit Nitrat" bei Lebensmitteln mit einem Gehalt an Natrium- oder Kaliumnitrat, auch gemischt, oder

   c) „mit Nitritpökelsalz und Nitrat" bei Lebensmitteln mit einem Gehalt an Natrium- oder Kaliumnitrit und Natrium- oder Kaliumnitrat, jeweils auch gemischt und in Mischungen mit Kochsalz, jodiertem Kochsalz oder Kochsalzersatz

3. bei Lebensmitteln mit einem Gehalt an Zusatzstoffen, die als Antioxidationsmittel verwendet werden, durch die Angabe „mit Antioxidationsmittel",

4. bei Lebensmitteln mit einem Gehalt an Zusatzstoffen, die als Geschmacksverstärker verwendet werden, durch die Angabe „mit Geschmacksverstärker",

5. bei Lebensmitteln mit einem Gehalt an Zusatzstoffen der Anlage 5 Teil B von mehr als 10 Milligramm in einem Kilogramm oder einem Liter, berechnet als Schwefeldioxid, durch die Angabe „geschwefelt",

6. bei Oliven mit einem Gehalt an Eisen-II-gluconat (E 579) oder Eisen-II-lactat (E 585) durch die Angabe „geschwärzt",

7. bei frischen Zitrusfrüchten, Melonen, Äpfeln und Birnen mit einem Gehalt an Zusatzstoffen der Nummern E 901 bis E 904, E 912 oder E 914, die zur Oberflächenbehandlung verwendet werden, durch die Angabe „gewachst",

8. bei Fleischerzeugnissen mit einem Gehalt an Zusatzstoffen der Nummern E 338 bis E 341, E 450 bis E 452, die bei der Herstellung der Fleischerzeugnisse verwendet werden, durch die Angabe „mit Phosphat".

(2) Der Gehalt an einem Zusatzstoff der Anlage 2 in Lebensmitteln, ausgenommen Tafelsüßen, ist in Verbindung mit der Verkehrsbezeichnung durch die Angabe „mit Süßungsmittel", bei mehreren Zusatzstoffen der Anlage 2 durch die Angabe „mit Süßungsmitteln" nach Absatz 6 kenntlich zu machen. Bei Lebensmitteln, ausgenommen Tafelsüßen, mit einem Gehalt an einem Zuckerzusatz im Sinne des § 2 Nr. 3 und einem Zusatzstoff der Anlage 2 ist dies durch die Angabe „mit einer Zuckerart und Süßungsmittel", sofern mehrere Zuckerzusätze oder mehrere Zusatzstoffe der Anlage 2 enthalten sind, sind die betreffenden Zutaten in der Mehrzahl jeweils in Verbindung mit der Verkehrsbezeichnung nach Absatz 6 kenntlich zu machen. Werden Lebensmittel im Sinne des Satzes 2 lose oder nach Maßgabe des § 1 Abs. 2 der Lebensmittel-Kennzeichnungsverordnung an den Verbraucher abgegeben, so reicht die Angabe nach Satz 1 aus.

(3) Bei Tafelsüßen ist der Gehalt an Zusatzstoffen der Anlage 2 durch die Angabe „auf der Grundlage von ...", ergänzt durch den oder die Namen der für die Tafelsüße verwendeten Süßungsmittel, in Verbindung mit der Verkehrsbezeichnung nach Absatz 6 kenntlich zu machen.

(4) Tafelsüßen und andere Lebensmittel, die Aspartam enthalten, dürfen nur in den Verkehr gebracht werden, wenn der Hinweis „enthält eine Phenylalaninquelle" nach Absatz 6 angegeben ist.

(5) Tafelsüßen mit einem Gehalt an Zusatzstoffen der Nummer E 420, E 421, E 953, E 965 bis E 967 und anderen Lebensmitteln mit einem Gehalt an diesen Zusatzstoffen von mehr als 100 Gramm in einem Kilogramm oder einem Liter dürfen nur in den Verkehr gebracht werden, wenn der Hinweis „kann bei übermäßigem Verzehr abführend wirken" nach Absatz 6 angegeben ist.

(6) Die Angaben nach Absatz 1 bis 5 sind gut sichtbar, in leicht lesbarer Schrift und unverwischbar anzugeben. Sie sind wie folgt anzubringen:

1. bei loser Angabe von Lebensmitteln auf einem Schild auf oder neben dem Lebensmittel,
2. bei der Angabe von Lebensmitteln in Umhüllungen oder Fertigpackungen nach § 1 Abs. 2 der Lebensmittel-Kennzeichnungsverordnung auf einem Schild auf oder neben dem Lebensmittel, auf der Umhüllung oder auf der Fertigverpackung,
3. bei der Angabe von Lebensmitteln in Fertigverpackungen, die nach der Lebensmittel-Kennzeichnungsverordnung zu kennzeichnen sind, auf der Fertigverpackung oder dem mit ihr verbundenen Etikett,
4. bei der Angabe von Lebensmitteln im Versandhandel auch in der Angebotsliste,
5. bei der Angabe von Lebensmitteln in Gaststätten auf Speise- und Getränkekarten,
6. bei der Angabe von Lebensmitteln in Einrichtungen zur Gemeinschaftsverpflegung auf Speisekarten oder in Preisverzeichnissen oder, so weit keine solche ausgelegt sind oder ausgehändigt werden, in einem sonstigen Aushang oder einer schriftlichen Mitteilung.

In den Fällen der Nummer 5 und 6 dürfen die vorgeschriebenen Angaben in Fußnoten angebracht werden, wenn bei der Verkehrsbezeichnung auf diese hingewiesen wird.

(7) Bei Lebensmitteln, die zur Abgabe an den Verbraucher in bestimmten Fertigpackungen verpackt sind und deren Haltbarkeit durch eine Schutzatmosphäre verlängert wird, ist der Hinweis „unter Schutzatmosphäre verpackt" anzugeben. Absatz 6 Satz 1 und 2 Nr. 3 gilt entsprechend.

(8) Die Angaben nach Absatz 1 können entfallen,

1. wenn Zusatzstoffe nur den Zutaten eines Lebensmittels zugesetzt sind, sofern die Zusatzstoffe in dem Lebensmittel keine technologische Wirkung mehr ausüben,
2. bei Lebensmitteln in Fertigverpackungen, wenn auf der Umhüllung oder der Fertigverpackung ein Verzeichnis der Zutaten im Sinne der Lebensmittel-Kennzeichnungsverordnung angegeben ist, oder
3. bei Lebensmitteln, die lose oder in Umhüllung oder Fertigverpackungen nach § 1 Abs. 2 der Lebensmittel-Kennzeichnungsverordnung an den Endverbraucher abgegeben werden, wenn in einem Aushang oder in einer schriftlichen Aufzeichnung, die dem Endverbraucher unmittelbar zugänglich ist, alle bei der Herstellung des Lebensmittels verwendeten Zusatzstoffe angegeben werden; auf die Aufzeichnung muss bei dem Lebensmittel oder in einem Aushang hingewiesen werden; Absatz 6 Satz 1 sowie die §§ 5 und 6 der Lebensmittel-Kennzeichnungsverordnung gelten entsprechend.

(9) Die Angaben nach Absatz 1 Nr. 2 und 7 müssen bei Zitrusfrüchten, die an andere Personen als Verbraucher abgegeben werden, auf einer Außenfläche der Packungen oder Behältnisse angebracht sein; Absatz 6 Satz 1 gilt entsprechend.

Wichtig ist, dass bei frischen Zitrusfrüchten, Melonen, Äpfeln und Birnen bei der Verwendung bestimmter Zusatzstoffe zur Oberflächenbehandlung die Angabe „gewachst" erfolgen muß. Ebenfalls von Bedeutung ist die Tatsache, dass die Farbstoffe E 101 Riboflavin und E 160 a Beta-Carotin mit dem Hinweis „mit Farbstoff" kenntlich gemacht werden müssen. Diese Zusatzstoffe, insbesondere Beta-Carotin, werden in Backmargarine, EU-

ANHANG

Butter aus Interventionsbeständen, Kaltcremes und Fertigmischungen verwendet. Die Zulieferindustrie ist sich des Problems bewusst und sucht nach praktikablen Lösungen.

Außerdem besteht nach dem jetzigen Recht die Möglichkeit, auf das Schild an der losen Ware, auf dem auf die vorgenannten Zusatzstoffe hingewiesen wird, zu verzichten, wenn in einem Aushang oder in einer schriftlichen Aufzeichnung, die dem Endverbraucher unmittelbar zugänglich ist, alle bei der Herstellung des Lebensmittels verwendeten Zusatzstoffe angegeben werden. Auf diese Aufzeichnung muss dann bei dem Lebensmittel oder in dem Aushang hingewiesen werden.

Zu erwähnen ist weiter, dass der Konservierungsstoff Propinsäure bei abgepacktem und geschnittenem Brot sowie Roggenbrot, bei Brot mit reduziertem Energiegehalt sowie bei vorgebackenem und abgepacktem Brot wieder zugelassen ist. Zuckerkulör ist für die Verwendung in Brot nicht wieder zugelassen.

Nachdem die Nährwert-Kennzeichnungsverordnung geändert worden ist, können Hinweise auf einen verminderten Brennwert dürfen in Zukunft nicht erfolgen, wenn der Brennwert den durchschnittlichen Brennwert vergleichbarer herkömmlicher Lebensmittel um weniger als 30 Prozent unterschreitet. Entsprechendes gilt für Hinweise auf einen verminderten Nährstoffgehalt. Folgende Änderungen sind besonders wichtig:

Bei der Verwendung der Farbstoffe E 101 (Riboflavin) und E 160 a (Beta-Carotin) bei unverpackter Ware ist der Hinweis „mit Farbstoff" erforderlich. Bei der Deklaration „mit Konservierungsstoff" oder „konserviert" braucht der genauere Name des Konservierungsmittels nicht mehr angegeben zu werden.

Auf die Hinweise (Ausnahme: Süßungsmittel) kann dann verzichtet werden, wenn

– ein Zutatenverzeichnis vorliegt oder

– die über die Zutat eingebrachten Zusatzstoffe im Endlebensmittel keine technologische Wirkung mehr entfalten oder

– alle Zusatzstoffe, die bei der Verwendung von Backwaren zugesetzt werden, in einem allgemein zugänglichen Aushang veröffentlicht werden.

Längsschnitt durch ein Weizenkorn

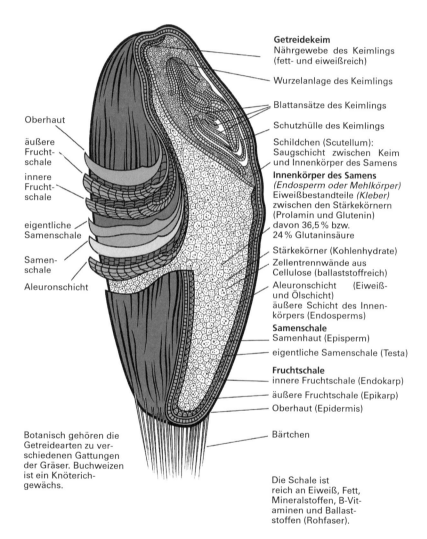

Getreidekeim
Nährgewebe des Keimlings
(fett- und eiweißreich)

Wurzelanlage des Keimlings

Blattansätze des Keimlings

Schutzhülle des Keimlings

Schildchen (Scutellum):
Saugschicht zwischen Keim
und Innenkörper des Samens

Innenkörper des Samens
(Endosperm oder Mehlkörper)
Eiweißbestandteile *(Kleber)*
zwischen den Stärkekörnern
(Prolamin und Glutenin)
davon 36,5 % bzw.
24 % Glutaninsäure

Stärkekörner (Kohlenhydrate)
Zellentrennwände aus
Cellulose (ballaststoffreich)
Aleuronschicht (Eiweiß-
und Ölschicht)
äußere Schicht des Innen-
körpers (Endosperms)

Samenschale
Samenhaut (Episperm)

eigentliche Samenschale (Testa)

Fruchtschale
innere Fruchtschale (Endokarp)
äußere Fruchtschale (Epikarp)
Oberhaut (Epidermis)

Bärtchen

Die Schale ist
reich an Eiweiß, Fett,
Mineralstoffen, B-Vit-
aminen und Ballast-
stoffen (Rohfaser).

Oberhaut
äußere Fruchtschale
innere Fruchtschale
eigentliche Samenschale
Samenschale
Aleuronschicht

Botanisch gehören die
Getreidearten zu ver-
schiedenen Gattungen
der Gräser. Buchweizen
ist ein Knöterich-
gewächs.

ANHANG

Weltgetreide-Erzeugung
Ungefähre Anteile der Getreidearten in %

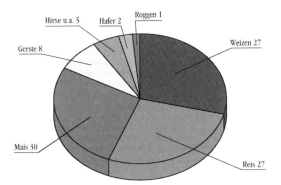

Verwendet werden bei uns überwiegend Weizen und Roggen, vereinzelt auch Gerste, Hafer, Mais, Hirse und selten Buchweizen.

Übersicht über das Brotgetreide und andere Getreidearten sowie Beschreibungen

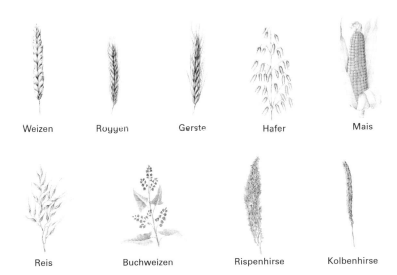

Buchweizen: Die Pflanze gehört zur Familie der Knöterichgewächse. Weil ihre Samen Ähnlichkeit mit Weizenkörnern haben, trägt sie den Namen Buchweizen. Da Buchweizenmehl keine Backfähigkeit besitzt, dient es nur zur Bereitung von Suppen, Breien und Pfannkuchen. Die mittlere Zusammensetzung von geschältem Buchweizen beträgt: Wasser 12,8%, Eiweißstoffe 9,8%, Rohfett 1,7%, Kohlenhydrate 72,4%, Rohfaser 1,6 %, Mineralstoffe 1,7 %.

Dinkel/Grünkern: Auch Spelt oder Spelz, aus einer Kreuzung von Emmer und Zwergweizen stammende Kulturform eines Getreides, das nach der Klimaverschlechterung in der Bronzezeit um etwa 800 v. Chr. das führende Getreide in Mitteleuropa wurde und im Oberrheingebiet noch heute angebaut wird. Die in der Milchreife geernteten und gedörrten Körner heißen Grünkern und dienen zur Bereitung von Suppen.

Einkorn: Aus Wildformen in Asien und Europa um 3000 v. Chr. kultiviertes Getreide, das in der Steinzeit weit verbreitet war und in der Bronzezeit seltener wurde.

Emmer: Etwa um 5000 v. Chr. vermutlich in Babylonien oder weiter östlich aus dem Wildemmer gezüchtetes Getreide. Es war bis nach Abessinien, Nordafrika und Mitteleuropa verbreitet. In seinem Ursprungsland blieb es bis ins 6. Jh. v. Chr. das wichtigste Getreide.

Gerste: Getreideart, deren Kulturformen bereits um 4000 v. Chr. entstanden. Das Mehl ist nicht backfähig und fand nur in Notzeiten als Streckungsmittel in der Bäckerei Verwendung. Gerste ist Hauptrohstoff der Bierbrauerei, Futtermittel und Nährmittel (Graupen). Die mittlere Zu-sammensetzung von Gerste ohne Spelzen beträgt: Wasser 11,6 %, Kohlenhydrate 71,8%, Eiweiß 10,6%, Mineralstoffe 2,3%, Rohfett 2,1 %, Rohfaser 1,6 %.

Hafer: Getreideart, die in den Steppen Westasiens, Nordafrikas und Osteuropas wild wächst und in Nordeuropa kultiviert wird. Hafermehl ist nicht backfähig. Hafer dient als Futtermittel und zur Herstellung von Nährmitteln (Haferflocken). Die mittlere Zusammensetzung von Hafer ohne Spelzen beträgt: Wasser 13,0 %, Eiweiß 12,6 %, Rohfett 7,1 %, Kohlenhydrate 62,8 %, Rohfaser 1,6 %, Mineralstoffe 2,9 %.

Hirse: Allgemeine Bezeichnung für mehrere der ältesten Kulturgräser. Von diesen waren die Rispen- und die Kolbenhirse auch in Europa verbreitet. Zurzeit ist die Mohrenhirse (Durrha) eine in Afrika weit verbreitete Getreideart. Hirsebrei spielt dort eine große Rolle in der Ernährung der einheimischen Bevölkerung. Das Mehl der Hirse ist nicht backfähig. Ihre mittlere Zusammensetzung beträgt: Wasser 12,1 %, Kohlenhydrate 70,7 %, Eiweiß 10,6 %, Mineralstoffe 1,6 %, Rohfett 3,9 %, Rohfaser 1,1 %.

Mais: Neben Reis und Weizen wichtigstes Getreide, stammt aus Amerika. Aus 2 Ursprungsformen (Zahn- und Hartmais) mit zahlreichen Zuchtformen heute in heißen und gemäßigten Zonen der Welt angebaut (sogar in Skandinavien). Anbau auf demselben Standort mehrere Jahre nacheinander möglich. Entzieht dem Boden mehr Nährstoffe, die Körner enthalten aber weniger Eiweiß als die anderen Getreidearten. Die gelben, weißen oder roten Körner sitzen im Kolben auf der Spindel in 8 bis 16 Reihen. Die Ernte von Körnermais ist im Oktober/November.

Reis: Getreideart, die vornehmlich in Asien angebaut wird, sehr hohe Ansprüche an die Kultur stellt, aber auch hohe Erträge liefert. Reismehl hat keine Backfähigkeit, ist wegen seines hohen Stärkeanteils aber zur Stärkegewinnung besonders geeignet. Als Bestandteil von Quellmehlen und Krempulvern hat Reismehl auch für die deutsche Bäckerei Bedeutung. Die mittlere Zusammensetzung von ungeschältem und von poliertem Reis beträgt: Wasser 13,1 %/12,9 %, Eiweiß 7,4 %/7,0 %, Fett 2,2 %/0,6 %, Kohlenhydrate 75,4 %/78,8 %, Rohfaser 0,7 %/0,2 %, Mineralstoffe 1,2 %/0,5 %.

ANHANG

Roggen: Aus Vorder- und Innerasien stammende, als Unkraut mit dem Emmer nach Europa gekommene Getreideart, die geringe Ansprüche an Boden und Klima stellt und daher zur Brotfrucht des nördlichen und östlichen Europas wurde. Roggenmehle und -schrote sind allerdings nur in gesäuerten Teigen backfähig, da die Krumenbildung mehr auf der Verkleisterung von Stärke als auf der Gerinnung von Eiweiß beruht und die Stärke im Backprozess nur durch Säure vor dem Angriff durch Amylasen geschützt werden kann.

Weizen: Getreideart, die hohe Ansprüche an Boden und Klima stellt und wegen ihres Kleberbildungsvermögens besonders gut backfähige Mehle liefert. Weizen ist das bedeutendste Brotgetreide vor allem in Europa, Nordamerika und Australien.

Kennzeichnung von Lebensmitteln

Die Kennzeichnungspflicht von Lebensmitteln wird durch mehrere Gesetze bzw. Verordnungen geregelt. Diese schreiben generell vor, dass die Pflicht zur Deklarationen von Inhaltsstoffen und anderer Eigenschaften des betreffenden Produktes für alle Lebensmittel bindend ist, die in Fertigverpackungen angeboten werden. Für lose Ware bzw. in Handwerksbetrieben hergestellte Produkte gelten Sonderregelungen, wonach unter bestimmten Voraussetzungen auf eine Deklaration verzichtet werden kann und der Kennzeichnungspflicht auch durch Aushang bzw. Beschilderung an der Ware entsprochen wird. Das betrifft insbesondere Grundnahrungsmittel bzw. Produkte, deren so genannte Verkehrsbezeichnung als hinlänglich bekannt angesehen werden kann.

Andererseits ist die Kennzeichnung von bestimmten Inhaltsstoffen, wie beispielsweise von Zusatzstoffen, auch bei loser Ware unbedingt erforderlich. Zu beachten ist außerdem, dass bei der Verarbeitung von Halberzeugnissen, die kennzeichnungspflichtige Zutaten enthalten, diese auch bei den produzierten Erzeugnissen entsprechend deklariert werden müssen (Übernahme der Angaben von der Verpackung bzw. von den Lieferpapieren).

Zum Einhalten der Verpflichtung, Lebensmittel lückenlos zu kennzeichnen, müssen die nachfolgend aufgeführten Verordnungen beachtet werden:

- Lebensmittel-Kennzeichnungsverordnung (LMKV, siehe auch Seite 297)

   Die LMKV regelt die grundsätzlichen Vorgaben zur Kennzeichnung und gibt vor, in welcher Form diese zu erfolgen haben wie Verkehrsbezeichnung, Herstellerangabe, Zutatenverzeichnis und Mindesthaltbarkeits-datum (MHD) bzw. Verbrauchsdatum (bei leicht verderblichen Lebensmitteln).

- Zusatzstoff-Zulassungsverordnung (ZZulV, siehe auch Seite 394 ff.)

   Die ZZulV regelt die Zulassung von Zusatzstoffen und legt fest, dass die Verwendung von Zusatzstoffen generell deklariert werden muss, nicht nur bei abgepackten Waren. Sie gibt außerdem vor, wie diese Kennzeichnung zu erfolgen hat.

- Nährwert-Kennzeichnungsverordnung (NKV, siehe auch Seite 373 ff.)

   Die NKV gibt die Mengen an einzelnen Nährstoffen vor, die in solchen Lebensmitteln enthalten sein müssen bzw. enthalten sein dürfen, die für bestimmte Ernährungsregimes vorgesehen sind und die als solche deklariert werden. Sie legt ferner den der Berechnung des Energie-Inhaltes zugrunde zu legenden physiologischen Brennwert der einzelnen Nährstoffe fest und verpflichtet zur Angabe des Gehaltes an Eiweiß, Kohlenhydrat und Fett in den Fällen, in denen ein Brennwert angegeben wird. Die Vorgaben der NKV sind auch dann zu beachten, wenn der Brennwert und der Nährstoffgehalt angegeben wird, ohne dass dazu eine Verpflichtung besteht.

ANHANG

- Neuartige Lebensmittel- und Lebensmittelzutaten-Verordnung (NLV)
  Die NLV (umgangssprachlich auch Novel-Food-Verordnung genannt) regelt u.a. die Kennzeichnung von neuartigen Lebensmitteln (einschließlich gentechnisch veränderten Lebensmitteln). Sie ist bei der Verarbeitung solcher Lebensmittel zu beachten.

- Öko-Kennzeichnungsgesetz (ÖkoKennzG)
  Das ÖkoKennzG regelt die Kennzeichnung von Produkten des ökologischen Landbaus und die Bewerbung von Lebensmitteln, die aus solchen Ausgangsprodukten hergestellt wurden. Es verbietet die irreführende Benutzung einer solchen Auszeichnung und muss beachtet werden, wenn die produzierten Erzeugnisse als Öko-Produkte ausgezeichnet und beworben werden.

- Produktspezifische Verordnungen
  Die für einige Produkte bzw. Lebensmittel erlassenen spezifischen Verordnungen enthalten in vielen Fällen auch Festlegungen für die Kennzeichnung dieser speziellen Produkte.

Erforderliche Kennzeichnungen

Auf der Verpackung abgepackter Lebensmittel müssen vom Produzenten die nachfolgend aufgeführten Angaben (so weit zutreffend) gemacht werden. Der Leiter eines Betriebs, der Lebensmittel verarbeitet, ist außerdem verpflichtet, diese Angaben bei der Annahme von solchen Erzeugnissen zu kontrollieren und gegebenenfalls diese Auszeichnungen auf die im Betrieb hergestellten Waren zu übernehmen.

- Verkehrsbezeichnung des Lebensmittels,
- Name oder Firmenbezeichnung, Anschrift des Herstellers, Verpackers (Abfüllers) oder Verkäufers,
- Angabe der Füllmenge,
- Angaben über die Zusammensetzung des Lebensmittels (Zutatenverzeichnis) einschließlich der Mengen der wertbestimmenden Inhaltsstoffe,
- Angaben über enthaltene Zusatzstoffe,
- Mindesthaltbarkeitsdatum (MHD) bzw. Verbrauchsdatum,
- Alkoholgehalt von Getränken (bei einem Gehalt von über 1,2 Vol.-%).

Verkehrsbezeichnung

Unter dem Begriff „Verkehrsbezeichnung" wird der Name (Bezeichnung) des Lebensmittels, der in den Rechtsvorschriften festgelegt ist (Gesetze, Verordnungen, Leitsätze). Von Konditoreien und Bäckereien müssen insbesondere die in den Leitsätzen des Deutschen Lebensmittelbuches für Feine Backwaren, für Speiseeis bzw. für Brot und Kleingebäck vorgegebenen Bezeichnungen beachtet werden.

Bei Fehlen einer Vorgabe für eine Verkehrsbezeichnung ist die nach der „allgemeinen Verkehrsauffassung" übliche Bezeichnung zu verwenden (z.B. Brötchen, Baguette). Fehlt auch eine solche, so ist das Lebensmittel so zu beschreiben, dass eine Verwechslung mit anderen Erzeugnissen nicht möglich ist und das Lebensmittel gleichzeitig in seinen Eigenschaften hinreichend beschrieben wird. Dazu ist die Beschreibung der Zutaten und der Produktionsweise besser geeignet ist als neu geschaffene, nichts sagende Phantasienamen.

Füllmenge

Bei verpackten Waren muss die Füllmenge in g oder kg angegeben werden. Das gilt nicht für Brote in Form von Kleingebäck, für Kleingebäck und für Feine Backwaren mit einem Stückgewicht bis zu 250g. Eine Gewichtsangabe ist in diesen Fällen nicht erforderlich. Diese Backwaren werden in der Regel nach Stückzahl verkauft.

ANHANG

Zutatenverzeichnis

Auf der Verpackung müssen die Mengen aller Inhaltsstoffe einschließlich der wertbestimmenden angegeben werden (in Prozentanteilen, in der Regel in g pro 100 g bzw. 100 ml). Diese Festlegung gilt auch für Milcherzeugnisse. Ausgenommen von dieser Deklarationspflicht sind Substanzen, die natürlicherweise in den betreffenden Lebensmitteln vorkommen (z.B. Vitamine, Mineralstoffe, Ballaststoffe), oder in nur kleinen Mengen zur Geschmacksverbesserung zugegeben wurden (Aromen, Kräuter). Bei verpackten Waren, bei denen das Abtropfgewicht angegeben werden muss, ist eine genaue Mengenangabe nicht erforderlich (Fertigpackungsverordnung).

Bei industriell gefertigten Lebensmitteln muss die Herkunft der in ihnen enthaltenen Stärke exakt deklariert werden (z. B. Weizenstärke), um gegebenenfalls solche Personen vor einem Verzehr zu warnen, die bestimmte Stärkearten nicht vertragen.

Für Lebensmittel, die lose verkauft werden, ist eine Deklaration der mengenmäßigen Zusammensetzung nicht vorgeschrieben.

Deklaration von Zusatzstoffen

Zusatzstoffe müssen stets deklariert werden, nicht nur bei abgepackten Waren. Es muss die jeweilige Gruppe des Zusatzstoffs (Wirkungsweise) angegeben werden, die Angabe der genauen Bezeichnung des Stoffs und die seiner E-Nummer ist in vielen Fällen freigestellt (siehe Tabelle 1). Es ist jedoch dringend zu empfehlen, zusätzlich zur vorgeschriebenen allgemeinen Deklaration der Zusatzstoffgruppe auch die genaue Bezeichnung des Zusatzstoffs anzugeben.

Tabelle 1

Deklarationen, die zur Kennzeichnung von zugesetzten Zusatzstoffen vorgeschrieben sind (Auswahl der für das Konditoreigewerbe relevanten Bezeichnungen):

Farbstoffe	„mit Farbstoff"
Konservierungsstoffe	„mitKonservierungsstoff"
	oder „konserviert"
Antioxidationsmittel	„mit Antioxidationsmittel"
Geschmacksverstärker	„mit Geschmacksverstärker"
Sulfit bzw. SO_2	„geschwefelt"
(mehr als 10 mg/kg oder l)	
Eisen-II-gluconat (Oliven)	„geschwärzt"
Wachs	„gewachst"
(Oberflächen von Obst und Früchten)	
Süßstoffe	„mit Süßungsmittel"[1]
	bzw. „mit Süßungsmitteln"
	(bei Süßstoffmischungen)[1]
Zuckeraustauschstoffe (Tafelsüßen)	„auf der Grundlage von ..."[2,3]

Diätetische Lebensmittel, die nicht für Diabetiker bestimmt sind und zu deren Herstellung sowohl Zuckeraustauschstoffe als auch rasch resorbierbarer Zucker (vorzugsweise Saccharose bzw. Glucose) verwendet wurden, müssen mit dem Warnhinweis „Für Diabetiker nicht geeignet" versehen werden, unbeschadet der in die Zutatenliste zu erfol-

---

[1] *Bei Zusatz von Aspartam muss folgender Hinweis zugefügt werden: „Enthält eine Phenylalaninquelle." Aspartam kann von Herstellern auch unter den Handelsnamen „Nutra Sweet®" oder „Candarel®" aufgeführt werden (insbesondere bei importierten Convenience-Produkten).*
[2] *Der eingesetzte Austauschstoff ist zu benennen.*
[3] *Bei Zusatz von Zuckeraustauschstoffen in einer Konzentration von mehr als 100 g/kg muss folgender Hinweis hinzugefügt werden: „Kann bei übermäßigem Verzehr abführend wirken."*

genden Deklaration des Austauschstoffs und des Zuckerzusatzes. Durch diesen Hinweis sollen Diabetiker ausdrücklich auf den Zuckergehalt des Erzeugnisses hingewiesen und vor dem Verzehr gewarnt werden.

Deklaration von Aromastoffen

Aromastoffe, die Lebensmitteln bzw. Getränken zugesetzt werden dürfen, unterliegen der Aromenverordnung). Den Aromastoffen werden Chinin und (synthetisches) Vanillin zugeordnet, deren Zusatz deklariert werden muss.

Deklaration von Bio-Produkten

Nach dem Öko-Landbaugesetz dürfen nur landwirtschaftliche Erzeugnisse, die nach ökologischen Prinzipien produziert wurden und den gesetzlichen Anforderungen entsprechen, als solche deklariert werden („Bio-Siegel", EU-Ökosiegel, Bezeichnungen wie beispielsweise „kontrolliert biologisch", „kontrolliert ökologisch", „biologisch-dynamisch", „biologisch-organisch", „bio", „öko"). Betriebe, die solche Erzeugnisse verarbeiten und die hergestellten Lebensmittel als Bio-Produkte deklarieren, dürfen in diesen Fällen keine anderen, konventionell produzierten Erzeugnisse einsetzen. Beim gleichzeitigen Einsatz von Bio-Produkten und konventionell produzierten Rohstoffen darf bei der Abgabe des Erzeugnisses dieses nicht als Bio-Erzeugnis beworben werden, und es darf außerdem nicht auf den Einsatz von Bio-Produkten hingewiesen werden.

Benutzung geschützter Bezeichnungen

Von der Kommission der EG können auf Antrag der Produzenten die Bezeichnungen von solchen Agrarerzeugnissen und Lebensmitteln geschützt werden, die nach solchen Verfahren produziert werden, die für eine Region spezifisch sind oder die ausschließlich in dieser Region hergestellt werden. Diese Produkte, die auch gewisse Mindeststandards erfüllen müssen, dürfen vom Hersteller mit dem Zusatz „Geschützte Ursprungsbezeichnung" bzw. „Geschützte geographische Angabe" deklariert werden. Die geschützten Namen dieser Erzeugnisse dürfen nicht für Produkte benutzt werden, die in anderen Gebieten produziert werden bzw. dürfen nicht für ähnliche Erzeugnisse verwendet werden.

Geschützt sind vorrangig die Markennamen von Fleisch und Fleischerzeugnissen sowie Käse, aber auch von zahlreichen sonstigen Erzeugnissen, wie beispielsweise von Honig, Milcherzeugnissen, Butter, Biere, Mineralwässer und pflanzlichen Ölen (z.B. Steirisches Kürbiskernöl, spezielle Olivenöle). Besondere Backwaren bzw. Schokoladenerzeugnisse sind bisher in vergleichsweise geringem Umfang als solche ausgewiesen. Geschützt sind beispielsweise die Bezeichnungen „Nürnberger Lebkuchen", „Aachener Printen", „Lübecker Marzipan" sowie „Meißner Fummel".

Kennzeichnung von neuartigen Lebensmitteln

Alle als neuartig eingestufte Lebensmittel müssen als solche entsprechend den Vorgaben der neuartigen Lebensmittel- und Lebensmittelzutaten-Verordnung („Novel-Food-Verordnung") deklariert werden. Das gilt auch für die Erzeugnisse, die unter Verwendung solcher Lebensmittel produziert wurden. Der Einsatz solcher Ausgangsstoffe muss auf der Verpackung des hergestellten Produktes oder auf der andersartig gestalteten Auszeichnung deklariert werden. Diese Kennzeichnungspflicht betrifft alle Lebensmittel, die als neuartig eingestuft werden, nicht nur solche, die aus gentechnisch veränderten Organismen hergestellt oder zu deren Herstellung gentechnisch veränderte Organismen (GVO) eingesetzt wurden.

Kennzeichnung gentechnisch freier Lebensmittel

Eindeutig gentechnisch freie Lebensmittel können auf freiwilliger Basis gekennzeichnet werden. Es darf hierzu nur die Bezeichnung „ohne Gentechnik" verwendet werden. Die

ANHANG

Lebensmittel müssen den dafür festgelegten strengen Maßstäben entsprechen, und es muss jederzeit der Nachweis über die Einhaltung dieser Festlegungen geführt werden können (Neuartige Lebensmittel- und Lebensmittelzutaten-Verordnung).

Kennzeichnung von Lebensmitteln für die kalorienarme Ernährung

Die Deklaration des physiologischen Brennwertes von Lebensmitteln ist zunächst generell nicht erforderlich. Eine freiwillige Angabe des durchschnittlichen Brennwertes einer Mahlzeit, Speise oder eines anderen Lebensmittels ist jedoch statthaft, nicht aber der Hinweis auf einen bewusst niedrigen Energiegehalt, mit dem das Produkt als gesundheitsfördernd beworben werden soll. Bei der Angabe eines Brennwertes müssen gleichzeitig die Fett-, Eiweiß- und Kohlenhydratanteile ausgewiesen werden.

Lebensmittel, die für eine kalorienarme Ernährung bestimmt sind und als solche deklariert werden, müssen den Vorgaben der Nährwert-Kennzeichnungsverordnung entsprechen. Die vordergründig für Lebensmittel in Fertigpackungen einschließlich abgepackter Diäterzeugnisse erlassenen Vorgaben müssen auch bei der Deklaration entsprechender Erzeugnisse eingehalten werden, die in Handwerksbetrieben hergestellt wurden. Neben der korrekten Auszeichnung der Produkte muss gesichert werden, dass die vorgegebenen und deklarierten Energie- und Nährstoffgehalte durch genaues Abwiegen bzw. Abmessen in jeder ausgegebenen Portion exakt eingehalten werden.

Als „kalorienarm" dürfen Lebensmittel – einschließlich vorgefertigte Speisen (Convenience-Produkte) – deklariert werden, wenn sie sich durch einen deutlich geringeren Energiegehalt (mindestens 30 Prozent) von den „klassischen" Lebensmitteln unterscheiden. Für bestimmte Lebensmittel gelten von dieser generellen Vorgabe abweichende Festlegungen, nach denen der Brennwert der verzehrfertigen Lebensmittels einen Grenzwert pro 100g des Erzeugnisses nicht überschreiten darf (siehe Tabelle 2). Der Gehalt des eingesetzten Ausgangsstoffs an den einzelnen Nährstoffen ist aktuellen Nährwerttabellen bzw. der Auszeichnung der eingesetzten Halbfertigprodukte zu entnehmen. Die bei Berechnung des Energie-Inhaltes zu verwendenden physiologischen Brennwerte der einzelnen Nährstoffe werden ebenfalls von der Nährwert-Kennzeichnungsverordnung vorgegeben (siehe Tabelle 3).

Tabelle 2

Physiologische Brennwerte, die von bestimmten Speisen, Getränken und Backwaren nicht überschritten werden dürfen (in kJ bzw. kcal pro 100 g des verzehrfertigen Lebensmittels):

Getränke, Suppen, Brühen	84 kJ (20 kcal)
Speisen (Convenience-Produkte)	210 kJ (50 kcal)
Brot und Dauerbackwaren sowie Knabberartikel auf Getreide- oder Kartoffelbasis	1260 kJ (300 kcal)
Feinbackwaren (ausgenommen Obstkuchen)	1260 kJ (300 kcal)
Obstkuchen	840 kJ (200 kcal)

Tabelle 3

Physiologische Brennwerte der Energie liefernden Nährstoffe, die der Kalkulation des Energie-Inhaltes von kalorienarmen Speisen und von entsprechenden Diäterzeugnissen zugrunde gelegt werden müssen:

Fett	37 kJ (9 kcal)	Alkohol	29 kJ (7 kcal)
Eiweiß	17 kJ (4 kcal)	organische Säuren	13 kJ (3 kcal)
Kohlenhydrate	17 kJ (4 kcal)	mehrwertige Alkohole	10 kJ (2,4 kcal)

Kochsalzarm (natriumarm) deklarierte Lebensmittel

Bei einer Deklaration von Lebensmitteln als salzarm bzw. natriumarm dürfen die von der Nährwert-Kennzeichnungsverordnung vorgegebenen Grenzwerte für Kochsalz (Natriumchlorid) im verkaufsfertigen Lebensmittel (nicht nur die Zugabe von Salz als Würzmittel) nicht überschritten werden. Es ist deswegen anzuraten, auf eine entsprechende Deklaration (natriumarm) möglichst zu verzichten, auch wenn dem Lebensmittel im Vergleich zu durchschnittlich gewürzten Produkten verhältnismäßig wenig Kochsalz zugegeben wurde.

Als kochsalzreduziert dürfen nur solche Lebensmittel bzw. Getränke deklariert werden, die weniger als 120 mg Natrium pro 100 g verzehrfertiges Lebensmittel bzw. weniger als 2 mg Natrium pro 100 ml eines entsprechend deklarierten Getränks enthalten (1 mg Natrium = 2,5 mg Kochsalz). Nur für einige Lebensmittel, die aus rein geschmacklichen Gründen einen höheren Kochsalzgehalt aufweisen (müssen), sind höhere Werte zulässig, z.b. für Brot, Kleingebäck und sonstige Backwaren maximal 250 mg Natrium (625 mg Kochsalz) pro 100 g.

Berufsbildungsgesetz (BBiG) (Auszug)
Vom 23. März 2005 (BGBl. I S. 931).
Geändert durch Gesetz vom 23. März 2005 (BGBl. I S. 931) FNA 806-22

Teil 1. Allgemeine Vorschriften

§ 1 Ziele und Begriffe der Berufsbildung

(1) Berufsbildung im Sinne dieses Gesetzes sind die Berufsausbildungsvorbereitung, die Berufsausbildung, die berufliche Fortbildung und die berufliche Umschulung.

(2) Die Berufsausbildungsvorbereitung dient dem Ziel, durch die Vermittlung von Grundlagen für den Erwerb beruflicher Handlungsfähigkeit an eine Berufsausbildung in einem anerkannten Ausbildungsberuf heranzuführen.

(3) Die Berufsausbildung hat die für die Ausübung einer qualifizierten beruflichen Tätigkeit in einer sich wandelnden Arbeitswelt notwendigen beruflichen Fertigkeiten, Kenntnisse und Fähigkeiten (berufliche Handlungsfähigkeit) in einem geordneten Ausbildungsgang zu vermitteln. Sie hat ferner den Erwerb der erforderlichen Berufserfahrungen zu ermöglichen.

(4) Die berufliche Fortbildung soll es ermöglichen, die berufliche Handlungsfähigkeit zu erhalten und anzupassen oder zu erweitern und beruflich aufzusteigen.

(5) Die berufliche Umschulung soll zu einer anderen beruflichen Tätigkeit befähigen.

§ 2 Lernorte der Berufsbildung

(1) Berufsbildung wird durchgeführt

1. in Betrieben der Wirtschaft, in vergleichbaren Einrichtungen außerhalb der Wirtschaft, insbesondere des öffentlichen Dienstes, der Angehörigen freier Berufe und in Haushalten (betriebliche Berufsbildung),
2. in berufsbildenden Schulen (schulische Berufsbildung) und

Die Änderung durch Art. 2a des Gesetzes zur Reform der beruflichen Bildung treten erst am 1. April 2007 in Kraft und sind insoweit im Text noch nicht berücksichtigt.

3. in sonstigen Berufsbildungseinrichtungen außerhalb der schulischen und betrieblichen Berufsbildung (außerbetriebliche Berufsbildung).

(2) Die Lernorte nach Absatz 1 wirken bei der Durchführung der Berufsbildung zusammen (Lernortkooperation).

(3) Teile der Berufsausbildung können im Ausland durchgeführt werden, wenn dies dem Ausbildungsziel dient. Ihre Gesamtdauer soll ein Viertel der in der Ausbildungsordnung festgelegten Ausbildungsdauer nicht überschreiten.

§ 3 Anwendungsbereich

(1) Dieses Gesetz gilt für die Berufsbildung, soweit sie nicht in berufsbildenden Schulen durchgeführt wird, die den Schulgesetzen der Länder unterstehen.

(2) Dieses Gesetz gilt nicht für

1. die Berufsbildung, die in berufsqualifizierenden oder vergleichbaren Studiengängen an Hochschulen auf der Grundlage des Hochschulrahmengesetzes und der Hochschulgesetze der Länder durchgeführt wird,

2. die Berufsbildung in einem öffentlich-rechtlichen Dienstverhältnis,

3. die Berufsbildung auf Kauffahrteischiffen, die nach dem Flaggenrechtsgesetz die Bundesflagge führen, soweit es sich nicht um Schiffe der kleinen Hochseefischerei oder der Küstenfischerei handelt.

(3) Für die Berufsbildung in Berufen der Handwerksordnung gelten die §§ 4 bis 9, 27 bis 49, 53 bis 70, 76 bis 80 sowie 102 nicht; insoweit gilt die Handwerksordnung.

Teil 2. Berufsbildung
Kapitel 1. Berufsausbildung
Abschnitt 1. Ordnung der Berufsausbildung; Anerkennung von Ausbildungsberufen
§ 4 Anerkennung von Ausbildungsberufen

(1) Als Grundlage für eine geordnete und einheitliche Berufsausbildung kann das Bundesministerium für Wirtschaft und Arbeit oder das sonst zuständige Fachministerium im Einvernehmen mit dem Bundesministerium für Bildung und Forschung durch Rechtsverordnung, die nicht der Zustimmung des Bundesrates bedarf, Ausbildungsberufe staatlich anerkennen und hierfür Ausbildungsordnungen nach § 5 erlassen.

(2) Für einen anerkannten Ausbildungsberuf darf nur nach der Ausbildungsordnung ausgebildet werden.

(3) In anderen als anerkannten Ausbildungsberufen dürfen Jugendliche unter 18 Jahren nicht ausgebildet werden, soweit die Berufsausbildung nicht auf den Besuch weiterführender Bildungsgänge vorbereitet.

(4) Wird die Ausbildungsordnung eines Ausbildungsberufes aufgehoben, so gelten für bestehende Berufsausbildungsverhältnisse die bisherigen Vorschriften.

(5) Das zuständige Fachministerium informiert die Länder frühzeitig über Neuordnungskonzepte und bezieht sie in die Abstimmung ein.

§ 5 Ausbildungsordnung

(1) Die Ausbildungsordnung hat festzulegen

1. die Bezeichnung des Ausbildungsberufes, der anerkannt wird,

2. die Ausbildungsdauer; sie soll nicht mehr als drei und nicht weniger als zwei Jahre betragen,

3. die beruflichen Fertigkeiten, Kenntnisse und Fähigkeiten, die mindestens Gegenstand der Berufsausbildung sind (Ausbildungsberufsbild),
4. eine Anleitung zur sachlichen und zeitlichen Gliederung der Vermittlung der beruflichen Fertigkeiten, Kenntnisse und Fähigkeiten (Ausbildungsrahmenplan),
5. die Prüfungsanforderungen.

(2) ¹Die Ausbildungsordnung kann vorsehen,
1. dass die Berufsausbildung in sachlich und zeitlich besonders gegliederten, aufeinander aufbauenden Stufen erfolgt; nach den einzelnen Stufen soll ein Ausbildungsabschluss vorgesehen werden, der sowohl zu einer qualifizierten beruflichen Tätigkeit im Sinne des § 1 Abs. 3 befähigt als auch die Fortsetzung der Berufsausbildung in weiteren Stufen ermöglicht (Stufenausbildung),
2. dass die Abschlussprüfung in zwei zeitlich auseinander fallenden Teilen durchgeführt wird,
3. dass abweichend von § 4 Abs. 4 die Berufsausbildung in diesem Ausbildungsberuf unter Anrechnung der bereits zurückgelegten Ausbildungszeit fortgesetzt werden kann, wenn die Vertragsparteien dies vereinbaren,
4. dass auf die durch die Ausbildungsordnung geregelte Berufsausbildung eine andere, einschlägige Berufsausbildung unter Berücksichtigung der hierbei erworbenen beruflichen Fertigkeiten, Kenntnisse und Fähigkeiten angerechnet werden kann,
5. dass über das in Absatz 1 Nr. 3 beschriebene Ausbildungsberufsbild hinaus zusätzliche berufliche Fertigkeiten, Kenntnisse und Fähigkeiten vermittelt werden können, die die berufliche Handlungsfähigkeit ergänzen oder erweitern,
6. dass Teile der Berufsausbildung in geeigneten Einrichtungen außerhalb der Ausbildungsstätte durchgeführt werden, wenn und soweit es die Berufsausbildung erfordert (überbetriebliche Berufsausbildung),
7. dass Auszubildende einen schriftlichen Ausbildungsnachweis zu führen haben.

Im Rahmen der Ordnungsverfahren soll stets geprüft werden, ob Regelungen nach Nummer 1,2 und 4 sinnvoll und möglich sind.

§ 6 Erprobung neuer Ausbildungsberufe, Ausbildungs- und Prüfungsformen

Zur Entwicklung und Erprobung neuer Ausbildungsberufe sowie Ausbildungs- und Prüfungsformen kann das Bundesministerium für Wirtschaft und Arbeit oder das sonst zuständige Fachministerium im Einvernehmen mit dem Bundesministerium für Bildung und Forschung nach Anhörung des Hauptausschusses des Bundesinstituts für Berufsbildung durch Rechtsverordnung, die nicht der Zustimmung des Bundesrates bedarf, Ausnahmen von § 4 Abs. 2 und 3 sowie den §§ 5, 37 und 48 zulassen, die auch auf eine bestimmte Art und Zahl von Ausbildungsstätten beschränkt werden können.

§ 7 Anrechnung beruflicher Vorbildung auf die Ausbildungszeit

(1) ¹Die Landesregierungen können nach Anhörung des Landesausschusses für Berufsbildung durch Rechtsverordnung bestimmen, dass der Besuch eines Bildungsganges berufsbildender Schulen oder die Berufsausbildung in einer sonstigen Einrichtung ganz oder teilweise auf die Ausbildungszeit angerechnet wird. Die Ermächtigung kann durch Rechtsverordnung auf oberste Landesbehörden weiter übertragen werden. Die Rechtsverordnung kann vorsehen, dass die Anrechnung eines gemeinsamen Antrags der Auszubildenden und Ausbildenden bedarf.

(2) ¹Die Anrechnung nach Absatz 1 bedarf des gemeinsamen Antrags der Auszubildenden und Ausbildenden. Der Antrag ist an die zuständige Stelle zu richten. Er kann sich auf Teile des höchstzulässigen Anrechnungszeitraums beschränken.

ANHANG

§ 8 Abkürzung und Verlängerung der Ausbildungszeit

(1) Auf gemeinsamen Antrag der Auszubildenden und Ausbildenden hat die zuständige Stelle die Ausbildungszeit zu kürzen, wenn zu erwarten ist, dass das Ausbildungsziel in der gekürzten Zeit erreicht wird. Bei berechtigtem Interesse kann sich der Antrag auch auf die Verkürzung der täglichen oder wöchentlichen Ausbildungszeit richten (Teilzeitberufsausbildung).

(2) In Ausnahmefällen kann die zuständige Stelle auf Antrag Auszubildender die Ausbildungszeit verlängern, wenn die Verlängerung erforderlich ist, um das Ausbildungsziel zu erreichen. Vor der Entscheidung nach Satz 1 sind die Ausbildenden zu hören.

(3) Für die Entscheidung über die Verkürzung oder Verlängerung der Ausbildungszeit kann der Hauptausschuss des Bundesinstituts für Berufsbildung Richtlinien erlassen.

§ 9 Regelungsbefugnis

Soweit Vorschriften nicht bestehen, regelt die zuständige Stelle die Durchführung der Berufsausbildung im Rahmen dieses Gesetzes.

Abschnitt 2. Berufsausbildungsverhältnis

Unterabschnitt 1. Begründung des Ausbildungsverhältnisses

§ 10 Vertrag

(1) Wer andere Personen zur Berufsausbildung einstellt (Ausbildende), hat mit den Auszubildenden einen Berufsausbildungsvertrag zu schließen.

(2) Auf den Berufsausbildungsvertrag sind, soweit sich aus seinem Wesen und Zweck und aus diesem Gesetz nichts anderes ergibt, die für den Arbeitsvertrag geltenden Rechtsvorschriften und Rechtsgrundsätze anzuwenden.

(3) Schließen die gesetzlichen Vertreter oder Vertreterinnen mit ihrem Kind einen Berufsausbildungsvertrag, so sind sie von dem Verbot des § 181 des Bürgerlichen Gesetzbuchs befreit.

(4) Ein Mangel in der Berechtigung, Auszubildende einzustellen oder auszubilden, berührt die Wirksamkeit des Berufsausbildungsvertrages nicht.

(5) Zur Erfüllung der vertraglichen Verpflichtungen der Ausbildenden können mehrere natürliche oder juristische Personen in einem Ausbildungsverbund zusammenwirken, soweit die Verantwortlichkeit für die einzelnen Ausbildungsabschnitte sowie für die Ausbildungszeit insgesamt sichergestellt ist (Verbundausbildung).

§ 11 Vertragsniederschrift

(1) Ausbildende haben unverzüglich nach Abschluss des Berufsausbildungsvertrages, spätestens vor Beginn der Berufsausbildung, den wesentlichen Inhalt des Vertrages gemäß Satz 2 schriftlich niederzulegen; die elektronische Form ist ausgeschlossen. In die Niederschrift sind mindestens aufzunehmen

1. Art, sachliche und zeitliche Gliederung sowie Ziel der Berufsausbildung, insbesondere die Berufstätigkeit, für die ausgebildet werden soll,
2. Beginn und Dauer der Berufsausbildung,
3. Ausbildungsmaßnahmen außerhalb der Ausbildungsstätte,
4. Dauer der regelmäßigen täglichen Ausbildungszeit,
5. Dauer der Probezeit,
6. Zahlung und Höhe der Vergütung,
7. Dauer des Urlaubs,

8. Voraussetzungen, unter denen der Berufsausbildungsvertrag gekündigt werden kann,

9. ein in allgemeiner Form gehaltener Hinweis auf die Tarifverträge, Betriebs- oder Dienstvereinbarungen, die auf das Berufsausbildungsverhältnis anzuwenden sind.

(2) Die Niederschrift ist von den Ausbildenden, den Auszubildenden und deren gesetzlichen Vertretern und Vertreterinnen zu unterzeichnen.

(3) Ausbildende haben den Auszubildenden und deren gesetzlichen Vertretern und Vertreterinnen eine Ausfertigung der unterzeichneten Niederschrift unverzüglich auszuhändigen.

(4) Bei Änderungen des Berufsausbildungsvertrages gelten die Absätze 1 bis 3 entsprechend.

§ 12 Nichtige Vereinbarungen

(1) Eine Vereinbarung, die Auszubildende für die Zeit nach Beendigung des Berufsausbildungsverhältnisses in der Ausübung ihrer beruflichen Tätigkeit beschränkt, ist nichtig. Dies gilt nicht, wenn sich Auszubildende innerhalb der letzten sechs Monate des Berufsausbildungsverhältnisses dazu verpflichten, nach dessen Beendigung mit den Ausbildenden ein Arbeitsverhältnis einzugehen.

(2) Nichtig ist eine Vereinbarung über

1. die Verpflichtung Auszubildender, für die Berufsausbildung eine Entschädigung zu zahlen,
2. Vertragsstrafen,
3. den Ausschluss oder die Beschränkung von Schadensersatzansprüchen,
4. die Festsetzung der Höhe eines Schadensersatzes in Pauschbeträgen.

Unterabschnitt 2. Pflichten der Auszubildenden

§ 13 Verhalten während der Berufsausbildung

Auszubildende haben sich zu bemühen, die berufliche Handlungsfähigkeit zu erwerben, die zum Erreichen des Ausbildungsziels erforderlich ist. Sie sind insbesondere verpflichtet,

1. die ihnen im Rahmen ihrer Berufsausbildung aufgetragenen Aufgaben sorgfältig auszuführen,
2. an Ausbildungsmaßnahmen teilzunehmen, für die sie nach § 15 freigestellt werden,
3. den Weisungen zu folgen, die ihnen im Rahmen der Berufsausbildung von Ausbildenden, von Ausbildern oder Ausbilderinnen oder von anderen weisungsberechtigten Personen erteilt werden,
4. die für die Ausbildungsstätte geltende Ordnung zu beachten,
5. Werkzeug, Maschinen und sonstige Einrichtungen pfleglich zu behandeln,
6. über Betriebs- und Geschäftsgeheimnisse Stillschweigen zu wahren.

Unterabschnitt 3. Pflichten der Ausbildenden

§ 14 Berufsausbildung

(1) Ausbildende haben

1. dafür zu sorgen, dass den Auszubildenden die berufliche Handlungsfähigkeit vermittelt wird, die zum Erreichen des Ausbildungsziels erforderlich ist, und die Berufsausbildung in einer durch ihren Zweck gebotenen Form planmäßig, zeitlich und sachlich gegliedert so durchzuführen, dass das Ausbildungsziel in der vorgesehenen Ausbildungszeit erreicht werden kann,

2. selbst auszubilden oder einen Ausbilder oder eine Ausbilderin ausdrücklich damit zu beauftragen,
3. Auszubildenden kostenlos die Ausbildungsmittel, insbesondere Werkzeuge und Werkstoffe zur Verfügung zu stellen, die zur Berufsausbildung und zum Ablegen von Zwischen- und Abschlussprüfungen, auch soweit solche nach Beendigung des Berufsausbildungsverhältnisses stattfinden, erforderlich sind,
4. Auszubildende zum Besuch der Berufsschule sowie zum Führen von schriftlichen Ausbildungsnachweisen anzuhalten, soweit solche im Rahmen der Berufsausbildung verlangt werden, und diese durchzusehen,
5. dafür zu sorgen, dass Auszubildende charakterlich gefördert sowie sittlich und körperlich nicht gefährdet werden.

(2) Auszubildenden dürfen nur Aufgaben übertragen werden, die dem Ausbildungszweck dienen und ihren körperlichen Kräften angemessen sind.

§ 15 Freistellung

Ausbildende haben Auszubildende für die Teilnahme am Berufsschulunterricht und an Prüfungen freizustellen. Das Gleiche gilt, wenn Ausbildungsmaßnahmen außerhalb der Ausbildungsstätte durchzuführen sind.

§ 16 Zeugnis

(1) Ausbildende haben den Auszubildenden bei Beendigung des Berufsausbildungsverhältnisses ein schriftliches Zeugnis auszustellen. Die elektronische Form ist ausgeschlossen. Haben Ausbildende die Berufsausbildung nicht selbst durchgeführt, so soll auch der Ausbilder oder die Ausbilderin das Zeugnis unterschreiben.

(2) Das Zeugnis muss Angaben enthalten über Art, Dauer und Ziel der Berufsausbildung sowie über die erworbenen beruflichen Fertigkeiten, Kenntnisse und Fähigkeiten der Auszubildenden. Auf Verlangen Auszubildender sind auch Angaben über Verhalten und Leistung aufzunehmen.

Unterabschnitt 4. Vergütung

§ 17 Vergütungsanspruch

(1) Ausbildende haben Auszubildenden eine angemessene Vergütung zu gewähren. Sie ist nach dem Lebensalter der Auszubildenden so zu bemessen, dass sie mit fortschreitender Berufsausbildung, mindestens jährlich, ansteigt.

(2) Sachleistungen können in Höhe der nach § 17 Abs. 1 Satz 1 Nr. 4 des Vierten Buches Sozialgesetzbuch festgesetzten Sachbezugswerte angerechnet werden, jedoch nicht über 75 Prozent der Bruttovergütung hinaus.

(3) Eine über die vereinbarte regelmäßige tägliche Ausbildungszeit hinausgehende Beschäftigung ist besonders zu vergüten oder durch entsprechende Freizeit auszugleichen.

§ 18 Bemessung und Fälligkeit der Vergütung

(1) Die Vergütung bemisst sich nach Monaten. Bei Berechnung der Vergütung für einzelne Tage wird der Monat zu 30 Tagen gerechnet.

(2) Die Vergütung für den laufenden Kalendermonat ist spätestens am letzten Arbeitstag des Monats zu zahlen.

§ 19 Fortzahlung der Vergütung

(1) Auszubildenden ist die Vergütung auch zu zahlen

1. für die Zeit der Freistellung (§ 15),
2. bis zur Dauer von sechs Wochen, wenn sie
   a) sich für die Berufsausbildung bereithalten, diese aber ausfällt oder
   b) aus einem sonstigen, in ihrer Person liegenden Grund unverschuldet verhindert sind, ihre Pflichten aus dem Berufsausbildungsverhältnis zu erfüllen.

(2) Können Auszubildende während der Zeit, für welche die Vergütung fortzuzahlen ist, aus berechtigtem Grund Sachleistungen nicht abnehmen, so sind diese nach den Sachbezugswerten (§ 17 Abs. 2) abzugelten.

Unterabschnitt 5. Beginn und Beendigung des Ausbildungsverhältnisses

§ 20 Probezeit

Das Berufsausbildungsverhältnis beginnt mit der Probezeit. Sie muss mindestens einen Monat und darf höchstens vier Monate betragen.

§ 21 Beendigung

(1) Das Berufsausbildungsverhältnis endet mit dem Ablauf der Ausbildungszeit. Im Falle der Stufenausbildung endet es mit Ablauf der letzten Stufe.

(2) Bestehen Auszubildende vor Ablauf der Ausbildungszeit die Abschlussprüfung, so endet das Berufsausbildungsverhältnis mit Bekanntgabe des Ergebnisses durch den Prüfungsausschuss.

(3) Bestehen Auszubildende die Abschlussprüfung nicht, so verlängert sich das Berufsausbildungsverhältnis auf ihr Verlangen bis zur nächstmöglichen Wiederholungsprüfung, höchstens um ein Jahr.

§ 22 Kündigung

(1) Während der Probezeit kann das Berufsausbildungsverhältnis jederzeit ohne Einhalten einer Kündigungsfrist gekündigt werden.

(2) Nach der Probezeit kann das Berufsausbildungsverhältnis nur gekündigt werden
1. aus einem wichtigen Grund ohne Einhalten einer Kündigungsfrist,
2. von Auszubildenden mit einer Kündigungsfrist von vier Wochen, wenn sie die Berufsausbildung aufgeben oder sich für eine andere Berufstätigkeit ausbilden lassen wollen.

(3) Die Kündigung muss schriftlich und in den Fällen des Absatzes 2 unter Angabe der Kündigungsgründe erfolgen.

(4) Eine Kündigung aus einem wichtigen Grund ist unwirksam, wenn die ihr zugrunde liegenden Tatsachen dem zur Kündigung Berechtigten länger als zwei Wochen bekannt sind. Ist ein vorgesehenes Güteverfahren vor einer außergerichtlichen Stelle eingeleitet, so wird bis zu dessen Beendigung der Lauf dieser Frist gehemmt.

§ 23 Schadensersatz bei vorzeitiger Beendigung

(1) Wird das Berufsausbildungsverhältnis nach der Probezeit vorzeitig gelöst, so können Ausbildende oder Auszubildende Ersatz des Schadens verlangen, wenn die andere Person den Grund für die Auflösung zu vertreten hat. Dies gilt nicht im Falle des § 22 Abs. 2 Nr. 2.

(2) Der Anspruch erlischt, wenn er nicht innerhalb von drei Monaten nach Beendigung des Berufsausbildungsverhältnisses geltend gemacht wird.

ANHANG

Unterabschnitt 6. Sonstige Vorschriften
§ 24 Weiterarbeit

Werden Auszubildende im Anschluss an das Berufsausbildungsverhältnis beschäftigt, ohne dass hierüber ausdrücklich etwas vereinbart worden ist, so gilt ein Arbeitsverhältnis auf unbestimmte Zeit als begründet.

§ 98 Satzung

(1) Durch die Satzung des Bundesinstituts für Berufsbildung sind
1. die Art und Weise der Aufgabenerfüllung (§ 90 Abs. 2 und 3) sowie
2. die Organisation

näher zu regeln.

(2) Der Hauptausschuss beschließt mit einer Mehrheit von vier Fünfteln der Stimmen seiner Mitglieder die Satzung. Sie bedarf der Genehmigung des Bundesministeriums für Bildung und Forschung und ist im Bundesanzeiger bekannt zu geben.

(3) Absatz 2 gilt für Satzungsänderungen entsprechend.

§ 99 Personal

(1) Die Aufgaben des Bundesinstituts für Berufsbildung werden von Beamten, Beamtinnen und Dienstkräften, die als Angestellte, Arbeiter und Arbeiterinnen beschäftigt sind, wahrgenommen. Es ist Dienstherr im Sinne des § 121 Nr. 2 des Beamtenrechtsrahmengesetzes. Die Beamten und Beamtinnen sind mittelbare Bundesbeamte und Bundesbeamtinnen.

(2) Das Bundesministerium für Bildung und Forschung ernennt und entlässt die Beamten und Beamtinnen des Bundesinstituts, soweit das Recht zur Ernennung und Entlassung der Beamten und Beamtinnen, deren Amt in der Bundesbesoldungsordnung B aufgeführt ist, nicht von dem Bundespräsidenten oder der Bundespräsidentin ausgeübt wird. Das zuständige Bundesministerium kann seine Befugnisse auf den Präsidenten oder die Präsidentin übertragen.

(3) Oberste Dienstbehörde für die Beamten und Beamtinnen des Bundesinstituts ist das Bundesministerium für Bildung und Forschung. Es kann seine Befugnisse auf den Präsidenten oder die Präsidentin übertragen. § 187 Abs. 1 des Bundesbeamtengesetzes und § 83 Abs. 1 des Bundesdisziplinargesetzes bleiben unberührt.

(4) Auf die Angestellten, Arbeiter und Arbeiterinnen des Bundesinstituts sind die für Arbeitnehmer und Arbeitnehmerinnen des Bundes geltenden Tarifverträge und sonstigen Bestimmungen anzuwenden. Ausnahmen bedürfen der vorherigen Zustimmung des Bundesministeriums für Bildung und Forschung; die Zustimmung ergeht im Einvernehmen mit dem Bundesministerium des Innern und dem Bundesministerium der Finanzen.

---

* § 7 Abs. 1 Satz 3 tritt am 1. August 2009 außer Kraft.
** § 7 Abs. 2 tritt am 1. August 2009 in Kraft.

Was verbirgt sich hinter dem Begriff HACCP?
(Hazzard Critical Controll Point)

Ursprünglich wurden HACCP-Konzepte von der NASA im Jahr 1959 entwickelt. Ziel sollte sein, ein Nahrungsmittel herzustellen, welches eine absolute Sicherheit gewährleisten sollte.

Das Instrument hierzu ist die vorbeugende Qualitätssicherung und die Endkontrolle des Produktes sowie die daraus resultierenden Vorbeugemaßnahmen (Fehlervermeidung).

Das Ziel:

Durch ein Eigenkontrollsystem sollen die gesundheitlichen Risiken eines Lebensmittels auf ein Minimum reduziert werden, mittels wichtiger (kritischer) Kontrollpunkte und durch vorher festgelegte Korrekturmaßnahmen (Regelungen) eine Optimierung (Fehlerminimierung) der Produktsicherheit gezielt erreicht werden.

Hiernach sollte jedes Lebensmittelunternehmen bestrebt sein, die wichtigen Punkte für die Sicherheit von Lebensmitteln zu erkennen, zu bewerten sowie Kontrollmaßnahmen und die Vermeidung von Fehlern durch geeignete (betriebsspezifische) Korrekturmaßnahmen festzulegen.

Das Eigenkontrollsystem sollte die folgenden Punkte berücksichtigen:

1. Hygieneplan und Reinigungspläne (Leitlinie 4./Basishygiene)
2. Dokumentation der Maßnahmen zur Schädlingsbekämpfung
3. Schulung der Mitarbeiter (Leitlinie 5., Schulungsfilm zur Leitlinie und Schulungsangebot der zuständigen Bäcker- und Konditorenverbände)
4. Rückverfolgbarkeit bei Lieferungen durch Aufbewahrung der Lieferscheine und eine geordnete Buchhaltung/Beachtung des Grundsatzes „First In-First Out"
5. Betriebseigene Maßnahmen und Kontrollen (Leitlinie 6.) zu
   - Wareneingang
   - Warenlagerung (incl. Temperaturkontrolle)
   - Produkte und Produktionsabläufe (Rezepturbuch und Arbeitsanweisungen)
   - Brot-, Brötchenherstellung
   - Spezialbrote, Spezialbrötchen
   - Feine Backwaren, Massenherstellung
   - Torten und Desserts mit ungebackenen Füllungen
   - Verpackung und Vertrieb
   - Laden

Das neue europäische Hygienerecht

Nach einem mehrjährigen komplexen Beratungs- und Änderungsprozess des „Hygienepakets" wurde am 29. April 2004 das neue europäische Hygienerecht in Form von drei EU-Verordnungen nebst Aufhebungsrichtlinie auf Gemeinschaftsebene erlassen. Die EU-Verordnungen traten bereits am 20. Mai 2004 in Kraft und sind ab 1. Januar 2006 anzuwenden.

Wesentliche Neuerungen, die die Reform mit sich bringt, sind die Ausdehnung der Hygiene-vorschriften auf die Urproduktion, die Rechtsform der Verordnungen, die der Vorrangstellung des Spezialrechts und die Anpassung der Hygienevorschriften an die Grundsätze und Begriffe der EU-Basis-Verordnung 178/2003. Die Zielsetzung des Weißbuches zur Lebensmittel-sicherheit, das gesamte allgemeine und produktspezifische Hygienerecht zu konsolidieren, es zu vereinfachen und im Umfang abzubauen, wurde erreicht.

Die Verordnung ist die Fortschreibung der Lebensmittelhygieneverordnung und beinhaltet deren bewährtes Konzept aus Guter Hygiene-Praxis und Risikoanalyse. Sie stellt die generelle Basisregelung der Lebensmittelhygiene für alle Betriebe in sämtlichen Bereichen der Lebensmittelkette einschließlich Urproduktion dar. Sie gilt auch für bislang gesondert und abschließend geregelte Bereiche u. a. der Fleisch-, Fisch-, Milch- und Eiverarbeitung.

Die Verordnung enthält:

Die wesentlichen Begriffe der Lebensmittelhygiene, die neben den Definitionen der VO 178/2002 notwendig sind.

Das allgemeine Hygienegebot, wonach alle Lebensmittelunternehmer die Verpflichtung haben, in ihrem Verantwortungsbereich die Einhaltung und Beachtung der einschlägigen allgemeinen spezifischen Hygienevorschriften zu gewährleisten.

Die Verpflichtung zur Durchführung der Gefahrenanalyse nach den Grundsätzen des HACCP-Konzeptes in allen Betrieben ausgenommen die Betriebe der Primärproduktion; die Beschreibung des HACCP-Konzeptes in der Verordnung richtet sich streng nach dem Codex Alimentarius einschließlich der Dokumentationsverpflichtung. Die Dokumentation der HACCP-bezogenen Maßnahmen wird zukünftig in einer der Betriebsgröße angemessenen Form als Nachweis gegenüber den Aufsichtsbehörden verlangt.

Eine allgemeine Registrierungspflicht, der alle Betriebe unterliegen.

Das nationale Hygienerecht u. a. die LMHV (Lebensmittelhygiene-Verordnung) muss bis zur Anwendung des neuen Hygienerechts weitgehend durch Durchführungsverordnungen ersetzt werden, die auf die unmittelbar geltenden EU-Verordnungen verweisen. Nationale Branchen-Leitlinien zur Guten Hygiene-Praxis behalten Ihre Gültigkeit und Ihren Stellenwert.

Quellenverzeichnis

- Allgemeine Bäckerzeitung, Matthaes Verlag, Stuttgart
- Konditorei & Café, Matthaes Verlag, Stuttgart
- EnBW Engergie Baden-Württemberg
- Huth, Klara, Fachlehrerin, Gewerbeschule KA-Durlach
- Wachtel, Bäckereimaschinen, Backöfen, Hilden
- Zentralverband und Werbegemeinschaft des Deutschen Bäckerhandwerks e. V., Berlin
- Verlagsanstalt Handwerk GmbH, Düsseldorf